KB187780

번역과 주체

Translation & Subjectivity
On "Japan" and Cultural Nationalism

Sakai Naoki

Yeesan Publishing Co.

'일본'과 문화적 국민주의

번역과 주체

사카이 나오키 지음 / 후지이 다케시 옮김

이산

'일본'과 문화적 국민주의

번역과 주체

2005년 6월 14일 초판 1쇄 인쇄
2005년 6월 18일 초판 1쇄 발행
지은이 사카이 나오키
옮긴이 후지이 다케시
펴낸이 강인황·문현숙
도서출판 이산
서울특별시 마포구 서교동 399-11
Tel : 334-2847/Fax : 334-2849
E-mail : yeesan@yeesan.co.kr
등록 1996년 8월 8일 제2-2233호

편집 문현숙·이선주
인쇄 한영문화사/제본 경문제책

ISBN 89-87608-46-8 03150
KDC 153(일본사상사)

가격은 뒤표지에 있습니다.

www.yeesan.co.kr

게일에게

차례

일러두기

1. 이 책은 Naoki Sakai, *Translation and Subjectivity: On "Japan" and Cultural Nationalism* (University of Minnesota Press, 1997)을 완역한 것이다. 그리고 이 책의 일본어판에 해당하는 『日本思想という問題: 飜譯と主體』(東京: 岩波書店, 1997)의 서문을 추가했다. 일본어판 서문에는 이 책의 제목인 '번역과 주체'에 대한 지은이의 설명이 비교적 상세하게 기술되어 있기 때문이다. 일본어판은 내용과 구성 면에서 영어판과 제법 차이가 있지만, 저자가 직접 일본어로 번역한 논문과, 영어로 발표되기 전에 일본어로 먼저 쓴 논문은 많은 참조가 되었다.

2. 일본어를 비롯한 모든 외래어는 외래어 표기법에 따라 표기했으며, 필요할 경우 한자나 원어를 ( ) 안에 병기했다. 단, 일본어의 한자는 우리의 한자음대로 쓰는 관용(慣用)을 고려하여 인명이나 지명이 아닌 경우에는 그 관용을 많이 따랐다.

3. 옮긴이의 설명이 필요한 경우, *† 등을 표시하여 해당 페이지 하단에 각주로 처리했다.

4. 방점을 붙인 부분은 원서에서 이탤릭체로 강조한 부분이다.

한국어판 서문

한국 친구를 통해서 『번역과 주체』가 한국어로 출판된다는 소식을 듣고 공포와 더불어 불안감을 느끼고 있다는 것이 나의 솔직한 기분입니다. 한국독자들이 나의 논의를 읽어준다는 것만으로도 굉장한 일임은 말할 나위도 없지만, 과연 생산적인 논의가 이루어질지, 나아가 어떤 비판을 받게 될지 빨리 알고 싶다, 하지만 무섭다 하는 식으로 차분히 있을 수 없게 하는 기대와 두려움이 있기 때문입니다. 그것은 사람과 사람이 만날 때는 피할 수 없는 공포와 불안으로 한국독자들과 나 사이에, 어떤 국민과 다른 국민 사이의, 이 책에서 사용한 말로 표현하자면 쌍형상적인 관계로는 처리할 수 없는 서로의 유대를 느끼지 않을 수 없기 때문일 것입니다.

그래서 한국어판 번역출판작업이 마무리 단계에 이르렀다는 소식을 들었을 때 어떤 불가사의한 느낌을 떨쳐버릴 수 없었음을 꼭 말해두고 싶습니다. 왜냐하면 번역에 관한 문제를 연구하기 시작한 이래 연쇄되는 번역의 이미지가 잠시도 내 머리를 떠난 적이 없었기 때문입니다. 번역을 단지 하나의 텍스트가 다른 텍스트로 변환되어 두 개의 언어나 두 개의 집단이라는 이항관계 속에서 완료되는 것이 아니라, 제3항, 제4항으로 무한히 증식해가는 연쇄로서 생각하는 버릇 같은 것이 나에게 있었기 때문입니다. 이른바 소통모델로 번역을 생각하는 것에 내가 순응할 수 없었던 이유 중 하나는 이런 것에서 찾을 수 있을지도 모릅니다. 이 연쇄는 꼭 하나의 민족어로부터 다른 민족어로의 연쇄만을 의미하는 것은 아닙니다. 성서 번역의 역사를 통해서 알 수 있듯이 기존의 번역을 수정하고 고쳐 쓰는 작업의 연속일 수도 있습니다. 그래서 편집자를 통해 한국어판 출판소식을 접했을 때 내가 오랫동안 품어왔던 번역의 이미지가 이제 실현되는구나 하는 느낌이 문득 들었습니다. 번역의 번역의 번역……이라는 연쇄가 바로 실현되고 있다는 느낌 말입니다. 그도 그럴 것이 이 책에 수록된 글은 대부분 처음 영어로 쓰였고 그것을 내가 직접 일본어로 번역했다는 내력이 있기 때문입니다. 또한 원래 일본어로 썼던 글을 거꾸로 영어로 고쳐 쓴 것도 있습니다. 지금 그런 글들이 번역자의 손을 거쳐 한국어로 번역되고 있다는 사실이, 내가 남몰래 품어왔던 기대의 실현이 아닌가 하는 생각마저 들게 합니다. 글을 쓰면서 나는 내가 쓴 글이 번역되었을 때 어떻게 읽힐 것인가 하는 질문을 한 번도 잊은 적이 없습니다. 나는 영어 독자들을 주된 대상으로 쓸 수도, 일본 독자들을 주된 대상으로 쓸 수도 없었기 때문입니다. 나는 항상 미지의, 내가 모르는 말을 하는 독자들에게 말을 걸고 싶었습니다. 내 언어 속에서 내가 말하려는 것이 완결된다는 환상을 나는 가질 수 없었습니다. 내가 보기에 진지하게 말한다는 것은, 민족이나 국민으로 표시된 안전권에서 떠나는 것, 그러한 안전권에 의해 보장된 안심이나 연대감에 작별인사를 하는 것 외에 아무것도 아니었기 때문입니다. 그래서 번역은 나에게 사활의 문제로 나타날 수밖에 없었습니다. 다만 작별인사를 할 상대인 일본어나 영어가 마치 명료하게 구성된 공동체인 것처럼 생각하는 믿음 자체는 엄밀히 검토될 필요가 있었습니다. 왜 언어와 민족이 등치되고 결국에는 국민의 동일성(identity)의 상징이 되고 마는가. 내가 번역과 주체라는 문제와 마주친

것은 지금으로부터 약 20년 전에 박사논문인 "Voices of the Past"(「과거의 목소리들」)를 준비하고 있을 때였습니다. "Voices of the Past"는 18세기에 일본열도의 일부 지역에서 처음으로 일본어와 민족으로서의 일본인이라는 의식이 소수 지식인들에 의해 공상되었을 때 그러한 공상을 가능케 한 담론이 어떤 것이었는지를 고찰한 논문인데, 거기서는 번역에 대해 생각하는 것이 결정적인 중요성을 띠었습니다. 우리가 보통 번역이라고 생각하는 것의 표상 메커니즘에 대해 생각하는 것이 언어가 어떻게 상상되는지를 아는 데 큰 도움이 되었던 것입니다. 상상되는 한에서의 언어, 통일체로 상상되는 한에서 존재하게 되는 언어. 그것은 언어의 환상성이나 허구성을 의미하는 것은 아닙니다. 오히려 반대로 그 통일체가 상상되는 한, 언어는 확고하게 존재한다고 생각하는 편이 낫습니다. 그렇다면 언어의 존재보다 언어의 통일성이 어떻게 상상되는가 하는 질문이 앞설 것입니다. 이에 언어의 통일성을 상상하기 위해서는 어떤 메커니즘이 필요한지를 생각하기 위해 번역과 쌍형상화라는 논점에 이르게 된 것입니다. 이런 맥락에서 먼저 번역행위와 번역의 표상이라는 구별이 왜 그토록 중요한지 간단히 말씀드리고 싶습니다.

민족이나 민족언어는 선사시대부터 면면히 이어져온 초역사적 실체가 아니라 어떤 시기에 출현한 역사적 시작을 가진 것으로 생각해야 한다고 『과거의 목소리들』에서 나는 주장했습니다. 그러나 이 주장은 정면으로 상식을 거스르는 것으로, 언어의 역사적 출현을 생각하는 것 자체에 어려움이 있다는 것을 나 역시 충분히 알고 있었습니다. 공상만 해보아도, 어느 날 갑자기 새로운 언어가 생겨나는 그런 사태를 상정(想定)하는 데는 무리가 있다는 것을 알 수 있습니다. 부모나 자기보다 먼저 태어난 사람들이 가르쳐주는 것이 아닌 언어를 생각하는 것은 참으로 어렵기 때문입니다. 이에 개별적인 단어나 발화가 아니라, 언어가 어떻게 존재하는지를 생각하는 것이 필요하게 됩니다. 도대체 언어라는 것으로 우리는 무엇을 떠올렸을까. 단어, 구절이나 개별적 발화가 아니라 새삼스레 언어라고 할 때, 우리는 단편적인 언어적 사상(事象)들의 집합체가 아니라 무언가 체계적인 말의 생산을 제어하는 큰 메커니즘을 생각합니다. 그래서 한국어나 일본어의 단어를 안다고 해서 한국어나 일본어를 할 줄 안다고 주장할 수 없는 것입니다. 언어는 단편적인 것들의 집적이 아닙니다. 그래서 우리는 통상 한국어나 일본어를 한 묶음의 유기적 통일체로 상정하고 의심하지 않습니다. 그런데도 한 묶음의 유기적 통일체를 표상할 수 있는 것이 어떤 메커니즘에 의한 것인지에 대해서는 신중하게 고찰해본 적이 없습니다. 언어란 민족 혹은 국민이라고 불리는 집단 속에 일반적으로 두루 존재하는 에테르와 같은 것으로, 이 편재체(遍在體)의 내면화 여부로 개인의 민족적 동일성/정체성이나 국민적 동일성/정체성이 결정된다고들 생각합니다. 한국어에 관한 단편적 지식을 가지고서는 한국인으로서의 동일성/정체성을 증명할 수 없습니다. 한국어 네이티브 스피커와 한국어를 습득한 외국인의 차이는, 본래적이고 토착적인 한국어 네이티브 스피커는 한국어를 공기처럼 느끼며 사는 반면에 한국어를 습득한 외국인은 대상으로 의식하지 않을 수 없다는 데서 찾는 것이 보통인 것 같습니다. 그럼 이러한 토착적인 네이티브 스피커는 한국어(또는 일본어)의 통일성을 역사적으로 어떻게 알 수 있는가. 도대체 언어 통일체란 어떻게 존재하는가.

이러한 상식이 만들어지는 과정을 다시금 고찰하기 위해서는 번역이 고찰되어야 합니다. 번역 없이는 이런 자신의 민족어가 갖고 있는 통일성을 의식할 수 없을 것입니다. 더 정확하게 말하면 번역의 표상 없이는 자신의 민족어를 표상할 수가 없을 것입니다.

한국어를 못하기 때문에 탄탄한 체험적 뒷받침이 나에게는 없지만 한국어와 일본어 사이에는 많은 공통적 특징이 있다고 합니다. 상이한 표기시스템들이 공존했던 점이라든지 중국의 문명적 우위 아래서 발전해온 언어라는 점 등이 바로 떠오를 것입니다. 하지만 이러한 문명론적 설명에는 함정이 있다는 것에 주의할 필요가 있습니다. 이러한 설명은 유기적인 통일성을 지닌 중국어의 지배 아래서 똑같이 유기적인 통일성을 지닌 한국어나 일본어가 억압되었다는 시나리오를 무심결에 환기시키기 때문입니다. 물론 근대에 이르기까지 한반도나 일본열도의 지식인들은 한문으로 쓰고 한시로 자신의 교양을 과시하려 했지만, 그러한 상황을 어떤 민족어와 다른 민족어 사이의 지배로서 이항적으로 이해해도 되는 것일까요? 근대 식민지 관계처럼 민족어 의식을 가진 국민이 다른 집단을 지배하고 피지배집단에 '국어'를 강요함으로써 그 집단의 민족어를 억압한다는 도식으로 이 지배관계를 이해해도 좋을까요? 이러한 이해는 오히려 식민지배의 근대성을 은폐하는 것은 아닐까요?

도대체 중국어라는 실체를 당시 사람들은 상정했을까요? 그런 점에서 18세기 일본의 몇몇 지역의 지식인들이 중국의 언어에 다시 주의를 돌렸을 때, 그것이 동시에 일본어라는 언어통일체를 의식하는 것이기도 했다는 점이 중요합니다. 물론 중국의 언어라고 해도 그들은 고대 중국의 순수언어를 상정했지, 동시대의, 즉 18세기의 중국은 어떤 균질적이고 단일한 중국어라고 부를 만한 언어를 발견할 수 있는 상황이 아니었습니다. 마찬가지로 일본열도에서도 그러한 단일한 일본어를 확인할 수는 없었습니다. 그래서 고대중국과 고대일본에 각각 신화적인 순수언어를 상정함으로써 비로소 자기 민족어의 통일성 자체를 의식하는 것이 가능해진 것입니다. 그리고 이러한 자기 민족어의 발견은, 당시 한문이라고 불리던 고전중국어 문체(오늘날 영어로는 literary chinese라고 부릅니다)의 보편적인 사용을 포기하고 일상회화에서 사용되는 구어에 의한 고전 이해를 장려하는 지적 운동과 결합되어 있었습니다. 즉 고대중국 또는 고대일본에서 산출된 텍스트를 이해하기 위해서는 먼저 번역이 필요하다는 것을 소수의 지식인들이 깨달은 것입니다.

17세기에 이르기까지, 춘추전국시대에서 청대에 이르기까지 수많은 고전이 일본열도에 소개되었는데 이런 고전들이 일본문자로 번역되는 일은 거의 없었습니다. 16·17세기에는 그리스도교 선교사들에 의한 유럽 책들의 번역이 이루어졌지만 한문 문헌의 번역이라는 발상은 거의 없었습니다. 왜냐하면 오늘날 일본 특유의 문자로 생각되는 히라가나나 가타카나는 바로 가나(仮名)라는 한자 단어가 보여주는 대로 마나(眞名)와 짝을 이루는 개념으로, 이것은 본래적 표기문자에 대해 일시적인 가짜 표기문자라는 의미를 부여받았습니다.(히라가나나 가타카나의 역사는 이런 점에서 처음부터 한자와 다르다는 분리의식을 분명히 가졌던 한글의 역사와는 약간 다른 듯합니다.) 한(漢)이라는 문자가 사용되면서도 히라가나 및 가타카나와 한자의 관계는 한 민족의 문자와 다른 민족의 문자라는 대비로 생각되지 않았습니다.

어떤 민족어로부터 다른 민족어로의 번역이라는 발상은 번역의 실천계(regime)가 사람들을 사로잡고 번역행위가 일정한 방식으로 표상됨으로써 가능해집니다. 번역의 실천계는 언어적인 이해의 어려움을, 마치 그것이 하나의 언어와 다른 언어 사이의 공간적 단절인 것처럼 공상할 수 있게 해줍니다. 그렇게 해서 번역이라는 작업을 필요로 하는 사회적 교섭에서의 약분불가능성을 하나의 통일체와 다른 통일체 사이의 균열인 것처럼 생각하는 습관이 의심을 받지 않게 되는 것입니다.

일단 다른 언어를 상이한 짝을 이루는 통일체로 표상할 수 있게 되면 언어의 비교가 가능해지고, 거기서 일본어의 성격을 연구하는 학문이 가능해집니다. 또 예를 들어 와카(和歌, 일본의 전통적 정형시)와 한

시는 분명히 다른 어구들을 사용하며 다른 표기양식을 따르는데, 이
두 개가 장르적 차이가 아니라 두 개의 언어통일체의 차이로 생각되게
됩니다. 그때까지는 같은 인물이 때로는 와카를 읊고 또 때로는 한시
를 짓는 것이 전혀 이상한 일이 아니었는데, 이후에는 와카가 일본어
에 특유한 표현이고 한시는 중국어에 특유한 표현 형태라는 식의 사고
방식이 가능해집니다. 즉, 와카가 일본어문학인 반면에 한시는 중국어
문학이라는 식의 새로운 분류법이 성립되는 것입니다. 번역의 실천계
가 일부 지식인들 사이에 퍼진 것이 18세기의 일이고, 또한 이 시기에
새로운 분류법이 생깁니다. 물론 그 전에도 일본 와카의 어법이나 고
전언어에 대한 연구는 있었지만 고대 일본어의 음운·문법 연구가 비약
적인 발전을 보이게 된 때는 18세기입니다. 이른바 국학이라고 불리는
운동이 일었던 것입니다. 민족어의 표상이 가능해짐과 동시에 민족을
유기적인 통일성을 지닌 것으로 상상하는 것이 가능해집니다. 즉 번역
의 실천계의 출현과 일본이나 일본인이라는 민족–언어통일체의 출현
은 새로운 분류법의 성립을 매개로 밀접하게 결부되었을 것입니다.

　민족–언어통일체의 성립을 곧바로 국민국가 성립과 결부시킬 수는
없지만, 민족–언어통일체의 성립에서 어떤 근대성을 찾아볼 수 있습
니다. 그것은 서유럽에서 전세계로 유출되는 문명화과정으로서의 근
대와는 다른 것입니다. 그리고 이러한 근대성은 18세기 일본열도뿐 아
니라 다른 지역에서도 찾아볼 수 있으리라 생각합니다. 단 이런 근대
성을 무제한적으로 구가할 수는 없습니다. 바로 국민국가라는 제도가
그렇듯이 민족–언어통일체는 새로운 공동체의 구성을 가능케 하고 자
본주의 전개의 조건이 되어왔는데, 동시에 인종주의나 총력전으로 상
징되는 근대전쟁의, 전근대와는 비교도 안되는 잔학성을 가능케 한 역
사적 구성체이기도 했습니다.

　이제 나는 번역을 통하지 않고 한국독자들과 한문으로 논의하는 것

도 필담으로 토론하는 것도 할 수 없습니다. 그리고 『번역과 주체』가 지금 이렇게 번역된다는 것 자체가 나와 이 번역의 독자들 사이의 관계를 민족과 민족 사이의 관계로 만들어버리는 측면이 있다는 것을 부정할 수 없습니다. 한반도와 일본열도 사이의 오랜 교류를 생각할 때, 이 번역 자체가 근대의 표징(表徵)임을 느끼지 않을 수 없습니다. 그런데도 번역이 민족과 민족 사이의 쌍형상화와는 다른 결과를 가져온다는 점 또한 나는 믿습니다. 이 책에서 번역자가 차지하는 주체적 위치에 관해 이야기했듯이, 번역자는 균질언어적으로 말할 수 없으며 번역자의 행위는 항상 쌍형상화 도식을 배반하기 때문입니다. 한국어와 일본어라는 두 개의 민족어 사이에서 의도적으로 양의적인 입장을 만들어내려고 하는 번역자 후지이 다케시 씨 덕분에, 한국인 대 미국인 또는 한국인 대 일본인이라는 식의 국민 대 국민 또는 민족 대 민족이라는 관계와는 약간 다른 관계를 독자들과 나 사이에서 만들 수 있을지도 모릅니다. 그리고 이 약간 다른 관계를 단순히 친구 사이라고 부를까 내심 생각하고 있습니다.

마지막으로 이번 번역의 단서를 만들어주신 김경원 씨께 감사의 말을 하고 싶습니다.

2005년 5월 이사카에서

사카이 나오키

일본어판 서문

이 책의 부제는 '번역과 주체'이다.* 이 부제만큼 이 책에 수록된 논문들을 일관되게 지탱하는 문제의식의 위치를 보여주는 것은 없을 것이다. 왜냐하면 '주체'라는 용어 자체가 subject(또는 sujet, Subjekt 등)의 번역이며, 또 subject나 sujet가 그리스어 휘포케이메논(hypokeimenon)의 번역임이 널리 알려져 있기 때문이다. 말할 나위도 없이 '주체'가 subject의 올바른 번역인가는 아주 의심스러운데, 번역에서 올바르다는 것이 무엇인가라는 의문을 환기시키는 것으로서 '주체'와 subject는 서로 관계된다고 하겠다. 더욱이 그리스어의 기원을 살펴보면, '주체'가 처음부터 적어도 두 가지 의미를 갖고 설정된 조어임을 금방 알 수 있을 것이다. 그렇다면 '번역과 주체'라는 부제가 표명하는 것은 번역과 주체라는 두 가지 주제(subject)의 병존(竝存)과 그 병존에 의해 규정되는 일군의 문제들뿐 아니라 '주체'가 번역으로 존재하며, 주체가 말하자면 번역에 접혀져 있어서 번역이 주체라는 말의 존재를 규정한다는 사태일 것이다. 바로 그렇기 때문에 '주체'는 subject의 다른 번역들, '주어' '주제' '주관' '신민' 등과 결부되면서 증

---

* 이 책의 일본어판 제목은 '일본사상이라는 문제'이며, '번역과 주체'를 부제로 사용했다.

식할 수밖에 없었던 것이다. '주체'가 subject의 올바른 번역인지 아닌
지는 '주어' '주제' '주관' '신민'과 같은 다른 번역들 사이의 배분질서
(economy)에 대한 질문을 불가피하게 환기시키고 마는 것이다.

만약에 번역을 한 언어의 한 단어와 다른 언어의 한 단어 사이의 의
미의 동일성을 매개로 한 1대 1 대응의 문제라고 생각한다면, subject
는 분명히 휘포케이메논의 오역이다. 같은 전제에서 출발한다면 '주
체' 또한 subject의 오역이라고 할 수밖에 없을 것이다. 그러나 '번역과
subject'를 두 가지 주제의 병존으로만 보는 것이 아니라 subject가 번
역에 접혀진 것으로도 본다면 subject와 휘포케이메논 사이가 단순히
역사적 거리에 의해 떨어져 있을 뿐 아니라, 거기에는 철학·정치적 문
제권으로서 subject의 영역이 열려 있음을 알 수 있다. '번역과 주체'에
대해서도 이와 똑같이 말할 수 있다. subject를 일본어로 번역한다는
작업은 언뜻 보기에 단순히 어학적인, 좁은 의미의 기술적 문제로 보
이면서도, 엄밀하게 고찰된 기술문제가 항상 그렇듯이, 어원학이나 어
학의 습관화된 절차에 관한 논의 속에 가둘 수 없어서 철학·정치·역사
적 문제권으로서의 '주체'의 '주제' 영역을 드러내고 마는 것이며, 일본
어와 영어라는 상정된 언어의 통일성을 문제시하도록 우리를 유혹하
게 되기 때문이다.

그래서 번역과 관련해서 subject를 고찰하는 것은 하나의 명사로서
의 '주체'의 번역뿐 아니라 반드시 '번역' 행위의 주체의 문제를 유인하
고 만다. 번역은 스스로의 언어, '우리'의 언어 이외의 것에 대한 참조
없이는 이해할 수 없는데, 마찬가지로 '주체' 또한 사실은 자기 또는 자
기들 이외의 것, 즉 '타자'와의 관계 없이는 생길 수 없을 것이다. 하지
만 일반적으로 '주체'는 정반대로 이해되고 있으며, 가장 소박한 차원
에서는 '진정한 자기' 또는 '자율적인 자기' 정도의 의미로 파악되고 있
다. 더욱이 주체는 표상하는 나와 표상되는 나(=주제화된 경우에 한에

서의 나)라는 분열의 메커니즘을 통해 자기를 자기에게 표상하는 자로서의 근대적 주체=주관성으로 이해될 때도 있다. 어쨌거나 주체는 마치 자기완결적인 존재자처럼 설정된다. 자기완결적인 회로는 때로 국민문화라고 불리기도 하고 국민의 전체성이라고 불리기도 한다. 그리고 거기서는 하나의 자기완결적인 폐쇄영역으로 표상된 언어와 다른 자기완결적인 폐쇄영역으로 표상된 언어 사이의 의미교환으로서, 소통모델에 의해 번역을 이해하려 한다. 그렇다면 '주체'의 번역과 '번역'의 주체라는 두 가지 심급을 포개서 고찰하면 주체라는 개념이 자칫하면 은폐해버리는, 번역의 본질적 사회성이라고 부를 수 있는 사태를 드러낼 수 있을 것이다.

자기완결적으로 정립(定立)할 수 없는 행위체의 존재양식을 군이 '주체'와 다른 '主體'*로서 시사하려 한 것은, 'subject'의 번역을 일본어라는 상정된 통일성이 전체성이나 폐쇄영역으로 포섭할 수 없다는 점을 강조하기 위해서였다. 그래서 주체라는 말에 내재하는 번역의 문제를 지적하면서 내가 하려고 한 것은 subject의 번역을 자기완결적인 회로에서 해방시키는 일이었으며, 가령 국민주체라는 표현은 할 수 있어도 국민主體라고 할 수는 없다는 것을 제시하는 일이었다. 왜냐하면 국민주체는 상정된 국민 이외의 자들과의 사회성을 억압하는 한에서만 구성될 수 있으며, '主體'(일찍이 나는 the body of enunciation이라고 불렀다)는 국민주체의 구성에서 억압된 것의 위치를 시사하기 때문이다.

이 책에 수록된 글들은 이러한 자기완결적인 '주체'가 어떻게 subject

---

* 지은이가 영어판에서는 'subject'와 구별해서 'shutai'(슈타이)로, 일본어판에서는 '主體'와 구별해서 'シュタイ'(슈타이)로 표현한 개념. 이것을 '슈타이'로 음역하지 않고, 한글 '주체'(subject)와 구별해서 '主體'로 번역했다. 한국어에서는 발음상 '主體'와 '주체'가 구별되지 않으면서도, '主體'는 한글 '주체'로 완전히 회수될 수 없는 잉여를 가지고 있다. '主體'라고 한자로 쓸 경우에는 중국어나 일본어로도 이해될 수 있기 때문이다.

의 다른 번역들과 제휴하는지 탐구함으로써 번역과 주체의 정치적 효과를 개별 역사 속에서 확인하고, 억압되거나 배제된 '主體'를 분절하는 작업을 담당하고 있다. 쓰기·말하기·듣기·읽기라는 행위와 마찬가지로 번역행위는 사람들이 '타자'에게 열려 있다는 것, 즉 사람들의 사회성의 행위이며, 여기에 수록된 글들의 과반수가 번역의 실천으로서 저자와 번역자 양자에 의해 쓰인 것은 우연이 아닌 것이다.

1997년 2월 2일
타이베이(臺北)에서

감사의 말

　　표지에 있는 한자는 '흔적'을 뜻하는데, 그런 글자를 넣음으로써 나는 이 책에 수록된 논문들이 번역의 주제로서의 주체와 번역에 있어서 타자의 흔적에 관한 문제틀에 초점을 맞추는 것뿐 아니라 우정의 흔적을 가리킨다는 것을 암시하고 싶었다. 이 책의 각 장은 지난 12년 동안 쓰여지고 발표되었는데, 이 논문들이 출판되기에 앞서 많은 친구들이 읽어주고 코멘트를 해주었다. 그들의 격려와 도움은 각 장에 지워지지 않는 흔적으로 남아 있다. 이 친구들 중에는, 고(故) 마에다 아이(前田愛), 이요타니 도시오(伊豫谷登士翁), 브렛 드 배리(Brett de Bary), 윌리엄 헤이버(William Haver), 천광싱(陳光興), 해리 하루투니안(Harry Harootunian), 가라타니 고진(柄谷行人), J. 빅터 코슈만(J. Victor Koschmann), 매릴린 아이비(Marilyn Ivy), 야마구치 지로(山口二郎), 미건 모리스(Meaghan Morris), 나리타 류이치(成田龍一), 벤저민 리(Benjamin Lee), 티모시 머리(Timothy Murray), 야마노우치 야스시(山之內靖), 크리스토퍼 핀스크(Christopher Fynsk), 히로타 마사키(ひろたまさき), 수잔 벅 모스(Susan Buck-Morss), 도미야마 이치로(冨山一郎), 펭 체아(Pheng Cheah), 와키타 하루코(脇田晴子), 랴오빙후이(廖炳惠), 마사오 미요시(Masao Miyoshi), 딜립 가온카르

(Dilip Gaonkar), 마쓰자와 히로아키(松澤弘陽), 도미니크 라카프라 (Dominick LaCapra), 사키야마 마사키(崎山政毅), 토머스 라마르 (Thomas Lamarre)가 있다. 물론 이들 외에도 나의 수업과 독서모임에 참여한 내 학원생들을 비롯한 많은 사람들이 보여준 나의 주장에 대한 비판과 열정적인 지지에 심심한 감사를 드린다. 그리고 힘든 편집작업을 맡아준 데이비드 소스태드(David Thorstad)와 교정을 도와준 루이스 해링턴(Lewis Harrington)에게도 감사한다. 끝으로 이 논문들은 비록 내가 쓴 것이지만, 나의 발표가 명료한지, 나의 표현이 적당한지 게일 사카이(Gail Sakai)와 거듭 상의하면서 쓴 만큼, 이 책을 그에게 바친다.

서문

미건 모리스*

　　사카이 나오키의 이전 저서 『과거의 목소리들: 18세기 일본 담론에서의 언어의 지위』에는, 나에게는 아주 생소한 주제인 17세기의 유학자이자 성리학 비판자였던 이토 진사이(伊藤仁齋)의 윤리학에 관한 훌륭한 구절이 있는데, 이 구절 때문에 다소 당황스러웠지만 친숙한 부분도 더러 있어 기쁘기도 했다. 마음(心)에 관한 성리학의 사회성 개념을 상술하면서 사카이는 주희가 말하는 이상적 공동체에 대한 근본적인 계약이, 물질성이라는 '먼지,' 모든 사건들의 '적'(跡, 이토 진사이의 용어), 경이로움, 방해물, 실제의 사회적 조우들의 절대적인 신체적 에너지 등을 억누름으로써 지켜지는 "맑은 거울의 표면과 같은 소통의 투명성"을 전제로 했음을 지적한다. "마치 약분불가능성이 존재해서는 안되는 것처럼, 마치 실제로 남의 마음을 알 수 없다는 것을 인정하는 것이 무언가 도리에 어긋나고 불건전한 것처럼 말이다."[1]

　　그 구절을 통해 얻은 관념론 철학과 유물론 철학의 구조화된 대비보다도(나는 이 구절을 통해 이토가 덕〔德〕을 마음 바깥에, 즉 타자들과의 사

---

* Meaghan Morris. 홍콩 링난(嶺南) 대학 문화학과 교수.

회적 관계 속에, 그리고 "사회적 행위의 실행" 속에 설정했다는 것을 배운다.) "무언가 도리에 어긋나고 불건전한 것"이라는 문구가 나의 상상력을 뒤흔들었다. 나에게는 똑같이 생소한 유교의 두 가지 양식의 대조가 추론되고 있다는 점에 생각이 미치자 나는 금방 소심해졌지만, 오늘날 영미 학계의 까다로운 먼지 청소부들에 대해 생각하지 않을 수 없었던 것이다. 그들은 텍스트 속의 모든 '불투명성,' 주장의 요점을 흐리게 하는 (그들에게서 나온) 모든 '애매함,' 실제적 활동과 관계된 텍스트성에 대한 '난해한' 이야기 등에 분개하기 때문에, 소통에서 우연적이라기보다 본질적인 요소인 몰이해라는 사회적 티끌에 대한 진지한 논의를 견디지 못한다.

확실히 오늘날 (사카이가 이 새 책에서 말하는) '잡음 없는 감정의 전이'를 옹호하는 사람들은 합리성이라는 점에서 '성즉리'(性卽理)라는 주희의 사상에 그다지 동의하지 않을 것이다. 사상의 공적 양식에 순응하는 것이 요즘 세상에서는 야망이기에, 그들은 '약분불가능성'에 대해 떠들어대지 않는 것을 선호하는 것뿐이다. 마치 우발성과 타자성이 사회생활을 영위하는 데는 중요하지 않은 것처럼, 마치 투명성과 호환성이 선의를 가진 사람들 사이에서나 가능한 것처럼 그들은 사물과 어울리기를 좋아한다. 그래서 인문학에서의 담론적 성찰작업('이론')에 대해 그들이 불건전하다고 느끼는 것은, 학문적 일상생활 속에서 다양한 형태—혼란을 야기하는 사회적·역사적 먼지가 자욱하게 퍼져 있는 경우가 많은—의 문제가 생기면 '남의 마음'이라는 난문을 무시하지 않고 강조하는 습관이다.

이런 점에서는 뒤엉킨 통사법이나 평범한 영어 산문을 이해하기 어려운 라틴어로 오염시키는 취향보다 그 유명한, 이론의 불투명성이 더 중요하다. 이론의 불투명성이란, 실천을 통해 소통의 투명성을 더럽히고 직업적 교환의 원활함을 어지럽히는 것이면 뭐든지 완강하게 부각

시키는 문제이다. 양의성과 결정불가능성이라는 사람을 무기력하게 만
드는 이야기로 활동을 어렵게 하고, 모든 상황을 엉클어놓는 차이들을
투덜투덜 찾으며 끝없이 "우리는 무엇을 하고 있는가?" "누가 '우리'인
가?"라고 의심하는 이론이라는 것 자체가 '먼지투성이'의 실천인 것이
다. 빠른 정보의 유통과 효율적인 지식 생산을 위해 합리화된 학계에서
이론이란 자극적인, 또는 더 나쁘게 말하면 불화를 일으키는 행위체
(agent)이다. 이론은 사람들로 하여금 그들의 실천의 동인(agency)—
사카이의 철학적 어휘로 말하면 主體로서의 subject—에 대해 너무
많이 생각하게 함으로써 책임 있는 학술적 작업에서 요구되는 명료한
연구대상을 애매하게 한다는 것이다.

　잠시 『과거의 목소리들』로 돌아가면, 나는 이렇게 우회하는 작업이
사카이가 설명했던 것—이종혼성성과 우발성을 삶의 물질적 요소로
인정할 가능성을 성리학이 병리화한 과정에 대해—과 유사하다는 것
을 발견한다. 그래서 내가 성리학의 타자성에 대한 평가에 다가갈 수
있게 되었는지도 모른다. 사카이에 따르면, 주희의 주장은 일사불란하
게 질서가 잡힌 세계에서는 약분불가능성이 "존재해서는 안되는 것처
럼" 되어감으로써 수사적 힘을 얻었다고 한다. 그것은 "만약 공동성이
없으면 무슨 일이 벌어지는지에 대한 이미지를 받아들이도록 독자들
을 설득하고 또 그러한 상황은 결코 일어나지 않을 거라고 확신시키려
고 하는 것이다." 우리가 알고 있듯이 세계의 안정성이, 단결이라는 공
동체적 감각을 공동체 속에서 유지하는 데 달려 있다고 암시하는 장치
에 대해 이제 나는 잘 알고 있다. 하지만 내가 알 수 있는 세상의 어떤
주장도 조화를 최우선시하고, 격변은 불가능하다고 하는 것으로는 설
득력을 지닐 수 없다. 다만 우주 규모의 혼돈과 근대성의 일상화된 무
질서에서 언제든지 생길 수 있는 재앙이라는 이미 받아들여진 이미지
에서 오는 위협으로서는 내게 강한 시사를 준다.

그런데 이것이 보여주는 것은, '저기'에 있다고 널리 합의된 이종혼 성성과 우발성의 힘을 진지하게 다루려는 활동을 병리화했을 때 이론 에 대한 한탄이 얼마나 설득력을 지닐 수 있는가 하는 것이다. 원래 위 험한 세계 속에서 변덕스러운 힘들은 '마치' 다른 행성에서 그러는 것 처럼 엄청난 거리를 두고 작동하는 중립적 주관에 의해 가장 잘 관찰 된다. 봉쇄의 이러한 양식에서는 타자성이나 약분불가능성은 '저기'에 는 있을 수 있어도 '이' 발화의 실천이나 '이' 학문분야, '이' 공동체 속 에는 존재하지 않는다. 그래서 그 시사와 공명하는 것은 그 시사가 주 는 위협이다. 즉 만약에 공동체의식(communality)이 여기에 없다면 무슨 일이 생길까?

이것은 최근에 이론의 가장 세속적이지 않은 제안자라는 너무나 터 무니없는 꿈에서 깨어나 갖가지 이론적 실천을, 국민을 파괴하는 힘으 로 간주하도록 분별력 있는 학자들에게 촉구하는 그런 유의 문제이다. 이러한 논쟁이 지나치면 이제는 사카이가 『번역과 주체』에서 하는 것 처럼 적극적으로 이 문제를 풀어 나가기보다는, 이 문제를 강요하는 공포를 비웃기가 훨씬 쉬워진다. 물론 타자에 대한 공포를 비웃는 것 은 개별적인 회피방법일 수 있다. 그 문제가 가령 비'공동체적' 사회성 이라는 실천적 이미지를 요구하는 것으로 달리 표현된다면, '무슨 일이 벌어질까'라는 불안감은 곧바로 그리 불합리하지도 않은 것처럼 보이 게 된다. 인종, 민족, 젠더, 섹슈얼리티, 종교라는 경계선들뿐 아니라 언어의 경계선을 가로지르는 초국가적인(transnational) 토론 공간을 어떻게 하면 만들 수 있을까라는 식으로 말이다.

과거에 저기서 논의되었다가 지금 여기서 다시 논의되고 있는, 연구 자와 '그의' 연구대상 사이의 거리와 분리라는 전통적 이념을 아주 불 확실하게 만들고 있는 경제적·기술적 변화라는 바로 그 힘에 의해 공 동체를 통제하던 기존의 국민적 양식이 변형되는 것처럼 확실히 그러한 공간은 바람직한 것으로 보인다. 그런데 그것이 가능한가? 이를테면 지도와 그 분할의 물질적 형식을 따라 '전지구적' 권력이라는 바로 그 개념을 변용시키는 자본주의의 새로운 지리학과 연결되면서도 아주 다양하게 체험된 '문화'의 모든 범주를 경직되게 만드는 제국주의의 유산에 사람들이 각기 다른 맥락에서 직면하는 공간, 공동체의식을 실체로 공유하지 않는 사람들이 자신의 차이들을 분절할 수 있는 공간—세계에 흩어져 있는 지식인들의 꿈속에서 그 공간 자체의 출현에 의해 제기되는 계급적 이익이라는 새로운 문제도 무시하지 않는 그런 공간이 가능한가?

이런 시나리오, 혹은 이와 유사한 무언가가 바람직해 보이며 학문이 미래를 비판적으로 보는 모든 주장을 지지하는 일이 긴급하기조차 하다면 그것은 절망적으로 유토피아적인 것으로도 보일 수 있다. 아무리 작은 규모라 할지라도 그러한 공간을 만드는 과정에서 만만치 않은 문제들이 어떤 실험에도 다가온다. 실제 장소에서 만들어지면 지식상의 초국가적인 공간은 소진될 수 있고, 더 나아가 신랄함, 비난, 공정한 추구라기보다 권력다툼, 이기적인 전술적 본질주의, 사카이가 (그 필요성을 인정하면서도) '보복적 폭로'라고 부르는 타자의 자민족중심주의를 드러내는 과정의 끝없는 순환 등으로 들끓어서 끔찍할 수도 있다. 또 다른 극단으로 가면 그러한 공간은 이름만 초국가적인 지루한 것일 수 있다. 다시 말해 지역적으로 활발한 중심부(metropolitan) 학계의 생산물로서 그 안에서는 상이한 대학 제도 출신의 학자들이 수미일관한 내용과 하나의 언어, 국제 출판물 기준에 완벽하게 맞추어서 논문을 내고, 약분불가능성과 이접(disjunction)에 대해 논하면서도 서로를 원활하게 이해하는 것이다.

그러한 양극단 사이에서 생겨나는 압력의 실제 생산성은 희망, 인내, 즉흥정신에 의해 결정되는데, 거기서 사람들은 그 진행에 관한 유용한 실용 모델 없이 몇 개의 경계선을 동시에 넘나들면서 작업을 시도하는 것의 소모적 성질에 대해 이야기하는 일이 많다. 어떤 문제를 다루기 위한 실용 모델은 그것을 서술하는 기술적 어휘나 그 의미를 설정하는 개념 틀과 동일하지 않은 것이다. 그 양자는 문화이론에서는 충분히 유용하지만, 형식적으로 보면 연설을 마무리할 때에는 고무적이지만 다른 활동에는 적절하지 않은, 완전히 수사적인 처방을 남발하는 경향이 있다. 예를 들어 실제로 어떤 사회적 행위가 벤야민 이후에 "역사의 연속을 타파할" 수 있으며 료타르와 더불어 "전체성과 싸울" 수 있고 또 하버마스를 도와 "그 자체로서 불화를 내포한 근대성을 조화시킬" 수 있을까?

실용 모델이 필요로 하는 것은 역사적 실천에 대한 덜 묵시론적인 개념이다. 불순하게 수사적으로 말하면 그것은 삶의 평범한 도정에서 사람들이 하는, 또는 할 가능성이 있는 일들과 연결될 수 있어야 한다. 실용 모델은 실천적 사례(example)를 찾기 위해 속을 썩여야 하는, 영웅적이지만 아직 실현되지 않은 기획을 사람들에게 제시하는 대신 (보다 세련되게 말하자면, 사람들이 사례들에 대한 모든 욕망을 억누르지 않는다면) 그것 자체가 그 속에서 기획이 창조되거나 고안될 수 있는 '단독적' 실천이어야 '모범적'(exemplary)이라고 불릴 수 있다.[2] 이것은 다른 종류의 행위를 위한 이론적·문화적 작업을 포기하는 것을 의미하지 않는다. 시는 이 유혹적이고 도전적인 방식에 있어서 종종 모범적인데, 배움, 사고, 소통에서의 단독적인 실험으로서 쓰인 에세이 역시 그러하다.

이런 의미에서 하나의 에세이로서 『번역과 주체』의 가장 고무적인 성과는 그 방법론을 옹호하기 위해 엄밀하고도 내가 보기에 아주 설득력 있는 역사적 논증에 착수하는 한편 초국가적 문화이론과 역사의 실용 모델을 제공했다는 점이다. 좋은 에세이는 모두 이런 방법론과 직접적으로 연결되어 있는데 그것을 기술하는 것은 쉬운 일이 아니다. 이런 면에서 보면 사카이는 만만치 않은 범위의 학습을 했으며 『번역과 주체』는 탐구의 다양한 선이 촘촘하게 짜이기도 하고 갈라지기도 하면서 상호 교차하는 다층적 저작이다. 각 장은 다른 장들과 연결되면서도 고유한 일관성을 갖고 있다. 논증의 근간이 되는 선으로 곡선을 스케치하는 몇 개의 단락과 함께 직설적으로 이 서문을 시작하려 했을 때(그리고 예전에 생각해본 적이 없는 오스트레일리아에 관한 주제로 몇 개의 논문 초고를 준비했을 때) 쓰라린 경험을 통해 깨달았듯이, 이 책은 독자들에게 굉장히 생산적인 생각들을 산출하게 하는 방식을 취한다.

사카이의 저작을 통해 추론하고 싶다는 충동은 내가 보기에 나에 의한 자유연상이 아니라 구성(composition)——들뢰즈와 가타리가 말하는 다양체들이 역동적으로 결합하는 방식이라는 의미에서의 '구성'[3]——의 내포적 양식의 결과인데, 그 구성은 이 책에 의해 사회적 실천으로 잘 정식화되었으며 저작 내의 훌륭한 예를 통해 이루어졌다. 여기서 쟁점은 분명하다. 텍스트 '내에서는' 예기치 못한 다양한 방향으로 읽게 하는 것이 이 텍스트의 성향——『과거의 목소리들』에서 사카이가 번역한 이토 진사이의 구절에 따르면 그 원리를 '외부를 향해' '확충(擴充)[4]하는 이 텍스트의 성향——이며, 이로 인해 『번역과 주체』는 문화에 대한 초국가적 연구의 실용 모델로서의 명료하고 실천적 힘을 부여받게 된다. 사람들이 그러한 실천은 불가능하다고 판단하는데도 국가와 언어의 경계선을 가로지르는 '이론의 실천'의 사례를 웅변으로 보여주며, 보편주의와 특수주의라는 논리의 가공할 만한 역사적 공범성을 추적함으로써 사카이의 책은 생산적이고 지속가능한 방식으로 문화의 경계선들을 가로지르는 작업이 왜 그리고 어떻게 가능한지에 대한 전혀 나무랄 데 없는 설명이다.

이것은 철저하게 실천적인 방식으로 번역을 숙고함으로써 이루어졌다. 이런 점에서 사카이는 다른 이론가들처럼 (차이에서 등가성을 생산하기보다) 약분불가능성에서 차이를 생산하는 실천으로서의 번역의 개념과 번역의 '문제'(matter)를 철저하게 이종혼성적인 것으로 개념화한다. 즉 여기서 '발화행위의 신체'(主體)는 대다수 담론의 문법에서 소통이론의 비물질적 '발신자'로 간주되는 '주어'(the subject)로 부분적으로나 전체적으로나 환원될 수 없는 것이다. 이러한 접근은 가정된 이상형이나 번역이 필요 없는 세계——언어적 차이와 텍스트의 물질성에 의해 만들어지는 '먼지'도 없고 약분불가능성이라는 주름도 몰이해라는 티끌도 없는, 요컨대 언어 없는 세계가 어떤 것인지 혹은 어떠해야 하는지라는 이미 받아들여진 이야기에서 시작하지 않고 실제로 번역이라는 노력 속에서 무슨 일이 일어나는지를 묻는다는 의미에서 실천적이다.

또한 『번역과 주체』는 분명히 제국 권력의 행사와 합법성, 즉 국민 공동체의 제작을 위해서 세속적으로 번역을 사용한다는 점, 그리고 제국과 국민에 의해 쫓겨난 사람들을 위한 생존과 저항의 장소로서 번역을 재고하는 작업을 한다는 점을 많은 포스트콜로니얼 연구와 공유하고 있다. 차학경(어머니가 일본 식민주의에 의해 만주로 쫓겨난 한국계 미국이민)의 다언어 텍스트에서 시작하여 15년전쟁(제2차 세계대전, 1931~1945)의 생존자인 '황무지파' 시인들의 언어에서의 죽음에 대한 연구로 끝이 나는, "'일본'이라는/의 주체/주제/주어"에 관한 이 에세이들은 사카이가 "제국주의의 뜻밖의 유산"이라고 부르는 것, 즉 "이루고자 한 것 이상의 무언가를 산출하는" 과거의 전략의 현재적 효과와 관련된다. 와쓰지 데쓰로(和辻哲郎)의 인간학, 윤리학과 국민성론에 대한, 특히 중심적인 두 장(章)은 서양에 대한 반제국주의적 비판자이자 하이데거의 비판적 지지자의 사상이 20세기 중반 일본의 '더 심한' 제국주의(그리고 인종주의)를 정당화하는 역할을 했을 뿐 아니라 오늘날

‘동양'과 '서양'에 관한 논쟁—이 책의 중간 네 개 장에서 검토되는 번역과 이론이라는 복잡한 나선 속에서 순환되는 논쟁—을 계속 변화시키는 문화론을 형성하게 되는 궤적을 냉철하게 꼼꼼히 추적한다.

이러한 점들을 감안하면 사카이의 접근이 보여주는 뚜렷한 실천성은 번역을 사회관계로서, 어떻게 해서든 항상 남과 더불어 수행되어야 하며 그 상황을 구조화하는 실천으로서 놀랄 만한 유연성을 갖고 분석한 데서 기인하는 것 같다. 탐구의 언어학적·철학적·역사적 양식 사이를 정교하게 움직이고 시와 사회이론에 대한 연구와 더불어 텔레비전과 근대의 지적 관광의 역사에서 자료를 끌어내면서 행하는 번역의 사회성에 대한 이 분석은 대부분의 문화'연구' 프로젝트와 활동에 중요한, 실천의 적어도 분명한 세 가지 수준 또는 측면—대체적으로 말해서 수사적·제도적·정치적 측면—때문에 내게는 특히 유용한 것으로 보인다.

이 세 가지 측면보다 더 근본적인 것은 사카이가 번역을 말걸기의 양식으로, 그리고 말걸기를 전달에 앞서는 것으로 생각하는 방식이다. 영어 또는 일본어를 하는 청중들을 위해 동시에 번역하는 가운데 이 에세이들을 쓴다는 그의 고유한 경험—그것은 어떤 사람을 '오리지널' 텍스트에 대한 1차적 청중으로, 또 다른 사람을 2차적으로 번역의 수신자로 배치하는 것과 눈에 띄게 다른 접근이다—에 의존하면서 사카이는 동일성을 갖는 '국민'('하나의' 집단적 주체)으로 모델화되고 아울러 균질적인 것으로 다루어지는 두 가지 언어공동체를 매개하는 것으로 가정되는 '균질언어적' 말걸기의 자세와 다양하고도 뒤섞인 청중들과의 관계를 시도하려는 말걸기의 '이언어적' 양식을 신중하게 구별한다.

이제 환원불가능하게 또는 '거칠게' 뒤섞인 청중들에게 이야기하고 그것의 한 구성원으로 참여하는 것의 어려움은 초국가적인 지적 작업을 위한 어떤 노력에서나 기본적인 것이다. 그래서 여기에 도전해본 학자들은 이 어려움을 이겨내기 어렵다고 나지막이 말하는 경우가 많다. 하지만 이와 똑같은 어려움은 학자뿐 아니라 대다수 사람들에게도 친숙한데, 그들은 자신을 외국어를 할 줄 아는 사람으로 반드시 생각하지는 않으며 일상적 사회생활에서, 또 균질언어적 말걸기의 시도를 불가피하게 건방지거나 쓸모없는 것으로 만드는 상황 속에서 '복수(複數)의 언어'와 일상적으로 협상한다. 물론 어떤 이들에게는 '복수의 언어'라는 말은 분열된 국어를 의미해야 하는데, 그렇다면 일본어를 하는 '뒤섞인' 청중에게 일본어로 말을 거는 문제와 초국가주의(transnationalism)는 전혀 무관하게 될 것이다. 하지만 사카이는 이러한 생각이 왜 균질언어적 양식 외부에서는 유지될 수 없는지, 그리고 이언어적 말걸기의 자세가 국민국가의 경계선을 가로지르면서 또는 그 속에서 결코 공동체성을 가정하거나 이해를 당연시하지 않으면서 어떻게 공동체가 구성되는지를 명확하게 보여준다.

이것을 하기 위한 사카이 자신의 방식은 어떤 국어를 대표하는 사람이 다른 국어를 대표하는 사람에게 말을 건다는 자세를 피할 뿐만 아니라 문화적이거나 문명적인 공동체성을 가진 '우리'라는 말의 사용을 삼가는 것이기도 하다. 다시 말해 그는 자신이 외국인의 '비집성적'(非集成的) 공동체라고 부르는 것을 위해 글을 쓰는 것이다. 내가 보기에, 텍스트 속에서 작동하는 이 프로토콜 덕택에 『번역과 주체』의 구성은 내가 '연루시키는' 성격이라고 부르는 것을 갖게 된다. 거기에는 지적 유행이나 변덕과는 무관한 개방성이 있다. 즉 이 책은 독자들에게 진지한 요구를 한다. 하지만 그 요구는 내부자를 향해 이루어지는 것은 아니다. 이 텍스트는 당황함이나 경이로움이라는 계기에서 독자들을 국민적으로 또는 문화적으로 특징짓지 않는다. 이를테면 일본어를 '모른다'든가 아시아 연구를 '하고 있지 않는다'든가 하는 이유로 배제되

어 있다고 느끼는 독자들을 논의 '안'으로 초대하는 대신 독자들을 '밖'
으로 끌어내고, 읽고 이해하는 일상적 행위에서뿐만 아니라 그에 못지
않게 사카이의 책 바깥의 영역에서 텍스트와 연결되려는 독자들의 작
업에서도 일어날 수 있는 관여를 유인한다.

번역을 사회성의 한 양식으로 보는 사카이의 분석의 두 번째 수준에
서는, 번역과정에서 실제로 사람들이 무엇을 하고 있는지, 무엇을 할
수 있다고 생각하는지를 묻는 이 질문이 학문분야 또는 문화적 차이의
기입/각인을 전문으로 하는 영역으로 확장된다. 2장에서는 '일본사상
사'가 논의되는 반면 4장에서는 '아시아 연구'가 사카이의 와쓰지에 대
한 두 번째 연구의 틀이다. 번역과 주해(註解)의 왕복운동에 의해 연결
되는 이 두 가지 실천은 '동양'/'서양' 관계에 관한 이론, 논쟁 그리고
욕망을 축으로 하는 "'일본'이라는/의 주체/주제/주어"를 생산하는 역
사를 지닌다. 즉 이 양자는 실천에 의해 비교가능한 정체성들이라는
기반 위에서 타자성이나 독자성을 욕망하는 '지식의' 주체를 형성할 수
있는 것이며, '일본'이나 '동양' '서양' 등에 관한 이론과 토론의 홍수를
다른 청중들에게 해석해주는 '특성'에 관한 전문적 발언자를 만들 수
있는 것이다.

여기서도 역시 말걸기와 받아들이기라는 문제가 문화적 구별짓기라
는 실천에 봉착한다. '일본사상'에 대해 연구하거나 '아시아' 연구에 종
사함으로써 실제로 사람들이 무엇을 하고 있는지 물은 다음 사카이는
그 각각의 실천을 가능케 하고 구조화하는 조작(操作, operative) 범주
들(가령 '일본인'/'비일본인' '서양인'/'비서양인')을 역사적으로 문제삼는
이론의 실천 속에서 무엇을 할 수 있는지를 계속 생각한다. 그리고
"'일본' 사상"이라고 불리는 주제의 바로 그 이념에 의해 정립되고 '아
시아' 연구의 대상으로 위치지어진 문명의 타자가, 아마도 각각의 실천
자들이 말을 거는 공동체 속으로 공공연하게 포함된다면 무슨 일이 벌

어지는지를.

이런 식으로 본질적으로 뒤섞인 청중들에게 어떻게 말하고 외국인의 공동체 속에서 외국인으로서 어떻게 듣느냐 하는 질문은 수사적 행동을 알리는 사회적 프로토콜의 수준(균질언어적이냐 이언어적이냐)에서 학문적 실천을 변화시키는 이론의 정치적 수준으로 이동한다. 이 운동의 연속성은 역사적으로 이중으로 확보된 것이다. 한편으로는 '일본'을 균질적으로 '일본어'를 하면서 독자적인 사상을 가져야 하는 국민으로 여기는 이념이 비교적 최근에 발전했다는 설명에 의해서, 또 한편으로는 와쓰지가 인도인, 중국인과 유대인의 '특성'에 대한 이론을 아시아 연구로서 구성한 『풍토』(1928~1934)에 대한 독해에 의해서이다. 후자에서 사카이는 와쓰지가 서술한 식민지화된 '토착민'과 이산된 '나라 없는 사람들'이 그가 기투하려는 말걸기의 영역에서 배제되는 방식이 가지고 있는 분리주의적이고도 자민족지상주의적인 함의를 치밀하게 그려내고 있다.

(나처럼) 일본사상이든 아시아 연구든 똑같이 그다지 조예가 깊지 못한 사람들이 이 텍스트에 접근할 때는 근대 지성사의 지도를 크게 바꾸게 되는 연결고리로서 2장과 4장을 일단 한 쌍으로 읽는 것이 도움이 될 수 있다. 나는 미디어 연구를 하는 사람이고, 비록 '오스트레일리아 사상'이라는 공식적 학문분야는 없지만(그리고 그 부재에 관한 많은 농담들이 있지만), 만약 그것이 있다면 나는 그것을 연구했을지도 모른다. 『번역과 주체』를 읽고 나서, 나는 그 부재와 그에 관한 농담들이 새롭게 그리고 더 진지하게 궁금해졌다. 또한 나는 이 책이 오스트레일리아의 매체공간을 떠도는 '일본'에 대한 우려 섞인 모든 전문가적 의견들— 무역과 지역 외교에 대한 일본인의 태도를 바라보는 미국인의 관점에 일본인이 어떤 반응을 보이는지에 대한 숨가쁜 진단, '그들' 또는 (오스트레일리아에서 보다 일반화된 표현을 사용하면) '우리'를 기다

리는 문화적으로 마련된 재앙의 불길한 예상, 일본인의 '방식'에 대한
이국적이며 종종 만화적이기까지 한 민속지적 묘사——의 모든 역사를
조명하고 있음을 깨달았으며, 아울러 이에 못지않게 1890년대부터
1960년대까지 오스트레일리아 사람들에게 '상식'이었고 오늘날에도
언론이나 정치적 논평, 대중적인 전설 속에서 재활용되고 있는 국민성
/민족성에 대한 인종주의 이론의 역사로서도 내게 이루 헤아릴 수 없
을 만큼 소중하다는 것을 알게 되었다.

　그런데 어떤 점에서는 학문적 실천에 관해 '짝'을 이루는 2장과 4장
이 왜 와쓰지에 의한 하이데거의 수정, 문화복고/유신운동의 감상적
인 측면, 그리고 전후 천황제를 다룬 '서양으로의 회귀/동양으로의 회
귀'라는 3장에 의해 중단되는지를 묻는 것이 더 중요하다. 유럽철학을
모방하려는 와쓰지의 충동이 어떻게 1930년대 '서양'의 특별함을 회복
하려는 강박에 대한 반동으로 똑같이 자민족중심적인 '동양으로의 회
귀'를 성립시킨 대칭성에 대한 욕망이 되었는지를 추적한 3장은, 사실
은 대칭적으로 '짝' 또는 비교문화분석에서 말하는 양극화를 향하는 충
동에 대한 강력한 비판이다. 또한 이 '쌍형상화'라는 논리가 어떻게 문
화적 국민주의와 더불어 조합주의와 국가동화주의로 전개될 수 있는
지를 보여주면서 상이한 조건들 사이에서 유지되는 비대칭적 관계에
대한 인식이 어떻게, 그리고 왜, 일부 비평가들이 기대하는 것처럼 이
른바 불투명한 특수성들에 대한 원자론적 찬양을 촉진하지 않고[5] 그
러한 조건들이 초국가적 역사에 의해 분절되는지를 실천적으로 보여
주기도 한다.

　근대의 애국적 '분노'에 대한 감상의 배분질서(economy)를 연구하
는 3장은 왜 이러한 이론의 정치가 문제가 되는지를 명백하게 보여준
다. 이 장은 왜 사카이의 번역이론의 수사적·학문적 측면이 그의 분석
의 세 번째 정치적 차원——다소 폭력적으로 스스로가 만들어낸 경계선

안팎에서 이종혼성성을 억압하고 타자성을 병리화하여 근대 국민국가의 담론과 '국어'라는 이념에 대한 비판——을 여는지를 액자형식(*en abîme*)으로 설명한다. 하지만 근대 제국주의적 국민주의에 의해 연출된 '공동체주의'의 가장 공격적이고 열렬한 폭발을 단일언어 사용의 세속성과 연결시키면서도, 사카이는 유추에 의해 언어의 혼합에 대한 부정에서 소수자와 이민에 대한 억압으로 슬쩍 이동하지 않는다. 오히려 『번역과 주체』는 『과거의 목소리들』에서 행한 역사적 작업을 토대로 하고 있다. 그 작업은 언어적·사회적 다양성이라는 실제 조건들 속에서 어떻게 18세기 번역의 새로운 실천계의 출현이 하나의 연속적인 역사가 있다고 주장할 수 있는 단일한 '일본'어와 '일본'민족을 떠올리게 했는지, 번역을 국민으로 생각되기 쉬운 두 개의 자율적 실체 사이에서 생기는 것으로 표상하는 것을 가능케 했는지에 관한 것이었다.

대다수 독자들은 사회이론에 만연한 '서양/비서양' '근대/전근대' '보편/특수'와 같은 짝에 대한 사카이의 비판에서 포스트모더니티라는 정치적 불확실성에 관한 최근의 논쟁을 통해 '쌍형상화'(cofiguration, 대칭성과 등가성에 의해 조직된 비교의 경쟁적 양식)라는 논리에 대한 사카이의 분석에 친숙함을 느낄지도 모른다. 5장에서 전개되었듯이, 이 강렬하게 대립하는 항들을, 이브 세지윅의 말을 빌리면 '서로에게 투영된 비난'[6] 속에서 하나로 묶어주는 공범성 또는 동맹관계를 강조하는 이런 탁월한 논증은 포스트모던적 문화연구가 너무나 공공연하게 무시하고 싶어 하는 '국어와 국문학'이라는 문제에 대한 사카이의 비판과 밀접하게 관련되어 있어서 훨씬 더 설득력 있는 독해이다.

특히 미디어 문화연구는 이미 국민 '이후'이자 이른바 자연언어에 대한 근대주의의 이율배반적 선입관을 '넘어선' 시간대로 종종 직접적으로 투영되곤 한다. 하지만 '자연'언어라는 개념은 쉽사리 국어——간단히 말하면 '일본어, 영어, 불어 등등'——로 간주되는데 그 안이함은 우리가 아직 국어 속에 갇혀 있으며 실제로 쌍형상화 도식을 거치지 않고 우리의 번역이라는 실천을 이해하는 것이 어렵다는 사카이의 주장의 타당함을 시사한다.

　오스트레일리아에서처럼 미국에서 '번역'의 문제가 오늘날 어떻게 해서 다양한 공적인 논쟁 안에서 생겨났는지를 생각해보자. 번역은 세계시민적 미래(가령 로버트 휴즈의 다문화주의라는 비전)[7]에서 서로를 풍요롭게 하는 사회관계에 대한 은유로서 선정적이면서도 모호하게 사용된다. 그것은 지금 존재하는 불평등하고 분할된 사회에서 (말하자면 다언어 사용을 공립학교의 교육목표이자 전제로 삼음으로써) 문화적 차이에 대한 보다 정의롭고 현실적인 접근을 위한 모델로서의 각종 제도 내에서 첨예한 논란이 되고 있다. 그리고 번역은 이민이나 관광객으로부터 정치적 공정함이나 인터넷에 이르기까지 외래적인 것으로 낙인찍힌 것이 국민의 단결이나 언어의 통합, 문화의 질에 주는 충격에 관해서 미디어를 통해 치러지는 전혀 다른 종류의 전투 속에서 힐문당하거나 비난받는다. 번역이라는 개념은 언어학자나 문학연구자가 독점하는 영역이 아니라 사람들이 생활 속에서 경제적·사회적·문화적 변화의 효과에 대처하기 위해 일반적으로 의존하는 수단 중 하나이다.

　하지만 이 모든 논쟁에서 번역은 보통 국가처럼 행동하는, 명확히 구별되고 균질지향적이며 잠재적으로 경쟁적인 '문화들' 사이에서 특별한 대리인에 의해 수행되는 외교의 형식, 즉 사카이가 '1대 1의 간(間)국민주의'라고 부르는 것의 도구로서도 이해된다. 사회적 차이들을 국민적인 것으로 변형하는 것에 대해 비판했음에도 불구하고, 휴즈가 "교양 있고 우아하게 민족적·문화적·언어적 경계선을 가로질러 생각하고 행동하는"[8] 사람들에게 잠재적 엘리트의 지위를 부여할 때 생각하고 있던 것은 바로 이것이다. 다시 말해 교양의 경계선을 가로지르는 데 반대하는 사람들의 귀에는 '영어'라는 이름으로 이야기되는 언어가 하나만이 아니라는 선언이 분리주의 선언으로 들릴 수밖에 없다. 그래서 그런 논쟁이 벌어지는 사회에 내재하는 다양한 쟁점과 문제가, '우리의' 공동 공간에서 추방될 수 있을 뿐 아니라 추방되어야 할 이물체로 집요하게 통합되는 것이다.

하지만 이러한 반응을 단순히 누군가의 특유한 정치 탓으로 돌리게 되면 사카이의 쌍형상화 비판의 요점을 놓쳐버릴 것이다. 다시 말해 지금 번역을 쌍형상화 도식 외부에서 상상하는 것은 정말로 힘든 일이다. '초'(trans-), '다'(multi-), '횡단적'(cross-), '간'(inter-)과 같은 식의 사고의 연결고리들이 열렬하게 토론되는, 그리고 경계선들이 국경과 융합되지 않거나 성스러운 것으로 다루어지지 않는 실험적인 지적 공간에 대해 생각해보자. 내가 보기에, 사람들은 정도의 차이를 막론하고 식자들에게 '갈등'으로 이해될 수 있는 '갈등'에 의해 마음이 아팠을 때가 아니라 다음에 무엇을 해야 할지, 앞으로 어떻게 다른 식으로 소통을 해야 할지 의문스러워하는 상대적으로 고요한 순간에, 그리고 이 세상의 소모적인 지식의 무시무시한 환영이 되살아나는 순간에 가장 심신이 지친다.

개인과 집단을 막론하고 오늘날의 학계에서 '다원적인' 국제주의라는 이념은 물론 그리 설득력이 있는 것 같진 않다. 다원적인 국제주의, 즉 여가시간에 몇 개의 언어를 배우고 많은 역사책을 읽는다는 과거의 야릇한 꿈은 '등등…'으로 차이들의 긴 목록 안을 휙 지나가는 일은 있어도, 대다수의 사람들은 노동조건 때문에 그것을 추구하지 못한다. 가령 정보의 압도적인 확산 때문에 세계의 복잡성보다도 저자의 정열적인 활동성에 사람들의 이목을 집중시키는 전지구적 시스템 분석에서나 마치 듣는 행위가 말하는이가 그 장소에 '대해서 아는' 만큼 듣는이에게 알 의무를 대칭적으로 부여하는 것처럼 보이는, 아주 낯선 장소에 관한 이야기에 직면한 사람들의 흐릿한 눈에서처럼 말이다. 그러한 충동(개인적으로 나는 그것에서 전혀 자유롭지 못하지만)을 비웃는 것은 쉽지만, 이 맥락에서 다원적 국제주의는 알지 못하는 타자의 무한성과, 소통을 위한 노력의 내재적 요소로서의 몰이해를 감내할 만한 다른 방식으로는 부족한 모델— 작동하지 않는 모델—처럼 움직인다.

섬세하고도 직설적으로 이러한 문제들을 검토하면서 『번역과 주체』는 쌍형상화의 논리에서 벗어난 방법을 상상할 수 있게 만든다. 번역이 특별한 행위체의 지위를 잃어간다면, 공식적인 번역자의 위치가 (마치 언어적 차이도 이해불가능성의 문제도 없었던 것처럼) 지워지는 일은 없다. 매개자라기보다 임계적인(liminal) 존재가 됨으로써 번역자는 결코 성공을 확신할 수 없는 소통의 노력 속에서 만들어지는 '우리'의, 공동체주의에 의해 끊임없이 감추어지는 일상적 불안정성을 드러내는 것이다. 문지방 또는 사이에 있는 '장소'로서의 임계성(liminality)은 지금 문화이론가들에 의해 다양하게 해석된다. 이 책을 보면서 나는 번역자의 임계성을 틀 또는 경계선의 안/밖이라는 역설로서만이 아니라 친숙한 외부와 낯선 외부, 실재적 외부와 잠재적 외부 사이를 왔다 갔다 하는 운동으로 생각하게 되었다. 내가 보기에 말걸기의 이언어적 양식에서 번역자의 위치란 결과에 관한 만성적 불확실성이라는 조건 속에서 '밖을 향해 호소하는' 수밖에 없음을 받아들이는 사람의 위치이다.

그와 동시에 임계성의 다양한 경험 특유의 역사적 실천들에 대한 사카이의 조심스러운 추적은 "'일본'의/이라는 주체"를 재구성하는 작업인데, 그 재구성은 적어도 이 구절이 의미에 개방되어 있다는 것에 대한 독자의 감각을 근본적으로 바꾼다. 가장 즉각적으로는 내부적인 국민이라는 이념은 이념의 역사에 대한 외부자적인 에세이로 치환된다. 여기에는 피억압자의 위치나 사람이 살 수 없는 국민적 공간의 변두리(한국계 미국인에 의한 '문학'의 다언어적 반(反)작품화, 과거와 연속적인 신일본에서 '사는' 자로서 쓰는 것에 대한 귀환 일본인 병사의 거부)에서 읽

음으로써, 또한 와쓰지와 같은 정통적인 국민적 사상가의 텍스트 속에
서 발화되면서도 (여기서는 외국인과 해외관광객의 글쓰기처럼 재구성되
는) 부인된 임계성이라는 측면에서 읽음으로써 만들어지는 '비집성적
인' 일본이 존재한다.

하지만 또 하나의 운동이 내면화된 국민성이라는 유럽의 어떤 이념
의 외부적인 유통을 추적하고 그 이념을 이론적·역사적 비판에 노출시
킨다. 와쓰지는 번역가이기도 한데, 사카이가 새로이 해석한 바에 따
르면, 유럽 언어들에서 'subject'가 가질 수 있는 의미를 일본어로 번역
하는 문제에 대한 와쓰지의 철학적 연구와 그 해결은 어떤 언어나 공
동체 '속의' 타자성이나 외래성, 외부성으로서의 주체성을 이론화하는
기초가 되기도 한다. 이 운동에서 내게 가장 놀라웠던 것은, 오늘날 이
론에 대한 논쟁이 진행 중인 실천적 동인과 인식론적 동인(주체/주관)
사이의 구별에 대한 와쓰지의 해석을 읽는 것으로부터 시작하여, 이
구별을 '이론'이라는 기획의 실천적 이해, '서양'이라는 문제적인 용어
의 그럴듯하고 제한적이며 정확한 정의, 가장 파악하기 어려우면서도
유용한 이론적인 개념의 하나인 발화행위라는 실천을 명명하고 설명
하는 간결한 방법 등을 영어로 정리하기 위해 그 구별을 확장하고 변
용하는 방식이다.

主體가 무엇을 의미하는지를 감지하는 것이 '말로 옮기는 것'보다
항상 더 쉬운 것은, 특히 그것이 말로 옮기는 어떤 과정으로서 생겨나
고 그 과정에서 사라지는 것을 '의미하기' 때문이다. 즉 그것은 우리가
행위를 통해서 익히 알고 있는 무엇이다. 그렇지만 지나가는 것과 물
질적인 것, 열린 것과 역사적인 것, 실천과 연루된 것과 실천에서 생산
적인 것 등에 관한 이념들을 한데 모아 보여주려는 노력이 지면(紙面)
을 차지할 수는 있지만 그런 노력 뒤에도 여전히 메시지는 없다. '실
천'과 '신체', 잡종적인 역사들의 짐이나 흔적 같은 것을 운반하는 일련

의 말들은 결코 효과적으로 울리지 않는다. 아마도 우리는 '비집성적' 개념, 또는 비집성적인 것이라는 개념의 핵심을 다루고 있는 것이다. 하지만 이론적 담론의 불투명성이 때때로 영어 속의 라틴어를 과장하는 일, 즉 특수한 언어에 접근할 수 있는 전문가들의 폐쇄적인 공동체라는 식으로 청중들을 너무 배타적으로 정의하는 일인 한에서, 사카이가 말하는 主體는 그러한 사례들을 보여주는 지면들을 번역할 수 있는데, 이 방식은 보다 접근이 용이한 개념을 만들 뿐만 아니라 그것을 새롭게 사용할 수 있도록 개방한다.

여기서 생각할 문제는 다언어 사용을 직접적으로 시도하는 초국가적인 학술적 실천이 실제로 어떻게 가능한가 하는 것과, 그러한 실천의 '사례'가 갖는 지위이다. 차학경의 『딕테』에 대한 연구를 통해 사카이는 국어로서의 일본어가 탄생하기 전의 사용되던 언어 학습과 주체 형성에 관한 과거의 실용모델(오늘날 'literature'라고 번역되는 문학)을 참조한다. 하지만 오늘날의 학술적 이론가들은 그들 나름의 이유로 이 문제에 직면하고 있다. 학술적 담론은 갈수록 그 유통이 공평하지 않게 이루어진다 하더라도 하나의 언어공동체 안에서만 유통된다고 확신할 수는 없게 되는 것이다. 하지만 이것은 '우리가 모두' 상이한 청중들을 위해 쓰는 것을 강요당하거나 자극받는 것을 의미하지는 않으며 '우리 모두' 국민주의와 동일한 관계를 갖는다는 것을 의미하지도 않는다.

만약 이런 쟁점에 대한 사카이의 응답이 나에게 모범적으로 보인다면 그것은 그 단독성 때문이다. 『번역과 주체』는 예외적이거나 개인적인 두 언어사용의 사례가 아닌 것과 마찬가지로 이제부터 '실천'해야 할 다언어적 문화연구의 일반적 모델도 아니다. 사카이는 보편적으로 적용가능한 행동의 규범, 즉 회귀로서의 반복이라는 전략을 제기하지 않는다. 상이한 청중들을 위해 쓰는 것은 필연적으로 맥락에 유의하고 우발성에 대응하며 한계를 승인하는 일, 즉 반복적으로 차이를 만들려고 시도하는 일이 된다. 하지만 이 '의지'는 '번역할 줄 아는' 개인의 소유물이 아니라 복잡하고 가변적인 사회성의 조건이다. 많은 사람들에게 복수(複數)의 언어를 배운다는 것은 선물이나 기쁨, 장사의 도구가 아니라, 사카이가 『딕테』에 대해서 죽은 어머니의 모어에 대한 차학경의 욕망에 대해 논하면서 강조했듯이 고통스러운 역사의 유산에 의해 새겨진 강제적 과정인 것이다.

사카이에 의한 그런 텍스트 독해에서 내가 차용하는 것은 초국가적이면서 '시대착오적으로' 다른 실천들이나 다른 단독성들을 연결시키는 작업의 가치를 그가 옹호한다는 점이다. 처음 『과거의 목소리들』을 읽었을 때, 나는 이토 진사이의 성리학 비판에서 읽어낸 것을 오늘날의 논쟁들과 연결시키고 싶은 욕망 때문에 오랫동안 속을 앓았다. 문화적·역사적으로 멀리 떨어져 있는데도 이종혼성성과 우발성을 낙인찍는 이야기의 두 가지 방식을 연결시킨다는 것은 무엇을 의미할까? 물론 그것은 단순히 누군가가 읽는다는 것을 의미할 수도 있다(관습적으로 덧붙이자면 '능동적으로' 말이다). 하지만 읽는다고 해서 반드시 잘 읽는 것은 아니며, 전문적 지식이라는 고유의 좁은 바닥 바깥으로 이동하면서 오해하는 능력이 지나치면 무슨 일이 일어나는가에 대해서뿐만 아니라 나의 '모험'이 누군가의 '전유물'이 되는 지점에서 항상 의문과 의심이 생기게 마련이다.

하지만 『번역과 주체』를 읽고 나서 나는 『과거의 목소리들』을 그 자체로서 문화적·역사적 타당성이라는 나의 감각에 도전하는 강력한 번역작업으로 보게 되었으며, 그것은 300년 전 '일본'에 살았던 사상가에 대한 '나'의 관심에서 생긴 지적 거리감을 많이 덜어주었다. 이토 진사이의 세계에서는 약분불가능성은 '저기'와 마찬가지로 바로 '여기'에 있으며 소통의 어려움은 사회생활의 일상적 조건으로 받아들여져야 하는 것이다. 만약 사회성이 아주 다양한 마음들의 참여에 의해 만들어지는 것이라면, 의도하지 않았더라도 어떤 행동이 뒤따를 가능성이 있는 결과들 중에는 예기치 못한, 어쩌면 환영받지 못하거나 심지어 '닳아 해지는' 비평도 있을 것이다.

　문화연구자들이 잘 알고 있듯이 이것은 무서운 일이 될 수 있다. 공동체성이 없거나 경계선이 횡단될 때, 때로는 무의식적으로, 사람은 '무슨 일이 일어날지' 결코 확신할 수 없다. 사카이는 다음과 같이 설명한다. "이토 윤리학의 핵심은 이러한 공포에 우리를 직면하게 하는 계기인데," 그도 그럴 것이 "사람은 의도적인 윤리적 행동의 결과가 확실하지 않다는 바로 그 이유 때문에 윤리적일 수 있다."[9] 하지만 사회성은 관계이므로 누구나 이 불확실성 속에서 혼자가 아니다. 즉 다른 사람들이 행동의 가치에 대한 결정권을 가지는 것이다. 이토의 세계에서는 "덕은 항상 집단적 작업이다."

　오늘날 (어떤 사람들에게는 말도 안되고 불건전한 화제이겠지만) 초국가적인 이론의 실천은 윤리나 덕을 논의하는 것의 가치에 대한 어떤 동의에도 바탕을 둘 수 없다. 내가 이 시대착오적 독해로부터 배운 것은, 오히려 무슨 일이 일어날지 모르는 상태에서 시도하는 실천적 연루와,『번역과 주체』에서 '신뢰'라고 부르는 것, 즉 본질적으로 우연적인 사회성에 대한 모험적이고 감상적이지 않은 접근, 이 두 가지를 모두 요구하는 기투(project)로서의 비공동체적 소통을 생각하는 방식이다. 이런 정신에서 노력을 평가할 수 있는 학술공동체는 실재적이라기보다 잠재적일지 모르지만(조르조 아감벤이 말하는 '도래하고 있는 공동체'), 이 책에서 사카이는 그 형성과정에 풍부하게 기여하는 역사와 이론, 그리고 언어를 제공해주었다.

다종다양한 청중을 위한 글쓰기와
이언어적 말걸기의 자세

이 책에 실린 논문들은 1985년의 「전후 일본에서의 죽음과 시」로부터 1993년의 「'일본사상'이라는 문제」까지 약 10년에 걸쳐 쓴 것이며 모든 논문이 번역 또는 주어(/주제/주관/주체)의 문제를 다루거나 그 양자를 다룬 것이다. 그 중 몇 편은 학술대회에서 구두로 먼저 발표된 것이며, 나머지는 잡지나 논문집을 위해 집필된 것이다. 모든 글이 영어에서 일본어로, 일본어에서 영어로 번역되어 영어를 쓰거나 일본어를 쓰는 청중들에게 제공되었다. 다시 말해 하나의 언어 속에서, 단일 언어공동체라는 상정된 균질성 속에서 쓰기와 읽기의 순환이 완결된다는 관점에서 쓴 글은 하나도 없다는 것이다. 언어의 단일성이라는 사고방식 자체에 대해서 의문을 제기하지 않는 통설에 일단 의거한다면, 번역은 내가 이 논문들을 통해 논의하고자 한 주제일 뿐만 아니라 이 논문들이 출현하기 위한 필요조건이기도 했다. 처음부터 이 논문들에는 다른 언어 사용자들에게 말을 건다는 이(異)언어성이 각인되어 있으며, 이질성이라는 낙인이 찍혀 있다고도 할 수 있을 것이다. 처음에는 서로 다른 언어를 사용하는 두 청중집단을 위해 글을 쓴다는 것이 무엇을 함의하는지 민감하게 자각하지 못했는데, 1990년 일본에서 3장 「서양으로의 회귀/동양으로의 회귀: 와쓰지 데쓰로

의 인간학과 천황제」를 발표할 무렵에는 서로 다른 언어를 사용하는
두 청중집단을 위한 글쓰기라는 실천이, 예전에 내가 18세기 일본의
담론에 대한 연구를 하면서 추구했던 번역이라는 문제들에서 떼려야
뗄 수 없다는 확신을 갖게 되었다.

이언어적 말걸기의 자세(heterolingual address)라는 실천을 통해서
내가 느끼게 된 것은 언어적으로 다른 두 독자층을 상대로 하는 글쓰
기가 가져다주는 이상야릇한 감각이 아니었다. 오히려 그것을 통해서
나는 번역에 내재하는 사회적이며 정치적이기조차 한 또 다른 쟁점들
에 대해 인식하게 되었으며, 비(非)이언어적 말걸기, 즉 균질언어적 말
걸기의 자세(homolingual address)라는 가정에 대해 오랫동안 품어왔
던 의심이 부각되었다. 이런 점에서 여기에 실린 논문들을 쓰는 실천
은, 오늘날 일본이라고 불리는 지역의 18세기 담론에서 번역의 개념과
실천계(regime)를 분석했을 때 예상했던 것들을 확인할 수 있게 해주
었다. 엄밀하게 말해서 우리가 하나의 텍스트를 다른 텍스트로 번역
(또는 통역/해석)해야 하는 까닭은 두 가지 상이한 언어통일체가 주어
져 있기 때문이 아니다. 그것은 번역이 언어들을 분절한 결과 어떤 번
역의 표상을 통해서 번역하는 언어와 번역되는 언어라는 두 가지 통일
체를 마치 자기완결적인 실체처럼 정립할 수 있기 때문이다. 이전에
쓴 책에서 나는 18세기의 새로운 담론 변용의 결과 로만 야콥슨이 '언
어간 번역'이라고 부른 도식을 정립하는 것이 가능해졌으며, 어떤 번역
의 실천계의 도입에 의해 일본이라는 명칭으로 지시되는 애매한 지역
에 사는 사람들이 말하는 일상어가 중국의 언어(들)와 구별되고 대비
되는 것으로 역사상 처음 인식될 수 있게 되었다고 주장했다.[1] 그러나
당시 일본이라는 나라는 방언과 문제가 다양한데다 수많은 영토와 사
회집단으로 나누어져 있어서 18세기의 '일본사람'이 보편적으로 사용
하는 일본어라는 것은 어디에서도 찾을 수 없었다. 일본어는 그 부활/

유신(restoration)이 열망되는, 상실되고 죽은 언어로서만 개념화될 수 있었다. 그래서 나는 어떤 담론 속에서 언어에 대한 음성중심주의적인 견해가 지배적이 됨에 따라 일본어와 일본민족은 사산(死産)되었다고 주장했던 것이다. 이렇듯 일본어와 일본민족의 출현은 번역이라는 문제틀과 깊이 결부되어 있다.

사산된 언어와 민족이 부활한 지 거의 한 세기가 지났는데, 그들의 부활은 일거에 이루어진 것이 아니라 시간적·공간적으로 분산되어 나타났다. 그리고 이 일본어와 일본인이라는 통일체가 일본에 사는 사람들과 관계된 여러 사회문화적 편제(編制)를 표상하는 방식을 통제해왔다. 오늘날 일본에 살든 안 살든 일본인과 일본어라는 통일체를 당연시하지 않는 사람은 거의 없다. 이 통일체의 지위가 '사산'에서 '생존'으로 바뀌는 것, 즉 일본어와 일본민족/국민의 부활이 가리키는 것은 물론 근대 일본국민국가의 출현이다. 번역을 통해서 우리가 무엇을 하고 있는지를 근대 국민국가의 담론 바깥에서 이해하는 것이 매우 어렵다는 것은 두말할 필요도 없지만, 이 어려움은 국어라는 이념과 내가 쌍형상화 도식(the schema of cofiguration)이라고 부르는 것에 의해 통제된 담론 속에 우리가 얼마나 단단히 갇혀 있는지 그것만은 가르쳐준다.

하지만 서로 다른 언어를 사용하는 두 청중집단을 위한 글쓰기를 통해 나는 국민국가의 담론과 쌍형상화 도식에 의지하지 않고도 번역을 이해할 수 있는 가능성을 엿보았고, 나아가 언어간 번역이라는 도식에 호소하지 않고도 번역을 통해서 내가 무엇을 하고 있는지 이해하게 해주는 일련의 수사법(trope)을 개발할 기회를 얻었다. 번역을 다르게 분절하려고 애를 쓰면 쓸수록 당연하게도 번역에 대해 이야기할 때 없어서는 안될 몇 가지 표현의 양의성에 민감해지지 않을 수 없다. 언어가 여러 개가 아니라면 번역이라는 것은 불필요해 보이지만 과연 언어의 복수성(複數性)이라는 것을 수량적으로 측정할 수 있고 언어를 수적으로 셀 수 있다고 가정할 수 있을까? 무엇이 또 하나의 언어나 다른 언어군에 포섭되지 않는 단일 언어의 통일체를 구성하는 것일까? 도대체 어떤 조건 아래서 우리는 영어나 일본어를 복수의 언어가 아니라 하나의 언어로 여기는 것일까? 그리고 '유럽어'나 심지어는 '서양어'라는 명칭으로 표시되는 어족을 언급함으로써 무엇을 말하려는 것일까? 이런 문제들에 대해서는 나중에 논의할 것이다. 무엇보다 먼저 대답해야 할 것은 번역이 수행되는 그 상황을 번역 자체가 어떻게 구조화하는가 하는 질문이다. 도대체 번역이란 어떤 사회적 관계인가?

서로 다른 언어를 사용하는 두 청중집단을 위한 글쓰기는 전혀 새로운 일이 아니다. 아주 많은 작가들이 이런 글쓰기를 해왔다. 하지만 발터 벤야민처럼 그것의 윤리·정치적 의의에 주목한 사람은 극소수에 불과했다. 내가 그렇게 믿는 이유는 '서로 다른 언어를 사용하는 두 청중집단을 위한 글쓰기'로 특징지어지는 자세를 문제화하는 일이 번역에 의한 발화행위가 사회관계를 만들거나 수정하는 일종의 실천방식이라는 것을 우리 자신에게 표상해주는 기본용어에 대한 전면적인 재고(再考)를 요구할 수도 있기 때문이다. 우리가 하는 일을 우리 자신에게 표상해주는 용어가 근본적으로 재조직되지 않는다면, 우리는 번역의 여러 측면, 특히 번역이 본질적으로 잡종화의 사례라는 점에 관심을 기울이는 대신, 번역을 두 개의 분리된 공동체를 이어주는 중재자의 다소 진부한 영웅적이고 예외적인 행동으로 늘 생각할 것이다.

서로 다른 언어를 사용하는 두 청중집단을 위한 글쓰기에서 반드시 피해야 하는 것은, 내가 균질언어적 말걸기의 자세라고 부르고자 하는 것, 즉 균질적인 언어공동체로 상정된 것의 대표라는 입장을 취한 말하는이가 똑같이 균질적인 언어공동체를 대표하는 일반적인 듣는이들을 향해 말을 거는 그런 발화행위이다. 여기서 균질언어적 말걸기의 자세라는 말로 말하려는 것이, 말하는이와 듣는이가 동일한 언어공동체에 속한다고 상정되는 대화의 사회적 조건이 아니라는 점에 유의하자. 서로가 다른 언어에 속한다고 생각하면서도 균질언어적으로 말을 걸 수는 있다. 그래서 나는 '우리'라는 인칭대명사나 다른 집단적 부름(invocation)의 표시들의 용법에 민감하지 않을 수 없었으며, 가능한 나의 청중을 언어적으로 이질적인 사람들의 총체로 설정하도록 노력하지 않을 수 없었다. 다시 말해서 상호이해도 투명한 의사소통도 보장되지 않는 '우리' 속에서 나는 말하고 들으며 쓰고 읽도록 노력했던 것이다. 내가 그들에게 말을 걸어서 환기시키고자 한 '우리'라는 상정된 집단성은, 대화에서 직접적이고 상호적인 이해가 보장된다고 가정된 확신 위에 구축된 공통성을 지닌 언어공동체와 반드시 일치하지는 않는다. 반대로 '우리' 속에서 '우리'는 오해뿐만 아니라 이해의 결여와 항상 부딪쳐야 한다. 이렇듯 '우리'는 본질적으로 뒤섞인 청중들로 이루어져 있으며, 그 속에서는 말하는이와 듣는이의 관계를 잡음 없는 공감의 전이로서 상상할 수 없고, '우리'라고 하면서 그러한 청중들에게 말을 거는 것은 직접적인 이해를 보장받을 수도 없고 틀에 박힌 대답을 예상할 수도 없는 상태에서 듣는이들에게 손을 뻗는 일이 된다. '우리'는 오히려 비집성적 공동체이며,[2] 듣는이는 완전히 의미작용을 놓쳐버리는 영도(零度)의 경우도 포함해서 다양한 이해 정도로 내 발언에 응답할 것이다. 나는 말하는이와 듣는이가 관계하는 이러한 방식을 이언어적 말걸기의 자세라고 부르고 싶다.

'말걸기'(to address)와 '전달하기'(to communicate)라는 두 명칭의 의미는 엄밀하게 구별될 수 있다. '겨냥하다'와 '맞추다'를 '표적을 겨냥하다'와 '표적을 맞추다'라는 대조적인 어구에서 구별할 수 있듯이 전자는 수행표현(performative)으로서 그 행위가 달성되는 사태를 배제하는 반면 후자는 그 행위가 달성되는 사태를 예상하고 있기 때문이다. '표적을 맞추기' 위해서는 먼저 '표적을 겨냥해야' 한다. 먼저 겨냥하지 않으면 '표적을 못 맞추는' 것조차 불가능하다. 이런 의미에서 '겨냥하다'가 '맞추다'에 선행하듯이 '말걸기'는 '전달하기'에 선행해야 한다. 그리고 '말걸기'가 '전달하기'와 구별되는 것은 말을 거는 행위가 메시지의 목적지 도달을 보장해주지는 않기 때문이다.[3] 이렇듯 말을 걸 때의 호칭으로서 '우리'는 '우리'가 실제로 동일한 정보를 전달했는지 여부와 무관하게, 본질적으로 수행적인 관계를 가리킨다. 그리고 이렇게 지시되는 관계는 장 뤼크 낭시가 '무관계의 관계'로 언급하는,[4] 아마도 모든 '소통이론'이 파탄난 상황에서 가장 명료하게 나타나는 관계일 것이다. 보다 엄밀하게 말하면 호격지시로서의 '우리'는 서로 동일한 정보를 전달할 수 있는 집단과 혼동될 수 없다. 그러한 집단은 상상적으로 그리고 표상에서만 정립될 수 있기 때문이다. 더욱이 정보의 동일성을 확인하기 위해서는 번역이 필요하다. 번역되지 않으면 정보 속의 무엇이 동일한 상태로 남아 있는지를 확정할 수 없다. 번역되고 전이된 것은 번역이 이루어지고 나서야 인식 가능하다. 번역할 수 있는 것과 번역할 수 없는 것은 둘 다 반복으로서의 번역에 선행할 수 없다. 번역 불가능성은 번역이 있기 전에는 존재하지 않는 것이다. 번역은 번역 불가능성에 대해 선험적이다.

이언어적 말걸기의 자세에서는 말걸기와 전달하기 사이의 불일치가 눈에 띄게 지각되는 반면에 균질언어적 말걸기의 실천계는 '우리'라는 부름과 그 표상 사이의 불일치에 대한 자각을 억압하게 만들며 그럼으로써 직접적이고 상호적인 이해라는 가설을 보강한다. 벤야민이 분명하게 보았듯이 번역의 목적/끝은 정보의 전달이 아니다. 번역이란 기입/각인의 전달과 기입/각인으로서의 전달이 불가피하게 잇따라 일어나는 심급(審級)이기 때문이다.[5]

출판에서의 균질언어적 말걸기의 자세에서는 대부분의 경우 작가의 언어와 독자의 언어가 같고, 그래서 아마도 작가와 독자 둘 다 하나의 언어를 가진 상정된 단일 공동체 안에 포함되어 있는 것 같다. 이런 유의 말걸기의 실천계는 영어공동체나 일본어공동체의 구성원이, 같은 공동체에 속하는 다른 구성원에게 말을 건다는 내부자끼리의 대화를 수반한다. 그러나 이런 것이 균질언어적 말걸기의 자세의 전부는 아니다. 많지는 않더라도 작가의 언어와 독자의 언어가 분명히 다른 경우도 있을 수 있기 때문이다. 한 언어공동체의 대표로서의 작가가 그와 다른 언어를 쓰는 독자에게 말을 걸을 수는 있다. 그리고 이런 상황에서는 작가가 독자의 언어를 사용하거나 자신의 언어로 된 메시지를 독자의 언어로 옮겨야 하기 때문에 번역은 필수불가결할 것이다. 그렇다면 이런 유의 말걸기는 작가가 언어적으로 이질적인 독자집단에 말을 걸기 때문에 분명히 균질언어적이지 않다고 할 수 있을까?

이쯤에서 번역자의 위치에 대해 생각해보는 것이 매우 중요하다. 번역자의 위치가 무시되거나 부차적인 것으로 간주되는 한, 번역의 표상 속에서 두 가지 상이한 언어공동체는 서로 분리된 것으로 정립될 뿐 아니라 번역이 선명한 윤곽을 가진 하나의 언어공동체에서 또 하나의 뚜렷이 구별되는 선명한 윤곽을 가진 언어공동체로 메시지가 이동하는 것으로 이해된다는 의미에서, 이런 유의 말걸기는 여전히 균질언어적이다. 두말할 필요도 없이 다소 영웅적이고 특권적인 행위체라는 번역자의 이미지는 균질언어적인 말걸기의 가정에서 유래한다. 그리고 내가 지금까지 문제로 삼아왔던 이 모든 가정은 과거에 단 한번도 의심을 받아본 적이 없다는 듯 뻔뻔스럽게 생명을 이어갈 것이다.

이 균질언어적 말걸기의 실천계에서 배제되는 것은 청중집단 안에 혼재하고 동거하고 있는 복합적인 언어유산이며, 이러한 말걸기에 이어서, 외국어를 쓰는 화자에 의한 또는 외국어를 쓰는 화자를 향한 발화는 진정한 형식의 발언에 비해 부차적인 것이거나 정상적이지 않은 예외적인 경우로 무시된다. 모든 듣는이들이 자기의 말을 이해할 것이라고 가정하지 않고 말하는 사람이 있을 수 있다는 것이 미리 배제되는 것이다. 다시 말하면 먼저 '말을 걸어야' 한다는 사실이 만약 '우리'가 하나의 언어공동체라면 '우리'는 우리끼리 '전달할' 수 있을 것이라는 가정과 혼동되는 것이다. 요컨대 전달이 쓰기(writing), 기입(inscription), 나아가 '외기'(外記, exscription)와 관련되는 것이 아니라 균질언어적 말걸기에서의 일체화(communion)를 연상시키는 것으로 생각되는 것이다.[6] 균질언어적 말걸기의 실천계는 무의식중에 또 다른 가정을 요구한다. 즉 외국인에 의한 또는 외국인을 향한 발언은 부차적이기 때문에 정상적인 발언은 동일한 매체 속에서 완결되어야 하며, 다른 매체를 가정하는 한, 번역은 독창적이거나 기원적일 수 없다는 것이다. 이런 실천계 아래서는 발화가 먼저 나오고 그러고 나서 그것이 번역된다. 그것은 '전달'이 보장되고 '말걸기'에 선행하는 언어적 균질성의 영역을 가정하는 것이다. 이것은 전달의 실패를 특정한 방식으로 배분하는 질서를 만들어냄으로써 이루어진다.

즉 균질언어적 말걸기의 자세에서는 타자의 발화행위를 이해하지 못하거나 발언이 타자에 의해 오해되는 경험이 곧바로 이해 불능이라는 경험을 이해하는 경험으로서 파악되고 만다. 가령 어떤 낯선 사람이 말을 걸어왔는데, 그 사람이 전하려는 것을 이해하지 못했을 때 이 사건은 다음과 같이 묘사된다. "어떤 사람이 러시아어로 말을 걸어왔는데 나는 이해할 수 없었다."(물론 러시아어를 모른다는 조건에서.) 첫째로 이해불능이라는 경험을 경험이라고 부를 수 있는지 아주 의심스럽다. 더욱이 상정된 원인에 의한 설명을 포함하는 경험의 표상에 의해 전달의 실패를 개념화하는 이런 방식은 필연적으로 암묵적 동어반복을 가져오며 그러한 동어반복은 경험의 묘사와 그 상정된 설명을 구별할 수 없게 혼동시켜버린다. 그 결과 이해불능이라는 경험은 이해하지 못한 원인에 대한 설명과 더불어 주어진다고 가정하게 된다. 바꿔 말해서 전달에 실패한 이유를 알면서 전달불능이라는 사건을 경험한다고 가정하게 되는 것이다. 여기서 평범한 통찰에 유의하는 것이 좋다. 즉 전달은 언제든지 실패할 수 있는데 그것은 언어공동체들 사이의 격차 때문만이 아니라 전달이 '외기'로서만 일어날 수 있기 때문이다.[7] 전달하려는 행위는 스스로를 외부성(exteriority)에, 의미작용에서의 지시대상의 외재성(externality)으로 환원될 수 없는 어떤 외부성에 자신을 드러내는 것이다. 우리가 전달에 실패할 때 그 실패원인으로 매체 속의 지나친 잡음이나 듣는이의 응답 거부 등을 탓할 수는 없다. 왜냐하면 바로 우리가 전달에 실패하고 있기 때문이다. 이런 경우 전달의 실패는 우리 각자가 타자에게 노출되어 있으면서도 '우리'가 분리되어 있는 원인을 파악하지 못한 채 타자로부터 떨어져 있다는 것을 의미한다.[8] '우리'가 흩어져 있음을 가르쳐주는 전달의 실패는 그런 의미에서 '우리'의 가장 근본적인 사회성을 알려주는 것이기도 하다. 소급적으로만, 그리고 궁극적으로는 번역의 표상의 결과로서 우리는 타자의 발화에 대한 이해불능이라는 경험을 종종 간국민적 도식화(international schematism)에 따라 이해하기 시작하는 것이다.

  자크 랑시에르가 평등이라는 신조에 대해 주장했듯이, 우리를 모이게 하는 것은 우리 사이의 공통성이 아니라 전달의 어려움을 잘 알면서도 전달하고자 하는 의지이다. "쓰인 것이든 말해진 것이든 모든 말은 번역이며 그것은 번역에 응답하는 번역이거나 들린 소리나 쓰인 흔적의 가능한 원인들의 발명으로서만 의미를 갖는다. 어떤 이성적 동물이 또 다른 이성적 동물의 마음이라고 생각되는 것을 향해 무엇을 말하려는지 알기 위해, 이해의 의지는 모든 지표에 전념한다."[9] 사람이 자동적으로 자신이 말하려는 것을 말할 수 있고 타자가 사람이 말하고 싶어 하는 것을 자동적으로 받아들일 수 있을 거라는 가정이 불가능한 곳, 즉 발화행위와 그 수용이 각각 번역과 그에 응답하는 번역인 곳에서만 우리는 비집성적(nonaggregate) 공동체로의 참여를 주장할 수 있으며, 그러한 공동체에서는 내가 이언어적 말걸기의 자세라고 부르는 것이 원칙이 되고 균질언어적 말걸기의 자세를 피하는 것이 규범이 될 것이다.

따라서 비집성적 공동체에서 우리는 함께 있으면서 스스로를 '우리'라고 부를 수 있는데, 그것은 우리가 서로 떨어져 있고 우리가 함께 있는 것이 어떤 공통된 균질성에도 기초하지 않기 때문이다.

균질언어적 말걸기의 실천계를 피하고 독자들과 더불어 비집성적 공동체라는 관계를 분절하려고 신중히 노력하면서 나는 국민이라는 귀속으로서의 '우리'나 문화적 또는 문명적 공동체로서의 '우리'에 의해 말하는이와 듣는이의 집단적 동맹관계를 가리키지 않기 위한 방법을 배워야 했다. 하지만 균질언어적 말걸기의 실천계를 피하는 것은 일차적인 발화행위와 부차적인 번역이라는 확실히 위계적인 표지를 포기하는 것이기도 했다.('번역'이라는 말의 이해가능성을 잃어버리지 않고, 번역자가 번역하면서 말하는 번역/통역이라는 상황에 관해서 인격〔인칭〕의 진동 또는 비한정성을 찾아낼 수 있어야 한다. '소통 모델'로는 번역자의 장소를 지시할 수 없는 이유가 여기에 있다. 이 문제에 대해서는 나중에 다시 논할 것이다.) 나는 국민적·민족적·언어적 귀속을 당연시하지 않고 공동체로서의 '우리'를 확립하는 자세를 모색하면서 이 논문들을 썼다. 그래서 이 논문들이 먼저 영어나 일본어로 발화되고 그 다음에 따로따로 번역되었다고 말하는 것은 오해를 살 우려가 있다. 내가 뒤늦게 영어를 습득했기 때문만이 아니라 이 논문들이 독자들을 향하는 이언어적 말걸기의 자세 때문에라도 이 논문들은 쓰이면서 번역되고 번역되면서 쓰였다고 말하는 편이 나을 것이다. 이른바 두 언어적(bilingual) 말걸기의 자세로 글을 쓰면서 자기가 번역자의 위치를 차지할 수밖에 없다는 사실을 깨달아감에 따라 번역과 무관하게 글을 쓰는 것은 생각할 수 없게 되었다. 특히 나의 경우에는 번역의 고유한 특징을 탐지하고 발화행위의 형식에서 번역을 분리해내기 위해서 개념에 대한 감수성을 갖추려고 노력하지 않으면 번역과 발화행위는 쉽게 구별될 수 없었다.

균질언어적 말걸기의 자세와 이언어적 말걸기의 자세를 구별하려는 시도는 말하는이가 듣는이를 향하는 태도에 관한 차이를 나타내기 위한 것인데, 그 차이는 실은 서로 갈등하는 타성(alterity)의 두 가지 양식에서 비롯되었다. 균질언어적 말걸기의 자세는 균질적 매체에서 이루어지는 상호적이고 투명한 전달이 정상이라고 보기 때문에 적극적으로 이질적인 매체가 개입하지 않는 한 번역이라는 이념은 의미가 없다. 이와 대조적으로 이언어적 말걸기의 자세는 상호적이고 투명한 전달이라는 기준에 머무르지 않고 그 대신에 언어적인 것이든 아니든 간에 모든 매체에는 이질성이 내재하기 때문에 모든 발화가 전달에 실패할 수 있다고 가정한다. 모든 번역은 그에 응답하는 번역을 부르며, 이런 유의 말걸기에서 분명한 것은 전달의 틀 내에서 번역은 끝이 없다는 것이다. 이처럼 이언어적 말걸기의 자세에서 듣는이는 쓰인 것이든 말해진 것이든 간에 발언을 실제로 받기 위해서는 모든 발언을 번역해야 한다. 또한 이언어적 말걸기의 자세에서는 발화행위를 통한 말걸기가 최종적인 전달과 일치한다고 생각되지는 않기 때문에 말하는이가 제공하는 것을 받기 위해서 듣는이는 행동하는 것을 요구받는다. 즉, 듣는이를 향하는 것이 자동적으로 배달되지는 않는다는 것인데, 그것은 말걸기와 전달하기 사이의 격차, 말하는이와 듣는이 사이에 있을 뿐만 아니라 말하는이나 듣는이가 자기 자신에 대해서도 가지는 본질적 거리를 나타내는 격차 때문이다. 그래서 이언어적 말걸기의 자세에서 받는 행위는 번역이라는 행위로 생겨나고 번역은 모든 듣기나 읽기에서 일어난다. 균질언어적 말걸기의 자세에서는 번역이 필연적으로 균질적인 매체의 내부와 외부 사이에서 일어나는 반면 이언어적 말걸기의 자세에서는 원칙적으로 듣는이가 말하는이의 발언을 수용할 때마다 번역이 일어난다는 입장을 취하는 것이다.

이렇게 구별해보면 이 두 가지 자세가 각각 듣는이의 타자성에 대한 두 가지 태도를 시사함을 알 수 있다. 균질언어적 말걸기의 태도를 채택할 경우 듣는이는 말하는이의 발언을 이해할 수 있거나 없을 것으로 예상할 수 있으리라고 가정되는 반면에 이언어적 말걸기의 태도에서는 그러한 경계나 사전 지식은 보장되지 않는다. 후자의 경우 듣는이가 단수든 복수든 간에 자신이 말하려는 것을 응당, 그리고 자동적으로 이해해줄 거라는 가정 없이 말을 걸어야 할 것이다. 물론 말하는이는 자신이 말하는 것을 듣는이가 이해하기를 바라겠지만(이러한 욕망 없이는 말을 거는 행위 자체가 이루어지지 않는다), 그 바람이 당연히 이루어질 것으로 생각해서는 안된다. 이런 점에서 이언어적 말걸기라는 태도를 취할 경우 발화행위를 할 때마다 말하자면 외국인과 충돌하는 것이다. 그 또는 그들에게 전달하고 싶다는 바로 그 욕망 때문에 듣는이에 대한 일차적이고 아마도 가장 근본적인 한정(限定)은 말하는이의 언어를 이해하지 못할지도 모르는 자, 즉 외국인이다. 이언어적 말걸기라는 태도를 통해서 우리가 우리 자신과 관계하는 공동체를 개념화하지 못한다면 외국인의 비집성적 공동체라는 이념은 이해될 수 없다.

번역자는 그 위치 때문에 본질적으로 뒤섞이고 이질적인 청중들을 향해 발화해야 한다. 번역자로서의 역할을 하기 위해서는 (언어의 복수성을 단순히 계산 가능한 복수성이라고 생각하더라도) 복수(複數)의 언어 속에서 듣고 읽으며 말하고 써야 하기 때문에 번역자가 이언어적 행위체로서 행동하고 언어의 복수성이라는 입장에서 말을 거는 한에서만 한 언어로부터 다른 언어로의 이동이라는 번역의 표상이 가능하다. 번역자는 복수의 언어가 상호작용하는 그런 위치를 필연적으로 차지하게 되는 것이다.[10] 작가와 독자 양쪽에 대해 현전(現前)하는 번역자는 전달의 교류를 규제하지만, 한 언어에서 작가가 내놓은 메시지가 다른 언어의 등가의 메시지로 전이되고 독자들이 그것을 받는다는 번역의 표상 속에서 번역자에 의한 매개는 지워져야 한다. 이런 경우 역시 작가는 독자들에게 균질언어적 공동체라는 전제하에 말을 걸게 된다. 같은 언어공동체에 속하는 한 지각상의 장애가 없으면 이해시킬 수 있다는 가정은 여기에 고스란히 살아남아 있다. 말하는이와 듣는이 사이가 아니라 본질적으로 한 언어공동체와 다른 언어공동체 사이에 약분불가능성이 존재하기 때문에 번역이 필요하다고 믿는 것이다.

로만 야콥슨이 번역을 세 가지로 분류한 것은 잘 알려져 있다. "①언어 내 번역(Intralingual translation) 또는 바꿔 말하기(rewording)는 같은 언어의 다른 기호에 의한 언어기호의 해석이다. ②언어간 번역(Interlingual translation) 또는 본래적 번역(translation proper)은 다른 언어에 의한 언어기호의 해석이다. ③기호체계간 번역(Intersemiotic translation) 또는 변형(transmutation)은 비언어적 기호체계의 기호에 의한 언어기호의 해석이다."[11]

나는 야콥슨이 '본래적 번역'이라고 할 때의 본래성이 균질언어적 말걸기라는 태도 외부에서 유지될 수 있다고는 생각하지 않는다. 그리고 우리가 이언어적 말걸기의 자세를 채용한다면 언어 내 번역과 언어간 번역을, 즉 분리된 언어들 사이의 번역과 동일한 언어통일체 속의 바꿔 말하기를 구분할 수 있다는 가정에 의문을 제기해야 할 것이다. 다시 말해 번역자의 위치에서 본다면 한 언어의 단일한 통일성도 언어통일체들의 계산 가능한 복수성도 당연한 것으로 생각할 수 없기 때문이다. 더욱이 직업 번역가뿐만 아니라 우리 모두 마찬가지로 번역자의 임무에 책임을 져야 할 것이다. 그와 더불어 이언어적 말걸기의 자세를 취한다면 특수한 민족어나 국어라는 통일체와 유사한 민족문화나 국민문화와 같은 다른 담론적 실정성(實定性)에 대해서도 의문을 제기해야 할 것이다. 지금까지 나는 영어나 일본어와 같은 언어통일체와 '번역자'라는 명칭 자체가 마치 자명한 것처럼 말해왔지만, 이언어적 말걸기의 자세에서는 그러한 상정된 통일체나 명칭에 괄호를 쳐야 한다는 것을 곧 알게 될 것이다.

게다가 서예작품에서처럼 언어기호와 비언어기호를 쉽게 분리할 수 없을 때 야콥슨이 말하는 기호체계간의 변형을 우리는 어떻게 정의할 수 있을까? 서예작품은 언어적인 것일까, 아니면 비언어적인 것일까? 그것은 보는 작품인가, 아니면 읽는 작품인가? 서예작품을 번역할 수는 있을까? 만약에 가능하다면 어떤 의미에서? 구두로 이야기된 것(the verbal)이 언어적인 것(the linguistic)과 곧바로 동일시되는 조건이란 어떤 것일까? 이러한 일련의 질문들은 점차 '본래적 번역'의 본래성을 당연시할 수 없는 담론편제가 있을 수 있음을 시사해줄 것이다. 오늘날 환태평양지역에 살든 대서양지역에 살든 번역의 이념은 거의 늘 자명하며, 그것을 다르게 주장하는 사람은 별로 없다. 하지만 스스로에게 이언어적 말걸기의 자세를 부과한다면 우리는 자명함에 대해 의문을 제기할 수 있으며 그럼으로써 이러한 입장을 지탱해주는 윤리-정치적 가정들과 습관화된 실천계들에 대해 탐구할 수 있다.

그 같은 자명함의 한계를 분명히 하고 그 역사성을 돌출시키기 위해서 여기서 번역이라는 문제틀이 가장 강렬하게 그 모습을 드러낼 것 같은 두 개의 장소를 지적해두자. 첫째는 주체와 관련되고 둘째는 번역의 도식론과 관련이 있다.

번역의 주체/환승 중인 주체

    번역자는 번역 속에서 약속할 수 있을까? 그는 번역하
면서 말한 것에 대해 책임질 수 있을까? '번역자'라는 명칭이 지시하는
것이 직업적인 전문가도 사회적 지위도 아니고 번역이라는 행위에 관
여하는 행위체나 인간을 가리킨다면 그 대답은 항상 이중적일 수밖에
없다. yes, 번역자는 약속할 수 있다. 하지만 항상 누군가를 대신해서
이다. 그런 점에서 말한다면 no. 그 '자신'은 실제로는 약속할 수 없다.
마찬가지로 번역자는 번역에, 단어 하나하나에 책임져야 하지만 그가
한 말 속에서 서약된 것에 책임질 수는 없다. 번역 속에서 그는 자신이
하고 싶은 말을 하는 것이 허용되지 않기 때문이다. 즉 번역자는 의미
하지 않고 말하는 것으로 되어 있다. 아울러 번역자는 자신이 말하는
것에 대해 절대적으로 책임져야 하며 그 임무는 원래 말하는이가 말하
려는 것을 말한다는 서약으로부터 시작된다. 번역자의 책임은 자신이
말하는 것을 통해서 스스로를 표현하고 싶다는 욕망을 철회한다는 약
속에 있다. 설령 그가 우선 말하는이의 말이 무슨 의미인지를 찾고 해
석해야 할지라도. 그래서 번역자는 해석자이기도 하다.
    말하는이와 번역자 사이, 또는 번역자와 듣는이 사이의 관계를 이렇
게 대강 성찰해도 말하는이와 듣는이에 대해 번역자가 차지하는 위치
가 극단적으로 애매하고 불안정하다는 것을 잘 알 수 있다. 번역자는
말하는이의 발화를 듣거나 읽는다. 이런 점에서 그는 틀림없이 듣는이
다. 하지만 말하는이가 그를 향해 말하거나 쓴다고는 생각되지 않는
다. 말하는이의 발화행위에 대한 듣는이는 번역자가 있는 장소에 위치
해서는 안되기 때문에 듣는이는 항상 번역행위와는 관계없는 다른 곳
에 있다. 번역자는 동시에 듣는이이자 듣는이가 아닌 것이다. 즉 말하
는이가 번역자에게 말하거나 쓰는 일은 있어도 번역자에게 '당신'이라

고 말을 거는 일은 있을 수 없다. 또는 만약에 번역자에게 '당신'이라고 말을 걸었다면 번역자가 통역해주어야 할 상상의 청중은 말하는이의 발화행위를 직접 듣는 자가 될 수 없다. 그때 청중들은 제3자, 즉 '그들'로 다시 지시될 것이다. 비슷한 선언적(選言的) 분리(disjunction)는 번역자의 번역이라는 발화행위에서도 찾아볼 수 있다. 번역자는 청중을 향해 말하거나 쓰기 때문에 그런 점에서 그는 틀림없이 말하는이다. 하지만 번역 속에서 듣는이를 향해 말하거나 쓰는 사람은 번역자가 아닌 것으로 되어 있다. 번역자에 의해 발화되는 '나'는 번역자 자신을 가리키지 않고 원래의 발화행위 주체인 원래의 말하는이를 가리킨다. 그리고 만약 '나'가 이차적인 번역의 발화행위 주체를 지시하는 경우 원래의 말하는이를 '그'라고 지시해야 될 것이다.

이 인칭지시에 관한 선언적 분리를 약간 다르게 재정식화해보자. 번역된 것을 직접화법 또는 간접화법의 인용으로 전하는 것은 항상 가능하다. 원래의 말하는이가 "오늘은 날씨가 좋다"고 했다고 치자. 그러면 원래의 말하는이가 말한 것의 번역은 가령 다음과 같은 진술 속의 종속절로 정식화된다. 즉 "그는(=원래의 말하는이) '오늘은 날씨가 좋다'고 말했다."(He/she said, 'It is fine today.') 또는 "그는 그날은 날씨가 좋았다고 말했다."(He/she said that it was fine that day.) 그런데 종속절로 명확히 정식화될 때 번역의 발화 전체는 번역자의 발화가 된다. 즉 그 발화는 원래의 말하는이가 아니라 번역자가 청중에게 한 것으로 나타나는 것이다. 그래서 원래의 말하는이가 그 위치에서 빠지는 것을 막기 위해 번역자는 발화행위 주체를 지시하는 구절을 빼버리고 그저 "오늘은 날씨가 좋다"(It is fine today)라고 하는 것이다. 하지만 번역의 발화에서 번역자가 다음과 같은 식으로 이 발화를 바꿔 말함으로써 직접적으로 발화행위 주체와의 관계를 표현할 수 있다고 생각할 수는 없다. 즉 "나는 '오늘은 날씨가 좋다'라고 말한다."(I say 'it is fine today.') 또는 "나는 오늘은 날씨가 좋다고 말한다."(I say that it is fine today.) 오히려 바꿔 말한다면 다음과 같이 해야 한다. 즉 "나는 '그가 "오늘은 날씨가 좋다"고 말했다'고 말한다."(I say 'he said "It is fine today."') 또는 "나는 그날 날씨가 좋았다고 그가 말했다고 말한다."(I say that he said that it was fine that day.) 이렇듯 번역의 발화행위에서 모든 발화는 " "'"……"라고 원래의 말하는이가 말했다'라고 나는 말한다'라는 식의 이중의 틀짜기를 통한 인칭지시를 수반할 수 있어야만 한다.[12] 이런 점에서 번역자는 한 입으로 두 말을 해야 하며 그의 발화행위는 필연적으로 모방이라는 발화행위가 된다. 나아가 번역자는 발화행위를 통한 주어/주제/주관/주체(subjectivity)의 구성과정에서 작동하는 틀짜기를 눈에 보이게 한다.

번역이라는 발화행위에서는 발화행위의 주체와 발화된 말의 주어가 일치할 거라고 예상하지 않는다. 번역의 발화행위에서 번역자의 욕망은 완전히 분산되지는 않더라도 적어도 치환되어 있어야 하는 것이다. 이렇듯 번역자는 직설적으로 '나'나 '당신'으로 명시될 수 없다. 그는 말하는이와 듣는이의 관계를 1인칭과 2인칭이 마주보는 관계로 만들려는 시도를 방해하는 것이다. 에밀 뱅베니스트가 신봉한 '인격'(인칭)의 정의, 즉 그가 '이야기' 또는 '역사'와 구별해서 '담론'이라고 부르는 것 속에서 직접적으로 말을 거는 자와 그것을 듣는 자만이 인격(인칭)으로 불릴 수 있으며 이야기/역사 속에서 '그' 또는 '그들'이라는 자격으로 언급되거나 이야기되는 자들은 '인격'(인칭)일 수 없다는 정의에 따르면, 말하는이와 번역자와 듣는이가 동시에 인격(인칭)일 수는 없다.[13] 번역자는 인칭체계를 혼란시키지 않고서는 1인칭일 수도 2인칭일 수도 없으며 심지어는 3인칭일 수도 없는 것이다. 번역자는 푸코가 말하는 '담론'에서는 존재할 수 있지만(나는 푸코의 담론을 분명히 반[反]인격주의적인 것으로 이해한다), 뱅베니스트의 '담론'처럼 인격주의적 담론 이해에서는 번역자의 위치가 과도적이고 일시적일 수밖에 없다.(모든 발화위치가 처음부터 탈인격화되어 있는 푸코에 의한 담론의 정식화 덕분에 우리는 이해의 지평이라는 해석학적 문제틀을 생략할 수 있다.) 불가피하게 번역은 말하기·쓰기·듣기·읽기의 행위체들 사이에 상정된 인격(인칭)적 관계 속에 이접적 불안정성을 도입하는 것이다. 말하는이/듣는이의 구조와 마찬가지로 인격(인칭)적 관계에 대해서도 번역자는 내적으로 분열되고 복수(複數)화되어 있으며 안정적 위치를 결여하고 있다. 기껏해야 그는 환승 중인 주체일 수 있을텐데 그도 그럴 것이 첫째로 번역자는 번역을 수행하기 위해서 비분할체(individuum)라는 의미에서의 '개인'(individual)일 수 없기 때문이며, 둘째로 번역은 비연속적인 단독점에서 연속성을 만드는 실천이지만 번역자는 사회적인 것 속에서 포착하기 어려운 비연속적인 점을 표시하는 단독자이기 때문이다. 번역이란 비연속의 연속을 보여주는[14] 사례이며 약분불가능성의 장소에서 관계를 만드는 제작적(poietic) 사회실천이다. 우리가 번역을 전달의 한 형태로 규정하려 할 때 번역에 내재하는 비연속성이라는 측면이 완전히 은폐되는 이유가 바로 여기에 있다. 그리고 이것을 가리켜 나는 번역에서의 인격(인칭)의 진동 또는 비한정성이라고 언급해왔다.

이렇게 번역자의 위치를 고려함으로써 우리는 주어/주제/주관/주체라는 문제틀을 밝히면서 그 속으로 인도된다. 말하는이나 듣는이 사이의 분열, 나아가서는 말하는이나 듣는이 자체 그리고 번역자 사이의 분열을 일정한 방식으로 반영하는 번역자의 내적 분열은 주체가 스스로를 구성하는 방식을 보여준다.[15] 어떤 의미에서 번역자 속의 이 내적 분열은 파쇄된 나로 언급되는 '나는 말한다'의 시간성과 일치하는데, 그것은 필연적으로 말하는 나와 의미되는 나 사이에, 또는 발화행위의 주체와 발화된 주어 사이에 회복할 수 없는 거리를 도입한다. 그

런데 번역의 경우 번역자의 인격(인칭)의 진동 또는 비한정성은 나보
다도 주체로서의 우리의 불안정성을 표시한다. 특히 균질언어적 말걸
기의 실천계에서는 번역자는 말하는이와 듣는이 사이뿐만 아니라 말
하는이와 듣는이가 속하는 언어공동체 사이에서 중재자 역할을 하기
로 되어 있다. 이리하여 번역은 반복임을 중단하고 표상가능한 것이
된다. 그리고 균질언어적 말걸기의 실천계에서 반복으로서의 번역은
종종 번역의 표상에 의해 남김없이 대체되고 만다.

여기서 번역이 번역의 표상에 의해 치환되는 과정과, 번역의 표상
속에서 국민이라는 주체나 민족이라는 주체 같은 집단적 주체의 구성
을 자세히 살펴보자. 번역자의 노동을 통해서 우선 번역자의 도움을
필요로 하는 차이로서의 약분불가능성이 협상되고 가공된다. 바꿔 말
해 번역이라는 작업은 말하는이와 듣는이 사이의 비연속성을 연속되
게 하고 인식할 수 있게 하는 실천인 것이다. 이런 점에서 번역은 사회
편제 속의 비연속점들을 연속으로 만드는 다른 사회적 실천들과 같
다.[16] 그래서 번역이 있고 나서 소급적으로만 우리는 처음에 존재한
약분불가능성을 완전히 구성된 실체들·범위들·영역들 사이의 간극,
균열 또는 경계선으로 인식할 수 있다.[17] 그러나 간극, 균열 또는 경계
선으로 표상되는 순간, 번역은 더 이상 약분불가능한 것이 아니다. 4장
에서 논의하겠지만 약분불가능성이나 차이는 '정'(情) 같은 것이며 약
분불가능성이 어떻게 해서 생겨나느냐 하는 질문에 앞선다. 그리고 그
것은 두 개의 주체 또는 실체 사이에 표상된 차이(종과 유에 대한 나무
모양의 도식에서의 종적 차이)로서는 한정될 수 없다.[18] 처음에 존재한
차이를 하나의 언어공동체와 또 하나의 언어공동체 사이의 이미 한정
된 차이로서 표상할 수 있게 만드는 것이 번역이라는 작업 자체인 것
이다. 그렇기 때문에 번역할 수 없는 것이나 번역에서 전달의 배분질
서로 전유할 수 없는 것은 번역이라는 발화행위에 앞서 존재할 수 없

다는 점을 늘 유의해야 한다. 번역이 번역할 수 없는 것을 낳는 것이다. 따라서 번역할 수 있는 것과 마찬가지로 번역할 수 없는 것은 번역자의 사회성을 증언하며, 번역자의 형상은 말하는이와 듣는이 사이에서 비집성적 공동체의 현전을 드러낸다. 하지만 균질언어적 말걸기의 자세에서는 번역할 수 없는 것의 본질적 사회성은 무시되고, 이 통찰을 억압함으로써 균질언어적 말걸기의 자세는 끝내 번역과 전달을 동일시하고 마는 것이다.

번역에서의 인격(인칭)의 진동 또는 비한정성과 밀접한 관련이 있고 '나는 생각한다'의 아포리아적인 시간성과의 유비(analogy)로 생각할 수 있는 번역의 시간성을 지워버림으로써 우리는 번역을 번역의 표상으로 치환해버리고 만다. 번역의 표상 안에서만 우리는 마치 대화가 소통 모델을 따라서 일어나야 하는 것처럼 어떤 메시지가 '이쪽'에서 '저쪽'으로 이동하는 것으로, 또는 한 사람과 또 다른 사람 사이나 한 집단과 또 다른 집단 사이에서 이루어지는 대화로 번역의 과정을 해석할 수 있다. 그래서 번역의 표상은 민족이라는 주체 또는 국민이라는 주체의 표상을 가능케 하며, 늘 사이에 있는 번역자의 현전에도 불구하고 번역은 이제 차이나 반복이 아니라 표상으로서 하나의 언어통일체를 다른 언어통일체와(그리고 하나의 '문화'통일체를 다른 문화통일체와) 대립시켜서 정립하는 역할을 한다. 이런 의미에서 번역의 표상은 반복에서의 차이를 두 가지 종(種)적 동일성 사이의 종적 차이(diaphora)로 변환하고 국어라는 상정된 통일체를 구성할 수 있게 하며 그럼으로써 처음에 존재한 차이와 약분불가능성을 종적인, 즉 약분가능하고 개념적인, 언어 일반의 연속성 속에 존재하는 두 개의 특수한 언어 사이의 차이로서 다시 기입하는 것이다.[19] 이 치환의 결과 번역은 두 개의 완전히 형성된, 다르지만 비교할 수 있는 언어공동체 사이의 전달의 한 형식으로 표상된다.

칸트의 도식론을 따라서 나는 번역을 표상 가능하게 만드는 담론장
치를 '쌍형상화 도식'(the schema of cofiguration)이라고 불러왔다. 번
역이라는 실천이 번역의 표상에 대해 여전히 근본적으로 이질적인 만
큼 번역이 명확한 윤곽을 가진 두 언어공동체 사이의 전달로 표상될
필요는 없다. 언어의 통일성이나 민족 또는 국민 문화라는 균질영역에
의해 공동체의 주체성이 구성되지 않아도 되는 번역의 다른 이해방식
들이 많이 있어야 한다. 번역이 특수한 두 언어 사이의 전달로 이해되
는 번역의 특수한 표상은 분명 역사적으로 구축된 것이다. 그리고 다
른 언어통일체와 대비하면서 민족어 또는 국어의 통일성을 형상화할
가능성을 낳은 것이 이 번역의 특수한 표상이다. 사실 쌍형상화 도식
의 등장과 더불어 극소수의 문인들 사이에서 18세기에 일본어가 탄생
또는 사산되었다고 내가 주장한 이유 중 하나는 여기에 있다. 즉 쌍형
상화 도식은 국민공동체가 스스로에게 스스로를 표상함으로써 스스로
를 주체로 구성하는 수단이다. 그러나 이 국민이라는 주체의 자기구성
은 단선적으로 일어나는 것처럼 보이지 않았으며, 반대로 오직 번역관
계에 종사하는 타자의 형상을 가시화함으로써 스스로를 구성하는 듯
했다. 따라서 몇몇 일본지식인들이 당시의 지배적인 필기 문체들을, 특
히 중국어라는 형상과 관계되거나 중국어에 의해 오염된 것으로 규정하
기 시작했을 때 비로소 일본어의 형상이 쌍형상적으로 생겨났다. 여기
서 번역의 표상을 통해서 두 개의 통일체가 서로 유사한 두 개의 등가물
로 표상된다는 점에 유의하는 것이 중요하다. 하지만 등가성과 유사성
으로 표상된다는 바로 그 이유 때문에 그것을 개념상 다른 것으로 한정
하는 것이 가능해진다. 등가성과 유사성에서의 두 항의 관계가 그 두 항
사이에서 무수히 많은 구별을 추출할 가능성을 낳는 것이다. 마치 서양
이 스스로를 표상하고 기타의 전형적인 형상을 표상함으로써 쌍형상적
으로 스스로를 구성하는 '서양과 기타'라는 쌍형상화의 경우처럼 개념

적 차이는 한 항이 다른 항보다 우월한 것으로 가치평가를 하는 한정을 가능케 한다. 이리하여 번역의 실천계에서 쌍형상화 도식을 통해서 '일본어'에 대한 욕망이 환기된 것이다.

마지막으로 나는 한 가지 형성원리를 다루어야 하는데, 만약 그것이 없으면 국민이라는 주체가 민족이나 국민이라는 단일한 형상 주위에 광범위하고 다양한 개념적 차이들을 모으지 못할 것이다. 쌍형상화 도식을 통해 가공되었다 하더라도 번역의 실천계는 많은 상이한 심급에서 개념적 차이를 증식시킬 수 있기 때문이다. 특히 야콥슨이 말하는 언어 내 번역이 번역의 전체적인 지도원리로서의 언어간 번역 또는 본래적 번역과 더불어 조직될 수 있다는 보장은 없다. 개념적 차이는 한 문체와 또 다른 문체 사이—도쿠가와 시대의 경우에는 한문과 소로분(候文, 한자와 가나가 섞인 서간체)—나 한 방언과 또 다른 방언 사이, 이른바 표의문자와 표음문자라는 표기체계들 사이 등에서 전형적인 음성중심주의적인 개념적 차이로 정립될 수 있다. 이러한 차이들은 장르 간의 차이를 표시하는데, 국어의 출현을 특징짓는 것은 번역의 실천계에서 쌍형상적으로 표상될 수 있는 장르의 차이들이 국어의 일반성 아래 모두 포섭된다는 것이다. 이 장르들은 일본어라는 유에 속하는 종으로 인지되어야 한다. '장르'(genre)라는 용어 자체가 유(genus)에서 파생된 말이기 때문에 용어상의 혼란이 있을 수도 있지만, 이때 장르의 차이는 종의 수준에 배치되어야 하며 국어라는 통일체는 종을 초월하고 그 전체를 지배하는 유로서 인지되는 것이다. 언어 내 번역과 언어간 번역을 차이화함으로써 야콥슨이 암시하는 것은 다름 아닌 이런 번역의 심급들에 대한 위계화이다. 물론 이 차이화 자체는 역사적으로 구축된 것이다. 오늘날 일본으로 지칭되는 지역에서 18세기 이전의 역사적 맥락 속에서는 그런 장르의 분류법을 가정할 수 없으며, 역사성의 결여는 국사나 국문학이라는 연속사관의 실천계를 승인하는 것에 불과하다고 나는 믿어 의심치 않는다. 그와 동시에 우리는 이제 쌍형상화 도식을 동반한 번역의 실천계가 국민적 주체로서의 일본인의 형성에 그토록 중요한 역할을 한 이유를 이해할 수 있다.

지금까지 번역의 실천계와 균질언어적 말걸기의 자세에 대한 나의 분석을 통해 일본문화와 일본국민을 집요하게 구체화하고 본질화하는 문화론(culturalism)이 사실상 일본 언론계와 학계에만 특유한 현상이 아니라는 것은 분명해졌을 것이다. 국어와 민족문화에 기초해서 국민주의를 시인하는 문화론은 오늘날 일본에서처럼 미국이나 유럽 등지에서 이루어지는 일본연구에도 고질병처럼 남아 있다. 앞으로 몇몇 장에서 보여주듯이 일본문화의 특수성을 강조하는 일본인뿐만 아니라 서양인들의 이면에서도 똑같이 완강한 서양의 본질화가 모습을 드러내기 때문이다.

1

문학의 구별과 번역이라는 일: 차학경의 『딕테』와 회귀 없는 반복

'언어'나 '문학'을 국민의 '혈통'(natio라는 라틴어에는 거의 우생학적인 함의가 있음을 상기하자)을 보장해주는 것으로 간주하려는 유혹은 비슷한 (그리고 종종 더 파괴적인) '피부색깔'이라는 개념의 용법을 상기시킨다. 어느 경우에서나 분명히 배타적인 과정은 어떻게든 인종, 언어나 문학의 순수한 '혈통'을 추출하게 되어 있다. 결국에는 그 과정이 보편성의 어떤 상징에 대해 보상받으려는 탐구가 된다고 할지라도.

ㅡ제임스 스니드[1]

자기 언어와 다른 언어를 할 때뿐만 아니라 자기 언어 속에서도 외국인 되기. 방언이나 사투리도 없이 하나의 동일한 언어 속에서 두 언어나 다언어 사용자 되기.

ㅡ질 들뢰즈와 펠릭스 가타리[2]

시대착오적인 시작

제국주의는 결코 실현된 적이 없다고 아무리 강변해도 제국주의 역사의 결과를 없었던 일로 할 수는 없다. 과거의, 또는 현재 진행 중인 제국주의적 전략의 결과/효과 속에 우리는 살고 있으며 오늘날 세계의 모든 사람들이 그 널리 퍼진 결과/효과에 어쩔 수 없이 말려들어 있다. 이러한 결과/효과 속에서 어떤 사람은 거의 무진장한 특권을 얻을 수 있고, 그 동일한 결과/효과 때문에 또 어떤 사람은 끝없는 불행으로 보이는 상황 속에서 살아야 하는 운명을 짊어진다. 하지만 이러한 전략들은 반드시 그것이 이루고자 한 것 이상의 무언가를 산출했으며 제국주의는 자기 실현의 과정에서 본의 아니게 또는 부지

불식간에 탄생시킨 것에 의해 심판받고 비판받으며 위협받아왔다는
것 또한 상기해야 한다. 그래서 과거의 역사적 시점에서의 제국주의적
담론의 의도와 현재 시점에서의 뜻밖의 유산을 소급적으로 이어주는
시대착오적인 연결을 만들어냄으로써 제국주의적 담론을 비판적으로
해석할 수 있는 자리와 특별한 관점을 드러낼 수 있을 것이라고 나는
믿는다. 그리고 내가 이 장에서 '제국주의의 뜻밖의 유산'이라고 할 때
염두에 두고 있는 것은 무엇보다도 이산 상태에 처한 난민들을 비롯해
서 수많은 추방당하고 억압받는 사람들을 통해 주목하게 되는 사태인
데, 그들의 존재는 그 전의 주거환경을 파괴한 제국주의의 전략을 고
려하지 않으면 이해할 수 없다.

문학과 모어

영어를 전지구적으로 사용하게 되면서 사람들은 영어가
다른 언어들을 억압하고 세계의 정보를 독점한다고 종종 비판해왔다.
틀림없이 영어의 보편적 수용은, 한 세기 동안 일본인이 열심히 그들
나름의 복제를 하려고 한 영미 제국주의의 역사나 전세계적으로 그 효
과가 나날이 두드러지게 나타나고 있는 초국적 자본주의의 편재와 분
리시켜 생각할 수 없다. 그런데 대부분의 경우 영어제국주의에 대한
비판은 국어와 국민문화의 정체성/동일성(identity)을 전제로 하는 특
수주의 기반 위에서 이루어졌다. 이 특수주의에서 각 민족은 고유하
고 '자연스러운' 언어로 스스로를 표현하는 것이 규범으로 간주되며,
세계는 특수한 언어들의 배치로, 즉 특수한 민족들과 그들의 국어로
합성된 것으로서의 다원적 국제/간국민(inter-national) 세계――아마도
그러한 이미지의 가장 좋은 사례를 전전(戰前) 일본의 '세계사의 철학'

에서 찾을 수 있는[3] ── 의 이미지를 투사하는 일련의 도식으로 해석되는 것이다. 그리고 그러한 '자연스러운' 국민공동체 속에서는 균질적인 문화적·언어적 공간이 지배적인 것으로 가정되며 거기서는 언어적 잡종성이나 '다언어 사용'은 진정성의 결여를 가리키는 특성으로 종종 억압된다. 이런 견해에 따르면, 한 민족의 '본래적인' 언어적·문화적 정체성/동일성을 인식하는 것이 곧바로 그것에 대한 존중과 동일시되며 인식하지 못하는 것은 그것에 대한 모욕을 의미한다. 그래서 국제적 대화라는 어떤 이념을 가지려면, 어떤 국민성(nationality)이 또 다른 국민성과의 관계를 통해서 인정받는 대칭적 도식을 생각하지 않을 수 없다. 이런 대화의 기회는 전이라는 형식으로 작동하는 상호인정과 상호인식의 수단이 되는 것으로 간주된다. 그러한 도식은 국제적 조우의 어떤 단계에서는 불가피할뿐더러 필요하기도 하지만 그 지속과 그것에 대한 고집은 당사자들 사이에서 차이를 통해 새로운 관계를 창조하려는 노력의 가능성을 방해할 수 있다.

그러한 국민주의적 특수주의가 초국적 자본주의의 보편성과 공범관계에 있을 뿐 아니라 불가결하기도 하다는 사실 외에도, 그러한 특수주의는 영어의 전지구적 사용의 어떤 측면, 말하자면 국민과 언어가 전혀 일치하지 않는 이종혼성성(heterogeneity)의 영역으로서의 영어라는 측면을 무시한다. 또 이러한 특수주의는 외국어라는 형상과 더불어 국어라는 형상을 구성하는 집단적 경험과 개인적 경험의 역사를 인식하지 못한다. 국어의 정체성/동일성의 형성과 그 정치적 함의는 짝을 이루면서 형상을 만들어내는 쌍형상화의 역사를 무시해서는 이해될 수 없다. 언어 통일체 또는 랑그(langue)의 정체성/동일성은 형상으로서만 인식될 수 있기 때문이다.

국문학의 형성 역시 글쓰기의 개념에서 속어 위주의 음성중심주의의 출현뿐만 아니라 식자능력과 다언어 사용의 분리와도 일치하는 것 같다. 하지만 곧바로 덧붙여야 하는 것은 '식자능력' '단일언어 사용' '다언어 사용' '속어주의' 같은 용어가 온갖 장애물이 뒤섞인 관습적 범주라는 것이며, 다언어 사용은 근대의 국민주의적 쌍형상화가 낳은 단일언어사용의 상대적 균질성과 대비되는 역사적·지역적 이종혼성성 때문에 일반화될 수 없다는 것이다. 그렇지만 잠시 동안 이 '의심스러운' 범주를 채용해보기로 하자.

예컨대 적어도 18세기까지 일본의 어떤 지역에서 읽고 쓸 줄 안다는 것은 하나 이상의 언어매체를 구사할 줄 안다는 것이었다. 레너드 포스터가 중세 말과 르네상스 시대에 대해 생생하게 그려냈듯이, 또는 치누아 아체베의 작품을 통해서 우리가 알고 있듯이[4] 식자능력은 복수(複數)의 언어를 사용하는 다언어 사용의 맥락에서 이해되고 있었다. 더욱이 식자능력은 특정한 요구, 즉 글쓰기의 일차적 기능은 '모어'(母語)에 의해 제시된 것을 문자로 표기하는 것이어야 한다는 요구에 규제받지 않았다. 그래서 식자능력은 친숙한 언어와는 상당히 다른 '아속혼효적인'(macaronic) 매체에서 읽고 쓰는 능력을 종종 의미했다.(예컨대 전근대 동아시아에서의 한자나 유럽에서의 라틴어.) 하지만 분명하게 외국어로 읽고 쓰는 능력과 식자능력을 동일시하면서 이런 상황을 묘사하는 것에 대해 나는 망설이지 않을 수 없다. 그도 그럴 것이 나는 친숙한 언어 또는 '모어'와 명확히 대조되는 외국어의 형상화가 이때 아직 시작되지 않았다고 추정하기 때문이다. 그리고 먼저 모어를 그 형상과 동일시하지 않고 모어에 대해 이야기하는 것이 결코 쉬운 일이 아님을 강조하고 싶다.

가령 아이가 규칙의 체계성으로서, 즉 문법으로서 모어를 알게 되는 것도 아니고 그럴 필요도 없다는 사실에서도 검증되듯이 모어란 무정형한 것이다. 그리고 최종적으로는 사람이 그 속에서 온전히 편안해질 수 있는 언어라는 것은 모어까지 포함해서 생각할 수 없다고 나는 보지만, 보통 모어에 대한 첫 번째 한정은 그 문법을 알 필요가 없다는 것에서 비롯된다. 즉 모어는 형태론적·문법적 특징이라는 관점에서 그 존재가 주제화되는 것에 앞서는 것이다. 원리적으로 그것은 모든 언어적 분절화를 가능케 하는 근거이며 따라서 그 언어에 대한 관계가 모어로서의 관계가 아닌 타자(이른바 네이티브 스피커가 아닌 사람)를 경유하지 않고서는 그 존재 자체를 언어적으로 주제화할 수 없다. 그래서 종종 '어머니'나 '유모'와 연결된 플라톤의 '코라'(khora)와 마찬가지로 그것은 존재론적 한정에서 벗어난다. 말하는이에게 그의 모어는 한 묶음의 명백한 규칙들이나 그 속성이 서술되는 주어로서 주어지지 않는다. 모어는 모든 술어적 한정에 앞서며(그래서 모어는 주어가 아니다), 술어적 한정 없이 무한정으로, 즉 무(nonbeing)로 남을 운명이기 때문이다. 말하자면 모어의 주제화는 무정형의 '모어'를 형성하고 그것에 형태를 부여하는 형상 또는 도식을 필요로 하는 것이다.

'모어'라는 지시어에 내재하는 이론적 다의성을 보존하기 위해 모어를 '장소'(khoraic place)[5]라고 부를 수 있는 것과 연결시키는 것을 허락해주기 바란다.('장소'는 개념이 아니기 때문에, 모어는 '장소'에 포섭되는 게 아니라 그것과 연결되어야 한다.) 분리 이전의 식자능력과 다언어 사용의 연합은 이렇게 정식화될 수 있을 것이다. 즉 상정된 직접성 속에서 말하는이가 체험하는 모어는 그의 국어라는 형상과의 단일한 관계에 사로잡혀 있지 않았기 때문에, 동일률과 모순율을 교묘히 피해간다는 '장소'를 국민주의적 자기표상과 주체성이라는 틀 속에서 주제화하고 의식 앞에 세우는 것은 불가능한 일이었다.

예컨대 18세기까지 일본에서 모어는 아직 '자연스러운' 국어가 아니었다. 즉 자연과 국민이 아직 결합되지 않았던 것이다. 이와 같이 근대 문자문화의 형성은, 식자능력을 다언어 사용 및 이속혼효에서 분리시키고 일차적으로 보통의 일상회화라는 직접성 속에서 체험되었다고

상정되는 것을 보존 가능한 형태로 다시 쓰는, 즉 '필사(筆寫)하는 실
천계'(텍스트에 대한 실천적이고 체험적인 일련의 관계들)로서 재정의하
는 새로운 개념의 식자능력에 의해 특징지어진 것 같다. 그와 동시에
자연스러운 국어로서의 모어라는 형상이 쌍형상적 도식화를 통해 생
겨났다. 비교문학뿐 아니라 국문학 역시 이 쌍형상화라는 조작을 전제
하고 의지하며, 다시 그것을 강화한다. 근대 국민국가에서 '문학'의 구
축은, 이러한 쌍형상화의 역사 및 쌍형상화에 기초한 번역의 새로운
'실천계'의 역사와 돌이킬 수 없이 결부되어 있는 것처럼 보이며, 나중
에 보듯이 역사는 한 국민이 다른 국민을 모방하려는 욕망과 자기의
고유성을 주장함으로써 다른 국민과 자신을 구별지으려는 욕망을 동
시에 기원하는 가운데 이루어져왔다. 그래서 처음부터 국'문학'의 구축
에는 항상 이미 '비교문학'이 붙어 다녔던 것이다. 즉 국문학은 내재적
으로 비교문학이다.

　근대일본의 역사에서 분명히 알 수 있듯이 유럽과 북미 바깥 지역의
문학(중국문학은 예외)은 '일본문학'을 규정하는 국제적 배치의 쌍형상
화 도식에 포함되어 있지 않았다. 불문학·영문학(나중에는 영미문학)·
독문학·러시아 문학·일본문학과는 달리, 즉 (일본을 제외한) 백인의 문
학 및 (일본을 포함한) 제국주의적 국문학과는 달리 아프리카, 중동, 라
틴아메리카, 남아시아 등지의 문화·언어 편제는 문학이라는 근대적 제
도에 관한 한 이 국제/간국민적 세계에 포함되지 않는다. 바꿔 말해서
일본문학은 제국주의적 국민국가의 문학이 아닌 국문학과는 쌍형상화
를 수반하는 모방적 관계에 놓여 있지 않았다. 이러한 제도적 환경 때
문에 국문학으로서의 일본문학의 정체성/동일성은 제국주의 국가들에
의해 식민화되거나 종속된 사람들과의 관계를 통해서 이해되는 일이
결코 없었다. 그 결과, 회원자격이 그 국가의 제국주의적 성공 여부에
따라 주어지는 비교문학이라는 제도, 보다 엄밀하게는 비교국문학이

라는 제도 속에서 일본문학은 최근까지 강력한 제국주의 국가의 후원을 받지 않는 사람들의 문학과 비교되는 일이 없었다.[6] 말할 필요도 없지만 도쿄에서 열린 국제비교문학협회 13차 대회라는 이 행사가 이른바 서양 바깥에서 개최된 첫 대회라는 것을 염두에 둔다면, 이 행사의 정치적 의미에 대해 한번 생각해보는 것은 어떨까?

'문'과 문학

'문학'이라는 제도와 사회적 텍스트에 대한 그 이전의 담론들을 대조해보면 '문학'에서 억압되어온 것이 분명하게 나타난다는 것을 알 수 있다. 여기서 나는 '문학'이라는 말을 실마리로 삼으려 한다. 메이지 이전의 '문·학'과 literature 사이에 계보학적 연속성을 생각할 수는 없으나 literature는 '문'과 '학'이라는 두 글자의 합성어인 '문학'으로 번역되었다. literature를 뜻하는 문학은 확실히 신조어이지만 메이지 시대 이전에 문학이라는 합성어가 사용되지 않았던 것은 아니다. 영어의 'society'나 불어의 'société'의 번역어 중 하나인 '사회' 같은 신조어와는 달리 '문학'은 역사적 우연 때문에 메이지 이전의 '문학'과 일치하게 되었는데, 그것은 메이지 이전의 담론 속에서 꽤나 다른 의미론적 배분에 따라 이용되고 있었다. 더욱이 이 말의 용법은 학설(學說)적 함의나 전체 인구 중에 보급된 정도, 고전에 의존하는 양식 등에 관해서는 전혀 한결같지 않았다. 가령 도쿠가와 시대에는, 특별한 교육관련 규약과 '문학' 전문가 특유의 발화 양식에 더하여 '문학'이라는 제도가 설치되어 있는 학교나 대학의 위계체계로 예시되는 근대 국민교육이 부재했다는 것을 무시할 수 없을 것이다.

19세기 초의 사상가 스즈키 아키라(鈴木朖)는 18세기의 철학자 오규 소라이(荻生徂徠)가 제시한 고전 텍스트에 관한 저작과 그 해석법을 따르면서 이러한 '문학'을 주제로 제시하는 시도를 했으며, 배움의 과정에 관한 문제를 검토하는 가운데 외국어를 배우는 일이 말하는 주체가 구축되는 과정이라는 것을 깨닫게 되었다. 동시대인들과 달리 오규도 스즈키도 식자능력과 다언어 사용의 분리를 가정했으며, 그래서 명확하게 외국어가 친숙한 언어와 대조를 이루며 이미 정립되어 있었다. 하지만 그들은 친숙한 언어를 동시대의 세계 속에서 찾은 것이 아니라 고대—오규의 경우는 고대중국어, 스즈키의 경우는 고대일본어—에서 찾았다고 주장했다.[7] 오규 소라이의 저작에서 가장 명백히 드러나듯이 장기간의 반복적인 연습을 요구하는 배움의 과정이 메이지 이전의 '문학'의 핵심을 구성했다. 이 배움의 과정의 목적이 되었던 것은 고대중국어나 고대일본어를 구사하는 능력의 획득만이 아니었다. '문'(文)이라는 글자는 아주 넓은 의미로 해석되었다. 그것은 근대 '문학'의 경우처럼 문자텍스트라는 좁은 개념이 아니었던 것이다.[8] '문학'에 대한 과거의 정의에 따르면 '문'은 '직접적인 구두명령이나 법령 이외의 방법으로 나라를 다스리는 것'을 포함한다. 이와 같이 '문'이란 사람들에 의해 '체험되고'(lived) 사람들을 다스리는 어떤 사회적 현실의 짜임새(texture)를 뜻했다. 어원적으로 보면 '문'은 무늬, 모양, 결, 문신 등을 의미할 수 있다. 일차적으로 그것은 한 묶음의 추상적인 교리도 아니고 개념적인 말로 한정되는 명령적인 명제도 아니다. 그것의 뚜렷한 특징은 그 구체성과 그것을 따르는 사람들에게 느껴지는 직접성에 있다. 이렇게 개념화하면 '문'은 사실상 오늘날 우리가 이데올로기로 이해하는 것과 유사했다. 사람들은 행동양식으로서의 '문'을 내면화할 의무가 있었으며 사회적 짜임새 안에서 '살아감'으로써 성공적으로 다스려졌다. 처음부터 '문'은 비(非)언어 텍스트와도 관련이 있는 정치적 개념이었다.[9]

그럼에도 불구하고 '문·학'은 일, 노동, 배움의 고된 과정을 의미하는 '학'이라는 또 하나의 글자를 포함했기 때문에 단순한 소여 혹은 천부의 재능은 아니었다. '문'은 반복적인 연습을 통해 배워야 하는 것이었다. 사람이 그것을 제2의 천성으로 느끼고 그것을 '체험하'며 그것에 의해 '생활을 영위할' 정도까지 터득해야 했던 것이다. '학'은 지식의 획득과정뿐 아니라 말하고 행동하는 주체의 형성과정이기도 했다. 주체는 이러한 짜임새 안에서 '살아가는' 능력을 획득함으로써 형성되었으며 그 속에서만 어떤 주체성이 존속할 수 있다고 믿어졌다. 이 짜임새 안에서의 어떤 주체성의 형성이 '덕'이라고도 불렸음은 말할 것도 없다.[10] 그리고 도(道)라고도 불린 '문' 전체와의 관계에서 현(現) 공동체의 도는 다른 공동체의 도와는 구별되는 것으로 설명될 수 있었다. 이런 의미에서 현재의 전체적인 도는 또 하나의 전체적인 도와 함께 쌍형상화될 수 있었다. 그리고 이 쌍형상화는 표상을 통해서 하나의 공동체적 전체를 다른 공동체적 전체와 구별하는 수단이었다. 말할 필요도 없이 스즈키의 배움에서 '상고(上古)의 도가 궁극적 권위를 지니며 제1원리 또는 아르케(archê)로 작용했다. '문학'을 통해서 학습자는 '문' 전체에 완전히 동화될 것이라는 기대를 받았다. 그는 특정한 짜임새/텍스트 속에서 구성되는 주체로 변형된 것이다. '문·학'의 배움이란 주체가 도와 완전한 조화를 이룰 수 있는 기원의 전체성으로 회귀하는 과정이었다. 다만 이 경우의 회귀는 연대기적인 기원으로의 복고/유신을 반드시 함의할 필요는 없다.

스즈키 아키라가 제창한 '문·학'은 식자능력과 다언어 사용의 분리를 알리는 신호였고, 이 분리 자체가 정치적인 선택이며 대부분의 동시대인에게는 거의 이해할 수 없는, 18세기에 생긴 새로운 발상이었다.

'문학'(literature)이 주체의 제작과정을 깨닫지 못하는 것처럼 보이는 반면, 스즈키의 '문·학'은 내가 주체적 기술(技術)이라고 부르는 '문학'의 정치성에 대한 자각을 여지없이 보여주었다. 나는 이 '기술'이라는 말을 서유럽어인 subject, sujet, Subjekt의 번역어(주어, 주제, 주관, 주체, 신민, 등) 중 하나인 '주체'라는 명사에서 파생한 형용사 '주체적'을 사용해서 수식하고자 한다. 왜냐하면 주체적 기술은 기술에 대한 보통의 관습적인 이해——이것을 주관적 기술이라고 불러도 무방할 것이다——와 대조를 이룰 수 있기 때문이다. 여기서 주체는 스스로를 구성하고 제작하는 것인 반면, subject의 또 하나의 번역어인 주관은 미리 정해진 목적을 위해 대상을 조작하고 변형시킨다는 의미를 갖는다. 주관적 기술에서 기술적인 조작의 대상은 항상 대상에 대한 수단으로 기술을 적용하는 주관과는 다른 것인 데 반해, 주체적 기술은 그 목적이 주체를 위한, 주체의, 주체에 의한 자기제작(self-fashioning)이기 때문에 주체와 대상 사이의 안정적 분할이 존재할 수 없다.[11] 주체적 기술은 스스로에 의한 주체의 제작(poiesis)과 관련되는 것이다.

번역이라는 주제

이런 맥락에서 '문학'(literature) 속에서 가정되었던 많은 것들을 문제시하는 시(詩) 텍스트인 차학경의 『딕테』에 대해 생각해보자. 이 다언어적 텍스트에는 자연적 언어와 문학텍스트의 국민적 정체성/동일성의 대응관계를 지탱해주는 안정적인 배치가 미리 전제되어 있지 않다. 시인은 복수의 언어/혀(tongues)로 말한다. 아마도 한국계 미국 이민의 관점에서 쓰였기 때문에 이 텍스트는 영어의 이종혼성성과 다국민주의(multinationalism)라는 쟁점과 밀접히 관련된 언어학습의 문제와 씨름하고 있다. 그 결과 이 텍스트는 국어로서의 일본어와 국민으로서의 일본인이 탄생하기 전에 기원을 가진 '문학'과 뜻밖의 유사성을 보여준다.

『딕테』에는 쾌락원칙을 넘어서는 죽음의 욕망, 자신의 죽음을 통해 이미 상실된 것과 공감하고 다시 하나가 되고 싶다는 욕망이라고 부를 수 있는 것이 압도적으로 존재함에도 불구하고, 또는 바로 그렇기 때문에 나는 이 텍스트와 대결하고 이 작품/일(work)을 떠맡아야 한다고 느낀다. 왜냐하면 이 텍스트가 문학을 읽을 때 보통 따르게 되는 가정된 도식들을 연구하도록 강요하기 때문이다. 이 텍스트가 하나의 작품/일인 이유는 일차적으로 이것이 저자의 노동의 산물이나 성과물이어서가 아니라, 이것의 독해가 다른 종류의 노동을 요구해서이다. 관습적인 도식의 집합이나 번번이 '문학'(literature)이라고 불리는 실천계에 따라서 스스로를 구축하기보다 이 텍스트는 이 실천계에 대해 간섭하기 시작한다. 따라서 나의 『딕테』 읽기는 그 실천계의 작동에 간섭하는 일련의 물음이라는 형태를 취해야 하며, 그것은 이 텍스트를 '통해서 작업하는 것'이 실천계의 변용을 가져올 수 있을 것이고 그럼으로써 학문분야의 편제와 일반적 사회편제 속에서 습관화되어온 조작규칙들의 집합으로서의 '문학'(literature)의 역사성을 드러낼 것이다.

『딕테』에서 우리는 다른 책에서 인용한 부분을 많이 찾아볼 수 있다. 어떤 의미에서 『딕테』는 다른 언어로부터의 인용을 포함한 인용의 몽타주라고 표현할 수 있다. 그래서 무엇보다도 이 텍스트는 단일한 '자연'언어에서 사람들이 기대하는 균질성을 어지럽힌다. 하지만 외국어의 인용이 붕괴시키는 것처럼 보이는 것은 오직 언어의 순수성만이 아니다. 여기서 『딕테』의 몽타주에서 인용이 배치되는 독특한 양식에 주목해보자. 이런 면에서 특히 중요한 것은 이 텍스트 전체에서 볼 수 있는 다양한 언어의 양적 비율과 그 인용들이 틀지어지고 부각되는 방식이다. 9개의 장에는 각각 그리스어의 고유명사와 영어의 구절이나 단어로 된 제목이 붙어 있고 그리스어와 영어는 같은 비중으로 배분되어 있는데다가 1쪽(실제로는 그 앞에 한글이 새겨진 선명하지 않은 복제 사진을 포함하여 아홉 쪽이 있지만[12])은 불어와 영어라는 두 언어가 같은 비율로 실려 있다. 두 언어 사이의 대칭적 균등성은 각 단락이 번역을 통해서 서로 대응하도록 만들어졌다는 사실에 의해 유지된다. 한쪽이 다른 쪽의 번역이기 때문에 독자는 이 단락들 사이의 등가관계를 가정하도록 유도된다. 같은 비율의 두 언어 사용은 '우라니아 천문학' (Urania Astronomy)과 '엘리테레 서정시'(Elitere Lylic Poetry)라는 장의 일부에서도 반복된다. 또한 몇몇 페이지에는 한자가 인쇄되어 있는데 그 국적은 불분명하다. 한자가 역사적으로 한국어나 일본어와 같은 동아시아의 여러 '국어들'의 필수적인 부분이었다는 이유 때문이기도 하지만, 한자가 목소리를 대신하는 것이라기보다 도상적 시각성에서 기재된 것이기 때문이다. 이러한 창작 실천의 가장 두드러진 효과 중 하나는 주된 언어와 인용되는 다른 부차적 언어들이라는 가정된 위계를 불안정하게 만드는 것이다. 즉 독자는 『딕테』가 전체로서 무슨 언어로 쓰였는지를 알 수 없게 된다. 독자는 외국어로 된 구절이나 단어, 글자와 같은 텍스트를 포함한다 하더라도 전체로서 『딕테』는 본질적으로 영어로 쓰인 것이라고 기대할 것이고 바로 그 기대가 이 창작 전술에 의해 위기에 빠지는 것이다. 즉 이 전술은 영어와 다른 언어들의 배치 속에서 이 텍스트의 위치를 문제화한다. 이 텍스트는 그러한 방식으로 창작되었기에 언어의 쌍형상화를 통해 구성된 본질적으로 분리주의적인 간국민적 세계 속에 위치지을 수 없는 것이다. 이 텍스트는 독자들인 '우리'와 더불어 말하며 '우리' 편에 서는 것을 거부한다. 이 텍스트는 독자들의 언어로 말하는 척하면서도 그것이 거짓임을 숨기지 않고, 그럼으로써 바로 언어 선택이라는 것 속에 정치적 강제의 역사가 돌이킬 수 없이 존재한다는 것을 보여준다.

그래서 이 텍스트에서 눈에 띄는 것은 영어나 불어처럼 분명히 구별되는 언어통일체의 동일성/정체성이 아니라 한 언어에서 다른 언어로의 운동이다. 『딕테』는 하나의 언어통일체 속에서 생산되고 완성되는 작품(work)으로서가 아니라 한 언어에서 다른 언어로의 이행이라는 일(work)로서 스스로를 제시한다. 이와 같이 이 텍스트는, 두 언어 사이에 상정된 의미작용의 대칭적 등가성에서가 아니라 한 언어에서 다른 언어로 움직일 때 요구되는 노동이라는 일로서 번역의 문제를 주제적으로 다루는 것이다. 번역은 두 언어에 속하는 두 구절 사이의 정확한 대응관계로서 이해되지 않는다.

Traduire en français:

1. I want you to speak.

2. I wanted him to speak.

3. I shall want you to speak.

4. Are you afraid he will speak?

5. Were you afraid they would speak?

6. It will be better for him to speak to us.

7. Was it necessary for you to write?

8. Wait till I write.

9. Why didn't you wait so that I could write you?

불어로 번역하시오

1. 나는 당신이 말하기를 원한다.

2. 나는 그가 말하기를 원했다.

3. 나는 당신이 말하기를 원하게 될 것이다.

4. 당신은 그가 말하기를 두려워합니까?

5. 당신은 그들이 말하기를 두려워했습니까?

6. 그가 우리에게 말하는 게 나을 것이다.

7. 당신은 쓸 필요가 있었습니까?

8. 내가 쓸 때까지 기다리시오.

9. 왜 내가 당신에게 쓸 수 있을 때까지 기다리지 않았습니까?[13]

이런 문장의 의도적 나열은 외국어교육의 현장, 그리고 '딕테'=받아쓰기의 현장과 마찬가지로 한 언어에서 다른 언어로의 번역에도 내재하는 권력관계를 명료하게 그리고 있어서 이 사실을 무시하기 위해서는 독자들이 꽤나 의식적인 노력을 해야 할 것이다. 더욱이 번역연습이라는 실천계 속에서의 두 언어의 병치는 언어간의 관계가 쌍형상화의 일부로서 어떻게 형성되고 이용되며 확인되는지를 보여준다.

　『딕테』에서 번역의 문제는 구술/받아쓰기(dictation)의 문제, 즉 학습자의 실천형식의 문제와 결코 분리되어 있지 않다. 그 실천형식 속에서 학습자는 발화를 모방하고 재생산하려 하는데, 그것은 그가 말하려는(의미하는) 것을 말하기 위해서라기보다는 오히려 말하려는 것(의미하는 것) 없이 말하도록 기대된 것을 말하기 위해서이다. 그는 말한다. 하지만 말하는 것을 의미하지 않으며 의미할 수도 없다. "그녀는 말하는 시늉을 한다. 그것은 말하기와 비슷할지도 모른다. (어떤 것과 비슷하다면.) She mimicks the speaking. That might resemble speech. (Anything at all.)"[14] 따라서 학습자에게 그러한 규율이 요구된다는 바로 그 이유 때문에 번역 연습 속의 발화는 발언(locution)으로서, 그리고 일반적으로 말해 언어행위로서 구성되지 못한다. J. L. 오스틴에 따르면 말하는이가 무언가를 말하고 그것을 의미하는 한에서만 말하기(speech)는 발언일 수 있다. 그렇기 때문에 번역 연습 속의 발화는 오스틴이 말하는 '형태행위 phatic act'("어떤 어휘에 속하거나 속한다고 간주되는, 그리고 어떤 문법에 맞거나 맞다고 간주되는 어떤 음어

[vocables]나 단어, 즉 어떤 유형의 소리를 내는 행위"[15])라고는 볼 수 있지만, 결코 '의미행위 rhetic act'("어느 정도 명확한 의미와 대상언급을 수반하여 그러한 음어를 사용하는 행위의 수행"[16])라고 볼 수는 없다.

그럼에도 불구하고 언어행위로 여겨지지 않는 발화 역시 일을 한다(do things). 말하자면 그런 발화도 언향적(perlocutionary) 효과를 수행하고 달성하는 것이다. 이 비발언적(nonlocutionary) 언어행위를 통해 말하는이는 무언가를 하고 세계 속에서 어떤 변화를 불러일으킨다. 즉 이 비의미행위(nonrhetic acts)를 통해 말하는이는 모방적이고 연극적인 퍼포먼스를 상연/행위(act)할 뿐만 아니라 무언가를 행사/연습(exercise)하며 따라서 일(work)하는 것이다. 하지만 언뜻 보기에 이 비발언적 언어행위의 발화가 이룬 것을, 말하는 상황 속에서 찾기는 어려워 보인다. 번역연습 과정에서 말을 함으로써, 가령 말하는이는 듣는이에게 누구를 쏴달라고(발화수반행위, illocution) 할 수도 없고, 누구를 쏘게(언향적 행위, perlocution) 할 수도 없다. 말하는 상황에 대해 번역/받아쓰기 연습이라는 표지가 찍혀 있다는 바로 그 이유 때문에 그 속에서의 발화는 진지하게 받아들여지지 않는 것이다. 그 결과, 그러한 발화는 말하는 상황 속에서 누군가를 향하는 것으로 생각되지 않는다. 바꿔 말해 이러한 발화는 그 상황에서 분리된 행위이며 '수행적' 기능이 결여되어 있는 것처럼 보인다.

그러나 틀림없이 이러한 발화는 말하는이 스스로가 변하도록 작용하며, 이런 점에서 말하는이가 살고 있는 '체험된' 관계들에 대한 근본적 변화를 일으킨다. 이 비발언적 언어행위가 말하는이가 체험하는 세계와의 관계를 변화시키는 방식은 격렬하며 때로는 트라우마적이기조차 하다. 그런 발화는 말하는이와 세계와의 관계를 변용시킴으로써 세계를 체계적으로 변화시킨다. 천천히, 그러나 돌이킬 수 없이 그러한 발화는 말하는이의 몸에 어떤 실천계(오규 소라이에 따르면, 그것은 고

대중국에서 文이라고 불린 문신과 기입을 동시에 뜻하는 표의문자로 표현된
다)를 각인시킨다. 이런 점에서 번역은 말하는이를 변용시킴으로써 세
계를 변용시키는 주체적 기술이라고 할 수 있다. "말하려고 하지(의미
하지) 않고 말한다"는 측면을 부각시킴으로써, 『딕테』에서 인용된 전형
적인 번역/받아쓰기 연습은, 번역이라는 작업이 말하는이를 변용시키
며 말하는 주체의 구성을 준비하는 주체적 기술임을 드러낸다.

하지만 보통 자연스러운 상황 속에서 우리는 스스로가 말하려는 것
을 정말로 말할 수 있을까? 우리가 번역 연습이라는 맥락 바깥에 있다
면 말하려는 것을 말할 수 있는 것일까? 또는 외국어라는 매체를 이용
해야 하기 때문에 말하려는 것을 말하지 못하는 것일까? 문제를 거꾸
로 생각해보자. 우리는 외국어에 관한 경험을 무언가를 빼앗긴 상태로
돌리기 일쑤인데, 그렇다면 안전하고 고향집에 있는 것처럼 편안한 영
역이라는 것을 언어 속에 상정할 수 있을까?

차학경이 그 텍스트를 통해 독자들로 하여금 생각하게 하는 것은 이
러한 문제이다.

그의 모어에 대한, 그의 죽은 어머니의 랑그에 대한, 그리고 그런 것
들을 빼앗긴 그 자신에 대한 강박적인 관심으로부터 다른 언어들의 공
간 할당과 관련된 창작상의 의도적인 배치를 분리시켜 생각하기란 거
의 불가능하다. 아마도 여기서 가장 격렬한 논쟁거리가 되는 것은 다른
언어를 배우는 경험을 자기 언어에서 다른 언어로, 또는 모어에서 외
국어로 가는 편도여행으로 해석할 가능성이다. 그런데 이 텍스트에서
는 말하려는 것과 말하는 것이 일치한다고 생각되는, 기원의 언어라는
위치는 상정되어 있지 않다. 즉 말하는이가 여행을 떠나는 출발점이자
여행을 마치고 돌아오는 곳으로서의 언어는 박탈되어 있는 것이다. 따
라서 시발점도 회귀점도 없다는 것이 그의 출발점이 된다. 차학경은
말하는 것과 말하려는 것의 불일치를 강조함으로써 언어에 관한 이 힘

든 작업(=언어학습) 속에서 출발지와 목적지가 결정되는 도식을 문제 삼는다. "우리의 목적지는 탐구라는 끝없는 몸짓에 고정되어 있습니다. 그것의 영원한 유배/망명에 고정되어 있습니다."(Our destination is fixed on the perpetual motion of search. Fixed in its perpetual exile.)[17]

말해지는 것과 의미되는 것 사이의 불일치는 불충분함이라는 감각으로 가장 강하게 나타나는데 그의 발화행위 하나하나가 그 감각을 나타낸다. 그 결과, 의미작용에 자신을 전면적으로 맡기지는 않는 듯한 분위기를 풍기면서, 말하자면 항상 '괄호 쳐진' 진술을 하게 된다. 이 불충분이라는 감각 때문에 단어들과 기타 표기법상의 관례들은 전의식(前意識)으로 후퇴하지 않고, 그 대신 주제화된 상태에 머무른다. "단락 열고 그 날은 첫날이었다 마침표 그녀는 먼 곳에서 왔다 마침표 오늘 저녁식사 때 쉼표 가족들은 물을 것이다 쉼표 따옴표 열고……" (Open paragraph It was the first day period She had come from a far period tonight at dinner comma the families would ask comma open quotation marks...)[18] 이것은 또 한 명의 언어행위이론가인 존 R. 설을 크게 당혹케 만든 상황과 같은 것이다. 설은 이렇게 말한다.

철학자와 논리학자가 일반적으로 주장하는 바에 따르면 2번[= "Socrates"는 여덟 자이다]과 같은 경우에는 "Socrates"라는 단어가 생기는 것이 아니라 완전히 새로운 단어, 즉 그 단어의 고유명사가 생긴다. 이들에 따르면 단어 또는 기타 표현의 고유명사는 그 표현에 따옴표를 붙임으로써 만들어진다. 더 엄밀하게 말하면 그 표현이란 새로운 고유명사의 일부일 뿐 아니라 그 표현이 실제로 사용되었을 때 그 표현이 될 것에 따옴표를 붙임으로써 만들어지는 것이다. 이 때문에 2번의 첫머리에 있는 단어는 보통 생각하는 것처럼 "Socrates"가

되는 것이 아니라 ""Socrates""가 된다. 그리고 이해하기 힘들지만 내가 지금 쓴 단어는 ""Socrates""가 아니라 """Socrates"""가 되며 이 완전히 새로운 단어는 또 다른 고유명사의 고유명사, 즉 """"Socrates""""가 된다. 이렇게 이름의 이름의 이름의 ……위계를 올라가게 되는 것이다. 내가 보기에 이런 설명은 어리석은 것이다. 그리고 이것은 천진난만하다기보다는 고유명사나 따옴표, 언어의 기타 요소들이 실제로 어떻게 작동하는지를 크게 오해한 결과라고 생각한다.[19]

존 설은 어떤 기체(substratum)의 존재를 가정하고 있는 듯한데, 그 기체 위에서는 의도하는 바를 명확히 잉여 없이 말할 수 있으며, 과부족 없이 의도하는 그대로, 그리고 발화행위가 전혀 틀지어지지 않은 곳에서 말할 수 있다. 이 기체 안에서 말하는 한, Socrates는 "Socrates"가 아니라 단순히 그리고 직접적으로 Socrates가 되며 차는 세 자의 Cha도 한 자의 車도 아닌 단순한 차가 된다. 말하는이에게 본래적인 기체에 의해 정의되는 영역 안에서, 그는 자신이 말하려는 것을 말할 수 있을 터이며 그의 발화행위에 관하여 자신의 주체성을 틀지을/조작할 (frame up) 필요도 없을 것이다.

그렇다면 틀림없이 존 설이 어리석다고 특징지은 요소 속에서 차학경의 내레이션은 진행된다고 할 수 있다. 하지만 『딕테』의 언어가 예외적이고 비정상적이라고 인식할 수는 없다. 그렇게 인식하려면, 존 설이 말하는 어리석음이 완전히 없어진, 비(非)예외적이고 정상적인 언어 사용의 영역이라는 것이 있을 수 있고, 언어적 귀속과 특성의 기체를 영어로 한정하고 동일시할 수 있다고 가정해야만 한다. 그러나 이런 가정은 결국 영어 속의 이종혼성성을 없애야 한다는 생각에 이르지 않을까? 최종적으로 이런 가정은 동화주의의 억압적 기도를 비호하게 될 수밖에 없지 않을까?(아니면 이렇게 말할 수도 있을 것이다. "존 설은 아직 오염되지 않은 '전통적인' 영어라는 것에 참지 못할 향수를 느끼는 것일까?") 오히려 이 텍스트는 그것 없이는 설의 주장이 유지될 수 없는, 가차 없는 자민족중심주의를 드러내주며,[20] 동시에 그러한 함정에서 벗어나는 방향을 제시해주는 것 같다.

『딕테』에서는 따옴표에 의한 끝없는 퇴행이 일어나며, 그 결과 발화행위의 틀을 제공하는, 표기법상의 관례들을 포함한 기관들(organs)은 완강하게 가시적인 상태에 머문다. 그리고 이 기관들에는 구강, 후두, 목청, 그리고 당연히 혀(랑그)와 같은 생리적 기관이 포함된다.[21] "혀를 깨문다./삼켜라. 깊숙이. 더 깊숙이./삼켜라. 다시 더욱 더./더 이상 신체기관이 남지 않을 때까지./기관은 이제 없다./외침들."(To bite the tongue./Swallow. Deep. Deeper./Swallow. Again even more./Just until there would be no more of organ./ Organ no more./Cries.)[22] 말을 할 수 있게 하고 진술의 발화의 틀로서 기능하며 그것을 지탱하는 말하는이의 신체는 사라지고 잊히기를 거부한다. 그래서 그의 모든 발화는 '괄호 안에,' 따옴표로 둘러싸여 있으며 신체에 의해 틀지어져 있다. 차학경은, 발화행위 속에서 육체를 버리지 못하는 이유를 그가 모어를, 그의 죽은 어머니의 랑그를 빼앗겼다는 사실 탓으로 돌린다. 모어의 결여는 장애물로, 그가 원하는 소통의 투명성(거기서 신체는 완전히 사라진다)에 대한 불투명성으로 나타나는 것이다. 이 경우, 신체는 자아를 반사하는 것도 아니고 우리가 이 세상에서 육체를 갖게 되는 정박지도 아니다. 이때 육체는 무엇보다도 뭐라고 확정할 수 없는 잡음이며 어머니의 자식의, 그리고 모어와 말하는이의, 상상된 조화로운 상생관계를 형성하는 것에 대한 물질적 저항이다. 바로 이 경우에 신체는 主體, 즉 '발화행위의 신체'로서 가장 두드러지게 나타나는데, 그것 때문에 말하는이의 신체가 주체로서 완전히 조작될 수는 없게 되

며, 어떤 언어 속에서도, 심지어 모어에서조차 어떤 신체든 간에 완전
히 편안하게 있을 수는 없게 된다.[23]

여기서 어떤 환원론을 피하는 것의 중요성은 아무리 강조해도 지나
치지 않을 것이다. 즉 독자들에게 많은 것을 요구하는 이 어려운 텍스
트를 특정한 사회집단에 대한 스테레오타이프의 전형적인 사례로 설
명해버리는 것을 피해야 한다는 말이다.[24] 이 텍스트를 단지 어떤 국
민성—이 경우에는 한국인의 국민성—의 지표로 읽을 수는 없다. 또
한 우리가 감상에 젖어서 이 텍스트를 이른바 주류사회에 적응하지 못
했고 결국에는 세상을 떠난 지 거의 10년이 지나도록 친절하게 대우받
고 보호받아야 했던 한 이민의 표현으로 다룰 수는 없다. 정체성들/동
일성들 사이의 차이로 환원할 수 없는 차이들을 만들어냄으로써 역사
가 성취하는 것을 이러한 스테레오타이프가 항상 은폐한다는 사실 말
고도, 이 텍스트는 실제로 이러한 환원론적 읽기를 의문시하고 그 기
반을 침식하며, 그에 직접적으로 논박한다. 이 텍스트를 다른 환경에
대한 한국인의 전형적인 반응으로 읽어야 한다는 주장은, 『딕테』가 지
니는 의문 환기력에서 독자들을 격리시키고 그럼으로써 '우리'와 '그
들' 사이의 영원한, 즉 분리주의적인 구별을 정당화하는 상상된 보이지
않는 장막으로 독자와 텍스트를 떼어놓는 것이다. 따라서 그것은 텍스
트가 하나의 작품(work)이며 작업(working)이라는 의미에서 텍스트
자체를 읽는 것을 거부하는 것이다.

『딕테』에서 모어의 박탈이라는 사태는 재생산되고 반복되는데, 재
생산과 이중화(doubling)로 논점을 옮기기 전에 이 상실의 이유를 적
어도 세 가지는 생각해볼 수 있다. 첫째, 이 텍스트의 화자가 강한 공감
을 느끼는 한국인은 일본의 식민통치 아래에서 폭력적으로 모어를 빼
앗겼다. 둘째, 그의 어머니는 일본의 식민통치 때문에 한국을 떠나야
했으며, 일본의 또 하나의 식민지인 만주에서 일본인의 감독 아래 살

며 교직에 있어야 했는데(거기서 그녀는 식민통치자의 언어를 포함한 외국어를 한국인 이민에게 가르쳐야 했다), 미국에서 화자의 운명은 이런 어머니와 대응관계에 있는 것으로 해석할 수 있다. 셋째, 한국과 미국의 정치적 관계 때문에 그는 한국을 떠나야만 했다. 그는 외국어 매체 속에서 살아야 하는데, 그것은 그의 어머니의 모어 박탈상태를 나타내기도 한다. 이러한 인식이 그로 하여금 어머니의 모어를 열렬하게 찾게 하고 절대적으로 동일화하게 했다. 그러나 동시에 나는 『딕테』에서 식민자의 언어뿐만 아니라 모어와도 어떤 아이러니컬한 거리를 유지하려는 노력의 흔적을 인식하는 읽기에도 끌린다. 그에게는 모든 언어가 외국어이다. 그런데 모든 언어가 외국어라는 것은 그에게만 해당되는 것일까?

외국어의 형상과 자아의 기투

외국어란 무엇일까? 외국어에 대해서 무엇이 다른 (foreign) 것일까? 그리고 자신의 언어와 생소한 다른 언어들 사이에 차이를 확립하는 외국어의 이질성(foreignness)을 우리는 어떻게 알게 되는 것일까? 다음과 같이 말하는 사람도 있을 것이다. "나는 내 자신의 언어는 알지만 외국어는 모른다." 이리하여 사람들은 적어도 자신이 외국어를 모른다는 사실을 알고 있다고 단언한다. 가령 나는 러시아어도 스와힐리어도 모른다. 그래서 나는 내가 모르는 러시아어나 스와힐리어라고 일컬어지는 언어들을 모른다고 단언한다. 그런데 나는 모르는 언어가 존재한다는 것을 어떻게 알 수 있는 것일까? 자신이 전혀 모르면서도 알려고 하는 것에 대해 나는 어떤 단언을 할 수 있을까? 따라서 내가 스와힐리어를 모른다는 진술은 스와힐리어가 존재하지 않는다는 개연성에 열려 있을 수밖에 없다. 즉 외국어를 모른다는 진술에서 경험적 타당성을 찾을 수는 없는 것이다. 그럼에도 불구하고 외국어를 알려고 하기 위해서는 외국어에 대한 무지를 인정해야만 한다.

탐구(seeking)의 일종으로서의 물음(inquiry)은 대부분의 경우 탐구대상에 의해 미리 인도된다. 그렇지 않으면 탐구를 시작할 수도 없기 때문이다. 그러나 이 경우 외국어를 찾는 우리의 탐구 여정은 대상에 의한 안내를 받지 못한다. 즉 "외국어란 무엇인가?"라는 물음의 경우, 물음의 대상에 담긴 의미는 암묵적인 이해로서 미리 주어져 있지 '않다.' 탐구대상의 의미가 파악되고 고정되는 지평에 대해 모른다고 해도 그 대상에 대한 막연한 이해는 틀림없이 있다는 해석학적 질문과 달리, 탐구대상에 대한 우리의 무지는 절대적이기 때문이다. 탐구대상은 (해석학적으로) 가까운 곳에 있지 않다. 그것은 우리와 멀리 떨어져 닿을 수 없는 곳에 있다. 따라서 칸트가 '이념 속의 대상'이라고 부르는 것과 관계를 가질 수 있게 하는 것은 언어들의 배치이며, 이런 점에서 그것은 일종의 도식, 나아가 도식-세계와 같은 것으로 간주할 수 있다.[25] 이 배치를 통해 나는 생각할 수 없는 외국어를 어떤 형상으로 지각하지만 그것은 경험적 지식의 대상으로서가 아니다.

적어도 외국어 학습의 첫 단계에서는 나는 어떤 외국어의 형상에 관한 판단을 검증할 방법을 박탈당한 상태에 있기 때문에 그 언어가 경험의 대상으로 주어질 수 없다. 단적으로 말하면 그 언어는 경험적 지식의 영역에서 처음부터 그 모습을 드러내지는 않는다는 것이다. 그럼에도 불구하고 내가 실천적으로 그것을 향해 나아가기 위해서는 외국어의 형상이 없어서는 안된다. 그러니까 그 형상 덕분에 그것이 표상하는 것을 알고 싶다는 욕망을 가질 수 있는 것이다. 형상이 나로 하여금 생각할 수 없는 것이 형상화하는 것을 향하게 하며 미지를 향하는 기투(企投, project)로 뛰어들게 유혹한다. 형상은 실정적인(positive)

지식의 규범으로 작용하는 대신 특정한 지식의 가능성을 창조하는 데 관여한다.

미지의 것을 파악하기 위해 그것을 만져보려면 먼저 그것에 다가가려고 노력해야 한다. 미지의 것에 다가가기 위한 탐구는 나에게 노력(work)을 요구하는 것이다. 그것에 다가가려고 노력하기 위한 나의 탐구는, 그 결과 드러나는 대상에 의해서가 아니라 탐구라는 행위가 가져다주는 나의 변용에 의해서만 충족될 것이다. 본질적으로 그것은 드러냄(manifestation)을 향하도록 운명지어진 것이 아니라 오히려 근본적인 방식으로 나를 낳고 동시에 변화시키는 진통/노동(laboring)이다. 따라서 그것은 황홀한 기투, 즉 외국어의 형상이 나로 하여금 뛰어들게 유혹하는 기투란 자기동일성(selfsame)에서 떠나며 벗어나는 것을 말한다. 그것은 진정한 자기로 회귀하는 것이라기보다는 낯선 것으로 자기 자신을 변용시키는 기투이다. 혹은, 적어도 처음에는 그렇게 나타난다.

자기가 모르는 언어를 배울 때 사람은 이 알지도 생각지도 못한 언어에 대해 언어들의 배치를 통해서만 접근을 시도할 수 있다. 그 배치는 어학강사를 통해서, 아니면 본질적으로 일차적인 증거가 없는 소문으로 주어진다. 그리고 외국어 지식의 결여는 그 소문을 확인하기 위한 증거에 이를 수 없음을 의미한다. 그렇다면 나는 내가 모르는 언어를 어떻게 알 수 있을까? 그 증거는 내가 알지 못하는 언어로 쓰여 있으며, 내가 그 언어를 모른다면 나는 그것을 판독할 수 없다. 그런데 내가 그것을 확인할 수 없다는 것은 우연이 아니다. 내가 모르는 외국어는, 절대적으로 소문에 지나지 않는 이 배치를 통해서 주어질 수밖에 없다. 나는 단순히 어떤 언어가 있고 어떤 사람들이 그 언어로 말하고 생활한다는 이야기를 듣는다. 또한 나는 나의 언어는 그들의 언어와 다르며, 자기 언어도 포함한 언어들이 세계의 문화지리 지도(geocultural map) 위에 위치지어진다는 이야기를 듣는다. 나는 명칭과 위치 말고는 그 언어들에 대해 모르지만, 내가 모르는 사람들의 언어와 생활을 분류하고 확정할 때 의지할 수 있는 지식은 오로지 그것뿐이다. 말할 나위도 없이 언어의 분류와 상상된 위치는 학문분야로서의 분류법 속에서 제도화되어 있으며 외국어 학습은 그 도움을 받는다.

그러나 자기가 모르는 언어에 대해 알고 싶어 하고 알기 시작하기 위해서는 이 주어진 배치가 본질적으로 중요하다. 은연중에 내가 찾고 있는 것의 방향을 가리키는 표시나 지침, 또는 형상과 같은 것이 필요하기 때문이다. 적어도 그것을 알고자 하는 욕망을 일깨워주는 형상으로서, 내가 모르는 언어의 통일체가 주어져 있어야 하는 것이다.

그것이 어떤 사람의 인생이나 경력 가운데 하찮은 모험이라 하더라도, 적당한 개념이 없고 형상으로만 존재하는 이 미지의 타자(Other)에 다가가기 위해 노력(work)이나 노동(labour)을 떠맡을 결심을 한다는 것은 하나의 모험이자 도박 같은 행위이다. 그도 그럴 것이 그것은 일종의 내기를, 아무런 보장도 없는 소문에 대한 관여를 요구하기 때문이다. 더욱이 그 소문을 따르기로 결심함으로써 사람은 미리 주어진 제도적 편제 속에서 결정되는 어학강사나 기타 권위적인 지위에 대한 종속적인 관계에 놓이게 된다. 그 생각지 못한 것에 접근하려고 노력하기 위해서는 지식에 기초한 다양한 권력관계에 들어가야만 하는 것이다. 이리하여 외국어의 형상은 사람에게 외국어를 배울 생각을 하지 않았다면 결코 직면할 필요가 없었던 사회적·정치적 편제의 여러 층들을 돌아다닐 것을 강요한다. 힘들뿐더러 고통스럽기까지 한 이 생각지 못한 것을 향한 여정은, 학습자에게 고유한 것으로 상정된 주체위치를 탈구시키며 그를 예상치 못한 사회적 맥락으로 초대할 것이다. 그리고 명확히, 미지의 타자에게 도달하려는 것은 무엇보다도 스스로를 변용시키는 노력과 노동을 요구한다.

처음에, 미지의 언어의 형상은 추상적이고 모호하다. 그러나 배워감에 따라 그 형상은 차차 구체적이 되어가며 동시에 자신의 언어도 그것과 대조를 이루는 형상으로 나타나게 된다. 나는 학습 중인 외국어에 대해서 새로 얻은 부분적 지식을 배경으로 이미 알고 있고 해석학적 근접성 속에서 보유했던 것이 분절되어가고 있음을 배우게 된다. 미지의 것과의 대비를 통해 이미 친숙했던 것이 그려지는 것이다. 나의 언어와 외국어 사이의 차이가 분절됨에 따라 나는 체험하면서도 알지 못했던 자기 언어의 형상에 대해 알게 된다. 여기서 우리는 어떤 의미에서 미지의 것이 친숙한 것에 앞선다는 것에 주의해야 한다. 즉 나는 나의 언어를 체험해왔지만 외국어를 알게 된다는 의미에서 그 언어를 알고 있지 않다는 것이다. 언어들의 배치를 통해서만 나는 내가 체험해온 언어를 알게 될 수 있다.

외국어 학습에 거의 항상 일종의 번역이 포함되듯이, 외국어의 형상이 분절됨에 따라 자기 언어의 형상 역시 분절된다. 따라서 외국어의 형상의 구체화는 항상 자기 언어의 형상의 분절화를 수반한다. 그리고 대부분의 경우, 이것은 대칭적으로는(즉 약분가능한 두 항 사이의 차이로는) 결코 지각할 수 없는 친숙한 언어와 알지 못한 언어 사이의 차이에 대해, 한편으로는 그 차이와 협상하면서 다른 한편으로는 그 차이를 구현하는 과정이기도 하다. 왜냐하면 나의 언어와 알지 못한 언어의 초기관계를 특징짓는 것이 비교를 위한 공통항이 없다는 것이기 때문이다. 그리고 형상의 구체화는 필연적으로 비교를 위한 공통항의 이용가능성을 내포하는데, 그것에 의해 친숙한 것과 미지의 것 양자가 표상 가능해지며 각자의 형상을 통해 표상되게 된다. 따라서 우리가 모르는 언어를 배우는 과정은 실제로는 초기의 배치의 틀 속에서 일어나는 쌍형상화의 과정인 것이다.

그렇다면 외국어를 알고 싶다는 욕망은 언어들의 배치에 따라서 형

성되는 것이며, 이 욕망은 외국어를 습득하기 위해 요구되는 연습의
반복을 통해 반복적으로 집중(invested)된다. 마치 결국에는 투자
(investment)가 회수되어 욕망이 충족될 거라는 듯이. 쌍형상화의 과
정은, 친숙한 언어의 형상이든 알지 못한 언어의 형상이든 관계없이
마치 닫힌 체계성[26]의 통일체와 직접적으로 대응하는 것처럼 진행된
다. 즉 이 과정은 최초의 개념이나 아르케의 단계에서 프로그램으로
정해진, 완전한 포화상태나 순수성이라는 종착점에 다다를 운명을 짊
어진 궤도처럼 이해되는 것이다. 그래서 잘 아는 언어와 알지 못한 언
어들은 균질적이고 비역사적인 평면 위에 병치되며 어떤 초월적인 관
점에서 시선을 받는 대상으로 제시된다. 그 언어들은 비교 가능한 대
상이 되는 것이다. 그 결과, 나의 언어와 외국어 사이에 있는, 확정할
수도 한정할 수도 없는 바로 그 차이는 물상화되고 고정되며 탈역사화
되는 한편, 이제 차이는 협상할 수 있는 어떤 것, 본질적으로 다른 다양
한 분절화에 열려 있는 양의적인 사회성으로 여겨지지 않게 된다.[27]
이 경우 언어학습은 미리 예정된 계획에 따라 말하는 주체를 제작하는
전형적인 주체적 기술로 작용한다. 『딕테』가 훌륭하게 제기하는 것은,
바로 이 주체적 기술의 작업을 무효화하는 것이며, 본질적으로 동화주
의적인 '다원적 세계사'에 의해 제출된 간국민적(international) 세계라
는 비전으로서 예상된 계획에 따르는 말하는 주체의 제작을 유산시키
는 것이다. 어머니의 모어에 대한 화자의 욕망이 뜻밖에 지시하고 그
려낸 두 개의 서로 다르지만 병행된 역사의 전선(전전 일본에 의한 식민
통치와 전후 미국에 의한 한국 지배)에서 『딕테』는 동화주의의 주체적 기
술을 위기에 빠뜨린다.[28]

『딕테』가 그려낸, 학습과정이 반드시 최초 기획의 완성에 이르는 것
이 아니라는 점은 종종 간과된다. 실제로 학습은 우리가 알고 싶다는
욕망의 초기 집중을 통해 출발했을 때 지향한 목적지로 데려다주지 않

는 것이다. 그래서 그 과정에서 배치는 동일한 상태에 머무르지 않는
다. 알지 못한 언어를 배운다는 작업은 언어들의 쌍형상화에도 작용하
며 그럼으로써 언어학습의 예상된 진로를 바꾸어버리기 때문이다. 약
속된 목표를 향해 서서히 다가가기보다는, 언어에 대한 노력과 노동을
통해 접할 수 있게 된 많은 다양한 사회관계들에 의해 우리는 압도당
하고 궤도에서 벗어나게 될 것이다. 우리는 우리 자신과 목적지를 잃
어버리기 시작할 것이다.

　한 언어의 통달을 목표로 노력함에 따라 출발점과 목적지가 투사되
는 전체 그림 역시 변한다. 사람이 자신을 자신과, 언어통일체와, 그리
고 국민을 비롯한 사회집단과 결부시키는 상상된 관계들의 네트워크가
철저한 변이를 겪기 시작하는 것이다. 그러나 언어학습이라는 작업을
잠재성의 양태(mode of potentiality)에서 의도된 것이 현실로 존재하
게 되는 진행과정으로 생각할 수는 없다. 그런 의미에서 그 작업(work)
은 '작품'(work)을 만들어내지 않는다. 그것은 미리 예정된 계획에 따
라 제품을 만드는 작업보다는 계획 실행의 실패와 비슷하다. 따라서
이 '반(反)작품'(unwork)[29]이 달성하는 것은 욕망 자체의 핵심을 확산
시키고 치환하며 파편화시키는 것이다. 목적지에 도달하고 싶다는 욕
망은 다른 관계들에 대한 많은 다양한 욕망들에 의해 치환되며, 알지
못한 언어를 알고 싶다는 욕망은 많은 이질적인 욕망들로 분해되면서
증식할 것이다. 그 결과 장 뤼크 낭시가 말하는 '공동체'가 자기와 이종
혼성적인 타자 사이에 개재하게 된다.

　『딕테』는 교묘하게 또 공격적으로 외국어 학습을 모방하고, 말하는
것이 의미하는 것과 다를 수밖에 없는 학습과정을 그려낸다. 차학경은
알레고리적인 방식으로, 말하는 것과 의미하는 것이 원리적으로 동일
할 수 없는 이민의 나라에서 산다는 경험이 무엇인지를 드러낸다. (즉,
『딕테』는 존 설처럼 '어리석은' 매체를 거절하는 것이 사실은 이민의 나라의

원칙을 거절하는 것으로 이어지며, 이 나라를 '본래적인' 기체에 기초한 나라로 만들고 이민 배척의 수사와 은밀히 연결되어 있다는 것을 드러내고 마는 것이다.) 그리고 말하는 것과 의미하는 것 사이의 환원불가능한 거리는 화자의 육체와 결부되어 있으며, 종종 희생양을 만들어내는 폭력을 수반하는 이민수용국(이 경우는 미국)에 대한 과잉 동일화에 그가 뛰어드는 것을 이 모방감각이 막고 있다는 사실에 주목해두자. 여기서 모방은 비판의 한 형식일 뿐만 아니라 사회적인 것에 대한 찬가이기도 하다.[30] 말해진 것과 의미 사이의 거리가 영(zero)으로 환원되지 않는 한, 불투명성으로서의 신체는 끊임없이 자기주장을 할 것이며 투명성으로 환원되지도 않을 것이다. 신체는 언어학습에서 이루어지는 말하는 주체의 변용과 구성에 개입한다. 신체는, 그가 배우는 언어의 형상이 가리키는 목적지를 향해 나아가지 못하게 하는 분열적인 힘으로 제시되는 것이다. 즉 외국어를 완전히 내면화할 수 있으며 그럼으로써 외국어가 투명한 존재가 될 것이라고 상상하는 것을 방해하는 것으로서 신체는 출현한다. 즉 화자의 신체는 '발화행위의 신체로서, 주체가 아닌 主體로서 나타나는 것이다. 그리고 바로 이 불투명성 때문에 화자는 '사이에 있는'(in-between) 공간, 환승 중인(in transit) 주체들의 '공동체'를 위한 공간, 국민 속에 또는 국민에 의해 봉쇄될 수 없는 (국민주권의 제약을 감수하지도 않고 국민주권 속에 안주하지도 않는, 과거 '시민사회'라고 불리며 이제 더 정확하게 '이민사회'라고 불려야 할) 공동체를 드러내는 것이다.

여기서 우리는 신체를 한정시키는 방식에 대해 신중해야 한다. 신체는 화자가 미지의 것에 다가가려고 하는 것에 대한 반동으로서만 저항한다. 바꿔 말해 저항으로서의 신체는 항상 화자가 타자와의 사이에서 가지는 사회적 관계에 의존하기 때문에 그것은 화자의 주체성을 구성하는 실체도 동일성도 아니다. 즉 저항으로서의 육체는 단순히 미리 주어진 문화적·언어적 구성에서 비롯된 타성으로 이해되어서는 안되는 것이다. 그것은 대항이라기보다는 단념이라고 불려야 마땅하다.[31] 따라서 화자가 모어를 빼앗기고 있다는 사태는 그의 신체를 원래(original) 상태로 되돌린다고 보상받을 수 있는 것이 아니다.

『딕테』에서 화자는 어머니의 모어를 찾는다. 그런데 그렇게 사모함으로써 그가 재생산하는 것은 아이러니컬하게도 그의 어머니가 놓여 있던 조건이다. "당신의 아버지는 떠났으며 당신의 어머니도 다른 사람들과 마찬가지로 떠났습니다. 당신은 떠나야 한다는, 떠났다는 것을 알고 고통스러워합니다."(Your father left and your mother left as the others. You suffer the knowledge of having to leave. Of having left.)[32] 그의 어머니는 모어의 땅에 직접 접근할 수 있는 수단을 빼앗긴 상태로 태어났다. 그래서 어머니가 놓인 특수한 조건은 이미 반복되는 것으로 화자에게 주어지는 것이다. 일본의 제국주의 정책 때문에 모어의 땅을 떠나야 함으로써 그의 어머니의 부모는 실제로 딸(=화자의 어머니)을 한국사람 일반이 놓인 상황과 비슷한 상황에 놓이게 한다. "하지만 당신은 다른 사람들처럼 그 언어를, 강제로 주어진 언어를 합니다. 그것은 당신의 언어가 아닙니다."(Still, you speak the tongue the mandatory language like the others. It is not your own.)[33] 어머니는 이런 조건 아래서, "난민들. 이민들. 망명자들."(Refugees. Immigrants. Exiles.)[34] 속에서 태어났다. 미국에서 화자가 난민이자 이민이자 망명자인 것과 마찬가지로 그의 어머니는 '두언어사용자'이며 '세언어사용자'였다. "금지된 언어가 당신의 모어입니다."(The tongue that is forbidden is your own mother tongue.)[35]

텍스트를 읽는 정반대되는 두 가지 방식에 의해 거의 참기 힘든 긴장이나 양의성이 만들어진다.(말할 나위도 없이 시인이 복수의 언어로 말한다는 바로 그 이유 때문에 『딕테』의 텍스트는 많은 다양한 읽기에 개방되어 있다.) 어머니의 언어가 이미 다언어였기에 어머니의 언어를 찾는다는 것은, 어머니의 언어 속에서 모어의 박탈뿐만 아니라 어머니의 언어의 다언어성도 재생산하게 될 것이다. 따라서 그가 어머니의 언어 속에서 찾는 것은 결국에는 모어 일반의 상실, 강제된 언어를 습득하는 데 신체가 보이는 완강한 단념(desistance)으로 가장 잘 표현되는 그런 상실이다. 이 상실을 통해 화자가 한국사람들, 그리고 언어 선택권을 빼앗긴 사람들과의 연대 같은 것을 발견할 수 있으리라 상상해보는 것은 충분히 가능하며 타당하다고도 할 수 있을 것 같다. 그리고 이 상실은 주체적 기술의 원활한 작동에 대한 단념을 의미하게 될 수도 있을 것이다. 즉 신체가 강요된 기획의 미리 정해진 궤도를 방해하고 사회성의 또 다른 우연적 가능성에 투신하는 한, 그것은 다른 사회적 분절화에 무한히 개방되어 있는 브리콜라주(bricolage)로, 또는 "문화적 잡종성의 전선들에서의 비결정성"[36]으로 이해되어야 한다. 육체는 쌍형상화 도식에 작용하고 그것을 변화시키는 가능성의 하나로 볼 수 있다.

그러나 마치 신체를 통한 사회성에 대한 자각을 취소하듯이, 『딕테』는 신체에 대한 완전히 다른 이해[37]를 기도하기도 한다. 즉 "하나의 행위의 영원성. 그것은 하나의 존재의 완성. 하나의 순교. 하나의 국민의 역사를 위한. 하나의 민족의"(The eternity of one act. Is the completion of one existence. One martyrdom. For the history of one nation. Of one people.)[38]라는 구절을 통해 『딕테』는 완강한 육체의 단념을 상상적으로 해소하려는 경향을 드러내는 것이다. 물론 여기서 문제가 되는 것은 제국주의적 억압과 폭력에 저항하는 주체로서 국민을 통합하는 일이다. 그리고 우리는, 국민이라고 하는 사회적 상상체(the social imaginary)를 구축하는 것이 자신의 죽음을 상상적으로 다루는 문제, 즉 저항하는 자신의 신체를 지워버리는 문제와 결부되어 있다는 사실에 직면하지 않을 수 없다.

정확히 바로 이 점에서 『딕테』는 언어학습 속의 반(反)작품으로서의 작업을 포착하기를 거부한다. 스즈키가 제시한 문·학에서 그랬듯이, 차학경은 그와 반대되는 징후들에도 불구하고 학습이 본질적으로 최종 목적지를 향하는 이동과정이라고 생각하는 관념에 집착한다. 끝까지 따져보면 국민을 구축하는 데 목적지의 최종성이라는 것이 본질적임은 말할 필요도 없을 것이다. 그리고 최종성이라는 감각/방향은 다음과 같이 제시되어 있다.

> 어떤 사람들은 나이를 모른다. 어떤 사람들은 나이를 먹지 않는다. 시간이 멎는다. 시간은 어떤 사람들을 위해 멈춘다. 그들을 위해 특별히. 영원한 시간. 나이가 없다. 시간은 어떤 사람들을 위해서 고정된다. 자신의 재생산과 증식에 의해 영혼으로부터 분리된 생포된 이미지와는 달리, 그들의 이미지, 그들의 기억은 부패하지 않는다. 그들의 면모가 환기시키는 것은 성스러운 아름다움이나 사계절의 성쇠에서 오는 아름다움이 아니다. 환기시키는 것은 불가피한 것이나 죽음이 아니라, 죽어가고-있다는 것이다.(Some will not know age. Some not age. Time stops. Time will stop for some. For them especially. Eternal time. No age. Time fixes for some. Their image, the memory of them is not given to deterioration, unlike the captured image that extracts from the soul precisely by reproducing, multiplying itself. Their countenance evokes not the hallowed beauty, beauty from seasonal decay, evokes not the inevitable, not death, but the dy-ing.)[39]

이렇듯 외국어를 알고 싶다는 욕망은 그 정반대되는 대립물, 즉 자신의 '국'어로 끊임없이 번역된다. 이런 욕망을 분산시키는 반(反)작품의 힘을 거스르고, 그는 돌이킬 수 없이 상실된 '국민의' 모어에 대한 욕망과 그 형상과 절대적으로 동일화하려는 욕망이라는 바로 그 욕망에 대한 욕망을 유지해야만 한다. 사회적 상상체로서의 국민은, 반제국주의 투쟁 속에서의 자신의 죽음을 상상적으로 선취함으로써 이루어지는 전체와 개인의 환유적 연결의 결과로서 형성되는데, 그러는 한 『딕테』 또한, 국민국가를 본질적으로 제국주의에 대한 반동 혹은 그 역사적인 결과/효과라고 보는 명제를 확인해주는 듯하다.

기묘하게도 욕망이 집중되는 언어들의 초기의 배치는 『딕테』 전체를 통해서 사라지지 않는 듯하다. 국문학과 비교문학의 제도에서와 마찬가지로 욕망은 이 텍스트 속에 고스란히 남아 있도록 운명지어진 것이다. 따라서 차학경은 결국에는 그가 회귀를 바라는, 회복할 수 있거나 유신/복고할 수 있는 상실된 것으로서 어머니의 언어와 국어의 동일성을 만들고 만다. 말할 나위도 없이 그는 전체를 위해 자신의 죽음을 각오함으로써 욕망을 충족시키는 가능성을 상상하는 것이다. 이런 점에서도 『딕테』는 우리에게 국어의 정체성/동일성의 제작(poiesis) 속에서의 시학(詩學, poetics)의 작동에 주목하도록 권유하고 있다고 할 수 있겠다.

그와 동시에 『딕테』는 언어들의 배치에 작용하려는 가장 급진적인 시도를 품고 있다. 그것은 국어의 안과 밖을 가르는 대칭적 경계선을 혼란시키고 쌍형상화 과정을 위기에 빠뜨리는 것이다.

『딕테』는 국문학이나 비교문학이라는 기존 범주에 포함시킬 수 없는 텍스트적 퍼포먼스의 가장 좋은 사례 중 하나이며, 기억을 가장 잘 환기시키는 방식으로 문학의 정치성을 제시한다.

나는 이 텍스트에 내재된 양의성이 환원 불가능하다고 믿는다. 그도 그럴 것이 한편으로 오늘날의 세계에서 제국주의적 억압에 맞서 싸울 필요성—그것이 앞으로 저항의 주체로서 국민공동체의 제작을 요구한다—은 전혀 줄어들지 않았으며, 다른 한편으로 그 국민공동체의 균질화 또한 종종 문화적으로나 언어적으로 이질적인 존재를 엄청나게 희생시키는 결과를 낳을 수 있기 때문이다.

하지만 아무리 견디기 힘들더라도 우리는 이 양의성과 함께 살아야한다고 이 텍스트는 말하는 것 같다.

2

'일본사상'이라는 문제
'일본'의 형성과 쌍형상화 도식

물음의 설정

왜 새삼스레 '일본'사상 혹은 일본'사상'을 문제삼아야 하는가? 왜 일본사상이 문제로서 제출되어야 하는 것일까? 우리는 '일본사상'이라는 이름으로 어떤 종류의 지식을 추구해야 하는가? 도대체 '일본사상'이란 일차적으로 무엇을 일컫는 말인가?

역사학·문학·철학과 같이 인문과학에 포섭되는 분야뿐 아니라 사회과학에서도 '사상'이 논의되어왔음은 말할 필요도 없다. 다시 말해 인문과학과 사회과학이 '사상'으로서 빈번하게 고찰되어왔다. 더구나 이처럼 '사상'으로서 파악되자, 가령 사회학·경제사·정치사상사 등으로 구분되는 논문은, 이른바 과학과는 다른 지극히 근대적인 관념인 '문학'으로 간주되어 개성적인 작품으로 읽히는 일이 많다. 그때 논문의 저자는 단순한 과학자로서가 아니라 '사상가'로서 말하기 시작하는 듯하다. 그러나 '사상'이라는 말이 '일본'과 결부되어 '일본사상'이 될 때 새로운 사태가 벌어진다고 생각하는 편이 좋지 않을까?

그런데 무엇을 가지고 '일본사상'이라고 하는지, 혹은 이 이름으로 어떤 지식을 탐구하려 하는지는, '일본사상'의 구체적인 사례들을 모아서 그것들의 공통되는 성격을 추출하는 것으로는 규정할 수 없다. '일본사상'이란 무엇인지에 대한 이해가 없다면 구체적인 사례를 수집하는 것도 불가능하고, '일본사상'이라는 범주에 들어가는 것과 들어가지 않는 것을 구별할 수도 없기 때문이다.

이미 교육·연구제도로서 확립된 담론의 실정성으로 존재하는 '일본문학'이나 '일본사'에 대해서도 우리는 이와 똑같이 말할 수 있을지도 모른다. '일본사상'을 비롯하여 '일본문학' '일본사'에 대해 알려고 하는 이유는 상정된 지식의 대상 때문이 아니라 학문분야/학문적 훈련(academic discipline)의 존재 때문이다. 여기에서 푸코의 통찰을 상기할 수도 있을 것이다. 학문의 대상이 먼저 주어져 있기 때문에 그것을 연구할 학문분야가 형성되는 것이 아니라, 반대로 학문분야의 존재가 학문의 대상을 산출하는 것이다. 그래서 '국문학'이라는 담론이 형성됨에 따라서 '일본문학'이 생겨났으며, 가정된 대상을 연구하기 위해 학문분야가 제도화되었을 때 또는 일본어학의 전신(前身)이 구축되었을 때 '일본어'가 출현했다고 할 수 있을지도 모른다. 따라서 '일본사상'에 대한 가장 만족스럽지는 않더라도 가장 간결한 정의는 일본사상사라는 학문분야가 탐구할 테마로 가정되는 대상이라고 할 수 있을 것이다. 다시 말하면 일본사상사가 '일본사상'의 존재에 의해 규정되는 것이 아니라 '일본사상'이 일본사상사의 존재에 의해 규정된다는 관점을 취할 수 있다. 이것은 물론 '일본사상'은 일본사상사 연구 속에서만 문제삼을 수 있다는 뜻은 아니다. '일본사상'이란 무엇인가라는 질문에 대한 가장 믿음직스러운 대답을 전문분야인 일본사상사 속에서 찾아낼 수 있을 것이라는 기대는 당연한 일로 생각되기 때문이다.

그런데 일본사상사에 포함되는 연구성과물 가운데 '일본사상이란 무엇인가'라는 문제는 종종 제출되었어도 그에 대한 대답, 즉 일본사상의 본질이 제시된 적은 거의 없다. 나아가 국민교육체계 가운데 확고히 자리잡은 국문학이나 일본사에 비해 일본사상사는 학문분야로서 교육·연구기관 내에서 충분히 확립되어 있지 않다. 일본사상사가 '일본사상'이란 무엇인가에 대한 이해를 바탕으로 이루어지는 전문분야라 하더라도, 반드시 명확한 정의에 근거한 것은 아니라는 것을 알 수 있다. 이를테면 가지 노부유키(加地伸行)는 다음과 같이 말한다. "일본사상이라는 것이 어딘가에 이미 존재한다는 것은 아니다. 혹은 일본사상이라는 것이 이미 형성되어 있다는 것도 아니다. 끊임없이 일본사상이란 무엇인가, 일본사상사란 무엇인가 라고 묻고 부단히 검증해 나가는 작업 속에서만 그것은 존재한다."[1] 오히려 일본사상사는 '일본사상이란 무엇인가'라는 질문으로부터 동기를 얻은 학문분야라고 할 수 있을 것이다. 연구자는 막연한 이해에 의지하여 '일본사상'의 보다 명확한 정의를 향해 '일본사상' 읽기에 참여한다. 그것은 이해의 지평에서 질문의 의미를 향한 기투(企投)로서 지식의 해석학적 탐구라는 외관을 띤다. 그러므로 형식적으로 일본사상사는 '일본사상'을 궁극적인 목표로 설정했을 때 비로소 가능해지는 욕망, 즉 '일본사상'에 대한 욕망으로 유지되며 재생산되는 지식의 영역이라고 할 수 있다. 그러나 주의할 것은 이 영역은 '일본사상'에 대한 욕망이 충족되지 않는 한에서 존속한다는 점이다. 만약에 이 욕망이 충족될 수 있는 것이라면 이 욕망이 충족되는 순간 '일본사상사'는 저절로 소멸될 것이다. 즉 '일본사상이란 무엇인가'라는 질문을 설정함으로써 그 질문에 대한 답을 알고 싶다는 욕망이 생겨날 때 담론영역으로서의 일본사상사는 시작된다. 거기서는 '일본사상'의 본질은 상정되면서도 결코 제시될 수 없는 것으로서 과거로 투사되며 결코 충족될 수 없는 욕망에 의해 이 지식의 제도는 유지된다.

그렇다면 일본사상의 문제를 다루기 위해서는 '일본사상이란 무엇인가'라는 질문으로 야기된 욕망에서 벗어나 다각도에서 문제를 바라보아야 한다. 그러한 욕망의 회로에서 이탈하기 위해 끊임없이 움직이면서, '일본사상'을 알고 싶어 하는 대신 그러한 욕망이 재생산되는 장치를 분석해야 할 것이다. 즉 이 욕망의 구성요소인 '일본'이나 '사상'을 현상학적으로 환원해야 하며, 그것들을 '곧이곧대로 받아들이는 것'을 멈추어야 한다. 하지만 이렇게 욕망과 거리를 두는 고찰방식이 경험적인 판단에 괄호를 치는 초월론적인 의식의 입장을 취해야 한다는 것은 아니다. 욕망이 그 상정된 대상 위에 초점을 맞추지 않도록 끊임없이 욕망을 분산시키기 위해서는 어떤 기술(art)이 필요한데, 그것은 일본사상의 문제가 일본사상사를 하나의 분야로 굳건하게 확립시켜주는 결과가 되지 않도록 일련의 방해물들을 준비하는 것이다. 그래서 나는 이 기술을 일본사상사를 구성하는 조건들을 역사화하는 일종의 반(反)역사적인 '역사'라고 부르고 싶다.

'일본사상'은 직접적으로 연구자들에게 주어져 있지 않으며 미지의 것으로 되어 있는데도 우리는 그것을 연구할 수 있다고 믿고 있다. 그런데 '화성(火星)사상'은 마찬가지로 직접적으로 주어져 있지 않고 미지의 것으로 되어 있지만 '일본사상'과 달리 우리는 그것이 연구분야를 형성할 수 있다고 생각하지 않는다. 이 차이는 '일본인'이나 사상환경으로서의 '일본문화' 같은 것의 존재를 '일본사상'이 존재한다는 근거로 삼을 수 있는 반면, '화성사상'에는 그럴 만한 근거가 없다는 데서 비롯된다. 적어도 현재 우리가 알기로는 화성에는 화성인도 화성문화도 존재하지 않기 때문이다. 그렇다면 '일본사상'의 경우, 일단 일본을 지리적인 영역으로 간주한 다음 거기에 사는 사람들이 집단을 이루며 그 집단 속에서 만들어진 사상이라고 대충 정의할 수 있는 무언가가 미리 존재한다고 짐작할 수 있다. 미지이며 직접적으로 알 수 없는 것인데도 우리가 계속 '일본사상'이란 무엇인가라고 질문할 수 있는 이유 가운데 하나는 '일본인'이라든지 '일본문화' 혹은 막연한 '일본'의 존재가 전제되어 있기 때문이라고 할 수 있을 것이다.

그러나 말할 나위도 없이 일정한 지리적 범위를 가리키는 이름이 존재하는 것과 그 영역에 사는 사람들이 집단을 구성한다는 것은 별개의 사안이다. 일본이라는 이름 혹은 그것에 해당하는 '왜'(倭)와 같은 이름의 존재를 근거로 통일된 사회집단이 존재했다는 결론을 내릴 수는 없다. 이름이 나타내는 개념이 존재한다고 해서 그것이 곧바로 통일된 집단의 존재를 의미하지는 않기 때문이다. 물론 인간집단은 이름이나 상징을 매개로 하지 않으면 존재할 수 없지만, 그렇다고 이름이 나타내는 개념의 존재가 곧바로 집단의 존재를 보장하지는 않는다. 집단 속의 인간이 집단의 통일성과 동일화되고 정체성의 구성요건에 그 집단의 이름을 포함시키기 위해서는 이름 이상의 담론편제가 필요한 것이다. 집단의 존재는 고유명사의 존재 이상의 것을 필요로 한다. 예컨대 아메리카라는 이름이 존재한다고 해서 이것이 아메리카라는 공동체의 존재를 보장하는 것은 아니다. 북쪽의 알래스카에서 남쪽의 티에라델푸에고 섬까지 다양한 사람들이 살고 있는데 그들이 하나의 공동체를 형성하지는 않는다.(물론 아메리카를 미국이라는 좁은 뜻으로 생각한다면 이야기는 달라진다.) 그런데 대부분의 일본사상사 연구에서 이루어지는 것은 '일본사상'이 하나의 수수께끼이자 의문임을 인정하면서도, 마치 '일본사상' 자체의 문제성에 비하면 '일본인'의 존재는 문제가 아니라는 듯이 '일본인'이나 '일본'의 존재를 불문에 부치고, 그러나 그것이 자명하다는 듯이 제시하는 것이다. 가령 와쓰지 데쓰로(和辻哲郎)는 '일본사상'이 아닌 '일본정신'에 대해 다음과 같이 말하고 있는데, 지금 우리가 하고 있는 논의의 문맥상 '일본사상'과 '일본정신'은 거의 같은 것으로 보고 논의를 진행시킬 수 있다.

누가 일본정신이란 무엇이냐고 묻지 않으면 그것은 누구나 다 알고 있다. 그러나 한번 묻기 시작하면 점점 알지 못하게 된다. 결국에는 아무도 모른다는 것을 알게 될 것 같다. 적어도 이 문제에 대해 무언가 써야 할 나 역시 사실은 잘 모르고 있는 것이다.[2]

그러나 와쓰지의 논의는 곧바로 일본정신이 반동적일 뿐만 아니라 혁신적일 수 있다는 다른 논점으로 옮겨가 "근세국가가 국민적 자각 위에 서서, 따라서 먼저 국민주의와 결부되었다"는 '국민적 자각'의 관념 자체가 갖는 역사성을 인정하면서도, "국민으로서의 민족공동체"[3]에 대한 자각으로서의 일본정신사가 논증 없이 상고시대부터 이야기된다. 즉 '국민주의'의 역사적 한계를 인정하면서도 근대 이전에 '국민으로서의 민족공동체'가 미리 잠재적으로 존재했던 것으로 설정한 연후에 일본정신사를 서술하게 되는 것이다. 와쓰지는 '일본' '일본민족' '국민적 주체'와 같은 말들이 상호교환 가능한 것처럼 다룬다. 그래서 지리적 영역으로서의 '일본'이 어느새 '국민적 주체'로서의 '일본'이 되고 만다.[4] '일본'이라는 지역이 있었던 이상 '민족으로서의 일본인' 또한 있었을 것이라고 생각하는 셈이다. 게다가 이런 '국민적 주체'로서의 '일본인'의 사상은 미지의 것으로 주어진다. 즉 '일본의 사상'이 무엇인지는 모르지만 '일본의 사상'이 존재했다는 것만은 알고 있다는 것이다.

미리 이해되고 있는 것을 그 의미를 해석하는 질문을 통해 드러낸다는, 이 거의 해석학적인 절차는 와쓰지뿐만 아니라 현재에 이르기까지 많은 사상사·문화사 연구자들에 의해 반복되어왔으며 "일본민족 스스로가 창조해낸" "일본사상"[5]에 대한 욕망을 재생산한다. '민족으로서의 일본인' 혹은 '국민적 주체'가 과거에 존재했다는 전제에 의해 '일본사상'의 '통성원리'(quiddity)가 아니라 '일본사상'의 '존재'가 설정되고, 이 존재는 '통성원리'가 '무엇인가'라는 의미의 질문을 환기시켜 연구자들에게 필요한 이해의 지평을 형성하는바, 이 이해의 지평 위에서 과거의 문헌들을 해석하게 되는 것이다. 요컨대 나는 '일본사상'이 무엇인지 모른다, 그러나 '일본사상'이 존재한다는 것은 알고 있으니 '일본사상'에 대해 묻는다는 것이다. 이렇듯 '일본사상'이란 무엇인가라는 질문은 동어반복적인 회로판을 만들어내는데, 이 회로판 속에서는 '일본사상'의 존재 여부에 관한 질문이 원칙적으로 생기지 않을뿐더러 '일본인'이나 '국민적 주체'라는 것이 도대체 과거에 존재했다고 말할 수 있는가라는 질문은 더더욱 나올 턱이 없는 것이다. 즉 비판적 고찰 없이 일본사상사에 관여하는 일은 일찍이 도사카 준(戸坂潤)이 '국사의 인식'이라 부른 것을 되풀이하는 것이며, '일본인'의 존재와 그 담론 형성에 관한 의문을 억압하게 될 것이다.[6] 또 한편으로 과거 일본에서 '일본인'이 아닌 사람들의 역사, 더 정확히 말하면 일본인과 비일본인의 구별이 없었던 시절의 일본이라는 지역의 역사의 가능성을 배제하게 될 것이다.

일본사상 연구자와 발화위치

'일본사상'을 지탱하는 '일본인'이나 '일본민족이라는 국민적 주체'의 암묵적 존재가 아무런 논증 없는 믿음으로서 전제되고 있다는 점을 지적하는 것만으로는 충분치 않다. 우리는 나아가 과거의 역사를 현재 어떻게 정확히 재현할 것인가 하는 사실확인적인(constative) 문제설정뿐 아니라 '일본사상'을 물음으로써 사람은 무엇을 하는가 하는 수행적인 문제설정도 해야 하기 때문이다. 과거에 무엇이 일어났고 사람들이 무엇을 생각했는가 하는 것에 문제를 한정하는 한, '일본인'이나 '민족공동체'를 상정하는 것은 가설의 문제에 지나지 않는다. 그러나 일본사상 연구자가 일본사상을 연구함으로써 무엇을 하려고 하는가 하는 점에까지 문제를 확장할 때 일본사상사의 또 다른 측면이 모습을 드러낼 것이다. 그것은 꼭 연구자의 정체성 형성양식과 관련된 다. 그와 동시에 그것을 연구자가 발화하는 위치가 어떤 메커니즘을 통해서 구축되는가 하는 문제이기도 하다.

'일본사상' 안에서의 발화와 '일본사상' 밖에서의 발화

'일본사상'에서 수식어 '일본'이 무게를 지니고 연구자에게 어떤 운명적인 울림으로 전해질 것인지 여부는, 그 연구자가 '일본사상'과 어떤 연속성을 지닌 발화위치에서 말하느냐 아니면 비연속적인 발화위치를 전제로 말하느냐 하는 차이에 달려 있다. 즉 연구자가 '일본사상'을 자기의 문제로 말하느냐 아니면 남의 문제로 말하느냐에 따라 차이가 나는 것이다. '국민'으로서의 일본인이 근대의 산물이라는 것을 인정하는 연구자조차도 과거의 문헌들이 '일본사상'이라는 제목으로 제시되기 때문에 '일본인'인 연구자는 그 문헌들에 친밀감을 기대하면서 접근하게 된다. '같은' 일본인인 이상 문헌의 저자와 연구자 자신은 어딘가 공통된 기반이 있을 터이며 '외국인'을 대하는 것과는 다른 편안함이 있을 것이라는 셈이다. '국민'과 '민족'의 차이가 이용되면서도 양자가 거의 동의어인 양 사용되는 것이 일본사나 일본문학의 담론의 수행적 측면에서 기인한 점에 주의할 필요가 있다. 거기서는 "현재 일본인의 생활에서 보면 과거 일본에 존재한 사상이야말로 어떤 의미에서 오히려 이국적인 것이다"[7]라는 초보적인 역사감각마저 상실된 경우가 많다. 어떤 연구자는 그때까지 플라톤이나 헤겔 같은 서양사상만 보다가 쇼토쿠 태자(聖德太子)의 『삼경의소』(三經義疏)를 보니까 '같은' 일본인이기 때문에 마음속 깊이 잘 이해되었다고 말한 적이 있는데, 우리가 제정신이면 이 연구자의 감상적인 고백을 진지하게 받아들이기 어렵겠지만, 이런 것도 '일본인'의 연속성이라는 믿음의 한 가지 효과일 것이다.

실제로 20세기 이전 문헌의 대부분은 현대의 기준으로 보면 외국어로 쓰여 있다.(예를 들어 19세기 이전의 일본문헌의 언어적 다양성과 근대 표준일본어 사이의 차이와, 근대영어와 중세영어 사이의 차이 및 다양성을 비교해보면 좋을 것이다.) 그래서 현재 우리가 읽는 고전문헌은 근현대의 주석자들에 의해 몇 번씩이나 고쳐 쓰였으며 현대인도 읽을 수 있도록 여러 가지 기호가 덧붙어 있는 것이다. 그렇지 않으면 대부분의 현대 일본인이 과거의 문헌을 그대로 읽기는 어려우며 그런 의미에서 현대 일본인의 압도적 다수는 그 과거의 문헌들을 기준으로 해서 보면 외국인이다. 그리고 이 사료들에 나타난 사고방식이나 감정은 현대 일본인에게는 부정할 여지없이 이국적인 것이다. 그런데도 '일본인'의 연속성이라는 믿음은 현대 일본인이 과거의 일본사상을 외국인의 사상이라고 보는 것을 방해한다.

과거의 문헌을 읽어내고 일본사상을 이용해 현대의 발화양태에서 문제가 되는 '일본인'과 '외국인'이라는 구별을 현재의 시점에서 재생산하기 위해 연구자는 말하고 행위한다. '일본사상'과 연속적인 위치에 자기의 발화위치를 상정하고 그 입장에 자기를 동일화하면서(또는 영화이론에서 많이 사용되는 정신분석에서 유래한 용어로 말하자면 '봉합해서') 말하느냐 아니면 '일본사상'과 비연속적인 위치에 자기를 '봉합하면서' 말하느냐에 따라 연구자는 '일본사상'에 대해 정반대되는 대칭적 태도를 취하게 된다. 연속적인 위치에서 말하는 연구자는 대상에 공감하면서 접근하는 반면, 비연속적인 입장에 자기를 봉합하는 연구자는 십중팔구 반감을 갖고 대상에 접근한다.

비연속적인 입장에 자기를 봉합하는 사람들을, '일본'이라고 불리는 상정된 대상에 대한 결과적인 태도나 적개심이 아니라 동일화의 양식이라는 의미에서 '반(反)일본인'이라고 부르기로 하자. 여기서 주목할

것은 '반일본인'이라는 위치의 연구자는 원리적으로(실제로 그러는 사
람도 더러 있지만) 극단적으로 친일적인 태도를 취할 수 있다는 점이다.
그러한 봉합 메커니즘의 귀결인 '일본인'과 '반일본인'이라는 정반대이
자 대칭적인 두 가지 태도는 연구자가 '일본사상'에서 무엇을 읽어낼
것인지를 미리 결정해버리는 경우가 많다. 특히 현대 일본사회에서 생
활해본 경험이 있는 연구자는 그것이 '일본사상'이라는 제목으로 제시
되어 있기 때문에 현대 일본사회의 배타적인 측면을 '같은' 일본인에
의해 쓰였을 과거의 문헌에서 읽어낼지도 모른다. 말할 필요도 없이 이
것은 과거에서 자기 겨레를 찾는 일본인 연구자의 태도에 반발하면서
대칭적인 입장을 차지하려는 태도이다. 얼핏 보기에 정면으로 대립하는
듯한 이 두 가지 태도 역시 전이의 상호성에 의해 지배되고 있다는 점에
주의할 필요가 있다. 즉 '일본의 사상'에 대한 연속성과 비연속성에서
비롯된 발화위치의 봉합에 관한 양자택일은 '일본인'이라는 발화위치
를 둘러싼 말하는이와 듣는이 사이의 '타자의 기대에 대한 영합'과 '타
자의 기대에 대한 반발'이라는 변증법에 지배되고 있는 것이다.

　일본사상사를 제도화된 발화의 총체로 볼 때 말하는이와 듣는이의
관계가 일정한 규칙을 따르고 있음을 알 수 있다. 물론 말하는이는 일
본사상 연구자, 대학 교수, 주부, 지방 정치인 등 여러 주체위치를 차지
하고 있겠지만, 주목할 것은 일본사상 속의 발화에 관한 한 연구자는
먼저 '일본인'/'비일본인'이라는 단절적인 발화위치를 선택할 맥락에
있다는 점이다. '일본사상'과 연속적인 위치에 자기를 '봉합하며' 말할
때 연구자는 일본인으로서 말하게 될 것이다. 그리고 '일본사상'과 비
연속적인 위치에 자기를 '봉합할' 때 연구자는 반일본인으로서 말하게
된다. 단, 이 두 개의 상반되는 위치를 양자택일적인 동일화의 대상으
로 의식하기 위해서는 연구자는 먼저 동일화 대상과 거리를 둔 다음에
그 대상과 자기를 동일화하는 수밖에 없을 것이다. 즉 먼저 상호간에

거리를 두고 있기 때문에 그 거리를 줄여서 없애는 '봉합'이 가능해지는 것이다. 연구자는 '일본'을 대상화할 수 있는, '일본인'과 '반일본인'의 대립이 의미를 갖는 차원과는 다른 차원에 있는 '비일본'적인 위치에 서서 '일본사상'과 연속적인 '일본'의 위치나 비연속적인 '반일본'의 위치에 자기를 동일화하려는 것이다. 일본인으로서 연구자가 말하기 위해서는 이러한 발화위치의 이중성과 단절성을 피할 수 없다. 즉 연구자가 일본인(=내부인)으로서 혹은 반일본인(=외부인)으로서 말하기 위해서는 '일본인'/'비일본인' 혹은 '반일본인'/'비일본인'이라는 단절적인 입장을 취할 수밖에 없는 것이다. 더욱이 이 단절은 연구자가 '일본인'(혹은 '반일본인')과 자기를 동일화하는 과정에서 생기는 것이며, 이 단절 없이는 '일본인'이라는 주체위치에서 말하는 것은 불가능하다.

　이 사실은 두 가지를 의미한다. 하나는 '일본사상'과 연속적인 위치에 자기를 '봉합하며' 말한다면 출생지가 아프리카든 북아메리카든 중국이든 간에 연구자는 일본인으로서 말할 수 있다는 것이다. 그도 그럴 것이 '일본인'은 자연적 또는 즉자적 정체성/동일성이 아니기 때문이다. 또 하나는 일본사상사의 근대성은, '일본'과 '반일본'이 일본과 서양이라는 이항대립으로 회수되었을 뿐 아니라 '일본'과 '비일본' 또한 같은 이항대립으로 회수되어버렸다는 역사적 우연에서 그 가장 중요한 성격이 유래했다는 점이다. 그것은 메이지(明治) 이후 서양사상사를 의식하지 않고 쓴 일본사상사가 전혀 없다는 사실에서 가장 잘 드러난다. 일본사상사를 발화구조로 볼 때 알게 되는 것은 일본사상사가 서양사상사와 대결하는 것으로 발상된다는 것이며, 서양에 사상이 있었다면 일본에도 사상이 있었어야 한다는 대칭성과 평등에 대한 요청에 의해 지배된 형태로 발상된다는 것이다.[8] 서양에 철학이 있었다면 일본에도 철학이 있어야 한다는 결여의식으로부터 일본사상사는 출발할 수밖에 없었다. 바로 이 모방성의 욕망 때문에, 니시 아마네(西周, 1829~1897) 이후 일본에는 서양처럼 체계적인 사상이 존재하지 않는다, 또는 일본에는 철학이라 할 만한 것이 존재하지 않는다는 한탄이 반복적으로 나오게 된다. 나중에 자세히 논하겠지만 일본사상의 자기 언급적인 성격은 모방성에 대한 욕망을 매개로 해서 비로소 가능해진 것이다.

이념화된 독자로서의 서양

이렇듯 이노우에 데쓰지로(井上哲次郎, 1855~1944)를 비롯한 일본사상사 전문가들 중에 서양사상의 세례를 받지 않은 사람은 별로 없을 것이다. 그리고 일본어로 쓰여서 일본 바깥에서는 독자를 가질 가능성이 거의 없는데도 일본사상사는 '일본사상'을 어떻게 하면 서양사상의 독자들도 이해할 수 있도록 제시할 수 있을까라는 문제의식에 의해 지배되는 것 같다. 일본 국적을 가지지 않은 사람들의 업적 대부분을 제외하면, 일본사상사에서는 '일본인'인 연구자가 '서양인'이라는 '비일본'적 위치의 기대에 부응해서 말하거나 반발하면서 말한다는 구도를 피하기 어렵다. 다만 연구자가 받는 기대는 '서양인' 독자가 보내는 것이라 하더라도 '일본'과 '반일본'이 일본과 서양이라는 이항대립으로 회수되었을 뿐 아니라 '일본'과 '비일본' 또한 같은 이항대립으로 회수되었기 때문에, 여기서 문제가 되는 서양인은 '반일본'의 위치에 있으면서 동시에 '비일본'의 위치에 있다. 즉 '서양'은 단순히 세계 속에서 발견되는 하나의 특수성일 뿐만 아니라 '일본'과 같은 특수성을 성립시키는 편재성으로서의 보편성이라는 위치가 주어지는 것이다. 즉 일본에서 철학의 결여는 '서양'과의 비교를 통해서 발견되는데도 '서양'이 편재하게 됨에 따라 절대적인 결여로 여겨지게 되는 것이다. 그것은 바로 '일본인'이 그렇게 편재하는 '서양인'의 욕망을 내면화하고 자기 것으로 만든다는 것이다.

그렇다면 연구자가 '일본사상'과 연속적인 위치에 자기를 '봉합하여' 일본인으로서 말한다는 선택 자체도 '독자'의 기대에 부응하는 것이며 그러한 동일화 행위 자체가 '기대를 받는 일본인'으로서 '독자'의 기대에 종속되는 것이 될 수밖에 없다. 물론 여기서 상정되는 독자는 전혀 실체적인 것이 아니라 완전히 이념적인 것이다. 혹은 헤게모니적인 것이라고 하는 것이 더 정확할 것이다. 그런데도 일본사상사는 서양사상사에 대항해야 할 것으로만 발의된 것처럼 보인다. 더욱이 '비일본'으로서의 서양과 '반일본'으로서의 서양이 혼동되고 있기 때문에 '서양사상'의 독자는 사상에 대한 '서양의 독자'로 상정되고 만다. 서양의 독자란, '일본인'의 연속성에 걸맞게 고안된 '서양인'의 연속성에 기초하고 이념화된 독자이며 서양의 사상을 '자기 일'인 양 이해할 수 있는 사람으로 설정되고 마는 것이다. '서양인'임은, 헤라클레이토스에서부터 에리우게나까지, 라이프니츠에서부터 푸앵카레까지, 사르트르에서부터 하버마스까지 마치 자기 일처럼 친밀하게 이해할 수 있을 것으로 상정된 '주체'의 연속성을 의미하는 것이다.

물론 일본의 독자적인 문화나 국민적 본래성에 대한 욕망을 가짐으로써 '일본'이 상정된 '서양'에 종속되면서 설정되는 사태를, 곧바로 개인으로서의 '일본인'이 개인으로서의 이른바 '서양인'에게 종속되는 것으로 이해해서는 안될 것이다. 학문으로서의 일본사상사에는 '일본'과 연속적인 입장에 자기를 '봉합하지 않는' 연구자가 많이 포함되어 있으며 그들 중 몇 명은 스스로를 '서양 출신'으로 간주한다. 하지만 스스로 '서양인'으로 말하려는 연구자도 자신을 '일본인'으로 간주하는 사람과 마찬가지로 다음 절에서 설명할 雙形상화 도식을 통해서 서양에 종속되어 있다는 것을 잊어서는 안된다. 너무나 흔하게 우리는, 우연히 이른바 서양(하지만 서양의 인종적 정체성/동일성이나 지리적 동일성 또한 참으로 애매한 것이다) 출신이며 '서양사상'의 입장에 자신을 '봉합함'으로써, 앞에서 나온 『삼경의소』에 대한 어떤 연구자의 태도처럼, '서양사상' 전체가 마치 자기 안에 내재되어 있는 양 믿는 연구자를 만나곤 한다. 그러나 말할 필요도 없이 일본인의 그것과 대립적인 것처럼 보이면서도, 그들이 갖는 서양인으로서의 정체성/동일성에 대한 고집과 일본인인 '그들'이 아닌 '서양인'으로서의 '우리'의 관점에서 일본사상사를 바라본다는 주장은 이중적 종속의 나르시시즘적 형태의 증상으로서의 몸짓이며 그것을 통해 그들은 '일본인'에 의한 기대를 받아들이면서 '기대받는 서양인'의 역할을 맡고자 하는 욕망에 스스로를 종속시키게 되는 것이다. 이른바 '서양인'을 자처하는 일본연구자가 무슨 일이 있을 때마다 하는 "우리 서양인은"이라는 말은 '일본인'의 욕망에 대한 종속을 상징한다.

이 사태를 일본사상의 후진성이라든지, 아니면 본래성의 결여로 이해해서는 안될 것이다. 여기서 드러나는 것은 일본사상사의 기본적인 역사성이며 본질적인 근대성이기 때문이다. 더욱이 상정된 독자가 이념적으로 서양인이었던 것과 마찬가지로 고안된 서양사상 또한 이념적인 것이었다. 그리고 상정된 서양의 독자와 사상이 이념적인 만큼 '일본사상'의 일본 또한 하나의 이념이었던 것이다. 일본의 독자성과 독립을 주장하는 것이 곧바로 서양의 보편성을 찬양하는 것이 되어버리는 체계가 이렇게 성립되었다. 근대적이라는 것은 이런 이념화된 서양의 보편성을 수용하는 것이며, '일본사상'은 이러한 근대성의 틀을 넘어서지 못했을뿐더러 그러한 틀 속에서 계속 생각한다는 것을 의미한다.

가상된 서양이라는 것과의 격차를 통해 자기 나라의 정체성/동일성을 설정하고 서양에 대한 모방과 반발의 역학으로 자기 나라의 역사를 만들어내려는 시도는 거의 모든 '비서양' 지식인들이 처해야 했던 역사

적인 사명이었다고밖에 말할 수 없다. 근대를 특징짓는 유럽중심주의
는 비서양 지식인들의 내러티브 양식에서도 분명히 나타나는데 이런
의미에서 일본사상사에는 틀림없이 근대세계가 각인되어 있다. 따라
서 '일본사상'의 주체로 상정된 '일본인'이나 '민족으로서의 국민공동
체'도 이 역학 속에서 이해되어야 할 것이다.

　일본사상사는 연구자가 '일본인'이라는 주체위치에 자기를 동일화
하는 경우에는 '나의' 혹은 '우리의' 사상의 개시(開示)로서 전개된다.
그러나 이 자기 민족 혹은 자기 국적의 강조는 대립항의 존재를 전제
로 하지 않으면 의미를 갖지 못한다. 그리고 하나의 사례로서 중국이
나 인도가 대칭항으로 동원되는 일이 있더라도, 잠재적 대립항으로 상
정되어 있는 것은 '반일본'이자 '비일본'인 '서양' 또는 '구미'이다. 왜냐
하면 중국이나 인도를 일본과 비교할 경우에도 말하는 '상대방'은 가상
된 서양이기 때문이다. 중국이나 인도는 '반일본'의 위치를 차지하는
일은 있어도 '비일본'의 위치를 차지하는 일은 없다. 고대 일본사회에
서 유통된 문헌을 "우리 국민사상"[9](방점은 사카이)으로 또는 "일본인
의 국민적 자각"으로 읽으려는 쓰다 소키치(津田左右吉)나 와쓰지 데
쓰로의 시도는 그런 의미에서 근대세계의 권력관계와 연구자 자신이
편입된 내러티브의 역학구도로부터 그 정당성을 얻는 것이다.

　따라서 '일본사상'은 처음부터 비교연구의 과제로 설정되었던 것이
다. 일본사상사는 '비교'형식으로 발화될 때 비로소 일본인 연구자에게
자기언급적인 학문이 될 수 있었다. 그래서 '비교'는 주제화되며 '주어
화'된 논의의 차원에서뿐만 아니라 미셸 푸코가 '발화의 양태'라고 부
른 제도화된 술어화의 차원에서도 기능했다. 즉 일본사상사 연구자는
'비교'의 장면에서 말하기 시작할 수밖에 없었던 것이다. 사상사도 철
학사도 아닌 일본사상사여야 했던 것은 이 때문이다. 주제 선택에 있
어서는 자유로울 수 있어도 '비교'의 장면이라는 '발화의 양태'에서는

역사가 일본사상 연구자에게 자유를 주지 않았다.

번역의 실천계와 쌍형상화 도식

비교로서의 일본사상

미리 타자에 대한 관계가 한정되어 있지 않다면 자기에 대한 관계도 한정할 수 없다. 타자에 대한 관계가 항상 자기에 대한 관계에 논리적으로 앞선다는 것은, 헤겔의 자기의식에 관한 논의를 언급할 필요도 없이, 문화적·사회적 맥락에서 나타나는 정체성/동일성의 문제를 생각하는 데 가장 초보적인 전제일 것이다. 그러나 여기서 문제가 되는 것은 개인의 의식수준에서의 자기와 타자의 변증법이 아니라 일본(=자기)과 서양(=타자)이라는 비교의 틀이 설치되는 과정이다. 더욱이 이 틀은 단순히 인식론적인 것을 제공할 뿐만 아니라, 거듭 말했듯이 일본사상사 연구자의 욕망을 규정하는 실천적인 틀이기도 하다.

그러므로 '일본사상'에 대한 욕망은 번역의 실천계에 기초한 쌍형상화 도식에 의해 산출된다고 일단 정식화해두자.

번역의 실천계란 하나의 언어로부터 다른 언어로의 대칭적인 변환을 유지시키는 이데올로기이다. 지금 가장 상식적으로 이해되는 번역 작업은 이 이데올로기에서 동기를 얻는다. 이를테면 영어에서 일본어로 번역한다고 할 때 영어는 하나의 체계적인 전체로 여겨지면서 동시에 일본어 역시 같은 체계적인 전체로 여겨진다. 번역은 이러한 두 개의 독립된 전체 사이에 등가교환을 위해 다리를 놓는 것이며 등가성의 원칙이 잘 지켜지면 지켜질수록 올바른 번역이라는 식이 된다. 이 번역의 체제에 따르면 원칙적으로 한 언어는 다른 언어로부터 분명히 구

별되어 있어야 하며 샴쌍둥이처럼 언어와 언어가 겹치거나 섞이면 안
되는 것이다. 이 번역의 실천계를 통해서, 18세기에 사용되던 놀라울
정도로 이종혼성적인 언어를 사용하는 일본열도의 다언어적인 사회환
경에서 순수 일본어라는 이념이 만들어졌던 것이다.

쌍형상화 도식이라는 용어로 내가 지적하고 싶은 것은 일본 대 서양
이라는 비교의 틀이 본질적으로 상상적이라는 점이다. 형상은 한편으
로는 허구이면서 다른 한편으로는 미래를 향해 사람을 행동하게 만들
기 때문이다. 형상은 감각적인 이미지이면서 동시에 사람을 행동하게
만든다는 점에서 실천적이다. 따라서 형상은 정체성/동일성에 대한
욕망을 생산하는 상상력을 통제한다. 형상은 상상력의 논리에서 핵심
적인 문제이다. 형상을 거치지 않고서는 동일화에 대한 욕망을 이해할
수 없을 것이다. 그런데 여기서 강조하고 싶은 것은, 형상에 대한 욕망
은 하나의 형상을 향해 단선적으로 전개되는 것이 아니라 다른 형상과
대비를 이루면서 공간적으로 전개된다는 점이다.[10] '일본사상'을 알고
싶다는 욕망 속에서 일본이 형상화되기 위해서는 서양이 형상화되어
야만 했다. 일본 혹은 서양에 대한 동일화의 욕망이 모방적일 수밖에
없는 것은 이 때문이다. 일본의 독자성을 강조하는 것은 서양을 모방
하고 싶다는 욕망에 의해 뒷받침되어야만 했다. 같은 이유에서 일본사
상사―나아가 일본연구―라는 학문분야 내에서 서양의 독특함을
강조하는 것은 일본인이 서양에 기대하는 것을 모방하고자 하는 연구
자의 막무가내식 욕망의 증거임은 말할 필요도 없다.

이렇게 보면 번역의 실천계=이데올로기와 쌍형상화 도식이 상호
촉진하는 관계에 있다는 것을 쉽게 이해할 것이다. 다만 번역의 실천계
는 몇 가지 점에서 기묘한 도착(倒錯)을 범하고 있다. 이 도착에 대한
분석이 '일본사상'이라는 욕망을 이해하는 데 많은 도움을 줄 것이다.

번역과 미지의 언어

번역의 개념을 정의한다는 것은 쉬운 일이 아니다. 나는 나의 감정을 행동으로 번역할 수 있으며 법률용어를 일상적인 말로 풀어서 번역할 수도 있다. 또 나는 고전을 읽고 내 나름대로 현대어로 번역하기도 하고 현대의 문학작품을 내 말로 번역할 수도 있다. 번역을 엄밀하게 생각한다면 모든 독서와 모든 해석은 번역의 한 버전이거나 또 다른 버전이다. 이에 번역의 의미를 한국어에서 독일어로 또는 중국어에서 프랑스어로라는 식의 두 언어간 번역으로 좁게 국한시켜 보자. 그리고 여기서는 언어가 닫힌 전체성으로 여겨지고 있다는 것을 문제삼지 않겠다. 그러면 쌍방향적이고 두 언어적인 간(間)국민적 번역이라는 이 전통적이고 추상적인 관념의 몇 가지 특성을 살펴보자.

번역은 이미 알고 있는 언어와 알지 못하는 언어 사이에서 이루어진다. 모든 사람이 양쪽 언어를 알고 있다는 조건이 성립할 때에는 번역이 필요 없기 때문이다. 일반적으로 말해서 번역은 두 종류의 사람—양쪽 언어를 아는 사람과 한쪽 언어밖에 모르는 사람—이 존재할 때에만 성립된다. 즉 번역되는 언어가 알려져 있으면서 동시에 알려져 있지 않으면 번역이라는 것은 문제가 되지 않는다. 따라서 번역은 번역되고 있는 것에 대해 사람들이 두 가지의 상이한 태도, 다른 입장을 취해야 한다는 조건에서 요청된다. 다시 말해서 번역을 보통의 말하기와 구별짓는 것은, 말하는이나 듣는이가 취하는 것과는 전혀 다른 태도 또는 입장을 낳게 한다는 점이다. 번역되는 내용이 번역되는 언어를 모르는 사람들을 향할 때, 번역자(또는 그 언어를 알고 무엇이 번역되고 있는지 이해할 수 있는 사람)는 번역이 필요한 듣는이의 입장에서 쫓겨날 수밖에 없기 때문에 듣는이의 입장을 취할 수 없을 것이다. 번역자는 메시지가 듣는이를 향하는 사건을 주관하는 방관자의 태도를 취해야만 한다. 이 소통의 상정된 인칭들 가운데 번역자는 1인칭이나 2

인칭의 입장을 취할 수 없지만, 에밀 뱅베니스트가 '담론의 심급'이라고 부르는 이러한 상황에 방관자로서, 즉 바로 그 장면에 있으면서도 직접적인 관계를 부정하는 중립적인 관찰자로서 참여해야 하는 것이다. 번역은 그러한 태도와 입장의 차이로 귀결되는, 언어 지식에 격차가 있는 곳에서만 성립된다.

번역은 어떤 언어를 모르는 사람이 있기 때문에 성립된다. 너무나 자명하고 거의 동어반복으로 보이는 이 진술을 철저하게 생각해볼 필요가 있다.

번역되는 언어를 모르는 사람이 있기 때문에 번역되는 것이다. 따라서 번역되는 언어를 모르는 사람은 완성된 번역이 정확한지를 알 길이 없다. 그 사람은 번역되는 언어를 모르기 때문이기도 하거니와, 더구나 충실하게 번역한다는 전제가 있는 한 번역을 하는 사람 역시 스스로 자기의 번역이 올바른지를 평가할 방법은 없다. 일부러 오역을 하지 않는 이상 번역자 자신은 자기의 번역이 옳은지 그른지 알 수 없다. 왜냐하면 번역을 하는 사람이 번역의 기준을 만들고 있으며 그 번역작업을 통해서 비로소 교환의 회로 자체가 만들어지기 때문이다. 비트겐슈타인 식으로 말하면 올바른 번역을 위한 규칙을 번역의 실천을 통해 그때마다 만들어내는 것이다. 오역을 하고 있을지도 모르지만 바로 자기가 오역을 하고 있다는 자각이 없기 때문에 오역을 하게 되는 것이다. 즉 번역의 정확성을 판단할 선험적 기준은 존재할 수 없다. 앞서 이루어진 번역에 견주어 다른 번역에 대해 판단할 수 있을 뿐이다. 엄밀히 말해 또 하나의 번역이 아닌 메타 번역이라는 것은 존재하지 않는다. 따라서 번역이라는 조작이 일반적으로 실행될 때 적용되는 일련의 규칙들은 소급적으로만 설정될 수 있다. 하이데거가 칸트의 도식론에 대해 분명히 이해했듯이 규칙을 표상하는 것이 도식인 것이다.[11] 그리고 번역의 실천계에 관한 한 표상된 규칙은 소급적으로 전도된 것이라고 할 수 있다. 따라서 정확한 의미가 하나의 언어로부터 다른 언어로 전해진다는 사고방식은 번역작업이 있은 연후에 생기는 것이며 번역이 이미 이루어진 것이 아니라면 정확한 번역이라는 등가관계의 인정 자체가 의미를 갖지 못한다. 번역의 발화가 의미의 정확성에 대한 판단에 앞서는 것이다.

번역가능성에 대해 거듭 논의되어왔던 익숙한 문제들, 즉 "영어 'love'에 딱 들어맞는 일본어가 있나요?" "시가 다른 언어로 제대로 번역된 적이 있을까요?"라는 식의 문제는 흔히 번역의 지침에 관한 것인 양 표상되어왔다. 사실 그것은 원문과 그 번역, 그리고 번역의 발화 사이의 등가관계를 사후적으로 표상할 수 있게 하는 소급적 전도의 파생물일 뿐이다. 따라서 번역을 다룸에 있어 번역할 수 없다거나 약분불가능하다고 여겨지는 것은 사후적으로만 가능한 일이지 번역의 발화에 앞서지는 않는다. 번역의 발화가 소통과 약분가능성의 공간을 열기 때문에 번역에 적합하지 않은 것이 존재할 수 있으며 분명히 드러날 수 있는 것이다. 하지만 번역의 발화는 표상이 불가능하다는 점에 유의할 필요가 있다. 본질적으로 시간성을 띤 실천인 번역의 발화와 본질적으로 공간적인 표상인 번역의 표상은 선언 분리적이며 서로를 부정하는 관계에 있는 것이다.[12] 번역의 실천은 쌍형상화 도식을 통해 조장되는 번역의 표상에 대해 계속 이질적인 존재로 남는다.

여기서 번역이 표상되는 메커니즘에 대해 생각해보면 두 언어간 번역이라는 사고방식 자체가 상상적인 것임을 알 수 있다. 사람들은 번역을 번역하는 언어와 번역되는 언어 사이의 교환으로, 두 언어 사이에서의 의미의 이행으로 표상하지만, 경험적으로 이런 표상을 가질 수 있는 것은 번역되는 언어와 번역하는 언어 양쪽을 아는 사람뿐이라는 점에 주의할 필요가 있다. 번역을 요청하는 사람들에게 번역되는 언어는 원리적으로 경험 바깥에 있기 때문에 그것에 대해 사람들이 뭐라고 한다는 것은 말이 안된다. 즉 그러한 번역의 표상은 경험적인 확인 능력을 넘어선 이야기로서만 주어지는 것이다. 여기서 같은 내용을 다르게 한번 정리해보자. 즉 번역을 절대적으로 필요로 하는 사람들에게 번역되는 언어는 미지의 언어이다.

두 언어를 영어나 일본어라는 언어 단위로 표현할 수 있다는 대단히 의심스러운 전제로 일단 이야기를 진행하기로 하고, 가령 스와힐리어로 된 문헌을 일본어로 번역한 경우를 생각해보자. 대다수 일본독자들은 스와힐리어를 모를 것이다. 또한 독자들 가운데 상당수는 스와힐리어의 존재조차 모를지도 모른다. 그런데 대다수 독자들은 스와힐리어를 읽을 수 없기 때문에 번역에 의존하려고 하는 것이다. 여기서 우리는 아주 기묘한 사태가 벌어진다는 것을 알 수 있다. 번역을 필요로 하는 독자들은 번역되는 언어를 모른다. 따라서 원칙적으로, 그 언어에 대해 어설픈 지식을 가지고 있는 경우를 제외하면 번역되는 언어를 인지할 수 없을 것이다. 그래서 핫타리(Hattari)어로 된 문헌을 번역해서 독자들에게 이것은 스와힐리어에서 번역한 것이라고 말해도 독자들은 우연히 핫타리어를 알고 있지 않는 한 그 거짓말을 지적할 수 없을 것이다. 즉 번역을 필요로 하는 독자들은 번역되는 언어를 모르니까 번역되는 언어를 인지할 수도 없다. 번역을 필요로 하는 독자들은 미지의 언어를 모를뿐더러 미지의 언어가 존재한다는 것 자체도 사실은 모르는 것이다. 그런데도 번역에 의지하는 독자들은 스와힐리어로부터 번역되었다는 것을 의심하려 하지 않는다. 그것은 세계 속에서 자기가 알고 있는 언어는 지극히 적은데도 자기가 모르는 언어들(나의 경우 아랍어, 스페인어, 스와힐리어 등)이 수없이 존재한다는 것을 의심하지 않는 것과 마찬가지로 의심할 줄을 모르는 것이다.

개그맨이 중국어나 프랑스어 발음을 흉내내면서 사실은 전혀 의미 없는 말을 주절대는 쇼를 누구나 한 번쯤은 본 적이 있을 것이다. 이것을 본 사람들의 대부분은 아마도 중국어도 프랑스어도 모르면서 웃겠지만, 그런 외국어를 모르는 우리는 농담으로서의 중국어나 프랑스어와 진정한 중국어나 프랑스어를 구별할 수 없다. 그래서 실제로 그 쇼에서 재미있는 것은 웃는 사람, 즉 그 언어를 인지할 수 없는 우리를 속여서 진짜와 가짜를 구별할 수 있는 것처럼 믿게 하는 데 있다. 결국에는 우리가 웃음거리가 되는 셈이다.

그러한 쇼에서 외국인 혐오의 메커니즘이 윤곽을 분명히 드러낸다는 사실(한번 웃음을 증오로 바꾸어, 어떻게 해서 이런 유의 농담이 일종의 균질지향사회적인[homosocial] 방식으로 통합된 '우리'와 대립되는 웃음의 대상으로 민족집단을 분리시키는 민족적 농담[ethnic joke]으로 바뀌는지 잘 생각해보자) 말고도, 웃음으로써 자신이 무엇을 하고 있는지 성찰하는 일은 번역되는 미지의 언어에 대해 전해들은 것 말고는 아무 것도 아는 게 없다는 것을 깨닫게 해준다. 번역되는 언어는 먼저 1차적으로는 하나의 가상(phantasmatic figure)으로서 주어진다. 왜냐하면 내가 모르는 언어의 존재에 대해 나는 스스로 검증할 수단을 가지지 못하며 그 언어의 존재에 관한 모든 증거는 내가 이해할 수 없는 바로 그 언어로 적혀 있기 때문이다. 내가 어떤 언어를 모른다는 것은 그 언어를 인지조차도 못한다는 것이며 기본적으로는 언어에 대한 무지는 그 언어에 대한 무지에 대한 무지이기도 하다.

그렇다면 나에게 스와힐리어의 존재는 먼저 전해 들은 '상상의 존재'로서 주어진다. 미지의 외국어를 배우려는 나에게도 배우려는 외국어는 번역되는 언어와 마찬가지로 전해 들은 것으로만 주어진다. 그러나 카프카의 『성』(城)을 보면, 성에서 하달되는 지시가 측량기사 K에게 절대적이면서도 완전히 우연적인 명령이라는 의미에서 이 상상의 존재는 학습자에게 절대적이면서도 우연적인 명령이다. 더욱이 번역의 경우와 마찬가지로 외국어 학습에서 외국어의 존재는 나의 학습에

2. '일본사상'이라는 문제 ‖ 125

대한 욕망을 규제하며 지도한다. 미지의 외국어라는 존재는 나의 장기
간에 걸친 학습을 유도하는 이념 역할을 한다. 즉 단지 이미지로서 존
재한다는 의미에서가 아니라 제작적(poietic)이라는 의미에서 상상적
이다.

통제적 이념으로서의 외국어

그렇다면 외국어는 먼저 상상적이라는 점에서 하나의 형
상임과 동시에, 제작적인 의미에서 칸트가 통제적인 이념이라고 부른
것임을 알 수 있다. 즉 번역되는 언어 또는 외국어는 '대상 그 자체'로
서가 아니라 '이념 속의 대상'으로서만 주어진다. 대상 그 자체가 주어
지는 경우 "그 대상을 한정하는 데 우리의 개념을 사용할 수 있다." 그
러나 후자의 경우 "실제로는 도식이 있을 뿐이며 게다가 그 도식에는
직접적으로는 어떠한 대상도 ─가언적으로도─ 인정할 수 없는 것이
다. 그리고 그 도식만이 이 이념과의 관계에 의해 간접적인 방식으로,
즉 체계적 통일체를 통해서 다른 대상들을 표상할 수 있게 한다."[13] 따
라서 이 이념은 경험, 즉 경험적 지식에 관련되는 것이 아니다. 그런 이
념을 가정함으로써, "우리는 가능한 경험의 대상에 관한 우리의 지식
을 실제로 확장하는 것이 아니라, 다만 체계적 통일에 의해 가능한 경
험의 경험적 통일을 확대하는 것에 불과하다." 그것은 "우리에게 체계
적 통일에 관한 도식을 주는 이념"[14]인 것이다.

외국어를 학습한 경험을 생각해보자. 나는 중국어 수업을 듣자마자
중국어라는 이름 아래 고대 유학의 고전이 쓰인 언어로부터 현대표준
어로 인정받는 베이징어, 나아가 중화인민공화국이나 중화민국 영토
내의 다양한 언어가 포함되어 있음을 알게 된다.(거기에는 한문이 중국
어로 등록되어 있음을 알고 한문이 동시에 일본어로 등록될 수도 있음을 알
게 되는 놀라움도 포함될지도 모른다.) 그 단계에서는 중국어라는 이름에

대응하는 대상이 있느냐는 질문을 받으면 모른다고 대답할 수밖에 없을 것이다. 그러나 내가 중국어를 모른다는 것은, 바꿔 말하면 내가 중국어를 배우기 전에는 중국어라는 이름이 하나의 경험적 대상에 대응하는 것도 아니며 무한한 다양성을 포함한다는 것도 알 수 없음을 의미하는 것이다. 즉 중국어를 모른다는 것은 누가 말하는 대로 이른바 중국어라는 것의 존재를 받아들여야 한다는 의미일 것이다. 그러니까 내가 중국어를 배우기 시작하기 위해서는 측량기사 K가 성에서 하달된 지시를 믿어야만 했던 것과 마찬가지로 맹목적으로 중국어라는 이념을 믿고 따를 수밖에 없었다.

그리고 이 사태는 외국어 학습 초보자의 경우만이 아니라 기본적으로는 모든 언어연구의 경우에도 해당될 것이다. 그도 그럴 것이 학문적인 언어연구는 어떤 체계적인 조직을 가진 제도로서의 언어를 이해하는 것에서 시작되기 때문이다. 다시 말해서 한 언어를 체계적인 통일체로 설정하는 일로부터 언어연구는 출발할 수밖에 없으며 경험적인 연구의 결과, 랑그(체계성으로 생각되는 한에서의 일본어라든지 프랑스어라는 언어의 통일체)의 체계성을 발견하는 것은 아니기 때문이다. 반대로 그러한 랑그로서의 체계적 통일체를 설정하는 것은 언어연구를 가능케 하는 조건이 된다. 그런 의미에서 랑그의 체계성은 공시성으로 여겨진다. 말할 나위도 없이 이 공시성은 어떤 역사적인 순간에서의 구체적 언어의 단면도와 같은 것으로 이해될 수 없다. 그것은 연구의 대상이 되는 언어와 상관없이 언어의 내적 조직의 필요조건으로 설정되는, 그리고 어떤 초월론적 환원에 의해 드러낼 수 있는 체계성의 이념이다. 상정된 연구대상에 관한 경험적인 데이터의 집적에 논리적으로, 더 정확하게는 초월론적으로 앞선다는 점에서 체계성으로서의 랑그의 공시성은 체계적인 연구의 가능성을 생산하는 통제적 이념이다. 예컨대 언어적인 지식이 집적되는 일본어의 형상이 주어지기 위해서는 먼저 일본어라는 통제적 이념이 설정되어야 하는 것이다.

따라서 '일본어'라는 통일체는 '일본어'라는 "이 이념과의 관계에 의해 간접적인 방식으로, 즉 체계적 통일체를 통해서 다른 대상들을 표상할 수 있게"[15] 하는 이념이다. 그 결과 일본어라는 통일체 자체는 칸트가 말하는 의미에서 경험의 대상일 수 없다. 우리는 '일본어'를 경험할 수 없으며 경험을 통해 그 존재를 검증할 수도 없는 것이다.

그러니까 중국어를 배우기 시작하고 차차 그 다양성을 알게 되면서 학습 대상으로서의 외국어를 베이징어로 한정한다고 해도 사실은 베이징어라는 랑그의 존재에는 똑같은 문제가 따라다닌다고 해야 할 것이다. 우리는 베이징어를 경험할 수 없다. 그 대신 베이징어라는 통제적 이념은 베이징어라는 '도식'을 준다. 이 '도식' 덕분에 여러 경험을 체계적으로 통합하고 또 이 이념을 바탕으로 학습을 계속할 수 있게 되는 것이다.

그런데 외국어를 모국어 또는 모어로 배운 두 언어 사용자나 복수언어 사용자의 경우를 제외하고 외국어 학습은 보통 학습자에게 보다 친숙한 또 하나의 언어(모어일 경우가 많다)를 통해서 이루어진다. 다시 말해 외국어 학습은 번역을 떠나서는 있을 수 없으며 외국어 발화의 이해는 대부분 번역의 실천계를 통해 이루어진다. 이것은 외국어사전이 좌우대칭적이고 두 언어적인 형식으로 편찬된다는 사실에서 가장 잘 드러난다. 외국어가 통제적 이념의 대상으로 주어지는 것은 이러한 쌍형상화 도식을 통해서이다.

이 글의 대다수 독자들에게 친숙한 예를 들어서 말한다면[16] 외국어 학습에서 사용되는 사전은 영-일, 독-일, 중-일, 또는 일-영, 일-독, 일-중이라는 식으로 쌍을 이루는 대칭적인 구도로 편찬되어 있을 것이며 대칭적인 번역의 실천계 속에서만 사용할 수 있게 되어 있다. 그렇다면 통제적 이념으로서의 외국어가 주는 도식은, 우리가 현재 그 속에 있는 외국어에 관한 근대적 담론에서는 대칭적인 구도를 지닌 쌍둥이형의 쌍형상화 도식이 된다는 것을 의미할 것이다. 여기서 이러한 외국어 담론의 역사성을 강조해두고 싶다. 외국어라는 통제적 이념 자체도 역사적 우연에서 자유로울 수 없으며 요컨대 어떤 시점에서 생기고 또 다른 시점에서는 사라지게 될 담론의 실정성이기도 하다는 것을 잊어서는 안된다. 이러한 통제적 이념은 초역사적으로 외국어와 관계를 맺지 않는다. 일본열도에 관한 한 몇몇 사람들이 이러한 쌍형상화 도식으로 외국어를 생각하기 시작한 것은 최근 2세기 남짓한 시기에 불과하다. 나아가 최근의 한 세기 정도를 제외하면 쌍형상화 도식으로 외국어를 생각하는 사람들은 소수에 지나지 않았다.[17)]

더욱이 번역의 쌍형상화 도식은 그 대칭적인 구도로 인해 이념으로서의 외국어의 도식임과 동시에 이념으로서의 자국어의 도식이기도 하다는 점을 잊지 말자. 이미 일본어의 사례를 통해 논의했듯이 외국어뿐 아니라 자국어도 체계적인 통일체로서는 '경험'할 수 없다. 그 대신 이 쌍형상화 도식에서 자국어가 통제적 이념으로 주어진다. 더욱이 이 사태는 해석학에서 생각하듯이 미리 이해되었던 자국어나 전통이 외국어나 역사적 거리와 만남으로써 자각되는 것이 아니다. 통제적 이념으로서의 자국어는 그 대상을 경험을 통해 얻는 것이 아니기 때문에 미리 사람에게 내재하는 언어나 전통도 실체로서 즉자적으로 존재하지 않는다. 자국어나 외국어의 표상을 해석학적인 이해의 문제가 아니라 특수한 담론 편제의 문제로 생각해야 하는 것은 이런 이유에서다.

다시 말해 체계적 통일체로서의 자국어의 형상은 이 도식과의 상관관계에서 쌍을 이루는 외국어의 형상과 동시에 주어지며 자국어는 외국어와 동시에 생산된다. 따라서 자국어는 어떤 외국어의 외국어로서 주어지며 자국어에 대한 자기언급적인 관계는 이러한 대칭적인 번역의 도식을 전제하고 있는 것이다. 자기언급성이 반드시 외국어의 위치에서 시선을 받고 싶다는 욕망을 가질 수밖에 없는 것은 이 때문이며, 자기언급성이 실은 타자의 관점에서 자기를 바라보고 싶다는 전이적인 욕망으로부터 자유로울 수 없는 이유가 이 쌍형상화 도식에 이미 소모되어 있다는 것은 말해둘 필요가 있다. 이미 알고 있어야 할 자국어를 알고 싶다는 욕망은 반드시 외국어에 대한 욕망을 경유한다.

일본사상과 쌍형상화 도식

말할 필요도 없이 일본사상을 일본어와 동일한 문제로 파악할 수는 없을 것이다. 일본사상을 일본어로 쓰인 사상으로 규정하는 것은 거의 의미가 없다. 일본어의 정의 자체가 역사적인 시기에 따라 변할 수 있으며, 근대 이전에 일본열도에서 나온 문헌이나 언어작품의 대부분은 오늘날의 정의로 말하면 외국어로 쓰였기 때문이다. 그것들은 '일본어' 문헌이 아니다. 또는 더 정확하게 말하자면 그것들은 일본어 이전의 문헌이다.

그런데도 일본사상사에서 주제화되는 일본사상에는 번역의 실천계와 쌍형상화 도식이 연관되어 있다. '일본사상'이라는 주제를 결정하기 위해서는 번역의 도식과 동일한 구조를 지닌 도식을 통해 '일본사상'이라는 통제적 이념을 설정해야 하기 때문이다.

여기서 우리는 다시금 '일본사상'의 역사적 탐구로서의 일본사상사가 이중적으로 근대적이라는 사실과 마주치게 된다. 그것은 외국사상을 배제하면서 '일본사상'을 찾으려는 욕망의 형태가 지니는 근대성이며, 또 '일본사상'의 대칭항으로 '서양사상'을 둠으로써 이념으로서의 일본사상사를 만들 수밖에 없었다는 역사적 제약의 근대성이다.

'일본'을 단순히 현재 일본국이 관리하는 지역이라는 의미에서 생각한다면 일관된 역사적 내러티브로서의 일본사상사를 염두에 둔 시도는 아예 포기하는 편이 나을 것이다. 고대의 구마소(熊襲)와 에미시(蝦

夷)를 비롯하여 중세의 귀족층을 제외한 이종혼성적인 사람들, 근대의 아이누, 오키나와(沖繩), 한국과 같은 피억압민들의 언어작품뿐 아니라 산스크리트어나 한문, 유럽어 문헌 등 일본열도에는 온갖 종류의 잡다하고 잡종적인 사상이 발견된다. 그래서 '일본사상'의 '잡다성'이나 '중층성'을 인정하면서도, 표현주체로서의 '일본민족'이라는 것을 상정하여 표현주체의 일관성에 의거하면서 일본사상사는 그 내러티브의 일관성을 구성할 수밖에 없었다. 즉 일관된 '일본인'의 존재에 의거하면서 역사적 내러티브의 연속성을 고안한 일본사의 전략을 그대로 답습한 셈이다.

일반적으로 '국민'이 국가에 의해 매개된 이익사회적인 합리성에 바탕을 둔 이성적 공동체이고, '민족'은 공동사회적인 자연적 공동체로 생각되기 때문에 그러한 자연적 공동체 자체가 근대적 담론에 의해 제작된 것이라는 관점은 불식되고 만다. 거기서는 '일본민족'이라는 주체가 어떻게 구성되었는지는 전혀 문제가 되지 않으며 많은 정체(政體)가 성립되었다가 무너졌으며 또 다양한 집단이 나타났다가 사라지는 비연속적이며 분할된 복수(複數)의 역사를 묶은 것으로서, 다언어 사용과 잡종적인 문화편제에 바탕을 둔 일본열도사라는 발상은 생기기가 아주 어려웠다. 그러는 한 일본사상사는 다언어 사용이 배제된 다음에 쌍형상화 도식에 의해 지배된 일본어 대 외국어라는 대칭적 이항대립으로 안과 밖을 가르는 '국민' 또는 '민족'이라는 제도 자체를 초역사적인 실체로 간주하는 근대적 담론에서만 성립되는 것이다.

사실상 '일본사상'의 대칭항으로 참조되는 사상은 '중국'도 '천축'(天竺)도 아니며 '서양' 외에는 없었다. 물론 '일본사상'을 '중국사상'이나 '한국사상' 등과 비교하려는 시도는 많았다. 특히 최근 들어 '탈아입구'(脫亞入歐)[18]가 좋지 않다는 말이 많아지자 비교 축을 손쉽게 바꾸어서 '탈구입아'(脫歐入亞) 하려는 시도도 많은 것 같다. 하지만 그러한 전환이 비교를 통해 '일본사상'을 확정하는 방식에 근본적인 변화를 가져올 수는 없다. 그도 그럴 것이 여기서 말하는 서양이란 단순히 지리적인 사항이 아니기 때문이다. 그것은 그 주체의 확정이 거의 불가능한 일종의 전지구적 지배의 모호하면서도 편재하는 현전이다. 여기서 문제가 되는 것은, 이른바 비서양인이 자신의 문화적·역사적 정체성을 구축하기 위해 참조하고 의지할 수밖에 없는 한에서의 '서양'이다. 또한 서양이란 현대세계에 전지구적으로 확산된 정보의 보급을 가능케 하는 기구를 가리키기도 한다. 서양을 참조항으로 두지 않고 우리는 아시아·아프리카·라틴아메리카 지식인들과 얼마만큼 지적 교류를 할 수 있을까? 스페인어, 프랑스어, 영어와 같은 식민자의 언어의 사용으로부터 CNN이나 BBC와 같은 오늘날의 정보망에 이르는 대륙횡단적인 커뮤니케이션은 서양에 의해 독점되어왔다. 물론 서양이라는 것이 근대사의 어느 시점에서도 끊임없이 확장하고 이동하며 변화하고 있었지만 말이다. 근대세계에서 비서양세계 지식인들이 피할 수 없었던 서양의 자민족중심주의에 대한 동화와 반발의 역학 속에서만 일본사상사는 성립될 수 있었던 만큼, 여기서도 서양에 대한 호감과 반감의 한복판에서 내가 번역의 실천계라고 부른 것과 동일한 메커니즘이 작동하고 있음을 간과해서는 안된다.

　실제로 어느 정도 서양사상사(물론 '서양사상사'라는 이념 자체가 모호하고 모순투성이지만)를 알고 있느냐와 상관없이 연구자는, 번역을 필요로 하는 독자 또는 시청자에 대응하는, 서양사상사의 문외한의 입장이 아니라 말하자면 번역자의 입장에서 말할 수밖에 없다. '일본사상'을 일본에 고유한 것으로 말하기 위해서는 일본 이외의 사상도 알고 있다는 것이 전제되어 있기 때문이다. 즉 서양사상을 경유함으로써 연구자는 일본사상사에 접근할 수 있다. 일본사상에 대한 욕망은 서양사상에 대한 욕망을 경유하는 것이다.

번역에서 불-일, 일-독과 같은 두 국어 사이의 대칭성은 흔히 발견된다. 번역과 일본사상사를 대응시켜서 생각한다면 '일본사상'의 대칭적 대응물은 '프랑스 사상'이나 '독일사상'이 될 것이다. 실제로도 많은 비교연구 프로젝트들이 이러한 이항적인 간(間)국민주의 포맷을 따라 조직되어왔다. 그리고 대학에서 프랑스 사상사나 독일사상사와 병치되는 일본사상사라는 학문분야의 제도화를 생각해볼 수 있을 것이다. 하지만 '일본사상'은 자꾸만 다른 종류의 대칭성, 즉 '서양'이나 '구미'와의 대칭성으로 슬쩍 이동하여 '일본사상'이 마치 '동양'을 대표하는 것처럼 된다. 이런 혼동은, 중세 이후 유럽에 자기중심적인 국사를 넘어선 세계시민주의의 전체론적인 전통이 있었기 때문에 널리 퍼진 것일까? 아마도 이것은 비교항의 대상으로서의 성격 때문이라기보다는 대칭성이 상정된 대상들 사이가 아니라 대상에서 독립적인 이념들 사이에서 이루어진다는 사실 때문일 것이다. 실제로 비서양 지식인이 비서양 세계의 문화나 사상을 이야기할 때 그러한 혼동은 종종 일어난다. '동양사상'이 결국에는 '이란 사상'이었다거나 '동양전통'이라는 이름으로 주로 중국에 대해 이야기하는 사례를 우리는 수없이 보아왔다. 이러한 일이 일어나는 까닭은 비서양세계 지식인이 자기 문화나 전통을 특수성으로 자기언급할 때, 먼저 '서양'을 일반적인 참조점으로 삼기 때문이며 이런 점에서 일본사상사 역시 완전히 근대세계의 틀 속에서 자기언급의 가능성을 획득한 것이다.

마찬가지로 '일본사상'이 가능하기 위해서는 '서양사상'에 의존할 수밖에 없다. 이때 '서양'은 경험적 대상이 아니라 이념이다. 일본사상사의 근대성은 이러한 역사적 불가피성 속에 존재하는 것이다. 따라서 우리가 계속 쌍형상화 도식에 따라 일본열도의 사상을 생각하는 한 이 학문분야 속에서 근대는 서양으로 나타날 운명에 있다. 일본의 특수성을 분절하기 위해서는 이념으로서의 서양의 일반성 또는 보편성을 전

제로 해야 하는 것이다. 그리고 일본의 특수성을 개념화하려는 연구자
는 쌍형상화 도식에 따라 형상화된 서양과 일본이라는 대칭항 양자를
내려다보는 초월론적인 위치에서 발화하는 사상의 번역자로서, 문명
간 조우의 방관자로서 말하게 될 것이다.

일본사상사가 그러한 실천계 속에서 이루어지는 제도화된 실천들의
조직체라고 치고 그 속에서 연구자들은 무엇을 하는 것일까? 무엇을
이해하고 무엇을 쓰느냐가 아니라 나의 질문은 이렇다. "일본사상사
연구자는 그 학문분야에서 무엇을 수행하는가?"

주체적 기술[19]로서의 일본사상사

존재구속성으로서의 일본사상

'일본사상'과 연속적인 위치에 스스로를 '봉합'하면서 일
본사상사라는 틀 속에서 말하는 것은 먼저 자신의 존재구속성을 대상
화하고 문제삼는 일이다. '비일본'의 위치에서 바라봄으로써 대상화된
과거로부터 계승된 사고습관이나 전통은, 연구자가 '일본사상'과 연속
적인 위치를 차지했으므로 연구자 자신의 사고의 제약조건으로 받아
들여야만 하는 일종의 운명으로 제시된다. 거기서 그는 두 가지 가능
성을 얻는다.

하나는 스스로의 존재구속성을 행운으로 여기며 그러한 과거를 고
마워하기조차 하면서("일본인임을 자랑스럽게 여겨라!") 찬미하는 것이
다. 말할 필요도 없이 이것은 서양인임을 영원히 고마워하는 태도인
"서양의 나르시시즘"[20]이라는 거울에 비친 것이다.(하지만 우리가 너무
나 잘 알고 있듯이 정체성/동일성에 대한 이러한 신뢰 표명은 항상 정체성
의 불안정성에 대한 부인을 수반하며 식민주의와 제국주의의 역사가 잘 보

여주듯이 배타주의적 폭력으로 귀결될 수 있다.) 와쓰지 데쓰로의 문화주의가 그렇듯이 이 첫 번째 선택지가 대다수 국민문화에 대한 나르시시즘적 찬미에 이른다는 것은 쉽게 알 수 있다.

또 하나는 문화유산을 내부적으로 극복해야 할 장애물로 대상화하는 일이다. 이런 식으로 일본사상사가 일본 '내부의' 정치문화를 비판하는 데 중요한 역할을 해왔음을 명심해야 한다. 그러나 일본사상사가 정치문화 비판으로서의 역할을 하기 위해서는 앞에서 보았듯이 모방하고자 하는 욕망의 대상으로서 '일본사상'을 정립하는 메커니즘을 유지해야 했다. 따라서 일본사회의 정치문화를 계속 비판하기 위해서도 모방의 욕망을 재생산하는 쌍형상화 도식은 유지되어야만 했던 것이다.

이런 점에서 마루야마 마사오(丸山眞男)의 일본사상사 연구는 '일본사상'이라는 욕망이 제작되는 조건을 가장 명석하게 보여줄 뿐만 아니라 일본사상사의 가능성의 조건에 대한 훌륭한 고찰이기도 하다.

마루야마 마사오의 『일본정치사상사 연구』[21]는 이미 그 중심문제를 '일본민족'으로부터 '일본국민'으로의 역사적 전개에서 찾았으며, 그 서술에 동기를 부여하는 것은 '자기의 문화적 일체성'에 대한 자각에서 '정치적인 국민의식'을 가지면서 자발적으로 국가공동체와 자기를 동일화하는 '국민'을 형성하는 정치적 기술을 어떻게 확립할 것인가 하는 문제의식이다.[22] "그것이 '국민'이 되기 위해서는 그러한 공속성(共屬性)이 그들 스스로에 의해 적극적으로 의욕되며 혹은 적어도 바람직한 것으로 의식되어 있어야 한다."[23] 즉 여기서는 일본사상사의 욕망을 생산하는 메커니즘 자체가 주제로서 제시되어 있는 것이다. 더욱이 이렇게 국가공동체와 자기를 동일화하는 '국민'은 미리 '문화적 동일성'이 주어진 것으로, 문화 차원에서는 이미 동일성을 달성한 것으로 주어져 있다. 그리고 '국민'의 존재는 다음과 같이 규정된다. "일정한 집단의 성원이 다른 국민과 구별된 특정한 국민으로서 서로의 공통된 특성을 의식하고 다소나마 그 일체성을 지켜 나가려는 의욕을 가지는 경우에 한해서 비로소 '국민'의 존재를 말할 수 있는 것이다."[24] 따라서 일본사상사는 일본민족(그 존재양태를 다나베 하지메[田邊元]의 용어로 표현하자면 기체[substratum]의 존재양태이다)의 사상에서 일본국민(그 존재양태는 주체[subject]의 그것이다)의 사상으로의 이행으로 표현될 수밖에 없으며, 사상의 주체로서 '일본인'은 연속적인 것으로 가정되어 있다. 더욱이 '국민의식'의 생성은 다른 국민과의 대칭적인 '비교'의식의 생성으로 주어진다. 결국 마루야마의 비판의 화살은 일본의 역사 속에서 일본인이 어째서 정치적 일체의식으로서의 '국민의식'의 '결단적'인 결집에 실패해왔는가, 그 실패의 역사적 조건은 무엇이었는가 하는 점에 집중될 수밖에 없다. 이 간략한 서술만으로도 마루야마의 분석이 쌍형상화 도식에 기초한 '일본의 사상'의 욕망 산출과정을 따라서 전개되었음은 분명하다.

『일본정치사상사 연구』에는 그 이전의 여러 논문이 들어 있지만, 마루야마의 민족적 통일체로부터 국민적 통일체로의 전화, 즉 일본민족으로부터 일본국민으로의 발전에 대한 전반적인 이해방식을 보여주는 논문은 원래 1942년에 발표된 것이다. 이 책에 수록된 초기의 논문들을 통해서도 일본민족과 근대 일본국민의 실체적인 정체성/동일성으로 가정된 일본국민의식의 출현에 관한 마루야마의 내러티브는 확실히 논쟁거리가 될 만하다. 일본제국의 패배가 아직 확실시되기 전인 1942년 이전에도 마루야마가 일본국민을 일본민족이라는 초역사적 존재로 간주했다는 것은 의심스러운데 이 문제는 다른 기회에 밝혀보고 싶다.[25] 하지만 일단은 민족이 연속적으로 국민으로 발전한다는 전제 위에서 이 책 전체에 걸친 마루야마의 주장을 읽기로 하자. 쌍형상화 도식이 내재되어 있든 있지 않든 간에 마루야마는, 다나베 하지메의 『종의 논리』(1930년대 초부터 1940년대 초에 걸쳐 간헐적으로 발표되

었다)가 잘 보여주듯이 일본국민이 분명히 다민족적으로 편성되어 있
던 전전(戰前) 시기에 일본국민의 정체성/동일성이 단일민족적인 실
체에 의해 뒷받침된다고 짐짓 주장함으로써, 마루야마 스스로가 가장
저명한 지지자가 될 전후(戰後) 시기의 문화적 민족주의를 예언적으로
선취한 것처럼 보인다.

『일본정치사상사 연구』에서 마루야마는 작위(作爲)의 주체로서의
근대 일본'국민' 생성을 위한 조건으로 사회적 질서와 자연적 질서의
분리를 확인한 다음, 소라이(徂徠)학에서 말하는 성인(聖人)의 도(道)
를 천(天)의 불가지성에 해당하는 것으로 규정했다. "그[소라이]에 의
하면 성인의 도는 절대적이므로 다른 사상들과 대립하지 않으며 오히
려 그것들 일체를 포괄한다."[26] 그러면서도 성인은 인격적 존재임을
그만두지 않는다. 바꿔 말해 성인은 추상적인 관념이 아니라 대화적인
관계를 맺을 수 있는 인격적=인칭적 존재이기에 처음부터 말하는이-
듣는이라는 발화의 메커니즘에 참여할 수 있는 것으로 규정되어 있다.
그러나 성인의 도는 실제로 존재하는 제도들과 비교될 수 없다. 그것
은 논쟁의 여지가 있는 부분성을 넘어선, 집단 전체를 규정하는 사회
적 현실을 의미한다. 그것은 부분을 유기적으로 통일하는 전체성이긴
하지만("부분은 그 특수성을 관철시킴으로써 비로소 전체의 부분일 수 있
다."[27]) 그렇다고 개인의 행위규범이 되는 초월적인 이념은 아니다. 그
것은 구체적인 사회적 현실로서의 '예악형정'(禮樂刑政)이다.[28]

즉 성인은 이념화된 '독자'와 같은 것으로 파악될 것이다. 그러나 마
루야마는 성인의 도는 고대에 실제로 존재한 "역사적으로 장소적으로
한정된"[29] 사회적 현실이면서도 시공을 초월한 보편적 타당성을 지닌
다고 주장한다. 소라이학에서 말하는 이 성인과 고대중국의 존재양태
는 놀라울 정도로 정확하게 '반일본'인 동시에 '비일본'인 '서양'과 그
이념화된 독자들의 발화위치를 그려낸다.[30] 소라이가 말하는 "성인 개

념에서의 정치적 계기의 우위"[31])를 따르기라도 하듯이 마루야마는 소
라이학의 고대중국에 해당하는 서양이라는 발화위치를 정치적으로 선
택한다. 그리고 소라이가 고문사학(古文辭學)을 통해 도쿠가와 막부와
중국에 대해 그랬듯이, '비일본'으로서의 '서양'을 정립함으로써 '일본'
을 대상화하면서 '봉합할' 가능성을 정치적으로 그리고 절대적으로 선
택하는 것이다. 그리고 이것은 마루야마의 논의에는 포함되어 있지 않
지만, 소라이의 고문사학과 기양지학(崎陽之學)은 복수의 언어가 다언
어적으로 공존하는 것을 거부하고 혼혈형의 잡종성을 의미하는 '화훈'
(和訓), 즉 훈점(訓点)을 매개로 한 한문을 철저하게 배제함으로써 가
능해졌다. 번역의 실천계를 도입함으로써 소라이는 쌍형상화 도식을
도입한 결과가 되었는데, 이 도식은 번역되는 언어와 번역하는 언어라
는 두 가지 형상이 분리되는 경우에 한에서 기능할 수 있다. 그리고 한
문이라는 존재는, 두 언어형의 번역의 실천계에서 두 언어 사이의 분
리와 구분에 간섭하고 그것을 불가능하게 하기 때문에 철저하게 배제
되어야만 했다.[32]) 쌍형상화 도식의 도입으로 인해 적어도 이론적으로
는 개인이 동시에 복수의 언어공동체에 속하거나 복수의 언어 사이를
이동할 가능성을 '부정적으로' 파악할 가능성이 생긴다. 개인에게 본래
적인 언어는 잡종적이어도 복수적이어도 안된다는 규범이 세워지는
것이다. 그러나 번역자/통역자가 차지하는 위치를 생각해보면 바로
알 수 있듯이, 번역자의 위치 자체가 말을 거는 자세에서의 인칭관계
로 번역자가 순수하게 말하는이, 즉 1인칭이 되는 것도, 순수하게 듣는
이, 즉 2인칭이 되는 것도 금지하고 있을 뿐 아니라 번역자는 말하는이
나 듣는이와 아무 관계가 없는 완전한 관찰자가 될 수도 없다. 즉 번역
자란 인격으로 다룰 수 없는 어떤 사회적 역할인 셈이다. 진정으로 본
래적인 언어를 인지하기 위해서는 번역의 실천계가 필요한데, 그것은
번역자가 번역의 장면의 안과 밖을 드나들면서 영속적으로 진동해야

하며 번역과정에서 말하는이와 듣는이에 대한 인칭관계에서 단속이층 적(斷續移層的, metaleptic)으로 드나드는 단절을 끊임없이 되풀이해 야 하기 때문에 번역자의 위치에는 필연적으로 언어적 잡종성이 내재 될 수밖에 없다. 이 언어적 잡종성 덕분에 사람은 자신의 언어가 갖고 있는 본래성을 알게 되며, 언어적 잡종성에 의해 비로소 가능해지는 번역에서 쌍형상화 도식은 언어의 본질적 잡종성을 부인하는 역할을 하는 것이다.

물론 언어공동체의 통일 자체가 도대체 무엇을 의미하느냐 하는 문 제는 있지만, 쌍형상화 도식은 잡종적인 실천계를 배제하고 한 언어의 내재적 통일이라는 관념을 제공한다. 쌍형상화 도식이 도입되기 전에 는 다음과 같은 상태가 성립되어 있었을 것이다. "일반적으로 개인이 여러 집단에 동시에 속하며 개인의 충성이 다양하게 분할되어 있는 그 런 사회에서는 정치권력이 국민의 충성을 독점하기가 어려울 수밖에 없으며 나아가 전쟁과 같은 비상사태를 맞았을 때 국민의 충성을 신속 하게 결집시키기도 어렵다."[33] 더욱이 자신에게 본래적인 언어의 자각 은 외국어이자 '비일본'의 성인(聖人)의 언어인 고대중국어를 배움으 로써 쌍형상화 도식을 통해 주어진다.

이런 의미에서 마루야마에게 오규 소라이는 근대라는 발화위치들 사 이의 배치를 가장 훌륭하게 구현한 선구자였다. 소라이의 정치학이 근 대의 정치의식과 많은 부분을 공유한다는 것 이상으로, 여기에는 일본 사상사에서 연구자가 '일본'에 자기를 동일화할 때의 욕망 메커니즘이 그려져 있는 것이다. "국민이란 국민이고자 하는 자"[34]라면 '국민' 주 체의 제작은 '국민'이고자 하는 욕망을 어떻게 만들어내고 제도화할 것 인가 하는 정치적(또는 주체적) 기술(technê)의 문제를 피해갈 수 없다. '자아의 능동성'을 포함한 비합리적 심성을 가지지 않는다면 '국민'은 성립되지 않는다. 마루야마가 후쿠자와 유키치를 통해서 보았듯이("모

반도 못하는 '무기력'한 인민에게 네이션에 대한 진정한 충성을 기대할 수 있을까"[35]) '국민'은 능동적인 주체여야 한다. 더욱이 이 주체는 작위의 주체이며 스스로의 주체를 표상함으로써 스스로를 만들어내는 주체이다. 거기서는 소라이에게 성인이 그랬듯이("성인과 그가 작위적으로 만든 도[道]를 이성적 인식 및 가치판단 너머에 두었다"[36]) '절대적인 타자'에 대한 결코 넘어서지 못하는 거리를 자각함과 동시에 그런 '절대적 타자'에 대한 동경과도 같은 동일화 지향을 통해서 주체는 일정한 근거에서가 아니라 '배움'(마나비[學び])과 '모방'(마네비[まねび])의 욕망에서 스스로를 만들어낸다. 그리고 '모방'의 대상은 '이념'(Idee)이 아니라 '인격/인칭'(Person)이어야 한다.[37] 일본사상사 연구자는 '서양'에 대한 모방적 관계를 통해 '일본'을 표상할 가능성을 얻게 되며 동시에 일본을 인격적 동일화의 대상으로 삼게 된다. 즉 '서양'에 대한 모방적 관계를 매개로 문화적 동일성에 불과했던 '일본민족'이 정치적 공동체로서의 '일본국민'으로 스스로를 제작하는 것이다.

　그렇다면 마루야마의 일본사상사가 하는 것은 '국민' 주체의 제작 (poiein)이며 '일본국민'을 작위적으로 만들기 위한 주체적 기술에 대한 고찰이다.

근대세계와 서양의 나르시시즘

　　『현대정치의 사상과 행동』에서 일본의 초국가주의 (ultranationalism)에 대한 분석이 비교연구라는 틀을 취할 수밖에 없었던 것(물론 이외에도 많은 이유가 있었겠지만)은 이러한 쌍형상화 도식을 답습한 결과이다.[38] 거기서 마루야마는 '반일본'으로서의 '서양'과 '비일본'으로서의 '서양'을 신중히 구별하면서 역사적으로 그리고 장소적으로 한정된 근대서양에 대한 실존적 믿음이라고 할 만한 것을 표명한다. 절대적 본질로서 파악된 근대'서양'은 단순한 우연적 발현으로서의 '서양'으로 환원되어서는 안되기 때문이다. 하지만 서양은 보편적으로 편재하는 '이념'도 아니다. 그것은 일반성으로 환원할 수 없는 역사적 단독성을 지닌다. 따라서 '서양'은 특수성에서의 이념, 즉 '이상'이 되기도 한다. '인격/인칭'에 의해 제작된 '도'로서의 근대 '서양'에 대한 관여는 '서양'이 갖고 있는 극한적인 위험의 가능성도 이해한 것이어야 했다. 평범하고 낙천적인 근대 개념과는 달리 마루야마의 근대 이해는 형이상학적인 안전망 없이 스스로를 제작하는 근대주체로서의, 그리고 자신의 실존을 "이 자기규정의 심연으로"[39] 규정하는 주체로서의 국민의 무근거성을 예리하게 자각한 것이었다. 그래서 마루야마는 나치즘을 근대의 본질과는 무관한, 근대로부터의 일탈로 생각할 수 없었던 것이다.

주지하다시피 '인격/인칭'으로서의 '서양'관은 세계를 '중심으로부터의 방사적 분산'으로 보는 신학적 보편주의에 대한 근본적 비판을 포함한다. 신학적 보편주의가 근대에는 선교사들의 신념이 되고 서양문명의 보편성이라는 확신 아래 '아메리카 정복' 이후 식민주의(또는 포스트 식민주의)를 내면에서 격려하는 원리로 작동한 것은 잘 알려져 있다. 그것은 '자'와 '타'의 괴리에 대한 자각이 결여된 자아도취적인 보편주의이다. 그래서 '인격/인칭'으로서의 '서양'관은, '중화-이적'관 또는 '문명-야만'관을 반드시 동반하는 선교사 취향의 식민주의적 보편주의와는 단절된 곳에서 근대 국제관계를 구상할 수 있게 해주는 듯이 보일지도 모른다.

근대 국민국가의 지도원리를 이룬 내셔널리즘, 특히 그 본질적인 계기로서의 '주권' 개념은 아무리 국가의 불기분망한 대외행동을 시인한다 하더라도 주권을 가진 국민국가들의 동렬적 병존을 그 당연한 전제로 하고 있으며 그것은 세계의 진정한 중심적 단위를 자기 외에

는 인정하지 않는 중화-이적관과는 어떠한 의미에서도 공존할 수 없
기 때문이다.[40]

여기서 제시된 근대 국제사회의 이미지는 가령 선교사적 보편주의의
심성, 즉 마루야마의 근대관을 따르자면 중세적 심성에서 아직 벗어나
지 못한 사람들 사이에서 마루야마의 근대관에 대한 평판이 좋지 않은
하나의 이유일지 모른다.

　그런데 이러한 국민국가들의 동렬적 병존을 전제로 하는 근대적 "국
제관계 파악의 도식"[41]은 식민주의적 보편주의와 "공존할 수 없"는,
또 다른 가능성을 제시한다고 할 수 있을까? 앞에서 보았듯이 마루야
마는 소라이의 정치학에서 '자'와 '타'의 괴리를 발견하고 '중심으로부
터의 방사적 분산'을 미리 전제로 하는 주자학으로 대표되는 연속적인
세계관과 낙천적인 보편주의를 흔들 가능성을 읽어냈다. 하지만 '자'와
'타'의 괴리는 어디까지나 대칭적인 '일본'과 '반일본'의 약분가능한 괴
리이며 거기서 파악된 타자는 '일본'의 정체성/동일성을 보장하는 그
런 타자에 지나지 않는다. 그것은 '일본인'의 자기언급성을 보장하기
위한 타자에 불과한 것이다.

　마루야마에게 서양은 분명히 일본과 동렬적으로 병존하는 다른 국민
국가가 아니다. 그래서 일본과 서양의 관계는 "국제관계 파악의 도식"
을 따라서 표상될 수 없는 것이다. 그는 '비일본'으로서의 '서양'이 갖
고 있는 약분불가능성을 분명히 인정했기 때문에 '서양'을 단순한 인지
대상이 아니라 인격적 관계를 맺을 수 있는 타자로서 정립할 수 있었
다. 그 결과 경험적인 '반일본'으로서의 '서양'과 이념으로서의, 또는
특수성에서의 이념이라는 의미의 '이상'(理想)으로서의 '서양'이 동시
에 주어지며 중첩된다. 그리고 많은 결점과 약점을 지닌 '반일본'으로
서의 '서양'은 '비일본'으로서의 이념인 '서양'과의 격차를 통해 대상화

되며 비판받을 수 있다. '비일본'으로서의 '서양'이 하나의 시각 또는 초월적 주관인 이상 '일본인' 또한 그런 이념으로서의 '서양과 현실로서의 '서양 사이의 격차를 비판하는 작업에 동등한 자격으로 참여할 수 있을 것이다. 이런 점에서 서양의 보편성은 개방적인 것처럼 보인다. 마루야마의 근대성에 대한 믿음에는 분명 이런 것이 깔려 있는 것이다.

그러나 당위와 실제 사이의 격차라는 표상에 의해 추진되는, 현실의 서양에서 이상으로서의 서양을 향하는 자기초월적인 운동이 바로 서양이라고 불리는 대문자 주체(Subject)를 자기구성하는 과정일지도 모른다는 것을 우리는 깨달아야 하는 것이 아닐까? '서양의 타자로서 '일본'은 '서양의 자기구성 과정, 즉 사실상 그 정의와는 거리가 먼 '서양의 정체성/동일성을 위해 비서양을 배제하는 과정에 공헌하고 있는 것에 불과하다. 그래서 마루야마는 '서양의 정체성이 무엇이며 이러한 자기를 넘어서는 운동에서 무엇이 배제되고 억압되느냐는 질문을 신중히 회피해야 하는 것이다.

실제로 마루야마가 구상하는 '서양과 '일본' 사이의 관계는 로버트 영이 "서양의 나르시시즘"[42]이라고 부른 것, 즉 모든 타자들이 상정된 서양이라는 중심과 대칭관계를 이루는 "균질적인 차이"로서 본질적으로 파악된다는 사고방식과 완전히 공명하고 있음을 잊을 수는 없다. '다른 문명에 의한 비범한 문화적 달성'을 찬양할 때조차도 서양의 나르시시즘은 다른 문화나 문명 속에서 서양과 그 밖의 세계를 구별하는 무언가를 찾기만 하며 그 구별의 인지라는 나르시시즘적인 요구에 타자들이 응하기를 끊임없이 기대한다. 그리고 이 나르시시즘은 구조적으로는 편집증을 뒤집은 것에 불과하기 때문에(최근 몇 십 년 동안 전지구적으로 그랬듯이) 나르시시즘적인 요구가 쉽게 받아들여지지 않을 때 타자에 대한 편집증적인 공포로 전환된다. 이런 점에서 마루야마의 작업은 아마 본인도 모르게 그러한 요구에 응하는 것이었을 것이다.(그리고 우리는 대부분의 비서양과 일본의 지식인들이 다른 선택지를 가지지 못한 시대가 있었음을 기억해야 한다.)

서양과 비서양 사이에서 이루어지는 이 전이적 욕망 교환 속에서 어떻게 해서든 외면되는 것은 세계의 두 영역 사이의 구별 자체에 대한 어떤 개입, 어떤 질문이다. 이 도식에 따르면 미리 주어진 표상과 번역의 실천계에서는 표상과 약분이 불가능한 잡종성, 과잉, 혹은 타자 일반의 타자성은 먼저 배제되어야 한다. 소라이학에서 고대 '중국'과 '일본' 사이의 차이와 구별이 이미 번역의 실천계에 의해 정해져 있으며 같음(the Same)과 약분할 수 없는 단독성이 제거되어야 하듯이.

식민주의적 보편주의도 '근대 주권국가간의 평등원리'도 단독성을 지닌 타자(the Other)를 허용하지 않는다. 국민국가들 사이의 병존이라는 도식은 각 정체성의 전이적 편제 속에서 이루어진 서양과 일본의 공범성을 은폐하는데, 이 공범성에 의해 서양에 대한 강박관념이 일본에 대한 자기언급성을 보장하는 것이다. 이러한 도식에 대한 무비판적인 승인은 서양과 일본의 나르시시즘이라는 숨겨진 동맹관계를 감지하지 못하게 한다. '서양'의 동일성에 대한 고집과 '일본'의 동일성에 대한 고집이 동시에 재생산되며 서로를 강화하는 메커니즘의 작동을 은폐하는 것이다.

'일본사상'을 묻는 일본사상사

'일본사상사'가 중심적으로 담당해야 할 역할은 어떻게 해서 '일본'이 구축되었으며 어떻게 해서 일본사상사라는 학문분야를 지탱하는 '일본사상'에 대한 욕망을 불러일으켰는지를 묻는 것이다. 이 질문을 통해 우리는, '일본사상사'에 대한 지식을 생산함으로써 어떻게 학문이 정치에 관여하는가를 생각하고 지식과 실천의 관계 일반에 관한 오래된 문제를 생각할 실마리를 잡을 수 있을 것이다. 하지만 그것은 특정 학문분야에 관여하는 자가 그 분야에서 산출되는 지식의 가능성에 대한 조건을 끊임없이 묻는다고 하는 지극히 당연한 작업의 일환인 동시에 '일본사상사'가 국민국가의 그리고 서양이라고 불리는 극단적으로 문제적인 주체/주제의 재생산에서 해온 역할을 안다고 하는 역사적 평가를 의미한다. 아마 여기서 학문의 실천에 대한 질문과 역사라고 불리는 기술(art) 사이의 접점을 찾을 수 있을 것이다.

3

서양으로의 회귀/동양으로의 회귀: 와쓰지 데쓰로의 인간학과 천황제

수난＝수동의 연출

1988년 가을에 일본의 대중매체에 의해 상연된 거국적 슬픔이라는 길고도 지나치게 감상적인 표현을 통해서 우리는 무엇을 보았을까? 아마도 수난＝수동(passion)의 연출이었다고 할 수 있을 것이다. 그동안 사실상 천황 히로히토의 신체는 쇼와(昭和) 종언이라는 광연(狂宴, orgia) 동안 완전히 눈에 보이지 않는 상태였는데도, 무수한 일간지·주간지·월간지 등과 몇 백을 헤아리는 TV 프로그램을 통해 온 국민의 시선이 천황의 신체에 고정된 듯 보였다. 마치 일본에 있는 모든 사람들이 천황의 용태를 걱정하고 그것을 알고 싶어 한다는 듯 시시각각 천황의 신체상태가 방송을 통해 보도되었다.

그 당시 나는 일본에 없었기 때문에 천황과 천황제에 관한 정보의 눈사태를 직접 접하지 않았으며, 이러한 정보가 만들어지고 가공되며 제공되는 경로에 접근할 방법도 없기 때문에 사회학적인 치밀함을 가지고 '천황 붐'이라고 부를 수 있는 사태를 이야기할 수는 없다. 하지만 일본의 대중매체를 통해서 표현되는 천황상의 몇 가지 특징을 뽑아내고 그것이 전후 일본의 문화적 국민주의 형성과 어떻게 관련되는지 생각하는 것은 가능할 것이다.

죽어가는 천황의 존재라는 이미지는 완전히 대중매체에 의해 날조된 작품이지만 그 신체의 표현에서는 가시성의 명확한 구조가 작동하고 있었다. 사람들이 텔레비전 화면을 보든 신문이나 주간지의 기사를 보든 간에 사람들과 천황의 주체적·상상적 위치는 분명하게 그려져 있었다. 이 가시성의 구조는 가시와 불가시 사이의 배분에 질서를 부여한다는 점에서 불가시성의 구조라고도 부를 수 있는데, 이 구조 속에서 국민은 '보는 자,' 즉 능동적 행위체 입장에 배치되는 한편 천황은 '보여지는 자,' 즉 보는 행위의 수동적 대상으로 여겨지게 된다. 물론 기술적으로 또 정치적으로 사람들이 보는 것을 권유받고 보도록 유혹되었으며 심지어 강제되었다는 것은 틀림없는 사실이다. 정보와 이미지는 모두 대중매체에 의해 주어지기에 실제로 사람들은 자발적으로 보는 행위를 시작할 능력을 가지고 있지 않았던 것이다. 그런데도 본다는 이 특수한 행위에 관한 한 사람들은 보는 행위를 스스로의 책임으로 시작했다는 입장에 놓이게 된다. 즉 이 가시성의 구조 속에서 보는 주체라는 역할이 맡겨진 것이다. 따라서 천황은 보는 대상의 역할을 맡을 것으로 여겨졌다. 천황이 위독했으며 거의 대부분의 시간에 의식이 없었다는 사실이, 그에게는 보는 행위를 시작할 능력이 없고 주체로서 보는 능력이 박탈된 상태였다는 가설을 확인해주었을지 모른다. 그는 완전히 수동적인 상태로 있었으며, 그를 보는 사람들을 보고 그 시선을 되받아 볼 약간의 능력도 없이 사람들의 시선에 무력하게 노출되어 있었다. 이런 점에서 마네의 그림 「올림피아」에 나오는 벌거벗은 매춘부[1]와 달리 천황에게는 관중들의 염치없는 시선에 저항하거나 그것을 거절할 능력이 없었던 것이다. 그래서 위독한 사람이 항상 그렇듯 그는 자발성을 빼앗겼으며 그의 병든 신체를 보는 사람들의 마음대로 될 수밖에 없었다. 이 죽어가는 천황의 사례만큼 수동적인 여성성이라는 보수적인 견해를 전형적으로 보여주는 사례는 없을 것이다. 천황은 완전히 수동적이고 유순하며 가련하기조차 해서 도저히 명령자나 주권자=대문자 주체(the Subject)의 입장에 있는 것 같지는 않았다.

여기서 내가 묘사하는 가시성의 구조는 천황의 실제상태나 그가 움직이고 생각하고 느낀 것과는 무관하다. 여기서 '가시성의 구조'라는 이름으로 언급된 것은 사람들의 호기심과 주의를 권유하고 방향을 지시하며 초점을 맞추게 하는 기술적·담론적 배열의 어떤 조정의 결과를 가리킨다. 그것은 보는 사람들을 미리 마련된 주체위치에 동일화하도록 유인하는 일련의 암시로 이루어져 있는 것이다.

거듭 말하거니와 내가 지금 묘사한 가시성의 구조에도 불구하고 천황의 신체는 내내 불가시상태에 있었다. 내가 알기로는 '사망 전의 경야(premortem wake)라고 부를 만한 이 기간에 천황의 신체는커녕 병실조차 한 번도 공개되지 않았다. 하지만 바로 이 신체의 불가시성 때문에 부재 속에 존재하는 천황의 신체는 그 신체가 시선을 받는 여성적 대상으로 상정되는 가시성의 구조를 강화한다. 이 가시성의 구조는 미셸 푸코가 벤담의 일망감시장치에 대한 참조를 통해 그려낸 근대적 주관/주체의 구조를 복제한 것처럼 보이기도 한다.

실제로 천황의 신체를 볼 가능성이 최종적으로 기각될 때까지 3개월 남짓한 기간 동안 사람들은 계속 천황의 신체를 그 부재상태에서 보려고 애썼다. 바꿔 말하면 '국민'은 천황의 신체를 그 부재상태에서 보는 것을 욕망할 것이라고 가정된 집단으로 재정의되었다. 나는 그것이 성공했다고 생각하지 않지만, 그것은 같은 욕망을 공유하며 같은 대상을 걱정하고 관심을 가지며 같은 목적을 위해 행동하리라 생각되는 사람들로 국민을 정의하려는 시도였던 것이다. 때때로 그런 욕망에 자신을 맡기려 하지 않는 사람은 '비국민'이라고 암시되었으며, 그 암시의 본질적 자의성을 드러내는 일체의 이의신청을 억압하기 위해 협박을 비롯한 온갖 방법들이 동원되어 암시에 굴복하도록 강요했다. 이일 전체를 통해서 마치 그 암시를 아무런 의심 없이 받아들이는 것이 진정한 일본인이며 그에 저항할 줄 모르는 사람이 착한 일본인이고 그 암시와 더불어 살며 만족을 느끼는 것이 일본인인 것처럼 제시되었다.[2] 천황의 보이지 않는 신체는 암시를 주는 권력의 어떤 메커니즘으로 현전했으며 사람들의 상이한 시선들을 모으는 초점으로 한몫했다.

'사망 전의 경야' 기간 동안 천황의 생명을 집단적으로 걱정한다는 사실 덕분에 사람들이 일체감을 느낄 수 있었다고 표명하는 것이 종종 보도되었다. 그들은 천황을 동정하도록 유도되었는데, 천황의 부재의 신체에 대한 동정을 통해 그들이 이루어낸 것은 그 부재의 신체를 보려는 사람들 사이의 동료의식이었다. 모두가 같은 대상을 걱정하기에 서로의 감정들이 통하여 감정의 공유로서의 공감(共感)이 된다고 그들은 은연중에 믿게 된 것이다. 이런 점에서 천황에 대한 동정은 그들의 감정을 종합하는 경로로 이해되었으며, 그것이 없었다면 그런 감정에 대해 서로 무관심했을 것이다. 감정이 무매개적으로 공유됨으로써 공감으로 '일체화'된 것이다. 천황의 고통과 수난에 대한 동정의 동시성과 공통성이 그들이 바라보는 대상의 동일성에 의해 보장되는 한편, 그들은 또한 부재하는 신체를 향하기보다는 동포를 향하는 감정의 공유라는 감각을 향락했다.

달리 말해 내가 천황제라고 부르는 형상의 배분질서에 의해 산출되는 공감형식에 관여하는 한, 그 효과로서 천황에 대한 동정이 공유된 고통에 대한 참여라고 스스로 믿게 되며 그 공유된 고통의 공동성은 동정의 자아도취적 메커니즘에 의해 유지된다. 이런 의미에서 가시성의 구조는 자기회귀적인 공감의 감정을 일깨우며, 그 감정 속에서 천황의 주체성 결여와 대조적인 사람들의 주체성은 자기촉발(autoaffection)로 한정된다. 이것은 타자성(otherness)이나 타성(alterity)의 방해 없이 생기는 감정인 감상(感傷)의 전형적 형태이다. 바꿔 말해 가련한 천황의 보이지 않는 신체를 둘러싸고 구축된 이 가시성의 구조는 사람들 사이에서 동정의 기회를 제공하며, 그런 의미에서 국민의 집단적 자기연민을 출현시킨다. 감정은 폐쇄적이고 심미적 작용으로 완전히 균질화된 공동체의 한정된 배분질서 속에서 생기며, 그 속에서 사람들은 슬픔이 기대되기 때문에 슬퍼하며 동정이 기대되기 때문에 동정한다. 기대되는 고통의 공유는 동조와 일치하고 마는 것이다. 따라서 감정은 타자의 타자성이 철저하게 봉쇄된 공동체적 전이의 효과 그 이상도 그 이하도 아니라고 할 수 있다.

물론 이런 유의 감상에서 자유로운, 천황에 대해 아무런 동정도 느끼지 않은 사람들도 많이 있었다. 그러나 결국 천황제는 심미화의 이 한정된 배분질서이며 그 속에서 '국민통합의 상징'으로 기대되는 천황에 대한 존경은 감상적으로만 가능한 것이 아닐까? 최종적으로 그것은 감상의 체계가 아닐까? 천황이 신민(subjects)에 대한 주권자(Subject)로 규정된 메이지 헌법 아래서도 천황제는 항상 이렇게 작동한 게 아닐까? 명령자이자 권위인 아버지의 형상으로 상상된 천황이라는 널리 수용되는 가설을 의심해볼 필요는 없을까?

이런 질문에 답하기 위해 아무래도 천황의 사망을 둘러싼 이 해프닝을 뒤로 하고 떠나는 것이 좋겠다. 쇼와 천황의 사망 전의 경야에서 분명히 드러난 가시성의 구조는 근대적 주체성의 기초적인 지형을 보여주며 푸코가 주체화/복종의 형식으로 그 윤곽을 그려낸 것을 확인시켜주는데, 그것은 현대일본의 상황의 특수성으로서도, 제도적 관성의 결여로서도 결론지을 수 있는 문제가 아니다. 이 해프닝의 함의는 전후 일본의 영화, 학문적 지식, 교육과 같은 관련 분야에서 검토되어야 할 것이다. 이런 탐구영역은 다른 기회로 미루고, 나는 윤리학적 기반

위에서 천황제에 정통성을 부여하려는 지적 시도, 국민통합의 심미적 표현으로서 천황에 정통성을 부여하려는 주장에 초점을 맞추고 싶다. 내가 염두에 두고 있는 것은 1945년의 패전 후 와쓰지 데쓰로가 발표한 천황제론이다. 하지만 먼저 전후의 천황제론이 의존하게 되는 국민의 전체성 개념과 윤리학에 관한 와쓰지의 전전(戰前)의 논의들을 살펴보려고 한다. 그의 천황제론은 그 이론적 틀이 주로 전전에 전개된 인간학에서 비롯되었기 때문이다.

'인간'학으로서의 윤리학

1926년에 미키 기요시(三木淸)의 『파스칼에 있어서 인간의 연구』가 출간된 이래 '사이에 있는 존재'로서의 인간(人間)에 대한 물음은 대학 안팎에서 벌어진 철학적 논쟁에 관여한 일본 지식인들에 의해 거듭 제기되었으며, 그 무대는 지식인 저널리즘이었다. 지식인 저널리즘은 새로 창간된 『사상』 『개조』 『이상』과 같은 지식인 잡지에 참여하는 기고자들이 계속 늘어나면서 급성장했다. 『파스칼에 있어서 인간의 연구』는 아마도 하이데거의 현존재(Dasein) 분석을 일본에 도입한 최초의 진지하고도 체계적인 시도였다고 볼 수 있겠는데, 바이마르 공화국 초기의 독일에서 하이데거와 함께 공부한 미키 기요시에게 현존재 분석은 익숙한 것이었다. 이 기념비적인 저작에서 미키는 '정태성'(情態性, Befindlichkeit)[3]으로서의 현존재라는 하이데거의 용어로 인간존재를 실존론적으로 분석했으며, 인간은 '사이에 있는 존재' 또는 '사이에 던져진 존재,' 즉 무한과 극소 사이에 매달린 본질적으로 불안정한 중간자로 이해되어야 한다고 주장했다. 여기에는 1920년대 말부터 1930년대에 걸쳐 인간에 관한 논의를 지배하게 되는 하나의 관심사가 명확히 그려져 있다. 즉 인간은 자신에 대한 확실성이 결여된 존재로 자기를 이해하며, 스스로에 대해 질문하고, 필연성을 통해서가 아니라 가능성을 통해서 자신과 관계한다는 것이다. 미키 기요시는 초기에는 해석학과 마르크스주의를 종합하려는 시도의 맥락에서, 나중에 1930년대 중반에 마르크스주의가 와해되고 나서는 역사적 존재에 대한 탐구라는 맥락에서 인간에 대한 질문을 계속했다. 아마 루카치를 제외하면 이 당시 하이데거만큼 광범위하고도 열심히 일본 지식인들에게 읽힌 유럽의 동시대 사상가는 없을 것이다. 다나베 하지메(田邊元), 구키 슈조(九鬼周造), 나카이 마사카즈(中井正一), 니시타니 게이지(西谷啓治)를 포함한 많은 사람들이 하이데거 읽기를 통해 인간에 대한 질문에 관여했다. 이런 점에서 하이데거 읽기의 다양성이 1920년대 말부터 1930년대 말에 걸친 일본의 지적 상황을 반영한다고 해도 무방할 것이다. 즉 하이데거의 저작들을 다르게 읽는 것이 곧바로 다른 정치적 가능성을 가리켰으며 하이데거 해석들 사이의 충돌이 실천의 문제와 밀접히 연관되어 있었던 것이다. 예컨대 와쓰지 데쓰로 역시 부분적으로는 미키를 반박하고 하이데거의 해석학을 철학적 인간학—사회적 실천을 하이데거와 달리 이해하고 윤리학으로서의—으로 수정하려 했다.

와쓰지의 텍스트들을 읽는 데 나는 일본이나 다른 외국 지식인들에 의해 제기된 철학적 문제를 문화적 차이에 관한 것으로 환원하는 문화론적인 질문 도식에 충실할 생각은 없다. 즉 유럽에서와 마찬가지로 미국이나 일본에서 일본사상을 연구하는 전문가들에게는 여전히 "동양인인 일본학자가 서양철학을 정확히 이해했을까?" "동양의 전통이 서양철학의 이해를 어떻게 왜곡했을까?"라는 식의 질문에 의해 그들의 의문이 유도되는 경향이 있다는 것이다. 어쩌면 서양에서 성장했다는 사실이 다양하고 이종혼성적인 서양철학을 가까이할 수 있게 작용할 수는 있다. 하지만 출신이 철학에 대한 '올바른' 이해를 보장한다고 주장할 만한 근거는 거의 찾을 수 없다. 뿐만 아니라 '서양'이라는 정체성/동일성의 자의성 자체가 치밀하게 음미될 필요가 있다. 물론 '일본'과 '동양'에 대해서도 똑같이 말할 수 있다. 뒤에서 설명하듯이, 와쓰지 자신이 덫에 걸려든 문화론적인 틀로 와쓰지를 읽을 생각은 없다. 나는 와쓰지의 철학적 담론을 일본인의 국민성의 한 사례로 환원하려 하지는 않을 것이다. 물론 사상을 이해하는 데 단순한 왜곡이나 오해는 있을 수 있으며 사실 종종 있다는 것은 인정하지만, 나는 와쓰지가 '옳았는지' '틀렸는지'를 이분법적으로 판단하기보다는 와쓰지의 하이데거 독해 속에서 문화론자가 국민문화에 고유한 '왜곡'이나 '오해'라고 부를 만한 것의 실천적·정치적 의의를 제시하고 싶다. 간혹 '틀린' 이해는 지역적·계급적·정치적·역사적, 기타 이질성으로 인한 독자의 실수로 생길 수 있다. 하지만 그런 요소들의 다양성을 일률적으로 국민성이나 국적으로 돌려버릴 수는 없다. 우리는 문화적 본질주의가 깔려 있는 다양한 사회적 정형화에 대해 비판적이어야 하는데, 그런 정형화는 지역적 특수성의 관점이라는 이름으로 계속 선호되어 왔다.

윤리학으로서의 철학적 인간학이라는 와쓰지의 기획은 1931년에 간행된 『윤리학』에서 처음으로 그 윤곽을 드러냈다.[4] 이 책에서 윤리학의 중심문제는 인간의 문제로 규정되었다. 나아가 인간에 대한 질문은 고찰대상에 대한 물음이라는 자격으로는 충분히 제시될 수 없다고 주장한다. 인간에 대한 연구는 자연에 대한 연구의 일부가 아니기 때문이다. 인간을 자연으로 환원할 수 없다는 와쓰지의 주장 속에서 작동하는 인간과 자연의 대립은 과학적 탐구의 서로 이질적인 두 영역의 구별, 즉 인문과학=인간과학과 자연과학의 구별이라는 신칸트주의를 떠오르게 하는 것에서 비롯된다. 윤리학으로서 '인간의 학문'이라는 이념을 처음 구성할 때 근본적인 역할을 한 이 구별을 와쓰지는 마르크스 덕택으로 돌렸다.

특히 제2차 세계대전 후에는 반공자유주의자로서 신임을 얻었던 와쓰지였던 만큼, 그의 논의의 여정을 통해서 알 수 있는 흥미로운 사실 중 하나는 그가 인간에 대한 질문을 처음 공식화하면서 많은 것을 마르크스의 『독일 이데올로기』에서 얻었다는 점이다.

> 마르크스는 주지하다시피 18세기 유물론을 배척했다. 그 이유는 이 유물론이 인간의 역사적·사회적 활동의 계기들을 무시한다는 것이다. "재래 유물론(포이어바흐의 그것도 포함해서)의 주요한 결함은 대상 즉 현실, 감성이 객체라는 형식으로 혹은 직관의 형식 아래 파악되며 감성적·인간적 활동 즉 실천으로 파악되지 않는 것이다. 즉 주체적으로 파악되지 않는 것이다." 자연으로서의 대상은 객체로서, 즉 어디까지나 대립적으로 파악된다. 그에 비해 마르크스는 현실을 주체적으로 실천으로 파악할 것을 주장한다.[5)]

여기서 마르크스의 인간 개념은 "감성적·인간적인" 현실에 대한 새로운 이해를 도입하는 것으로 제시되어 있다. 이리하여 마르크스가 자연적 대상으로 인간을 다루는 유물론을 거부하고 대신에 실천적 활동으로서의 인간의 주체적 존재를 강조했다고 와쓰지는 주장한다. 인간의 본질을 "사회적 관계들의 총체"로 파악하는 마르크스의 기본적 개념(나중에 보듯이 와쓰지는 그 기초 위에서 윤리학을 구축한다)에 찬동하면서 와쓰지는 그 중심과제인 인간을 주체적 존재로 처음 규정하고 이어서 그의 탐구가 나아갈 경로를 실천철학으로 특징지었다. 이렇게 해서 그의 철학적 인간학은 인간의 주체(/주어/주관)적 존재에 관한 실천철학으로서의 정체성을 지니게 되었다.

두 가지 점에 주목해보자. 첫째, 와쓰지는 인간의 실천적이고 주체적인 활동이 긍정되는 한 마르크스를, 특히 포이어바흐에 관한 첫째 테제를 따랐다. 하지만 마르크스의 주장이 휴머니즘에 대한 비판에 이르자(물론 오늘날 휴머니즘 비판에 대해서는 다양한 읽기 방식이 존재한다) 와쓰지는 마르크스를 떠나게 된다. 이것은 나중에 나온 『윤리학』의 다른 판본을 검토해보면 더욱 분명해지는데, 거기서 마르크스주의 문헌 일반에 대한 언급이 점점 줄어들어 전후(戰後)에 나온 판본에서는 마르크스와의 이론적 격투의 흔적은 대부분 지워졌다. 휴머니즘 비판도 마찬가지로 개인주의 비판의 그늘에 가려져 있다. 『윤리학』의 1937년판과 1942년판에 나오는 본래적 자기에 관한 논의를 검토하면 분명해지겠지만, 마르크스에 대한, 그리고 결국에는 전체로서의 서양으로 받아들여진 것에 대한 이론적 부채를 억압하는 것이 와쓰지와 같은 문화론적 담론에서 문화적 정체성/동일성을 구성하는 데 본질적인 요소임이 드러날 것이다. 와쓰지의 인간학에서는 그가 어떤 철학이나 사회 사상에 대해 느끼는 불편함은 곧바로 서양 대 동양, 그리고 서양 대 일본이라는 이항대립에 맞게 변형된다. 실제로 어떤 기존의 이념에 대해 불편함을 느끼는 일은 충분히 있을 수 있으며 그 불편함 없이는 기존의 사상에 대한 비판적 재평가는 거의 불가능할 것이다. 문제는 사상의 기존 양식에 대한 위화감이 단순히 동양의 또는 일본의 문화적 차이로 설명된다는 것이다. 여기서 문화의 개념은 기존의 시각에 대해 느끼는 불편함에 대해 끝까지 생각하지 않으려는 구실로 받아들여진다. 이것은 와쓰지에게만 해당되는 것이 아니라 문화론 일반에도 해당된다. 북미나 유럽의 문화본질주의 속에는 뒤바뀐 형태로 동일한 구조가 존재하는데, 그 구조는 와쓰지가 그랬듯이 대부분의 경우 이질적인 타자와의 만남을 통해 생길 수밖에 없는 불안에 대한 억압을 입증한다.

둘째는 와쓰지의 논의에서 사용되는 '실천'이라는 말과 관련된다. 와쓰지는 감성적·인간적 활동을 중요시했는데도 『독일 이데올로기』에서 주제적으로 다루어진 실천과 기본적으로 칸트의 실천 개념을 연결시키는 것이 문제가 된다고 생각하지 않았다. 그 결과 그는 하이데거의 '도구연관'(道具聯關, Zeugzusammenhang)[6]을 따라서 '행위적 실천연관'이라는 철학소(philosopheme)를 새로 만들었는데도 도구에 의해 매개되는 사회적 관계들에 대해서는 거의 주의를 기울이지 않았다. 와쓰지는 인문과학 또는 '인간의 학문'이 자연과학으로 환원될 수 없음을 지나치게 강조한 나머지 자연에서 완전히 독립하고 유물론에 의해 오염되지 않은 것으로 인간(Man)을 신성화하는 듯이 보인다. 와쓰지를 근대일본의 자유주의적이고 세계시민주의적인 사상가로 묘사할 근거가 되는 성애에 대한 열정적인 지지와 금욕주의에 대한 완강한 거절에 의해서 분명히 증명되듯이, 그의 철학이 육체에 대해 적대적이라고 특징지을 수는 없다.[7] 하지만 와쓰지의 담론 속에는 기묘한 정신주의가 작동하고 있다. 즉 '사회적인 것의 물질성'이라고 할 수 있는 것이 그의 윤리학에서는 의도적으로 배제되고 있는 것이다. 그리고 사회적 관계에 대한 그의 개념에는 그 관계 속에 있는 중층결정의 가능성을 받아들일 여유가 없다.

따라서 한편으로는 실천과, 또 다른 한편으로는 특정한 사회적 관계의 정의와 관련되는 논제들이 와쓰지의 인간연구 속에서 어우러지는데 그때 주체가 중심적인 철학소로서의 위치를 얻게 된다. 그런데 여기서 근대 일본어에서 subject라는 용어의 역사를 간략하게 살펴보는 것이 필요할 것 같다.

일본에서 'subject'라는 단어의 번역이 갖는 특수성은 '자각 존재론'이라고 불린 것의 맥락을 떠나서는 생각할 수 없다.[8] 내가 알기로는 메이지 시기에 유럽 철학의 어휘들이 수입되기 전까지 일본의 지성계에서 'subject'에 대응하는 말이 중요한 역할을 하지는 않았다. 물론 나중에 'subject'와의 관련 속에서 재분절화를 받아들이는 문제가, 예컨대 메이지 이전 여러 시기의 불교담론 속에서 이야기되긴 했지만 말이다. 그리고 'subject' 'sujet' 'Subjekt' 등등이 번역되는 과정에서 근대철학의 주체 개념에 내재하는 문제, 즉 어학적으로가 아니라 철학적으로 대응해야 할 문제가 불가피하게 생겨난 것이다. 다시 말하면 일본의 철학자가 얼마나 '올바르게' 서양철학의 기본 개념들을 수용했느냐가 문제가 되는 것이 아니라 많은 어려움과 시행착오를 수반하는 이 번역과정에서 근대철학의 주체문제에 일본의 철학자가 불가피하게 내재적으로 관여했다는 사태가 여기서는 문제가 되는 것이다.

최근 수십 년 동안 유럽, 일본 등지에서 이루어진 정신분석이나 존재론비판의 맥락에서 이 쟁점이 진지하게 검토되면 'subject'라는 용어의 번역은 기묘함, 즉 주격이라는 의미의 'subject'가 명제의 주어라는 의미의 'subject'와 같다고 가설하는 기묘함을 다룰 수밖에 없다. 그리고 명제에서 주어는 계사(繫辭)에 의해 술어와 연결됨으로써 존재로 등록된다. 게다가 'subject'가 말하거나 행동하는 개인을 의미하기 위해서 자주 사용된다는 사실이 상황을 더욱 복잡하게 만든다. 'subject'는 생각되는 것 또는 주제(theme)라는 의미와 동시에 생각하는 자라는 의미로 종종 사용되는 것이다.

스스로를 주제로서 사유하거나 지각하는 주어/주관/주체를 문제삼을 때 일본의 근대적 주어성/주관성/주체성과의 관련 속에서 '자각적 존재'의 문제가 제기되었다. 그런데 이 질문 자체 속에 이미 '생각하다'라는 동사의 지위에 관한 불확실성이 있다는 것을 알 수 있는데, 이 동사와의 관계에서 subject를 정립할 두 가지 방식이 가능하기 때문이다. 하나는 지식의 형성에 한정되며 따라서 '생각하다'의 subject는 오로지 인식론적이다. 이런 유의 subject는 주관이라고 번역되었다. 그와 대조적으로 또 하나는 행위의 문제, 따라서 실천 일반의 문제와 연결되어 있으며 생각하는 것이 하나의 행위('사고행위'〔thinking act〕처럼)로 간주된다면 '생각하다'라는 동사는 '하다' '만들다' '행동하다' '말하다'와 같은 동사 군에 포함된다. 그 결과 '생각하다'의 subject는 행위의 subject로 간주되는 것이다. 이 경우 subject는 주체라고 번역된다. 주체를 인식론적 주관으로부터 구별하는 것은 먼저 주체의 실천적 성격인데, 그 성격 때문에 주체는 주관-객관이라는 대립구도에 적응하지 못한다. 그래서 와쓰지는 인간(Man)의 주체적 존재에 관한 한 인간을 주관과 대립하는 객체로 파악해서는 안된다고 주장할 수 있었던 것이다.

일본철학에서 주체와 주관이 호환적으로 사용되는 경우가 빈번하다는 점에서도 입증되듯이 주체와 주관의 구별이 아주 불안정하다는 것은 증명되어 있다. 인문과학과 자연과학의 대립이라는 기초 위에서 이 구별을 안정화시키려 했던 와쓰지 또한 이 문제에서는 예외가 아니었다. 왜냐하면 그가 인간존재의 사회적 성격을 해석하기 위해 칸트의 설명에 호소했기 때문인데, 그럼으로써 그는 자연과학이 인간존재를 다룰 수 없으며 인간존재에게는 주관이 아니라 주체라는 용어가 필요하다고 주장한 것이다.

인간존재의 사회적 성격, 즉 인간존재가 무엇보다 먼저 주체임은 인간존재의 경험적·초월론적 이중구조에서 연역되었다. 초월론적 인격성과 인격의 개념에 관한 칸트의 주장을 따르면서 와쓰지는 인간존재의 사회적 성격은 그러한 성질에서 찾을 수 있다고 주장한다.

인간은 대상에서 자기 자신을 발견한다. 그리고 그렇게 하는 것이 가능한 근거는 인간이 스스로에게 있어 나인 동시에 너이기 때문이다. 인간이 대상을 발견할 때, 이미 거기에 너로서 밖으로 나간 나를 발견하는 것이다. 그렇게 근원적인 '밖으로 나가는' 장면, 즉 ex-sistere의 장면인바 초월의 장면을 인간에게서 발견했다는 [하이데거의] 공

적은 여기서 충분히 승인되어야 한다.[9]

그렇게 와쓰지는 칸트의 경험적-초월론적 이중체(double)를 하이데거의 존재적-존재론적 이중체와 중첩시켰다. 이 중첩의 가능성은 하이데거 자신이 받아들인 것이므로[10] 와쓰지의 논의의 경로를 좀더 자세히 추적해보자. '나'의 모든 표상에 수반될 수밖에 없는, '나는 생각한다'에 의한 주관의 규정으로부터 출발하여 와쓰지는 칸트가 다음과 같이 진술한 초월론적 주관의 형식적 성격을 강조한다.[11]

> 네 개의 오류 추리의 근저에 우리가 둘 수 있는 것은 '나'라는 단순하고도 그 자신 완전히 내용이 없는 표상임에 틀림없다. 이것은 한 개념이라고 할 수도 없으며 오히려 모든 개념들에 수반하는 한갓 의식이다. 그런데 생각하는 '나' 혹은 '그' 혹은 '그것'(사물)에 의해서 표상되는 것은 사고의 초월론적인 주관인 X일 뿐이다. 그 주관은 그 술어인 사고에 의해서만 인식되고 이런 술어를 떠나서는 주관에 관해 최소한의 이해도 할 수 없다. 그러므로 우리는 이러한 주관의 주위를 늘 헛되게 빙빙 돌고 있다. 이런 주관에 관해 무슨 판단을 하자면 우리는 항상 이미 '나'라는 표상을 사용해야 하기 때문이다. 그러나 이런 불편을 우리는 '나'라는 표상에서 떼어낼 수 없다. 이 [자기] 의식 자체는 역시 개별적인 대상을 식별하는 표상이 아니라 인식이라고 불리는 한에서의 표상일반의 형식이기 때문이다. 무릇 우리가 무슨 내용을 생각한다고 하는 말은 오직 표상일반의 형식을 통해서만 할 수 있는 말이다.[12]

칸트의 순수이성의 오류추리를 따라서, 감각의 다양함에 범주를 적용하는 데 한정하는 주관인 초월론적 주관 또는 초월론적 인격성이 범주의 적용대상으로서는 결코 한정될 수 없다는 것을 보여주기 위해 와쓰지는 범주를 '범주들의 운반기구'인 초월론적 주관에 적용하는 것이 근본적 오류임을 제시한다. 따라서 초월론적 '나' 또는 초월론적 인격성은 대상으로서는 무(無)여야 한다. 전시와 전후의 문화론적 담론에서 마치 처음부터 심원한 동양적 종교의식에서 비롯된 신비적 개념인양 거듭 호소되었던 무가 원래 칸트 읽기를 통해 얻은 철학용어였다는 것은 주목할 만하다.[13] 결코 존재자(Seiendes)일 수 없는 초월론적 인격성과 대조적으로 인격은 실체의 범주를 적용할 수 있는 생각하는 존재이다. 따라서 무(無)인 인격성과 달리 인격은 부분적으로 유(有)이다. 하지만 인격과 인격성은 자각적 존재로서의 인간과 항상 결부된다.

> 그런데 나 자신의 내적 직관의 형식으로 객체인 나를 의식하는 그 '나'는 "나는 생각한다"의 나, 즉 주관으로서의 나일 뿐이다. 더욱이 "나는 생각한다"는 완전히 내용적으로 공허하며 '초월론적인 인격성'이기는 해도 '인격'은 아니다. 그렇다면 인격은 객체인 나도 아니고 주관인 나도 아닌 것이다.[14]

와쓰지는 주관의 범위에서는 파악할 수 없는 것이 문제라는 것을 제시함으로써 주체라는 말의 사용을 정당화하려 한다. 인식론적 주관이라는 개념에 내재하는 한계 때문에, 인간존재의 사회적 성격도 인간의 자각적 존재도 고전적인 인식론적 주관의 용어로는 해명될 수 없는 것이다. 그리고 인간존재의 사회적 성격을 인간연구의 불가결한 본래적 질문으로서 제기하기 위해서는 인격성과 인격을 연결하는 '도식론' 같은 것, 즉 가상인(可想人, homo noumenon)과 현상인(現象人, homo phaenomenon) 사이의 내적 관계를 생각하기 위한 도식론이 필요해진다.[15] 그러나 와쓰지는 칸트의 공식이 자신의 인간학에서 인간존재의 사회적 성격을 철학적으로 분절할 가능성의 실마리를 보여주는 동시에 인간존재의 공동존재에 대한 충분한 설명을 하기 위해 극복해야 할 칸트 철학의 한계를 보여주는 것으로 이해했다. 『순수이성비판』에서 인격성과 인격의 이중성은 "시간에서의 자기의식"으로 주어진다. 그래서 "내가 나 자신을 의식하고 있는 전체 시간에서 이 시간을 나 자신의 단일성에 귀속하는 것으로 의식한다. 그리고 이 전체 시간이 개별적 단일성으로서의 자아 속에 있다고 하든 내가 이 모든 시간에 걸쳐서 수적으로 동일하다고 하든 같은 말이 된다."[16)]

시간이 '나' 안에 있는 경우 '나'는 통각(統覺)으로서의 '나'이며 시간 속에 있는 자아는 객체로서의 '나'이다. 통각으로서의 '나'의 경우 그것이 시간 속에 있다고 할 수 없지만, 그에 반해 객체화된(objectified) '나'의 경우는 시간 바깥에 있는 어떤 실체도 경험의 대상(object)이 될 수 없기에 그것은 시간 속에 있어야 한다. 이 두 가지 '나'는 동일하지 않지만 시간의 도식론을 통해 인격 안에서 종합된다. 와쓰지는 다음과 같이 말한다. "자기를 대상화하는 한 그 자기는 이미 시간 속에 있지만 시간은 어디까지나 대상적이지 않은 자기 속에 있으므로 대상적으로 무(無)인 자기가 스스로를 대상화하는 장면은 바로 '시간'인 것이다."[17)] 그리고 인간존재의 이중구조는 칸트가 도식론에서 경험적·초월론적 주관성의 이중성을 제시한 것과 유사한 방식으로 이해되어야 한다고 와쓰지는 주장한다. 그러나 여기서 다시 그는 초월론적 인격성이 "수적으로 동일한" 자신 이외의 주관과 관계를 가지지 않는 데 반해, 인간존재는 본질적으로 타자들과 함께 필연적으로 공동체적인 '공동존재'임을 지적함으로써 인간존재의 실천적 성격에 대한 주의를 촉구한다. 주관은 오로지 자신과 관계할 뿐이며 다른 주관들과의 공동성의 계기를 가지지 않기 때문에 인간존재에 관한 한 subject는 주관이 아니라 주체여야 한다. 그래서 도식론과의 관계 속에서 인간존재의 사회적 성격을 검토하면서 와쓰지는 초월론적인 '나'와 경험적인 '나'의 이중성을 설득력 있게 설명한 칸트의 틀이 인격의 공동존재를 무시했다는 점에서 적절하지 못하다는 것을 자신이 설명했다고 믿게 된다.[18] 그리고 칸트의 초월론적 주관이 무(無)라는 것은 올바르다고 하더라도 그것은 자연이 인식론적으로 문제가 될 때뿐이며 '관조적인'(contemplative) 이성을 이론적으로 사용할 경우에는 초월론적 subject는 한정할 수 없고 알 수 없는(따라서 subject는 주관이 된다) 한편, 이성을 실천적으로 사용할 경우에는 초월론적 subject는 무매개적·구체적으로 (주체로서) 주어진다고 와쓰지는 주장한다. (이와 같이 '나'의 불확실성의 원인을 이성의 이론적 사용에만 돌려 그것을 왜소화함으로써 와쓰지는 '나'의 무근거성을 인정하길 거부했다. 그는 '나'의 근거 없음에 대한 인정, 즉 그 인정이 없으면 하이데거가 말하는 현존재가 가지는 그 본래성에서의 결단성[Entschlossenheit]을 이해할 수 없게 되는 그러한 인정을 부인하려 한 것이다. 여기서 와쓰지는 '역사성'[Geshichtlichkeit]도 '공동생기'[Mitgeschehen]도 과제로 다루기를 거부한다. 이 문제에 대해서는 나중에 다시 언급할 것이다.) 더욱이 처음부터 초월론적 주체는 '공동존재'로 주어져 있다. 인간존재는 타자들과의 사회적 관계성을 이해하고 있으며 그 이해는 이론적 이해에 앞서는 본질적으로 실천적인 것이 된다. "의식 이전에 이미 상호이해적으로 공동생활을 생산하는 존재이다."[19] 그래서 와쓰지는 마르크스의 말을 변형시켜 인간존재의 내적 구조 때문에 인간의 의식은 인간의 사회적 존재에 의해 규정된다고 주장하는 것이다. 이제 그의 인간연구는 인간을 탐구하는 어떤 특정한 방향을 필요로 한다. 즉 '사이에 있는 존재'인 인간의 이중구조이다.

'인간'이라는 개념을 분석하면서 와쓰지는 또다시 하이데거의 성실한 제자임을 보여주었다. '인간'의 사회적 성격을 드러내기 위해 '인간'이라는 말과 관련되는 일본어와 중국어에 어원학적 방법이 적용된 것이다. '사람'(人)과 '사이'(間)로 구성된 '인간'은 어원학적으로 분석된다.[20] '人'(사람)과 '間'(사이)은 각각 제3자의 관점에서 인식된 사람(person) 또는 영어로는 one, 불어로는 on, 독어로는 Man으로 표기되는 사람 일반과, 사람들 사이에 있는 공간 또는 관계성을 뜻한다. 따라서 '인간'이라는 말은 이미 사람들을 분리시킴과 동시에 관계시키는 공간을 함의하고 있다고 와쓰지는 말한다. 여기에 덧붙여 '사람'은 결코 자신을 직접 가리키지는 않으므로 타인의 관점을 포함하며 '자기'와 대립되는 타자 또는 타인 일반을 뜻하거나 타인의 관점에서 본 '자기 자신'을 가리킨다고 한다. 따라서 '인간'의 '人'은 인간존재가 타자에 의한 매개를 포함하는 것으로 이해되어야 한다. 하지만 '인간'의 '間'이 인간존재에 있어 타자에 의한 매개라는 것은 본질적으로 공간적인 성격임을 보여주기 때문에 인간존재를 단순히 서로를 매개하는 개인들의 복합체라고 간주하는 것은 잘못이다. 공간으로서의 개방성 덕분에 '인간'은 두 가지 정체성 사이의 1대 1 관계로 한정할 수 없다. '間'(사이)은 '세간'(世間)의 '世', 즉 사람들이 내던져져 있는 '세상'과 관념연합을 이루고 있기 때문이다.('내던져져 있음'[Geworfenheit]이라는 말의 신학적 함의 때문에 분명히 와쓰지는 이런 표현을 피했지만 말이다.) 그래서 '인'+'간'이라는 합성어는 인간존재가 세간의 세상에 있는 존재자이며 타자에 의해 매개되어 있음을 의미해야 한다. 따라서 인간이라는 '사이에 있는 존재'는 인간이라는 사회적 존재의 두 가지 계기, 즉 상호매개로서 규정된 '공동존재'와 세계-내-존재의 본질적 양식으로서의 사회에 대한 귀속을 드러내기 위해 분석되었던 것이다.

그런데 '세상'과 사회를 동일시하는 와쓰지의 논의를 정당화하는 것은 무엇일까? 와쓰지의 논의에서는 사회가 전체로서 개념화될 수 있는 근거를 설명하는 어떤 이유도 찾을 수 없다. 이것은 사카베 메구미(坂部惠)가 지적했듯이 사회관계를 실체화하려는 와쓰지의 완강한 경향을 보여주는 것일까?[21] 와쓰지는 이렇게 말한다. "하지만 사람의 전체성(즉 '세간')을 의미하는 '인간'이 동시에 각각의 '사람'도 의미할 수 있다는 것은 어떻게 가능할까? 그것은 오직 전체와 부분의 변증법적 관계에 의할 수밖에 없다. 부분은 전체 안에서만 가능하고 전체는 그 부분에 있어서 전체이기 때문이다."[22] 인간존재는 주체가 그 속에서 개체로서 특정한 주체위치이면서 그러한 주체위치의 고정성을 체계적으로 결정하는 전체성의 종합이 되는 주체성의 이중구조로서 이해되는 것이다. 그런데 이 전체성의 개념은 두 가지 상이한 목적에 봉사하고 있다. 첫째, 개체의 주체위치가 그 속에서 규정되는 공동체를 유기적이고 체계적인 전체로서 개념화할 수 있게 한다.[23] 둘째, 전체성은 주체위치의 고정성이 그것에 대한 그의 의식적인 인지에 앞서 인격에 내재함을 보장한다. 따라서 인간존재는 한편에서는 어떤 주체위치와 다른 주체위치의 관계성으로, 또 다른 한편에서는 그러한 주체위치들 사이의 체계성의 일관된 전체성으로 존재한다. 더욱이 관계성에 대한 이해는 상호적이다. 그것은 "나는 너를 의식한다"라는 형식을 취한다. 하지만 "이 경우에는 너를 보는 작용이 이미 네가 보는 작용에 의해 규정되며 너를 사랑하는 작용이 이미 네가 사랑하는 작용에 의해 규정되어 있다. 따라서 내가 너를 의식하는 것은 네가 나를 의식하는 것과 얽힌다. 이것을 우리는 의식의 지향작용과 구별하여 '아이다가라'(間柄, 관계성)라고 명명했다."[24] '아이다가라'는 두 개의 의식의 지향성이 반대방향에서 와서 일치한다는 의미에서 상호적인 것이 아니다. 그 상호성은 오히려 교차배열(chiasme)이라고 불려야 할 것이다. 두 개의 의식은 서로를 미리 규정하는 것이며 주체위치들의 관계성에서 의식은 상호 침투하는 것이다. 그렇기 때문에 '사이에 있는 존재' 또는 인간존재는 '아이다가라'이기도 하며 설령 그것을 의식하지 못하더라도 그러한 관계성 바깥에서는 인간존재가 존재할 수 없다고 와쓰지는 주장한다.

그러나 와쓰지가 말하는 주체성의 인간학 속에서 사회성의 교차배열
적인 측면을 공정하게 다룰 수 있을까? 공동체 전체를 체계성으로 이
해하기 위해서 와쓰지의 윤리학은 교자배열을 개념화하는 바로 그 가
능성을 배제해야 하는 것이 아닐까?[25)

   경험적 주관의 의식이 항상 "나는 생각한다"를 수반하듯이 그 속에
개체가 위치지어지는 특정한 관계성의 의식에는 개체의 '사이에 있는
존재'가 앞서야 한다. 그래서 주체위치들의 관계성은 '아이다가라'적
존재인 인간존재의 선험적 조건인 것이다.

> 그런데 아이다가라의 표현에서 몸짓이나 동작의 경우마저도 그 아이
> 다가라가 이미 주어져 있다. 표현을 통해서 그것이 발전하는 일은 있
> 어도 표현에 의해 비로소 성립되는 것은 아니다. ……표현은 이렇게
> 앞선 아이다가라의 객관화이다. 따라서 표현에서 다양한 형태로 분
> 절되는 까닭은 아이다가라에서 이미 분절(分け)이 있음에 다름아니
> 다. 바꿔 말해 아이다가라에서 이미 실천적 행위적으로 이해되어 있
> 는 것(分かっていること)이 각각의 표현에서 객관화되는 것이다.[26)

인간존재의 주체적 '아이다가라'는 무(無)이기에 '아이다가라'는 항상
그 객관화에 앞서 이해되어 있어야 한다.[27) '아이다가라'의 분절화인
'고토와케'(ことわけ)는 잠재적으로(와쓰지는 '존재적으로'라고 한다) 말
에 앞서 이해되어 있다. 그리고 말에서 '데아루'(である, 이다)로서 드러
나는(あらわれる) 것이다. 그래서 와쓰지는 '아이다가라'의 존재양태,
즉 '존재론 이전의(vor-ontologisch) 존재이해'와의 관계에서, '아이다
가라'의 초월론적인 의미가 아니라 해석학적인 의미에서, '아이다가
라'의 그 객관화에 대한 선행성(先行性)을 설명하려 한다. 그런데 '아
이다가라'가 사회적 표현에서 스스로를 드러낸다면 '아이다가라'는 드

러남에 앞서 어떻게 존재할 수 있을까? 여기서 와쓰지는 문제가 일본어의 동사 '아루'(ある, 있다)와 깊이 결부되어 있다고 선언한다.

또 하나의 하이데거적 방식으로 여기서 와쓰지는 '아이다가라'의 분절화를 존재론의 문제와 관계지으며 주체위치들의 관계성으로 분절된 인간존재의 주체성을 '이다'(계사) 또는 '있다'를 의미하는 동사 '아루'의 어원학적 분석과 관계짓는다. 그는 먼저 '인간'과 같은 의미를 지니는 '존재'라는 말과 독일어 Sein의 차이를 지적하면서 서양의 존재론이 당연하게 여겨온 유럽 언어들의 한계를 예증한다. '존재'라는 합성어는 극동의 언어에서는 결코 계사와 혼동될 수 없다고 와쓰지는 말한다. '존재'의 존재론적·신학적 정의 대신에 그는 계사인 일본어 동사 '아루' '아리'(あり)에 대한 분석을 제시하며 이 동사가 유럽 언어들에서는 (가령 영어 'being') 구별이 되지 않는, 상이한 두 가지 용법을 명확히 구별할 수 있음을 보여준다. 그것이 계사로 쓰일 때는 조사 '데'(で)와 결합되어 '데아루'(이다)가 되며, '실존'(existentia)의 의미로 쓰일 때는 다른 조사 '가'(が)와 결합되어 '가아루'(가 있다)가 되는 것이다.[28] 하이데거의 '우시아'(ousia)에 대한 논의를 이어받아 와쓰지는 '가아루'를 한자 '有'와 결부시키며 '有'가 실존과 소유를 동일시하기에 '가아루'와 '모쓰'(有つ, 가지다)를 연결시킨다. 즉 '실존'이라는 의미로 존재의 의미에 대한 질문에 담긴 의미를 질문하는 것과 연결될 수 있다고 주장하는 것이다. 소유란 인간존재에게만 해당되는 것이기에 가지는 자는 항상 인간존재여야만 한다. 이런 점에서 모든 존재자는 인간존재에 의해 소유되거나 가져지는 것이다. 사물의 실존을 긍정하는 어떠한 언명도 반드시 사물이 인간존재에 의해 소유되어 있다는 사실을 내포할 것이다. 그래서 궁극적으로 와쓰지에게는 모든 존재론적 질문은 인간학적인 것이며 실질적으로는 인간중심주의적인 것이 될 수밖에 없는 것이다. 이리하여 '아이다가라'적 존재로서의 인간존재에 대한 연구기획

은 인간중심주의적 인간학을 주장하게 된다.

이 인간중심주의가 주체성의 이중구조를 재생산한다는 것은 와쓰지가 동일시한 '아루'(있다)와 '모쓰'(가지다)를 인간존재의 존재에 적용시켜보면 금방 알 수 있다. 만약 '사물이 있다'라는 언명이 인간존재가 사물을 가진다는 것과 같다고 할 수 있다면, '인간이 있다'라는 언명에서는 인간존재가 스스로를 가진다 혹은 인간존재가 스스로를 소유한다는 것으로 추론될 것이다. 즉 어떤 특정한 인간존재의 실존은 전체성 속에서 주체위치들의 관계를 다스리는 체계성에 의해 미리 소유되어 있다는 것이다. 주체는 스스로를 소유한다. 그래서 실천에서 주체로서의 subject는 그 고유한 자기를 드러내는 데 반해, 주관으로서의 subject는 인식에서 스스로를 직관에 드러내지 않는다. 주체가 항상 정해진 입장에 귀속한다는(proper to) 사실과 더불어 전체성으로서의 체계성의 소유물(property)이라는 사실에서 본래적 자기가 비롯된다는 것이다. 이런 기본적인 환경 안에서 와쓰지의 윤리학은 더욱 분절되었다.

와쓰지에게 인간존재가 자의적인 길로 들어서는 것을 막는 양심은 전체성의 목소리와 동일하다. '자기' 속의 전체성은 이렇게 선언한다. '하지 말지어다'(Thou shalt not)라고. 또한 개체에 내재하는 전체성과의 충돌이 개체와 전체성 사이에 상정된 변증법적 상호작용으로 제시된다.(와쓰지의 경우 변증법은 정태적이며 역사적 역동성이 결여되어 있는 듯하다.) 여기서 개인은 다음과 같이 정의된다. "파지(把持)하는 작용은 다양한 작용들을 통일하는 작용으로서 가장 개인적이라고 생각할 수 있다. 더욱이 그것이 개인적인 까닭은 처음에 개인의식을 추정해서 생각하기 때문이지 파지작용 그 자체가 본질적으로 개인에 속하는 것은 아니다. 작용의 통일자, 작용의 수행자라 해도 마찬가지이다. 그것들은 공동적 작용의 공동적 통일자, 공동적 수행자일 수도 있다. 그것을 처음부터 개인의 작용, 개인적 통일자로서 다룰 때에만 작용의 통일자는 개인일 수밖에 없다."[29] 물론 너무나 빈번히 개인으로서의 주체의 술어가 되는 많은 행위/작용들이 개인과 연관될 필요는 전혀 없다. 개인주의에 관해 종종 있는 일인데 개인이라는 개념이 이론적으로 애매하며 대부분의 경우 주체와 개인을 등가교환하는 너무나 모호한 습관이 아무렇지도 않게 유통된다. 와쓰지에게도 개인이라는 개념은 자명한 것이 아니다.

> 거기서 그(막스 셸러[Max Scheler])는 절대적 고독성이 유한적 인격들 사이에서 어떻게 해서든 제거될 수 없는 부정적 본질관계라고 말한다. 그렇다면 인격은 작용의 중심이기 때문에 개별적인 것이 아니라 공동성을 부정하기 때문에 개별적이 되는 것이다. 개별성의 본질은 공동성의 부정이다.[30]

> 본질에서는 공동적인 것이 그 공동성이 없는 양태로 나타난다. 그것이 개별성이다. 따라서 개별성 자체는 독립적으로 존립하지 않는다. 그 본질은 부정이며 공(空)이다.[31]

개별성이 공이며 부정이라면 논리적으로 말해 공동성도 마찬가지로 공이며 부정이지 결코 실체가 되지 못하는 것이 아닌가라는 것은 일단 묻지 않기로 하고 와쓰지의 논의를 좀더 따라가 보자. 공동성이 주체위치들의 관계성을 전제로 하기에 정해진 주체위치에 스스로를 동일화하는 데 실패했을 때에만 개별성은 생기게 된다. 따라서 개별성을 실정적인 용어로 해석하는 것은 불가능하다. 그것은 일련의 부정으로서만 서술될 수 있는 것이다. 하지만 와쓰지는 개별성이 인간의 유한성으로 인한 불가피한 결과라는 것을 받아들이지는 않는 것 같다. 그

것은 인간의 내재적인 것으로부터의 일탈로만 이해될 수 있다. 그래서
일차적으로 개별성은 각자의 주체위치에 따라서 정해지는 의무에 따
른 현존하는 관계성에 대한 침범으로 이해되는 것이다. 즉, 개별성이
주체위치들의 관계성을 부정하는데도, 이미 현전하는 규범에 대한 침
범인 한에서 침범이 그것을 긍정하고 신성화하듯이 개별성은 부정을
통해 관계성을 긍정하고 뒷받침해주는 것이다. 그 결과 와쓰지의 『윤
리학』에서 개별성은 항상 미리 예정된 문제해결의 선취로서 착수되는
반역 또는 반역처럼 보이는 것으로 간주되어야 한다. 즉 그것은 일탈
의 계기이긴 하지만 항상 정상(normalcy)으로 회귀하는 것으로 상정
되는 것이다. 따라서 와쓰지는 개별성의 모든 과제들을 라캉이 '사랑에
대한 요구'라고 부른, 부분으로서의 개인(이 경우에는 개인을 적자〔赤子,
갓난아이〕라고 부를 수 있을 것이다)이 (천황과 관련시켜서 생각할 수 있는)
전체성을 향하는 그런 요구로 환원시키려 하는데,[32] 이 '요구'는 개인
이 (아마도 참회를 통해서) 본래적인 자기로 회귀할 때 응답되리라 기대
되는 것이다. 그래서 이 특수한 개별성의 개념화는 전체성에 대한 경
합이나 반역을, 참회나 회귀를 통해 속죄할 수 있는 사악한 행위로 만
든다.[33] 그렇게 와쓰지의 윤리학은 윤리적 규범에 대한 아주 분명한
견해를 제공한다. 즉 사람으로 하여 본래적 자기로 회귀하게 하는 전
체성의 부름(Ruf)인 것이다.

따라서 윤리성을 구성하는 것은 개별성의 부정이며 사람에 내재하
는 전체성이 규정하는 본래적 자기에로 그 사람을 재귀시키는 부정의
부정이다. 그리고 주어진 공동체에 속한 사람들 사이의 상호이해가 바
로 '아이다가라'라는 주체위치들의 관계성에 의해 보장되기 때문에 본
래적 자기라는 주체위치로의 회귀는 타인들에게도 쉽게 이해받을 수
있는 것이다.

어떤 공동성을 배반해서 떠나는 것에 있어 스스로의 근원을 배반해서 떠난 사람은, 나아가 그 배반을 부정하고 스스로의 근원으로 돌아가려 한다. 이 귀환 또한 어떠한 공동성을 실현하는 방식으로 이루어진다. 이 운동 또한 인간의 행위로서 개별성의 지양, 인류적 합일의 실현, 자기의 근원으로의 복귀를 뜻하는 것이다. 그래서 그것은 그 공동성에 참여하는 사람들에게서 좋다(ㅋ シ)고 인정받을뿐더러 자기의 가장 깊은 본질에서도 좋다고 인정받는다. 그것이 '선'이다. 그렇다면 여기서도 좋다고 하는 감정에 기초하여 선의 가치가 이루어지는 것이 아니라 행위 자체가 그 본원으로 귀환하는 방향이기 때문에 좋다고 인정받는 것이다. 그래서 그것은 또 낮은 가치를 받아들이지 않고 높은 가치를 택하는 것이라고도 할 수 있다. 최고의 가치는 절대적 전체성이며 그것을 향하는 aspiration(상승충동, 열망)이 '선'인 것이다. 그래서 예로부터 신 혹은 전체의 권위에 대한 순종, 즉 개인의 독립성의 기각 혹은 사랑, 헌신, 봉사 등이 항상 선으로 인정받았다. 소박한 표현에서도 인류적 합일이 이루어진 경우를 '좋은 사이'(仲ㅋ シ)라고 부르는 것은 이 사태를 가리키는 것이다.[34]

와쓰지는 타인과의 '좋은 사이'를 중심적 지도원리로 삼는 윤리학을 제시한다. 그것은 타인과의 좋은 사이를 유지하기 위해 다른 사회적·윤리적 관심사를 부인할 수 있게 하는 유의 윤리학이다.

그러나 와쓰지의 윤리학은 30년 뒤 알튀세가 우리가 그 속에서 "살고 움직이며 우리의 존재를 가지는" 이데올로기의 실천적 성격으로 서술하게 된 것을 분명히 그리고 체계적으로 스케치한 것이기도 하다. 물론 여기서 우리는 와쓰지의 선견지명에 감명을 받는 것은 아니다. 우리는 와쓰지의 『윤리학』이 알튀세가 설명하는 이데올로기(사실 윤리학도 거기에 포함된다)와 정확하게 일치한다는 사실에 놀라는 것이다.

와쓰지의 인간학은 이른바 동양문화의 의상으로 장식되어 있지만 서유럽 기원의 이데올로기 비판에 의해 충분히 분석될 수 있다. 그리고 와쓰지의 인간학에서 사람으로 하여금 본래적 자기로 회귀하게 재촉하는 전체성의 부름은 "주체의 범주가 기능함으로써 모든 이데올로기는 구체적인 개인을 구체적인 주체로 부르거나 구체적인 주체로서의 개인을 호명"하는 이데올로기의 기능에 대한 자세한 해명으로 이해될 수 있다.[35] 물론 와쓰지가 말하는 주체를 곧이곧대로 알튀세의 그것과 동일시할 수는 없지만, 뒤에서 보듯이 와쓰지의 실천철학은 '인간'(Man)을 전체성으로서의 국가에 의해 소유된 주체로 규정하는 전형적인(철학에서 말하는) 휴머니즘인 것이다.

물론 이것으로 곧바로 알튀세가 비판한 '주체'가 천황제의 본질이라고 결론지을 수는 없다. 와쓰지의 윤리학은 오히려 국가윤리학으로서 국가를 '주체'로 하는 것이며 천황제를 국가와 동일시할 수 없기 때문이다. 그런데도 천황제가 '인간'에서 자유롭다고 할 수도 없으며, 천황제가 휴머니즘과 관련을 가지는 것은 부정할 수없는 일로 보인다.

회귀와 본래성

그러므로 와쓰지에게 윤리성이란 회귀이며 사람의 기원적인 것의 부활이다. 하지만 그것은 시간적으로 기원의 순간으로 회귀하는 것만을 의미하지는 않는다. 본래적 자기로의 회귀는 시간성이라는 관점만으로는 해석될 수 없는 것이다.

……공간은 주체들의 병재(並在), 주체들의 상호외재이다. 더욱이 그것은 직접적·추상적인 한에서 한정적 차별을 포함하지 않으므로

단적으로 연속적, 즉 직접적으로 자타불이(自他不二)적이다. 이러한 차별적이면서 무차별적인 주체적 외재는 꼭 우리 '인간의 공간성'에 해당할 것이다. 주체적인 인간존재는 주체적으로 상호외재이면서 단적으로 연속적인 것이다. ……여기서는 [헤겔의] 정신은 그 주체로서의 근원성에 있어서 시간성·공간성을 구조로 하기 때문이다. 그 중에서 오직 신간성에 관해서는 이미 하이데거가 이것을 지적한 바 있다. 그에 따르면 정신의 본질인 부정의 부정은 시간성에 기초하지 않고서는 이해될 수 없다. 이념(Idee)이 부정에 의해 자기 자신으로 '돌아가다'라고 할 때 그 '돌아가다'라는 것에 의미를 부여하는 것은 시간성이기 때문이다. 하지만 우리는 더 나아가 물어야 한다, '돌아가다'라는 것은 시간성에 의해서만 가능한가. 원래 귀환(Rückkehr, zurückgehen)을 가능케 하는 것은 분할·분리이다. 그리고 분할·분리는 근원적으로는 주체의 공간성에 바탕을 두고 있다.[36)]

와쓰지가 『풍토』에서 자세히 지적했듯이,[37)] 사람이 귀속하는 전체성은 역사적·정치적·사회학적 요인들뿐 아니라, 기후적·지리적·민속학적 특수성에 의해서도 제한된다. 와쓰지의 인간존재의 공간성에 대한 논의에서 오로지 공간의 지리문화적 의의만을 추출하는 것은 공정하지 않을 것이다. 그의 분석은 인간의 행위, 인간의 신체, 그리고 주체적 물질성에 주안점을 둔 것이며, 여기서 일거에 풍토적인 의미에서의 공간성으로 비약하기 위해서는 논의를 과감하게 생략할 필요가 있다. 하지만 그의 다른 저작들에서도 그러한 언명을 찾아볼 수 있음을 감안한다면, 여기서 말하는 전체성이 특정한 지리적 장소를 나타내며 회귀가 항상 지리적 공간으로의 이동을 함의한다는 것을 부인하는 것도 마찬가지로 오해일 것이다. 그런 귀환에 대한 규정은 곧바로 서양과 동양의 지정학적·문화적 구별, 특히 와쓰지의 저작인 『풍토』에서 기초범주로 사용된 '목장적 풍토'인 유럽과 '몬순적 풍토'인 아시아라는 구별을 불러일으킨다. 그래서 그 전체성들의 동일성이 배타적으로 지리적 용어에 의해 정의된다면 그 특수한 전체성으로의 회귀는 또 다른 전체성에서 떠나는 것을 함의할 수 있을 것이다. 즉 와쓰지의 담론에서는 윤리적 선택이 지정학적·문화적 영역 사이의 선택으로 번역되고 만다. 이런 점에서 지정문화적 범주가 지나치게 윤리적 가치로 채워지는 것은 당연한 것처럼 보인다. 어떤 의미에서 민족적 정체성/동일성이 과학의 기초로 취급되는 한에서 지정문화적 범주는 윤리적 범주로서의 역할을 하기 시작하는 것이다. 전쟁 중의 어떤 시점에서 와쓰지는 물리학을 포함한 과학은 민족에 의해 범위가 정해질 수밖에 없다고 주장하기에 이르렀다.[38] 학자들의 국제적 협력은 각각 연구자들이 각 국민의 대표로 일할 때에만 가능하다는 것이다. 국민주의를 통해서만 국제주의가 가능하다고 와쓰지는 주장한다. 따라서 국민에 속하지도 않고 민족적 정체성이라는 기초 위에서 일하지도 않는 자들이 사실상 국제주의를 불가능하게 만든다는 것이다. (하지만 동시대의 많은 사상가들은 같은 용어인 '민족'을 비민족적이거나 다민족적인 국민이라는 의미에서 사용했는데, 이런 점에서 보면 와쓰지가 일본국가의 공식적 주장을 반드시 따르지는 않았다는 것을 염두에 두는 것은 중요하다. 이것은 다민족적인 일본 국민을 옹호하던 사람들이 제국 상실 후에 발언권을 잃어가는 동안 와쓰지는 전후 일본의 지배적 지식인이 될 수 있었던 이유 중 하나이다.)

1930년대에 비서양에 대한 서양의 상정된 우월성의 상실에 관한 불안에 의해 대부분 동기를 부여받았으며[39] 서양의 특수성과 세계의 나머지 부분 그리고 '우리 서양인'의 분리주의적 구별에 대한 강박적인 강조를 통해 반복적으로 표현되는 서양의 유럽중심주의를 향하는 복고주의적 움직임을 모방해서 와쓰지는 똑같이 동양을 향하는 자민족중심주의적인 움직임을 생산하는 것처럼 보인다. 하이데거와 유럽 철학을 모방하려는 충동은 이제 서양에 반발하고 싶은 욕망, 즉 서양과 동양의 대칭성에 대한 욕망으로 변하고, 나아가 발레리, 하이데거, 후설, 파운드, 엘리엇 등이 복고/유신을 선언하는 데 직면해서 동양을 윤리적으로 절대시하는 욕망이 되고 만다.[40] 틀림없이 이것은 본래적 자기로의 반동적 회귀이지만, 주체가 공간적으로 해석될 때 문명들과 국민들 사이의 평등이라는 이름 아래 이루어지는 대칭성에 대한 요구가 서양에서의 서양 회귀에 직면할 때 이 동양으로의 회귀를 유발하는 것처럼 보인다. 결국 기원적 자기로의 회귀는 모두 반발/반동적인 것일까? 그것은 미메시스적 동일화의 또 다른 측면은 아닐까?[41] 그렇다면 와쓰지에게 사람을 회귀하게 만드는 전체성이란 무엇인가?

그의 인간존재에 대한 연구에서 전체성은 현존하는 공동체와 무매개적으로 일치하지는 않는다. 인륜적 공동체는 가족일 수도 있고 회사, 이웃, 국가일 수도 있다. 하지만 그것들은 모두 최종심급에서 윤리적인 것의 기반이 되는 궁극적인 원리인 공(空)으로서의 절대적 전체성과 대비되는 유한적 전체성이다.[42] 사람은 당연히 동시에 서로 다른 유한적 전체성들 속에서 살 수 있다. 따라서 어떤 사람의 주체위치는 단일적으로 결정되는 것이 아니라 다중적으로 결정된다. 사람은 딸이자 어머니이며, 이웃이자 구매자 또는 교사라는 식으로 수많은 '아이다가라'에 의해 지정된 주체위치를 차지한다. 이런 점에서 개인주의를 근대적인 오류로 간주하는 적대적 태도에도 불구하고 와쓰지는 노동의 분할이라는 기초 위에서 이루어지는 선택의 다양성을 지지하는 것이다.[43] 그런데도 절대적 전체성＝절대적 부정성은 개인에게 초월적으로 나타나는 것이 아니라 특정한 기존의 유한적 전체성에 사람이 귀속하는 것에서 발견된다. 결국 최고의 그리고 가장 포괄적인 유한적 전체성은 국민국가에서 발견되며 국민국가에서는 국민의 공동성이 단체들 사이의 공동성이 아니라 개별적 시민들 사이의 공동성으로 이루어지기 때문에 개별 시민은 전체성에 직접적으로 참여하게 된다. 따라서 "'세간에 노출되다'라는 말은 그 최대 규모에서도 하나의 국민의 공공성만을 의미할 수밖에 없다."[44] 개인과 전체성의 관계, 즉 개인으로서의 주체에서 윤리성을 결정하는 관계는 국민국가에서 가장 명확하게 드러나야만 하는 것이다.

> 그것이 가족, 친구, 회사, 국가 등 무엇이든지 간에 오로지 거기서 분리 독립함으로써 개인적 충동, 개인적 의지, 개인적 행동 등을 운위할 수 있는 것이다. ……부정의 부정으로서의 개인의 독립성의 지양은 반드시 어떠한 인류적인 전체에 대한 귀속으로 이루어지는 것이며 개인이 몰입하는 것은 그 인류적인 전체이다.[45]

결국 그에게 개별성이란 오로지 이기성 이외에 아무것도 아니다. 따라서 인류적 전체성의 부정은 그 전체성의 변용이나 수정을 의미할 수 없다. 전체성의 부정은 개인적 충동으로 돌려져 전향이나 고해와 같은 도덕적 행위를 통해 회복될 수 있다고 미리 정해져 있는 것이다. '부정'이라는 와쓰지의 개념 속에는 개체와 전체의 관계를 바꾸는 어떤 계기도 없으며, 그 부정이란 긍정-부정이라는 정태적 대립에서의 부정일 따름이다. 그가 사용하는 '변증법'이라는 말이 묘하게 들리는 까닭도 부분적으로는 이 때문일 것이다.

> 여기서도 그것은 가족, 친구, 회사, 국가 등 무엇이든 괜찮다. 어쨌든 그것으로의 합일에서 초개인적 의지, 전체 의지, 의무적 행위 등을 말하고 행동할 수 있는 것이다. 더욱이 이러한 유한적 전체의 실현이 바로 절대적 부정성의 자기자신으로의 귀환이다.[46]

말하자면 '좋은 사이'의 윤리학은 여기서 가령 맹렬 사원의 윤리학으로
전개된다. 그리고 더 나아가 국가의 윤리학으로 전개되는 것이다.

기존의 유한적 전체성 사이에서, 즉 국가제도 안에서 스스로를 실현
한 민족공동체가 법제도에 의해 표현된 그 주권 때문에 가장 중요하고
신성한 것이라는 와쓰지의 생각은 잘 알려져 있다. 각 개인은 민족공
동체로의 동화를 통해 바로 이 유한적 전체성으로 합일화되도록 재촉
되는 것이다. 나아가 다카하시 데쓰야(高橋哲哉)가 포괄적으로 논했듯
이[47] 와쓰지는 민족을 "피와 흙의 공동에 의해 한계지어진 문화공동
체"[48]로 정의한다. 그리고 이 공동체의 정체성/동일성은 폐쇄성과 배
타성에 의해 형성된다. 아울러 원칙적으로 문화공동체는 '열린 사회'일
수 있지만, 폐쇄성을 인정하지 않는다면 인간존재의 풍토성·역사성에
기초한 "개성을 가진 일정한 '성격공동체'로서만 문화적 공동이 실현
될 수 있다"[49]라는 사태를 이해할 수 없는 것이다.

『풍토』에서 가장 체계적으로 발전된 민족의 특수성에 관한 논의가
여기서도 전개된다. 하지만 하나의 민족성과 또 다른 민족성을 병치하
기 위해서는 서로가 마주치는 지평에서 높이 날아올라 조감할 수 있는
초월적인 관점을 가져야 한다는 것에 대해 와쓰지는 자각하고 있는 것
같지 않다. 칸트에 의존하고 무매개적인 보편주의를 혐오하면서도 와
쓰지는 자민족중심주의적인 보편주의를 전제로 하지 않는 한 타자의
특수성을 인식할 수 없다는 것을 깨닫지 못했다. 여기서 이야기하는
것이 국제관광의 이국취미 차원에서 타민족의 문화를 관찰하는 것이
라면 문제될 것이 없지만, 와쓰지는 문화적·사회적 약분불가능성에 대
해 이해하고 있는 것 같지 않다. 타민족의 민족성을 존중하자는 그의
주장이 일종의 인종적 스테레오타이프로 귀결되는 것은 결코 우연이
아니다.

본래적인 문화론자로서 와쓰지는 문화공동체가 국가의 실체를 형성

하며 국가는 "민족의 살아 있는 전체성"을 통해 절대적 전체성과의 관계를 유지해야 한다고 계속 주장하게 된다.[50]

하지만 와쓰지에 대한 안이한 비난으로 뛰어들지는 말자. 와쓰지 인간학의 전체주의 경향에 주목하는 어떠한 결론을 내리기에 앞서 본래적인 자기로의 귀환/회귀라는 말로 의미되는 바가 어떤 결과를 낳을 수 있는지, 그리고 '전체성으로의 합일화'가 실제로 어떻게 일어나는지 더 깊이 생각해볼 필요가 있다.

와쓰지에 의한 '아이다가라'의 개념화에서 놀라운 것은 복수의 인륜적 전체성이 동시에 중첩되는데도 그로 인한 충돌이 일어나지 않는다는 것이다. 가장 작은 것으로는 성애에 기초한 두 명의 공동체로부터 가장 큰 것으로는 국민국가에 이르기까지 하위 공동체는 상위 공동체에 대해서 사적인 성격을 갖는데, 이런 사적 성격은 "모조리 초극되어" 국가에서 다른 모든 하위 인륜적 공동체는 통일되어 '해화'(諧和)로 인도된다.[51] 즉 어떤 사람이 무엇인가라는 점에 관한 비결정성의 가능성은 완전히 일소되어 있는 것이다. 본래적 자기로의 회귀가 윤리적 가치판단에서 결정적인 것이라고 한다면, 어떤 사람이 서로 모순되는 주체위치를 동시에 차지해야 하는 상황에서는 무슨 일이 벌어질까? 또는 그러한 유한적 전체성은 어떤 기관이 살아 있는 유기체 속에서 어떤 계통으로 동화되듯이 유기체적인 방식으로 작은 전체성이 큰 전체성에 동화되는 것일까? 와쓰지의 윤리학에서 아이다가라의 중층결정성의 가능성은 조금이라도 고려되었을까? 분명 그렇지 않다. 라캉의 프로이트 독해를 따르자면, 이런 의미에서 와쓰지가 말하는 사람에게는 '무의식'이 없고 중층결정성은 "인륜적 조직의 발전적 연관을 자각하고 확보하는" 국가로 지양된다. 따라서 와쓰지는 근대의 구성적 주관주의로서의 휴머니즘의 또 하나의 특징을 무비판적으로 계승한 것이다. 와쓰지의 인간학이 휴머니즘의 성격을 갖는 것은 우연이 아니다.

　　와쓰지의 윤리학에서 본래성은 전체성이 인격에 직접 내재되어 있다는 식으로 미리 규정되어 있기 때문에 인격의 본래적 자기는 처음부터 주체위치들의 관계성(=아이다가라)을 통괄하는 체계성에 적합한 것으로 주어진다. 본래성 개념에는 항상 이미 예정조화가 함의되어 있는 것이다. 그 논리적 귀결로 하이데거의 본래성과 달리 와쓰지가 말하는 본래성에는 탈자적(脫自的, ekstatisch) 성격도 기투적(그리고 탈중심적) 성격도 결여되어 있다고 추론할 수 있을 것이다. 아마도 이것은 와쓰지가 주체의 이중구조를 주로 공간적인 말로 표현했기 때문인 것으로 보인다. 주체는 외부를 향하지만, 그것은 아이다가라 속에 이미 놓인 타인을 공간적으로 향하는 것이지 시간적으로 미래를 향하는 것이 아니다. 그 결과 개별성으로서의 주체는 자와 타의 아이다가라라는 바로 그 개념에 의해 보장되는 상호이해를 통해 본래적 자기로 회귀할 수 있게 된다. 그런 의미에서 와쓰지가 다음과 같이 하이데거를 비판하는 것도 충분히 예상할 수 있는 일이다. "〔하이데거의〕 현유(現有)*는 이런 의미에서 항상 이미 '자기를 넘어 밖에'(über sich hinaus) 있다. 더욱이 자기가 아닌 다른 존재자와 관계하는 것이 아니라 자기 자신일 가능성을 향해 있는 것이다. ……현유는 항상 이미 그 종말이다."[52] 현존재(현유)는 그 본래적 가능성을 통해 자신에게로 회귀하는데, 자신의 죽음을 향하는 기투를 통해 전체성을 드러내는 존재는 개인존재에 불과하다고 와쓰지는 말한다. 그것은 결코 인간존재가 아니라는 것이다. 따라서 "그〔하이데거〕 자신도 인간의 죽음의 현상으로서 오로지 개인의 죽음만을 다룰 수 있었다. 인간의 죽음에는 임종, 경야, 장례, 묘지, 49재, 소상 등등이 속하는데, 그는 이것들을 모두 사상(捨象)하는 것이다."[53] 여기서 와쓰지가 관습 속에 고정되지 않는 부자연

---

* 와쓰지는 'Dasein'(현존재)을 이렇게 번역한다.

스러운 또는 억울한 죽음, 특히 근대에 특징적인 폭력적인 죽음을 무
시하고 있다는 점을 염두에 두면서 앞으로 나아가기로 하자.

> 하이데거가 본래성이라고 부른 것은 사실은 비본래성이다. 그리고 이
> 비본래성이 나아가 자타불이(自他不二)에서 부정될 때, 바꿔 말해
> '자'가 몰각될 때 도리어 본래성이 실현된다. 이 입장에서 뒤돌아보
> 아 인간의 전체성을 '본래적 자기'라고 부를 수는 있다. 하지만 이 경
> 우 본래적 자기는 칸트가 말하는 초개인적 주체이지 하이데거가 말
> 하는 죽음을 통해 전체가 되는 개인적 자기와 같은 것은 아니다.[54)]

여기서 와쓰지는 개인주의적 서양은 유(有)의 형이상학을 가지는 데
반해 집단주의적 동양은 무(無)의 형이상학을 가진다는 공식을 자명한
이치로 받아들이는 문화론의 퇴행적 언어로 생각하고 있다. 이런 점에
서 와쓰지는 '시간성과 역사성'에 관한 하이데거의 주장을 거부하는 듯
하며, 하이데거가 '공동존재'라는 문제를 전혀 검토하지 않았다고 과감
하게 주장하는 것이다. 그는 역사성의 문제에 대해, 1930년대 말부터
1940년대 초에 걸쳐 일본의 논자들 사이에서 거듭 논의되던 주제에 관
한 유명한 구절(『존재와 시간』 5장 74절 '역사성의 근본 구성틀'), 즉 공동
체운명 속의 공동존재와 현존재 자신의 죽음에 대한 결단성을 언급하
는 구절이 함의하는 바에 대해 전혀 이해를 못한 것일까?

아마 와쓰지가 하이데거의 본래성에 대해 말한 것은 하이데거의 관
점에서 와쓰지의 본래성을 논할 때에도 똑같이 적용될 수 있을 것이다.
즉 와쓰지의 본래성은 하이데거에게는 비본래성이며 그 반대도 마찬가
지이다. 아이다가라는 본래적인 존재가능(eigentlichen Seinkönnens)
보다는 오히려 '그들/세간'(das Man)과의 친화성을 보인다. 와쓰지는
하이데거가 다음과 같이 쓴 '그들'의 평균성에서 자신의 윤리학을 위한

근거를 찾고자 하는 듯하다.

> 일상적 현존재의 자기는 우리가 본래적인 자기, 다시 말해 고유하게
> 장악한 자기와 구별하는 그들-자기(Man-selbst)이다. 그들-자기로
> 서 그때마다의 현존재는 그들 속에 분산되어 있어서 이제 비로소 자
> 기 자신을 발견해야 한다. 이러한 분산이 우리가 최대한 가깝게 조우
> 하는 세계에 대한 몰입으로 알고 있는 그러한 존재양식의 '주체'를 성
> 격 규정하고 있다. ……우선 사실적인 현존재는 평균적으로 발견된
> 공동세계 속에 존재한다. 우선 '나'는 고유한 자기의 의미에서 '존재
> 하지' 않고 오히려 그들의 방식으로 타인으로 존재한다. 이러한 그들
> 로부터 그리고 이러한 그들로서 나는 내 '자신'에게 우선 '주어지게'
> 된다. 우선 현존재는 그들이고 대개 그렇게 머물러 있다.[55]

따라서 하이데거가 말한 "죽음을 향한 본래적인 존재, 다시 말해서 시
간성의 유한성은 현존재의 역사성의 숨겨진 근거이다"[56]라는 명제는
와쓰지의 윤리학에 적용되지 않은 것 같다. 더욱이 이 경우에 와쓰지
가 생각하는 사회에는 불확실성이 전혀 없는 것처럼 보이기 때문에 죽
음을 향한 결단성은 '주체'에게 본래적 자기로의 회귀의 본질적 계기가
되지 않을 것이다. 이런 점은 주체성의 한 요소로서의 신뢰에 대한 그
의 분석을 보면 더욱 뚜렷해진다.

 와쓰지는 신뢰를 아이다가라에 귀속시키기 때문에 신뢰는 우선 기
존의 관계성, 즉 주체로서의 전체성의 표현이다. 실제로 신뢰는 새로
운 사회관계를 창조하는 계기로 정의되지 않고 오히려 아이다가라에
항상 수반되는 것으로, 없을 때에만 알 수 있는 것으로 가정되어 있다.
그의 윤리학에서 개별성이 전체성의 부정인 것처럼 신뢰는 항상 이미
존재하는 전체성의 파생적 효과라는 것이다. 즉 아이다가라에서 사람

은 불안을 느끼지 않고 타인에 대한 신뢰감에 완전히 빠져 있다. 와쓰지의 신뢰 개념에서 심사숙고 끝에 제거된 것이 신뢰의 예측할 수 없는 측면임은 분명하다. 그 결과 니콜라이 하르트만과는 반대로 와쓰지는 아이다가라에 의해 사회적 입장들이 보장되어 있는 곳에서만 신뢰가 생길 수 있으며 신뢰는 사회의 기초가 아니라 사회의 결과라고 주장한다.[57] 그래서 신뢰는 개별적 인격이 아니라 아이다가라의 상호이해를 보장하는 체계성을 향하게 된다. 와쓰지에 따르면 사람은 타인을 신뢰하는 것이 아니라 회사나 국가와 같은 인륜적 전체성을 신뢰하는 것이다. 더욱이 원리적으로 주어진 사회관계의 그물망 속에서 주체위치가 불확실한 사람에게는 신뢰가 미치지 못하는 것으로 되어 있다. 와쓰지의 윤리학은 선언한다. "이방인을 신뢰해서는 안된다"고. 그러한 신뢰 개념은 전체성의 한정된 배분질서에 통합될 수 없는 사회성 개념을 용납하지 않는다. 나아가 와쓰지는 '당신'과 '나'의 교차배열을 대칭적인 교환으로만 생각하기 때문에 사회적인 것의 잉여를 용납할 수 없는 것이다. 만약 사회성이 자기와 타자 사이의 대칭적 상호성과 전이가 불가능하다는 것을 의미한다면 그러한 사회성의 가능성은 와쓰지의 신뢰와 상충된다.

혼히 하이데거의 현존재 분석과 대비시켜 와쓰지의 윤리학은 인간 존재의 사회성에 대해 많은 주의를 기울였고, 심지어는 예민했다고도 말한다. 나의 읽기는 이와는 정반대이다. 와쓰지의 인간학에 없는 것이 바로 사회성에 대한 배려이다. 보통 하는 말로도 사회성은 아이다가라보다 더 많은 것을 함의한다. 보통 우리는 부모-자식 관계나 스승-제자 관계와 같은 기존의 사회관계(아이다가라) 속에서만 잘 해나갈 수 있는 사람을 보고 사회성이 있다고 말하지 않는다. 사회성이란 기존의 관계에 의해 보장되는 그러한 신뢰를 떠나 '세상에 나가서' 이방인과 새로운 관계를 만들어내는 능력으로 이해되는 것이다. 비유적으로 말한다면 이 능력은 폐쇄계로 생각되는 하나의 언어를 반복하고 유지하는 능력보다는 오히려 언어를 배워 그것을 복수화하는 능력과 비교할 수 있을 것이다.(물론 궁극적으로는 이미 알고 있는 언어와 배워가고 있는 언어를 구별하기란 거의 불가능할 것 같다.) 그래서 와쓰지가 좋아하는 성애의 사례로 말한다면 한 남자와 한 여자가 만나 무수한 시행착오를 거쳐 혼인이라는 영속적인 아이다가라에 이르게 되는데 그 과정에서 무수한 불안에 시달리는 순간을 가질 것이며 종종 관계의 해소로 귀결되기도 한다. 타자와의 관계에서 신뢰가 공허한 것이 아니라면 배반과 우발적인 사태의 가능성은 동전의 양면처럼 불가피할 수밖에 없다.[58] 불확실성이라는 요소 안에서만 신뢰는 의미를 지닌다. 나는 어떤 사람이 잠재적으로 나를 배반할 수 있다는 것을 인식하고 있다는 바로 그 이유 때문에 그를 신뢰하는 것이다. 여기서 신뢰란 배반의 가능성과 맞서는 결단성이며 배반당할 가능성에 스스로를 노출시키는 결정이다. 그들의 관계가 어떤 아이다가라의 제도화에 의해 보장된 것으로 나타날 때조차도 불확실성은 결코 제거될 수 없다. 즉 타자들과의 교차배열은 간주관성(intersubjectivity)의 투명한 상호성으로 환원될 수 없는 것이다. 일종의 시스템 이론이라고 요약할 수 있는, 윤리학에 대한 와쓰지의 주장은 교차배열이라는 바로 그 경험을 용납하지 못하고 잘못 해석한다. 따라서 "신뢰는 인간관계 위에 서 있다"고 하는 와쓰지의 주장은, 불확실성이 모든 사회관계 속에 항상 뒤섞여 있기에 타자와의 어떤 관계에 들어가려면 어떤 형식으로든 '주사위'(alea)를 필요로 하는 불확실성에 대한 부인(정신분석학적 의미에서도)을 의미할 수밖에 없다. 하지만 남편과 아내라는 영속적인 아이다가라에서조차 불확실성의 가능성은 반드시 남는다. 더욱이 불확실성의 발생 원인은 전체성에 대한 배반이나 '개인적' 충동 또는 '이기성'의 표현으로서의 개별성이 아니다. 불확실성은 모든 아이다가라에 내재하며,

레비나스가 '타자의 초월'이라는 표현으로 종종 강조했듯이 모든 사회
적 만남에 있어서 불가피하다. 그래서 우리 담론 속에 사회성의 공간
을 유지하기 위해서는 전체성을 시스템 이론에서 말하는 체계성으로
개념화해서는 안되는 것이다. 사회적인 것의 동시성은 결코 초월론적
분석이나 현상학적 환원을 통해 얻는 관계성들의 공시성(synchrony)
에 의해 붕괴되지는 않는다.[59]

　그래서 아이다가라에서의 불확실성의 억압은 결국 타자의 타자성에
대한 거절, 그리고 타자에 대한 존경의 거절, 요컨대 사회성 자체에 대
한 거절이 된다. 예를 들어 내 아내는 나와의 아이다가라에 있어서 내
아내임이 '이해되고/분절되고'(分かって) 있지만 그는 오로지 내 아내
일 수만은 없다. 다른 아이다가라들을 고려한다 해도 상황은 크게 변
하지 않는다. 가게 주인과의 아이다가라에서 그는 소비자라는 주체위
치를 차지할 것이며, 아이의 선생님과의 아이다가라에서는 학부모가
되고, 또 직장의 젊은 회사원과의 아이다가라에서는 상사가 된다. 그
의 주체위치는 그가 들어가는 행위적 실천연관의 수만큼 많이 분절되
는 것이다. 하지만 아무리 많은 술어들로 그의 성격을 규정하려 해도
그는 그 술어들의 주어/주체로서 온전히 정의되지는 않는다. 그는 주
어/주체에서 항상 넘쳐나며 주어/주체적 한정에 대해 항상 잉여를 지
닌다. 따라서 그는 결코 하나의 주어/주체에 온전히 동일화될 수 없다.
그리고 그가 어떤 주어/주체에도 온전히 동일화될 수 없다는 바로 그
이유 때문에 그와 나 사이에 사회성이 있을 수 있는 것이다. 물론 이것
은 나 자신에 대한 아이다가라에도 똑같이 적용된다. 나는 나에 대해
타자일 뿐 아니라(와쓰지는 이런 타자성에 대해 충분히 자각적이었지만
이것은 주체의 도식에 의해 쉽사리 봉쇄될 수 있다) 주체의 이중구조에 대
해서도 타자이다. 나의 나 자신에 대한 관계는 항상 전체와 개체의 이
중구조로 환원할 수 없는 잉여를 지니는 것이다. 따라서 나는 결코 하

나의 정체성/동일성에, 전체와 동일화되는 하나의 개체로 환원되지 않는다. 나는 전체의 단일성을 따르는 통일체가 아닌 것이다. 한마디로 나는 비분할체(individuum)가 아니다.[60]

그리고 인간존재로서의 전체성이 가질 것으로 추정되는 체계성이 항상 사회성에 의해 위협받는다면 본래적 자기로의 회귀는, 공동체성을 향한 탈자적(脫自的) 도약을 위해 훨씬 폭력적인 결의를, 즉 하이데거가 말하는 결단성과 같은 것을 요구할 것이며 그러한 결의가 없다면 원래의 자기가 항상 이미 주체 안에서 이해되고 포용되는 공동체적 귀속감이 상실될 것이다. 본래적 자기로 회귀할 수 있고 향수 어린 귀속감을 사회성으로부터 절연시켜 보호할 수 있다고 믿기 위해서는[61] 공동체의 운명이라고 불릴지도 모를 것을 향해 맹목적으로 뛰어들어야 할 것이다. 여기서 와쓰지 데쓰로는 사회관계와 관습의 그물망 속에 고정된 평균적 '그들'의 죽음이 아닌 고유한 죽음의 문제에 직면할 수밖에 없다. 이제 부자연스럽고 억울한 죽음을 외면할 수 없게 되는 것이다.

1937년에 『윤리학(상)』이 간행될 때까지 근대 일본국가의 전형적 호신론(theodicy)으로서 와쓰지의 인간학은 근본적인 단점이 있었다. 하이데거에 비해 훨씬 보수적인 성격을 가지고 있음에도 불구하고 와쓰지의 철학에는 근대적 국가 형성과 그 재생산의 메커니즘, 즉 국민공동체와 죽음 사이의 관계에 대한 본질적 통찰력이 결여되어 있었다.

근대 국민국가가 행정·입법·사법 제도 외에도 국가(國歌), 국기를 비롯해 국사, 국문학, 국세 중심의 세제, 국민교육 등의 장치들을 발명함으로써 균질화·보편화된 국민공동체의 이미지를 투사한다는 것은 잘 알려져 있다. 이러한 특징 가운데 근대 국민국가 특유의 것은 국민개병이라는 이념이다. 이 이념은 일정한 연령에 달한 성인 남성(어떤 경우에는 여성도)이 병역에 복무할 것을 명령하는데, 그 결과 이 이념은 국민공동체를 특수한 방식으로 규정한다. 즉 이 공동체의 모든 정식

구성원은 잠재적인 병사로 규정되는 것이다. 여기서 프랑스 혁명이 열어놓은 국민국가의 가능성이 동시에 모든 인민이 나라를 위해 싸우는 사회의 성립을 의미했음을 잊어서는 안된다. 인권의 이념 등과 더불어 프랑스 혁명은 총력전의 가능성을 현실화한 것이다.

국민개병의 이념은 그 극한에서 함께 죽이고 함께 죽는 이념이라고 할 수 있다. 카를 슈미트 등이 주장했듯이 국민공동체는 전쟁이라는 극한상황에서 가장 뚜렷한 자기규정을 얻는다. 이렇게 국민공동체는 그 성원의 구성에 대해 규정하며, 적으로 간주된 일군의 사람들을 죽이는 행위에 참여하는 의지에 의해 국민에 대한 귀속은 곧바로 촉진된다. 물론 살해할 가능성은 항상 살해당할 가능성을 동반한다. 그래서 살해함으로써 국민공동체에 귀속될 가능성은 또한 살해당함으로써 공동체에 귀속될 가능성을 동반할 것이다. 이 맥락에서 '귀속하다'라는 동사가 임시적인 성질을 띠는 동시에 타동사로서의 성격을 지니게 되는 것은 주목할 만한데, 이런 의미에서 국민공동체에 대한 귀속이나 그것과의 동일화는 정태적인 일을 가리키지 않는다. 오히려 그것은 사람이 그 속에서 행위를 강요받는 역사적 과정을 가리키는 것이다. 역사성에서 국민공동체에 대한 귀속의 문제를 배제할 수 없는 까닭은 귀속이 실제로 되기/생성변화(becoming) 또는 행위이기 때문이다. 귀속이란 일종의 생기(生起)/역사화(Geschehen)이다. 이리하여 국민개병이라는 이념은 대중에게 고유한 죽음의 가능성을 통해 국민에 귀속할 수 있음을 가르쳐주는 것이다. 최근까지도 국민국가는 죽음의 공동체로서의 규정에서 벗어나지 못했다.

근대일본의 역사는 국민공동체가 '부자연스러운' 죽음의 공동체로서 형성된 역사에 다름 아니다. 막번(幕藩) 체제 아래서는 인구의 약 5%를 차지하는 통치계급인 무사들만이 정체(政體)를 위해 죽이고 죽을 권리를 가졌다. 19세기 말의 많은 개혁을 통해서 그 권리 그리고/

또는 의무는 성인인구의 절반까지 확대되었다. 드디어 1930년대부터 1940년대 초에는 그것이 전 인구에게 주어졌다. 말 그대로 총력전이 가능해진 것이다.

와쓰지의 인간학을 전전(戰前) 일본국가의 호신론으로 주장하는 한, 와쓰지의 인간학에 나타난 반역사적인 태도가 치명적인 단점이라는 것은 너무나 명백하다. 그의 인간학이 국가윤리학으로서의 구실을 계속하려면 역사성이 회복되어야만 했던 것이다.[62]

고유한 죽음을 통해 국민공동체와 동일화하려는 시도에서 사람은 타인과의 공동존재에서 공동생기로서 고유한 죽음을 죽기 위해서 "그의 가장 고유한 자기존재가능(Selbstseinkönnen)으로 되돌려"져야만 할 것이다.[63] 여기서 사람은 혼자 죽기 때문에 가차 없이 개별화된다. "가장 고유한 존재가능으로의 본질적인 개별화가 지니고 있는 깨지지 않는 냉혹함은 무연관적인(unbezüglichen) 가능성으로서의 죽음의 선행(先行)을 드러낸다." 무연관적, 즉 아이다가라 바깥이라는 말이다. 여기서 사람은 "그들 속에 상실되어 있음"을 직시하지 않을 수 없을 것이며 아이다가라에 의해 보장된 '그들/세간'의 세계에서 추방될 것이다. "현존재는 결단을 내려 자신의 실존에서, 그가 자신의 무성(Nichtigkeit)의 무성적인 근거가 됨을 본래적으로 떠맡는다."[64] 죽음을 향한 선구적 결단성에 의해 드러난 고유한 죽음의 고독함과 실존의 무근거성에 대한 이런 인식 때문에 국가 호신론은 결코 "나라를 위해 죽으라"고 명령할 강제력을 얻을 수 없을 것이다.

국가에 의해 신성화된 국민공동체의 구성원 자격에 정통성을 부여하기 위해 와쓰지의 인간학은 그 모든 단점을 보완해야 했다.

이것은 1942년에 간행된 『윤리학(중)』에서 바로 찾을 수 있다. 첫째는 역사성과 국민의 운명에 관한 부분이다.

우리는 국가보다 높은 인간적 전체성이 없다고 했지만 그것은 국가
의 전체성을 전체성이게끔 하는 궁극자, 즉 절대적 전체성을 인정하
지 않는다는 것은 아니다. 국가도 국가간의 연관도 모두 이 절대적
전체성이 현실에 존재하는 방식이며 결코 이 근원에서 동떨어진 것
은 아니다. 하지만 그렇기 때문에 국가들을 내포하는 전체가 인간존
재 속에 형성되어 있다고는 말할 수 없다. 그것은 여전히 인간존재이
기는 할 것이다. 그러나 그 인간존재는 결코 하나의 전체가 될 수 없
는 유동적인 장면이다. 우리는 그것을 헤겔을 따라 ˚라고 불러도 좋
을 것이다. 하지만 그것은 단순히 세계의 '역사'일 뿐 아니라 동시에
역사적인 '세계'여야 한다.[65]

둘째는 사람들의 국가에 대한 자기희생에 관한 부분이다.

국가는 개인에게는 절대적인 힘이며 그 방위를 위해서는 개인의 무
조건적인 헌신을 요구한다. 개인은 국가에 대한 헌신을 통해 자기의
궁극적인 전체성으로 돌아갈 수 있는 것이다. 따라서 국가에 대한 헌
신의 의무는 자신의 모든 것을 바쳐 국가 주권에 봉사하는 의무, 즉
충의라고 불린다.[66]

많은 사람들이 와쓰지의 인간학에 나타난 '공동존재'에 대한 관심과 그
가 말하는 아이다가라와 간주관성의 어떤 유사성을 강조함으로써 와
쓰지의 인간학과 하이데거의 철학적 기획을 구별하려고 시도했다. 그
러나 국가에 의한 개인의 죽음의 전유를 문제 삼는다면 하이데거와 와
쓰지는 거의 동일한 결론에 도달하는 것처럼 보인다.

장 뤼크 낭시는 하이데거의 주어주의(subjectivism)와 개인주의의
잔여가(낭시가 일차적으로 관심을 가지는 것은 개인의 비분할성이지만) 공

동체주의적 동일화의 논리를 통해 전체성에 대한 개인의 맹목적인 복종으로 하이데거를 이끌었음을 보여주었다.[67] 하이데거 신봉자이자 스스로가 자기 스승의 개인주의에 대한 가장 엄격한 적대자라고 믿었던(와쓰지는 원래 개인의 단독성을 싫어했다) 와쓰지도 공동체주의적 동일화의 논리를 통해 같은 길을 간 것이다. 내가 보기에는 이 공동체주의적 동일화의 논리에 저항하지 않는다면 폭력적이며 애국주의적인 감상에 쉽게 빠져들 수 있다. 사람들이 공동체주의적 동일화의 논리를 감수할 필요는 없다. 하나의 국민공동체에 이런 식으로 '귀속'될 필요는 없기 때문이다.

　내가 와쓰지의 『윤리학』을 읽으면서 추구해온 것은 그의 논리의 기묘한 반전(反轉), 아도르노가 '죽음 숭배'라고 부른 것과 유사한 반전이다. 와쓰지는 전체성이 각자에게 내재하기 때문에 사람들은 자발적으로 전체성을 위해 헌신하고 스스로를 희생시킨다고 주장했다. 그러나 전체성의 체계성이 실존한다는 것과 그것이 사람들에게 내재한다는 것을 진지하게 의심해본다면 유일하게 가능한 대답은 개인이 '세계사'를 위해 자신의 개별성을 희생시키고 전체 속으로 합일화하기 때문에 전체성이 그 실존을 선언할 수 있다는 것이 될 것이다. 극한상황에서 그러한 논리는 사람들이 그것을 위해 죽기 때문에 전체성에 대한 감각이 주어지는 것이며 고유한 죽음을 향한 결단성이 그러한 전체성의 실존을 지탱한다는 주장을 쉽게 낳는다. 이런 의미에서 내가 와쓰지의 『윤리학』이 회귀의 의지로 특징지어진다고 주장했듯이 그것은 전형적으로 내재성의 윤리학이다. 장 뤼크 낭시는 내재성을 다음과 같이 정의한다. "공동체가 '상실'한 것 — 합일의 내재성과 친밀성 — 은 그러한 '상실'이 '공동체' 자체를 구성한다는 의미에서만 상실된다."[68]

　15년전쟁 기간(1931～1945)에 '전체 속으로의 합일화'가 곧바로 고유한 죽음을 의미할 수 있는 거사(去私)를 암시했음은 틀림없다. '최종

해결'의 또 다른 판본인 '일억옥쇄'(一億玉碎)라는 구호는 제2차 세계 대전이 끝나갈 무렵에 일본의 모든 영토에서 선전되었는데, 모두가 자살로 죽음을 맞이한다는 마지막 순간이 궁극적인 '영적 교합/합일화' (communion)의 심미적 경험으로 상상된 것은 와쓰지가 그의 윤리학에서 본래성을 개념화하는 방식에 비추어보면 결코 우연의 일치가 아닙니다.[69] 죽음은 국민의 신체(=국체)로의 합일화와 통합의 경험에 전유된 것이다. 죽음은 연대와 우애에 대한 상상의 표현으로 변용되었으며 고유한 죽음을 향한 결단성은 전체성과의 동일화를 향한 결단성으로 번역되었다. 이리하여 죽음은 심미화되어 사람이 가지는 인격적 정체성/동일성을 국민적 정체성/동일성으로 매개하고 동화시킨다. 결국 국민은 죽음을 향한 운명공동체가 되었다. 와쓰지의 말을 빌린다면 절대적 부정성=절대적 전체성이 국민국가라는 유한적 전체성에 내재화된 것이다. 이런 의미에서 절대적 전체성은 초월성과 무한성을 상실하고 '표현 가능한' 것이 되었다. 와쓰지의 '좋은 사이'의 윤리학은 '일억옥쇄'의 윤리학으로 변한 것이다.

국민과 전체성과 공감

정체(政體)의 변경은 담론의 다양한 차원에서 그때까지 정체가 자기정당화를 위해 사용하던 여러 전제들에 대한 의문을 불러일으키며 새로이 정통성을 부여하는 데 필요한 일련의 새로운 절차들을 만들게 한다. 그것은 다른 경우에는 전혀 문제가 되지 않았던 정체의 기초에 관한 질문들을 제기할 수 있는 순간이다. 하지만 그것은 많은 사람들이 해로운 질문이 생기는 것을 막으려 하고, 그것을 보다 다루기 쉬운 것으로 희석하려 하는 순간이기도 해서 어떤 전제들은 은폐되어 남아 있을 수도 있다.

　말할 필요도 없이 1945년의 일본 패전 직후 몇 년 동안이 그러한 변화의 시기였다. 그때까지 억압되던 질문들이 공개적으로 제기되고 논의되었다. 예를 들어 천황제의 존재 자체가 이제 논의될 수 있었는데, 천황제에 관한 와쓰지 데쓰로의 글들은 전후 일본의 새로운 정체와 신헌법에서의 천황의 지위를 둘러싼 당시 진행 중이던 논쟁을 고려하지 않는다면 이해하기 힘들 것이다. 하지만 간행된 지 40년이 지난 지금에서 말한다면 맹아적 형태이긴 하지만 전후 일본에서 천황제에 관한 논의를 줄곧 지배해온 주제들을 쉽게 인식할 수 있을 것이다. 이러한 주제들의 초기의 분절화를 와쓰지의 발명이라고 말할 생각은 없지만 그의 주장을 따라가면 아마 천황제에 관한 논쟁에서 무엇이 문제였으며 아직도 무엇이 문제인지 드러날 것이다.

　천황제와 와쓰지 본인의 미래가 불확실했던 시기에(양자 모두 전쟁 책임의 문책을 받을 만한 처지였다) 쓴 일련의 글들에서 와쓰지가 많은 지적 노력을 기울인 중심적 주제들이 무엇인지 알아보는 것은 어렵지 않다. 전후 처음으로 발표된 「봉건사상과 신도(神道)의 교의」(1945년 11월)에서 그는 천황의 통치와 무사들의 충성을 구별하려고 시도하는데, 무사들의 충성은 본질적으로 이에(家) 제도 속에서 맺어지는 군주와 가신의 개인적인 관계이며 메이지 천황의 통치에 잘못 유용되었다는 것이다. 이 봉건 잔재 때문에 여러 역사가들이 국민과 천황의 관계를 부정확하게 인식하고 신민이 직접 천황을 위해 헌신할 것을 요구했다고 와쓰지는 보았다. '천황의 통치'를 봉건적인 무사들의 윤리에서 떼어냄으로써 와쓰지는 명확하지는 않지만 전전(戰前) 천황제에 내재된 근본적인 문제를 시사하고 근대 일본사회에서 차지하는 천황의 의의를 재정의할 수 있었다. 1942년판 『윤리학(중)』에서 지지했을 뿐 아니라 열정적으로 장려했던 '충의' '충군'(忠君)이라는 용어에 대해서 비록 언급하지는 않았지만 그의 태도가 완전히 바뀐 것에 우리는 주목하지 않을 수 없다.

'충군'이 와쓰지가 주장했듯이 군주와 많게는 수백 명이나 되는 가신들 사이의 개인적 관계를 통제하는 역할을 하는 한편, 천황은 개인적인 기초 위에서 국민과 관계하지 않는다. 자신의 윤리학에서 발전시킨 이론적 구축물을 전제로 해서 와쓰지는 다양한 사회조직들로 이루어진 복잡한 전체를 통합하는 중개자로서 천황을 설명했다. 개인이 "편입된 다양한 인륜적 조직들을 매개로 해야만 전체성에 봉사를 할 수 있다"[70]는 것이다. "가족 구성원으로서, 친구로서, 시민으로서 또는 교회의 일원으로서, 연구소의 한 연구원으로서……각각의 지위에서 의무를 다하는 것이 전체성에 대한 봉사이다."[71] 천황은 뒤르켕 식의 사회의 유기적 연대를 상징하게 된다. 따라서 천황에 대한 충절은 하나의 행동방식만을 필연적인 것으로 보지 않는다. 오히려 그것은 다양한 사회조직들에서의 다양한 행동방식들의 총계(總計)로 이루어진다는 것이다. 그래서 충의의 결함은 특정한 사회관계에 고유한 명령을 기타 모든 사회관계에 무차별적으로 적용시킨 데 있다고 한다. 이런 것에서 '가족국가'라는 잘못된 관념이 생겨났으며 그것은 천황의 통치와는 전혀 들어맞지 않는 것이라고 와쓰지는 주장했다.

「국민 전체성의 표현자」에서 이 주제는 개념적으로 더욱 세련되게 다듬어진다. 국민통합의 상징이라는 신헌법에서의 천황의 정의를 지지하면서 와쓰지는 천황과 국민은 어떠한 명령의 발신자와 수신자의 관계가 아니라는 바로 그 이유 때문에 총람자(總攬者)로서의 천황의 지위를 부정한다. 본래적인 천황의 통치 아래서는 천황은 명령을 내리는 것처럼 보여도 전혀 명령을 내리지 않는다고 와쓰지는 주장한다. 천황의 명령의 비규정성에 의해 천황의 지위를 규정하려는 이 규정이 함의하는 바는 명백하다. 천황은 책임문제가 상정될 수 있는 관계로 국민과 관계하지 않는다는 것이다. 천황은 국민에 대한 명령에 책임을 질 수 없다. 천황은 국민에 대한 명령으로서 국민 전체의 의지를 집행하거나 표현하지 않으며 국민 전체의 의지나 욕망을 국민 대신 발화하는 행위를 수행하지 않기 때문이다. 따라서 와쓰지에 따르면 천황은 국민의 대변자가 아니며 국민의 대표도 아니다. 메이지 국가를 포함하여 다양한 정치구조가 생겨났다가 사라졌는데도 천황이 항상 이런 식으로 국민에게 봉사했다는 조건 아래서는 실제로 패전이라든가 국군에 의한 잔학행위와 같은 특정한 정치적 구조에 의한 어떠한 정치적 귀결에 대해서도 천황은 결코 책임이 없다는 주장을 할 수 있다. 국민의 의지를 실행하는 데 책임이 있는 것은 천황 자신이 아니라 오로지 잘못 지도된/잘못 지도한 관료들이다. 여기서 와쓰지는 천황이 전쟁이나 일본의 정책에 죄가 없다는 것을 증명하려고 하지 않는다. 그의 주장을 보는 한 와쓰지는 개인으로서의 천황의 운명을 특별히 걱정하는 것처럼 보이지는 않는다. 그 대신 와쓰지가 논증하려고 애쓴 것은 신헌법을 통해 공포된 천황에 대한 정의가 천황이라는 형상에 정치적 법적 책임을 돌릴 수 없음을 함의한다는 사실이었다. 이것은 천황을 구제하기 위한 논의가 아니라 천황제를 구제하기 위한 논의인 셈이다. 그렇다면 그의 주장의 설득력 유무는 신헌법에서 부여하는 '국민 통합의 상징'이라는 천황의 지위가 실제로 천황이 그랬으며 그랬어야 하는 바를 보다 정확하게 서술하고 있다는 전제의 수용 여부에 달려 있다.

그렇다면 국민 전체의 의지를 대표하지도 않고 국민을 대신하여 그것을 실행하지도 않는 이 상징은 도대체 무엇을 하는가? 천황이 국민에 대해서도 국민을 대표해서 국민 외의 제3자에 대해서도 책임을 지는 식으로 국민과의 관계를 갖지 않을 때, 무슨 근거로 천황이 국민 통합을 상징한다고 할 수 있는 것일까? 와쓰지가 전체성으로서의 국민의 전체의지와 그 의지의 특정한 한정을 신중하게 구별한 것은 이 맥락에서이다.

> 국민의 총의(總意)가 국민이라는 집단의 전체의지라면 그것은 이 집
> 단이 있는 곳에 이미 있는 것이며 새삼스레 형성될 필요가 없다.
> ……투표로 대표자를 선출하고 선출된 대표자는 의회에서 무언가를
> 의결한다. 그때 비로소 전체의지가 형성되는 것은 아니다. 전체의지
> 가 그때 무언가에 대해 결정되는 것이다. 다시 말해 한정된 내용에
> 관해서 일정한 방향을 지닌 전체의지가 이때 형성되는 것이다.[72]

따라서 국민의 전체성과 동일한 전체의지의 존재는 국민 전체가 의지
하는 바와는 구별되어야 한다. 한편에서 와쓰지는 이미 본 바와 같이
처음 칸트론에서 분절한 주체라는 개념을 유지하면서 국민을 주체로
서 정립하고, 그럼으로써 의지와 실천의 행위체라는 칸트적인 주체의
의미를 보존한다. 그런데 다른 한편에서 와쓰지는 스스로의 의지를 구
체화함으로써 스스로를 정립할 능력을 주체로부터 박탈한다. 즉 주체
로부터 모든 자유를 박탈하는 것이다. 그래서 그는 국민을 살아 있는
전체성으로 정의하는데도 국민의 전체성으로서의 전체의지는 그 존재
말고는 아무것도 실현하지 않는다. 전체의지는 무언가를 함으로써 그
존재를 표현하는 것이 아니라 오로지 그 존재를 표현하는 것이다. 그
것은 무위(無爲)를 의지하는 의지이다.

> 그런 살아 있는 전체성 혹은 국민의 전체의지를 무엇으로 표현하느
> 냐 하는 문제는 전체의지를 결정하는 문제나 구체적으로 결정된 전
> 체의지를 표명하는 문제와는 달리 대상일 수 없고 또 눈에 보이지 않
> 는 '살아 있는 전체성'을 어떻게 해서 대상적이고 눈에 보이는 형태로
> 나타내느냐 하는 점을 핵심으로 한다. 우리나라에서는 그것을 천황

으로 표현해왔다.[73)]

살아 있는 전체성에 대한 "대상일 수 없고 눈에 보이지 않는"이라는 한 정사에서 주체로서의 국민의 전체성에 대한 개념 규정은 아직 살아 있다. 칸트가 그랬듯이 와쓰지가 이해한 주체는 대상을 정립하는 행위체이기 때문에 대상일 수 없다. 또한 주체는 보는 행위체이지 보여지는 것이 아니기 때문에 보이지 않는다. 하지만 그의 주장은 여기서 기묘하게 꼬인다. 국민의 살아 있는 전체성이 천황이라는 형상에서 표현된다면 천황 자신을 주체로 인정할 수 없게 된다. 이 표현에서 일종의 행위(물론 의지적 행위)에도 불구하고 그 전체성의 상징적 표현을 대상화하고 바라보는 것은 무(無)로서의 국민 전체이다. 말하자면 천황이 아니라 국민의 입장이 무가 되는 것이다.

 따라서 이 행위에서 능동적인 것은 국민이며 천황은 수동적인 상태로 있을 수밖에 없다. 천황의 역할은 수동성의, 나아가 수난의 형상으로 그려지게 되는 것이다. 천황은 '보는' 자가 아니라 '보여지는' 자라는 위치에 머문다. 그래서 와쓰지는 신헌법 공포에 앞선 한 시점에서 다음과 같이 주장했다. "그래서 나는 이 다가올 결정에서 '우리 국민의 전체의지를 표현하는 것은 천황에 다름 아니다'라는 것이 분명해진다면 국민의 전체의지에 주권이 있다는 것과 그 전체의지를 표현하는 천황이 주권자라는 것은 하나가 되고 만다."[74)] (여기서 말하는 결정이란 천황제 존속 여부에 대한 연합군의 결정을 의미한다.) 국민이 그 전체성을 천황이라는 형상에서 인식하고 그러한 전체성을 전체성으로 표현할 방법이 따로 없기 때문에 천황은 직접적으로 인민 전체(people as a whole)의 표현이 된다.(1988년 가을 '사망 전의 경야'라는 광연 한가운데에 나타난 가시성의 구조는 이러한 천황제의 심미적 성격을 정확히 반영했던 것이다.) 나아가 천황을 통해 인민의 전체성을 표현하는 방식을 존속시킬 것인지 대통령제를 채택할 것인지 여부에 대한 결정이 "일본국민의 자유로이 표명된 의지"[75]에 맡겨졌다는 사실을 와쓰지는 강조한다. 그 당시 일본은 연합국의 점령하에 있었기 때문에 '일본국민'은 법적으로나 정치적으로 전혀 주권이 없었으며 나중에 선거에 의해 선출된 의원으로 구성된 국회가 천황제 존속이라는 결정에 동의한 것이다. 그래서 와쓰지는 맥아더 사령부를 대신해서, 그리고 동아시아에서의 미국의 권위를 지원해서 '국민'이 그 전체의지를 천황으로 표현하는 것을 선택했다고 결론지었다. 이러한 주장의 허점은 더할 나위 없이 명백하다. 하지만 중요한 것은 그의 주장에 나타난 동어반복적인 구조가 아니라 그 동어반복적인 주장을 가능케 하는 가정들을 은근히 정립하는 데 있다. 여기서 문제가 되는 것은 국민의 전체성의 존재 자체이다. "국민이 하나의 전체이며 따라서 거기에 하나의 전체의지가 있다는 것은 개인의 자유에 대한 자각의 문제와는 별도로 이미 정해져 있는 것이다."[76] 국민의 전체성은 대상화될 수도 가시화될 수도 없지만, 즉 표현 없이는 인식할 수도 없지만 그것이 존재한다는 것은 미리 결정되어 있는 것이다. 와쓰지가 단지 나라에 많은 사람들(people)이 존재했다고 말하는 것이 아니라 거기에 사는 사람들이 종합된 의지를 가진 국민으로서 통일된 전체를 이미 형성했다고 말하는 것에 주목해야 한다. 일본역사상 상이한 많은 정체들이 공존한 시기가 있었기 때문에 이 통일체를 특정한 정체의 통일체로 돌릴 수는 없다. 역사적인 시간 속에서 독립적인 정치조직들은 변하지만 거기에는 항상 전체의지를 지닌 국민의 전체성이 존재한다고 그는 단언한다. 여기서 와쓰지는 전형적인 문화본질주의의 태도를 취한다. 일찍이 나는 다른 맥락에서 문화본질주의가 동어반복이라는 형식을 취한다고 말한 바 있는데 와쓰지 또한 예외가 아니다.[77] 그러므로 집단의 살아 있는 전체성을 천황으로 표현한다는 것은 집단에 속하는 사람들이 스스로 좋아서 하기 시작한 것이지 소수의 정복자들이 강제한 것이 아니다. ……〔나라 시대(8세기)에〕 법제적으로 천황을 전체의지의 표현자로 정한 것은 국민의 의지와 무관하게 이루어진 것이 아니다.[78]

제2차 세계대전 후에 일본사람들(Japanese people)이 자유로이 그리고 자발적으로 천황의 형상 안에서 스스로의 전체성을 표현하는 제도의 존속을 선택했듯이, 동일한 실체가 제국 전통의 첫 단계에서 같은 제도를 자유로이 그리고 자발적으로 출발시켰다고 와쓰지는 주장한다. 그리고 사람들이 자유로이 그리고 자발적으로 천황제를 선택했다는 것은 최초의 국가가 군사적 강제를 사용하지 않고 종교적 권위에 의한 통합의 기초 위에 조직되었다는 사실로 증명되어 있다고 한다. 미국에서 이루어지는 일본연구의 일반적 상황을 잘 아는 사람이라면 아마도 눈치챘겠지만 이것은 몇몇 일본사가들에 의해 거듭 제시되어 온 지배적인 가설이다.

그들은 군사적 폭력을 사용하지 않고 국가가 통일되었다고 주장하는데, 그것은 국가에 정통성을 부여하려면 거기에 이미 일본국민이 존재했다는 가정을 피할 수 없기 때문이다. 그들은 오로지 와쓰지 등 몇 명이 전쟁 직후에 새로운 천황제에 정통성을 부여하기 위해 주장한 것을 반복하고 있을 따름이다. 얼마나 무감각해지면 군사적 강제 없이 최초의 국가가 조직되었다고 주장할 수 있는지 알 수 없다. 하지만 일단 일본국가가 비폭력적으로 형성되었다는 그들의 주장이 한결같이 그러나 은근히 고대에 일본국민이 존재했음을 가정하고 있다는 것을 강조해두자.

더 중요한 것은 와쓰지의 주장에 깔려 있는 전제조건들이 너무나 이해하기 힘들다는 것이다. 단지 군사적 수단을 사용하지 않고 조직되었다고 해서 국가가 받아들일 만한 것이라는 명제를 어떻게 받아들일 수 있을까? 그는 종교적 권위와 같은 비폭력적 수단이 강제가 아니며, 그래서 무조건 만족스럽다고 말하고 있는 것일까?

첫 단계 이후 국가의 권력기반은 서서히 종교적 권위로부터 군사력으로 변해갔다. 그리고 고대 일본국가가 무너짐에 따라 군사적 우위에 바탕을 둔 정치조직들이 지배적이 되었다. 그러나 거기에는 항상 전체의지가 존재했으며 막강한 봉건영주도 그것을 무시할 수 없었다. 그래서 조정(朝廷)은 정치적·재정적으로 몰락해도 수많은 역사의 전환기를 넘으며 살아남은 것이다. 따라서 와쓰지의 주장에서는 조정의 연속적 존재가 일본국민의 연속적 존재와 동일한 것이 된다.

전전(戰前) 일본국가에 의해 신성화되던 황국사관과 별로 다를 바 없고, 전후(戰後)에 국가에 의한 법적 지원을 상실하자 그 정통성이 이미 지극히 약화되었던 제국의 전통에 대한 와쓰지의 설명을 논박하기란 어렵지 않을 것이다. 이런 유의 역사서술은 국가적인 검열제도가 작동하고 있을 때에만 효력을 가진다. 하지만 와쓰지의 설명에서 무엇이 문제인지 검토할 때 그의 주장이 이미 타당성을 잃었다고만 할 수는 없다. 전후 일본에서도 문부성* 관료들의 손에 의해 역사서술에 대한 검열은 다양한 형태로 계속되었다.

일본역사의 두 시기, 즉 그 시작과 현재를 선택해서 그 시기에 국민통합이 존재했음을 확인함으로써 와쓰지는 그 사이에도 인민의 통일체가 연속적으로 존재했다고 추정한다. 틀림없이 한때 황국사관의 최우선 과제였던 만세일계(萬世一系)가 다시 그러나 다른 모습으로 주장된 것이다. 만약 천황이 국가 편이 아니라 국민 편에 있다면 그것에 정

---

* 현재의 문부과학성.

통성을 부여하는 모든 절차는 마찬가지로 국민 안에서 수행되어야 한다. 이렇게 말한다고 내가 천황이 전쟁 이전에는 국가에 속하는 것으로 이해되었다고 말하려는 것만은 아니다. 와쓰지가 성취하고자 한 것은 천황의 지위를 재공식화함으로써 이른바 민주일본의 정통화 절차 속에서 천황이 중요한 역할을 할 수 있다는 것이었다.

나아가 그리고 아마도 더 중요한 것은 은근히 만세일계에 의존함으로써, 와쓰지가 국민의 존재 자체의 문제성을 중성화하고 탈정치화하여 1945년에 제국이 상실되기 전에는 일본이 다민족 제국이었다는 과거를 지우고, 마치 국민의 전체성이 정치적으로 구성되고 재구성된 것이 아니라는 듯이, 주어진 실체로서 국민을 정립했다는 점일 것이다. 논리적으로 말하면 8세기와 19세기에 국민이 존재했다고 해서 반드시 10세기와 15세기에도 국민이 존재했다고 말할 수는 없다. 역사의 한 시점에 존재했다는 사실이 한 세기 뒤에도 그것이 존재한다는 것을 보장해주지는 않는 것이다. 와쓰지가 분명히 인정했듯이 어떤 지역에 사람들이 살았다는 것과 국민의 존재는 전혀 별개의 사안이기 때문이다. 그것이 사회조직인 경우 그 존속을 확보하기 위해서는 반드시 재생산되어야 한다. 사실 국민이라는 것은 어떤 지리적 영역을 차지하는 인구가 아니라 내적으로 조직된 사람들의 통일체를 가리키기 때문에 와쓰지와 동일한 전제에서 출발하여 8세기에 일본국민이 존재했고 19세기에 또 다른 일본국민이 출현했다고 주장할 수도 있다. 다른 질문을 제기할 수도 있을 것이다. 와쓰지가 정립한 국민이라는 이념은 근대의 발명품이 아닐까? 'nation'이라는 말이 어원학적으로 그리스·로마시대까지 거슬러 올라갈 수 있다고 해도 5세기 일본의 국민에 대해 이야기한다는 것은 시대착오가 아닐까?

고대 일본에 살았던 사람들 사이에서 정치적 결합 같은 것을 찾기가 너무나 어렵다는 것은 명백하기 때문에 정치조직이 아닌 다른 데서 국민이라는 통일체를 찾아야만 한다. 나라가 수많은 지역공동체들로 나뉘어 있었음을 사료들이 알려주는 이상 그것을 사회조직에서 찾을 수도 없다. 와쓰지가 호소할 수 있었던 유일한 영역은 문화영역이었다.[79]

> 만약 '국민'이라는 개념이 이미 국가를 예상하고 있다고 한다면 인민이라든가 민중이라는 말로 바꾸어도 좋다. 어쨌든 일본 피플(people)의 통일의 상징이라는 것이다. 그것은 일본국가가 분열·해체되어 있을 때도 엄연히 존재했으므로 국가와는 순서가 다른 것으로 봐야 한다. 따라서 그 통일은 정치적인 통일이 아니라 문화적인 통일인 것이다. 일본 피플은 언어나 역사, 풍습이나 기타 일체 문화활동에서 하나의 문화공동체를 형성해왔다. 이러한 문화공동체로서의 국민 혹은 민중의 통일, 그것을 천황이 상징하는 것이다. 일본역사를 관통해서 존재하는 존황(尊皇)의 전통은 이런 통일의 자각에 다름 아니다.[80]

모든 사람들에게 공유된 문화를 보여주기 위해 와쓰지는 고대 일본의 국민이라는 상정된 통일체에 대해 일련의 단정들을 내릴 수밖에 없게된다. 국민의 문화적 통일성을 그려내기 위해 그가 참조하는 사료의 대부분이 사실은 지배계급인 극소수 사람들에 의해 만들어진 것인데도 와쓰지는 거기에 표현된 정서는 실제로 모든 사람들에게 공유되었다고 말한다. 그것이 국민적 표현의 중요한 부분이라는 것이다. 대중이 그러한 국민적 표현을 창조하는 데 반드시 참여해야 하는 것은 아니며 한 명의 천재에 의해 그것이 잘 만들어질 수도 있다. 더욱이 모든 대중이 감동할 필요도 없다. "어느 시대에도 어떤 가치를 알아볼 수 없는 사람들의 수는 적지 않은 법이다." 만약 사람들이 고유한 정서와 의지의 표현을 인식하고 그것으로 자기표현의 욕망이 충족된다면 그것은 국민적 표현이라 불려야 한다는 것이다.

중세의 많은 이야기들은 오로지 지배계급 내부의 갈등만 그렸지 사람들의 일상생활에 대해서는 거의 주의를 기울이지 않았다. "그럼에도 불구하고 이러한 작품들이 전국의 사찰 앞에서 읊어졌으며 그것을 마을사람들이 감격하면서 들었다는 것은 틀림없는 사실이다."[81] 이제 문화라는 말로 와쓰지가 주로 의미하는 것이 심미적 작품, 특히 문학임은 명백해진다. 따라서 문화적 공동체라는 말로 언급되는 것은 공유된 심미적 정서로 통합된 사람들이 된다. 그러나 여기서 또다시 동어반복적인 주장이 등장한다. 즉 와쓰지가 심미적 정서의 공유를 주장할 수 있었던 것은 어떤 시기의 문학작품에 표현된 심미적 정서 안에 어떤 균질성을 가정했기 때문이 아닐까? 그가 공유된 심미적 정서로 통합된 문화적 공동체의 존재를 발견할 수 있었던 것은 바로 문학작품의 선택과 평가에서 국민의 통합이 전제조건이었기 때문이 아닐까? 와쓰지는 "그것을 마을사람들이 감격하면서 들었다는 것은 틀림없는 사실이다"라고 말한다. 그렇다면 그를 따라서 우리는 "전국의 젊은이들이 마돈나 마이클 잭슨을 감격하면서 들었다는 것은 틀림없는 사실이다"라고 해야겠다. 이 경우 심미적 정서는 틀림없이 공유되어 있다. 하지만 이 사실에 미루어 국민통합이 존재한다고 결론지을 수 있을까? 그들의 음악을 살펴보면 전체의지의 존재가 드러날까?

이 분석이 아무리 하찮을지라도 이것은 국민통합에 대한 와쓰지의 이해에서 천황이라는 형상이 왜 그다지도 중요한가를 보여준다. 그가 논증하는 과정을 역으로 거슬러 올라가면서 그의 주장을 다시 읽어보면 천황과 국민의 전체성 사이의 관계가 전도되어 있음을 알 수 있다. 문자 그대로 천황이 국민의 전체성을 표현한다. 국민의 전체성이 천황에 앞서지 않으며 그 전체성이 천황을 표현하는 것이 아니라는 것이다. 어떤 의미에서 천황이라는 형상이 국민의 전체성을 창조하는 것이다.[82] 말할 것도 없이 이렇게 창조된 전체성은 상상의 구축물이다.

상상적인 것으로서의 전체성의 사례로서 천황만큼 좋은 것이 있을까? 천황이라는 형상으로 표현되는 것은 바로 국민의 전체성이 지니는 상상적인 성격이다. 하지만 상상적이라는 것은 그것이 가상(假象)이거나 환각적이라는 것은 물론 아니다. 국민뿐 아니라 많은 사회제도들이 일반적으로 상상적인 성격을 가지고 있다는 것은 말할 필요도 없다. 그래서 국민이 본질적으로 상상의 구축물이라고 하는 것만으로는 별 의미가 없다. 오히려 와쓰지의 주장에서 중요한 것은 국민의 전체성의 상상적인 성격을 지우고 은폐하는 기능을 천황이라는 형상으로 돌리는 방식이다. 모순되게 들릴지 모르지만 그 상상적인 성격은 국민의 전체성이 오로지 심미적으로 표현될 때 가장 잘 은폐된다. 실천적으로 정의되지 않고 전체의지의 표현이 적절한지를 평가하는 절차에 대한 규칙이 없기 때문에 그것은 마치 항상 이미 존재했던 것처럼 주어지는 것이다. 이런 이유에서 와쓰지의 천황에 대한 설명은 기능주의로 보인다.

그러므로 국민공동체는 일련의 계약들에 의해 규정되는 국가가 아니라 국가에서 독립적으로 존재한다고 추정된 민족에 의해 정의되어야 했다. 국민문화를 실체화하고 그럼으로써 그것의 영속과 공동성을 보장할 필요가 있었던 것이다. 여기서 국민문화의 실체화에 바탕을 둔 담론인 문화본질주의가 그 정치적 효과를 드러낸다. 제2차 세계대전 후 일본과 여타 지역, 특히 미국에서 무성했던 '일본인론'(일본특수론)이라는 형태로 참조되는 문화본질주의는 천황제와 무관하지 않다. 그리고 와쓰지의 천황제론은 그것의 정통화를 위해 문화적 국민주의가 동원된 하나의 특수사례라고 할 수 있다.

본인도 인정했듯이 와쓰지가 '국민'이라는 말을 사용하는 방식은 자주 바뀌었지만,[83] 그가 '국민'을 실체화된 문화와 깊이 관련지어서 정의하려고 한 노력이 상당히 일관성이 있었다는 것은 우리도 인정할 수밖에 없다. 전쟁기간 동안 '성격적 공동체'라는 특수주의에 호소함으로써 그는 타민족들을 동화·통합하려는 '팔굉일우'(八紘一宇)의 보편주의적 팽창주의의 논리를 비판했다.[84]

1942년에 간행된 『윤리학(중)』에서 와쓰지는 다음과 같이 주장했다.

> 그래서 그[알렉산드로스]는 한 민족이 다수의 국가로 나누어진 상태에서 일약 한 국가가 다수의 민족을 포괄하는 상태를 만들어냈다. 이 상태를 로마제국이 계승한 것이다. 이런 상태에서 국가의 전체성과 민족의 전체성이 일치하지 않는 것은 당연하다. 알렉산드로스는 제국을 무력(武力)으로 형성했다. 카이사르도 그랬다. 이러한 국가권력은 신성성과의 유대가 없다. 마침 이 틈에 끼어 들어온 것이 유대 민족의 신이다. 이 신은 당시의 세계제국 속에서 타민족의 신을 물리치고 초민족적인 신으로 성장하여 드디어 로마제국의 판도를 독점하기에 이르렀다. 거기서 유대 민족의 전체성을 나타내는 신성한 것이 대체로 로마제국 내의 신성한 것들을 흡수해버리고 따라서 국가의 전체성과 신성성을 철저하게 분리시켜버린 것이다.
>
> 　군주권과 민주권의 차이의 문제는 위와 같은 역사적 정세를 바탕으로 생겨났다. 국가가 신성성과의 유대를 갖지 않으면서 통치할 경우에는 '통솔'은 상실되고 '지배'가 그것을 대신한다. 예를 들어 정복당한 이민족은 오로지 국가권력에 의해 '지배'될 따름이었다. 이런 국가에서 주권자가 '군주'라면 그 군주는 오직 '권력이 있는 자'이지 권위 있는 자는 아니다. 이런 지배체제가 고정되면 오직 이민족뿐만 아니라 자기 민족 또한 '지배'당하게 된다. 군주는 이제 국가의 전체성을 표현하는 자가 아니라 하나의 '나'가 되어 국가권력은 이 나에 의해 전용된다.[85]

와쓰지는 폭력적 지배의 근원을 민족공동체와 국가의 분리에서 찾는
다. 국가와 민족의 분리는 '통솔' 대신에 '지배'를 결과하는 국가와 문
화공동체의 분열을 야기한다는 것이다. '지배'가 아닌 '통솔'로 스스로
를 유지하기 위해 국가는 문화의 지속적 동일성에 바탕을 둔 민족공동
체와 연속적이어야 한다. 일본인론으로 대표되는 문화본질주의는 전
혀 정치적으로 중립적인 것이 아니다. 그것은 적어도 지금 문제삼고
있는 맥락에서는 정치지배의 중핵을 이루는 담론이다.

　위의 인용에서 와쓰지는 일종의 인종주의적 희생양화에 호소하고
있다. 전쟁기간의 광적인 분위기가 그로 하여금 어떤 한 민족에게 세
계사의 대전환에 대한 책임을 지게 하는 구절을 쓰게 만들었는지도 모
르겠다. 하지만 이 구절은 분명히 중층결정되어 있으며 다양한 맥락에
서 읽혀야 하기 때문에 단순한 결론을 내리고 싶지는 않다.(이 문제에
대해서는 다음 장에서 살펴보겠다.) 그럼에도 불구하고 그의 인간학에
인종주의적 일탈을 쉽게 허용하는 무언가가 있다는 것을 잊어버릴 수
는 없다. 내가 보기에 이것은 인간의 풍토적·역사적 존재에 대한 분석
을 통해 인종적 스테레오타이프를 따라 인간을 분류하는 것을 그가 주
저하지 않는 데서 드러난다. 더욱이 그것은 내가 사회성이라고 부른
것, 즉 아이다가라에 의해 고정된 주체위치를 탈중심화하는 운동에 대
한 무감각과 문화공동체를 항상 폐쇄된 것으로 보는 그의 일본인론에
서 드러난다. 그래서 그의 일본문화에 대한 연구는 민족과 문화가 변
화를 겪는다는 것을 증명하고 있고 일본문화의 잡종성을 주저 없이 인
정함에도 불구하고('일본문화의 중층성'이라는 유명한 명제),[86] 와쓰지의
주장은 "국민·민족·(실체화된 폐쇄성이라는 의미에서의)문화라는 관념
은 역사적으로 구축된 것인가?"라는 질문에 비추어 읽을 때 많은 모순
을 드러낸다. 와쓰지가 국민-민족 공동체의 초역사적 정체성/동일성
으로 정의한 '일본문화' '일본어' '(민족으로서의) 일본인'이라는 관념들

은 오히려 나에게는 비교적 최근의 역사적 구축물로 보인다. 내가 알기로는 이런 관념들은 불과 2~3세기 전에 상실된 고대의 것이라는 형태로 고안되었으며 국민국가가 형성됨에 따라 현재 존재한다고 여겨지게 된 것이다.[87]

따라서 문화공동체로 환원된 국민공동체를 '지배'하지 않고 '통솔'하는 국가의 신성성은 국민의 전체성을 표현한다고 가정된 천황에 의해 명시되어야 한다. 더욱이 천황은 국민공동체의 기초를 이루는 실체화된 문화공동체의 존재를 표현하기 때문에 우리가 와쓰지의 논리에 충실할 경우 국민의 전체성의 표현으로 천황을 받아들이는 것이 고대로부터 이어져온 그것의 영속을 독단적·자의적으로 믿는 것이 된다. 그래서 국민공동체의 연속은 경험적 증거들에 의한 모든 이의신청을 뛰어넘으며 어떤 제도적 규정과도 무관한 '영'(靈)과 같은 것으로 받아들여진다.

먼저 국민의 전체성의 표현은 '제정일치'(祭政一致)라는 형태로 주어졌다고 가정된다. 와쓰지는 정치와 제사의 동일성은 천황에서만 찾을 수 있으며, 고고학적 자료와 사료가 증명하듯이 이 전통이 법리학적인 의미에서 국가 형성에 선행함을 역설한다. 마치 천황이 고대로부터 계속 있어왔듯이 모든 문화적 행위에는 국민의 전체성이 항상 존재하거나 내재되어 있었다는 것이다. 아이다가라에 대한 와쓰지의 논의에서 본 바와 같은 내재주의가 여기서 고스란히 재생산된다. 다음으로 이 '인민의 통일체' 또는 '하나로서의 인민'은 사람들이 심미적 경험을 통해 일체감을 형성하는 차원에서 이해되어야 한다는 바로 그 이유 때문에 법적·사회적 제도의 공유나 동일한 일련의 윤리규범에 대한 참여로는 구성되지 않는다. 국민의 전체성은 공감을 통해서, 국민이 '영적 교합=합체(communion)'의 공동성 속에서 스스로를 발견하는 감각을 통해서 표현된다. 따라서 천황은 국민들이 '영적 교합=합체'를 통해 서로 공감할 수 있고 서로 소통할 수 있다는 바로 그 가능성을 표현하

는 것이다. 와쓰지의 논의를 따르는 한 천황이라는 형상을 통해 국민
은 일체감을 느끼고, 국민적 공동성 또는 국민적 합체의 감각은 심미
적 경험을 통해서 생겨난다.

　이미 보았듯이 와쓰지는 자신의 윤리학에서 개인이 그 속에서 전체
와 관계하는 이론적 틀의 윤곽을 그려냈다. 비록 와쓰지는 개인주의가
개인을 완전히 공동성을 박탈당한 원자적이고 자율적인 실체로 간주
한다고 인식하면서 개인주의를 아주 단호하게 반대했지만, 결국에 가
서는 개인주의 철학으로부터 많은 명제를 받아들였다. 개인이 전체성
의 부정이며 전체성이 개인의 부정이기 때문에 개인은 전체성이 절대
적인 경우에 한에서만 절대적이다. 그러나 개인에 대한 그의 개념은
개인을 단순히 비분할체로 보는 원자화된 개인주의의 개념과 별반 다
르지 않다. 바꿔 말하면 그가 생각하는 개인은 오히려 주어(subject)로
서 정의할 수 있는 실체에 가깝다. 와쓰지에게 개인은 고정되고 정태
적인 기능주의적 전체성 속에서 그 위치가 미리 정해져 있는 주어이
다. 그래서 그는 개인과 전체성을 서로에 내재하는 것으로 개념화할
수밖에 없었다. 그의 『윤리학』에서는 개인이 고정된 결과 개인은 달라
지지도 지연되지도 달아나지도 않고 인간이라는 사이에 있는 존재를
통해 전체성에 의해 미리 정해진 주체위치에 갇히게 된다. 더욱이 전
체성이 개인에 내재하기 때문에 궁극적인 윤리규범은 진실과 마찬가
지로 기원적 전체성이 이미 내재되어 있는 본래적이고 기원적인 '자
기'의 발견을 통해서만 얻어진다.

　아이다가라라는 개념에 의해 표현된 이 예정조화를 가정함으로써
왜 와쓰지가 인간이라는 사이에 있는 존재를 의식의 전이적인 상호침
투로, 그리고 너와 나의 완전한 호환성으로 정의하는지 쉽게 이해할
수 있을 것이다. 물론 보통 상황에서는 그러한 호환성은 이루어질 수
없지만 전체성과 개인의 예정조화는 완전한 호환성, 순수한 공감, 그

리고 심지어는 '영적 교합=합체'의 가능성을 국민의 전체성의 현전으로 암시하고 있다.

천황이 표현하는 것은 바로 심미적 경험을 통한 완전한 호환성, 순수한 공감, '영적 교합=합체'라는 예정조화이다. 이런 식으로 사회성이나 윤리를 이해한다면 천황을 전체의 총람자, 즉 명령을 내리는 권위자로 정립할 필요는 없다. 여기서 천황은 호환성, 공감, '영적 교합=합체'를 보장하는 절대적 자의성이다.(따라서 절대적으로 의존할 수 없다.) 하지만 그 지위가 자의적이라는(천황은 아무런 내용 없이 전체성만을 표현한다) 바로 그 이유에서 사람들은 그 형상에 공동체주의적인 욕망을 투사할 수 있는 것이다. 내가 보기에는 이 공동체주의적 동일화의 논리에 저항하지 않는다면 다음과 같은 감상에 쉽게 빠져들 수 있다. "우리나라에는 진정한 의미의 국민은 없고 또 국민의 진정한 총의라는 것도 없었다고 말해보았자 미국에 선전포고를 한 것이 국민의 전체의지이고 미국과 싸운 것이 하나의 전체로서의 우리 국민이었다는 사실을 어떻게 할 수도 없다."[88] 와쓰지는 공동체주의적인 욕망의 이 폭력적인 표명에 틀림없이 투항하고 있다. 아니, 다시 말해 와쓰지는 정확하지 않다. '하나의 전체로서의 우리 국민'이라는 말로 그가 전후 일본의 인민을 의미하고 있다면, 그는 거의 의도적으로 이 글이 쓰이기 몇 년 전까지 존재하던 현실의 기억을 억압하고 있다고 하지 않을 수 없다. 아시아태평양전쟁에서 싸운 '우리 국민'에는, 전후의 '우리 국민'에 포함되지 않는 많은 사람들이 존재했던 것이다. 이미 말한 바와 같이 '팔굉일우'라는 구호와 천황의 이름 아래 이 전쟁은 수행되었으며, 천황이라는 형상은 대일본제국에 병합된 지역의 사람들을 동원하기 위해서도 사용되었다. 와쓰지 본인이 그러한 동화주의에 반대했다는 것과 전쟁이 그렇게 운영되었다는 것은 별개의 사안이다. 전후 일본 국민에 편입되지도 않았고 또 편입되기를 원하지도 않았을 사람들도 천황의 이름 아래 희생되었다. 제국의 상실이라는 전후 맥락 속에서의 와쓰지의 예리함을 과소평가할 수는 없지만 그의 (자기구제적인) 망각은 국민의 전체성이라는 개념 자체의, 그리고 천황과 인민통합의 표현과 국민의 전체성 사이의 관계의 자의성을 여실히 보여준다. 실제로 와쓰지의 이 망각은 1945년에 제국이 상실되고 나서 일본 지성계에서 와쓰지의 문화적 국민주의가 일종의 헤게모니를 얻게 되는 역사적 상황을 이중으로 잊어버리는 것이었다. 즉 첫째, 다양한 민족집단을 하나의 국민국가에 동화시키는 임무와 관련해 일본정부는 패전할 때까지 민족적 통일체가 곧바로 국민의 통일체와 동일시되는 특수주의적 국민주의의 입장을 결코 취할 수 없었다. 일본은 제국주의 국가였으며, 나는 단일민족적 사회편제와 다민족적 사회편제 사이의 지속적인 구별이 가능하다는 생각에 대해 이론적으로 의심을 품고 있지만, 일본은 1945년 8월 이전에는 다민족적 국민국가였기 때문에 일본국가는 결코 그 정책을 이른바 특수주의라는 기반 위에서 정당화할 수 없었다. 와쓰지가 천황제에 문화론적으로 정통성을 부여한 것은 일본의 지식인과 엘리트가 일본제국주의의 과거와 다민족적 정책을 부인하는 것을 사후적으로 도왔다고 할 수 있을 것이다. 둘째, 문화론적 국민주의의 시선 아래서는 와쓰지의 특수주의가 전후 동아시아에서 미국의 헤게모니를 거부하거나 규탄하는 것이 아니라 오히려 일본을 그 헤게모니 안에 적응시키는 역할을 했다는 사실이 지워진다. 이 특수주의는 미국의 보편주의에 대한 비판은 고사하고 보편주의를 보완하는 것이었다. 와쓰지의 문화적 국민주의는 전후 일본의 특수주의와 미국의 보편주의 사이의 공범관계를 보여주는 가장 좋은 증거의 하나이다.

천황과 국민공동체의 전체성 사이의 관계는 실제로 이중으로 자의적이다. 아마도 천황이 가장 잘 표현하는 것은 이 제곱된 자의성과 그것에 내재하는 기회주의적 무책임함일 것이다. 그럼에도 불구하고 천황제는 예외적인 것은 아니다. 에르네스토 라클라우가 역설했듯이 사회적 상상물로서의 전체성과 구체적인 사회정치 구조 사이에는 항상 자의성이 존재한다. 천황제는 이 자의성을 입증하는 또 하나의 예일 따름이다.

와쓰지가 미국에 의해 주어진 신헌법에 명시된 천황의 지위를 열렬하게 지지하면서도 국제적 분쟁의 해결을 위해 군사적 수단의 사용을 금지한 헌법 제9조에 대해 거의 주의를 기울이지 않았다는 것은 주목할 만하다. 와쓰지는 공사(共死)의 논리 바깥에서의 국가의 가능성과 죽음을 향하는 결단성을 통한 공동생기에서 멀리 떨어진 주체의 자유를 향하는 가능성이라는 헌법 제9조의 이론적 함의에 대해서는 전혀 관심을 보이지 않았다. 그리고 그는 전체성의 향수 어린 심미화를 통해 개인 속에 전체성이 내재하는 것을 보장해주는 증거만을 계속 추구했다.

오늘날 전전(戰前) 천황제의 통합력은 산산이 흩어져버린 것처럼 보인다. 아마도 와쓰지를 그 개조(開祖)로 볼 수 있는 일본인론이 (근대 국민주의 담론 안에서는 국민의 독자성을 강조하는 것이 전혀 독자적인 것이 아니지만) 천황제를 근대의 국가 통합주의로 이야기하는 것을 방해하고 있는 것이고 그럼으로써 이 제도는 비판적 검토에서 보호되고 있는 것이다. 하지만 천황제를 '26세기'의 일본역사의 고유한 독자적인 제도로서가 아니라 근대 통합주의의 한 형태로 본다면 애국주의적 격분 속에서 표출되는 폭력적인 공동체주의적 동일화에서 완전히 떨어져 있다고 쉽게 확신할 수 있는 사람은 없을 것이다.

와쓰지의 인간학이 제시한 공동체에 대한 동일화를 지향하는 죽음의 논리, 요컨대 공사(共死)의 논리는 일본의 '국민성,' 일본 국민공동체의 문화적 '성격'에 특유한 것으로 처리하면 되는 것일까?

근대 애국주의는 지금까지 한 번이라도 이 '영적 교합＝합체'의 논리에서 자유로웠던 적이 있었을까?

4 주체 그리고/혹은 主體와 문화적 차이의 각인

　　인생에 대한 벤담의 이론이 개인에게 별 도움이 되지 않는다면 사회를 위해서는 무엇을 할 수 있을까? 일정한 정신적 발전상태를 달성하고 그 상태를 유지할 수단이 따로 주어져 있는 사회라면 벤담의 이론은 그 사회의 물질적 이익을 보호하는 규칙들을 규정할 수 있을 것이다. 하지만 그것은 (때로는 고상한 교의 중의 한 도구로서 도움이 될지 모르지만) 사회의 정신적 이익을 위해서는 아무런 도움이 되지 않는다. 뿐만 아니라 그 자체로는 물질적 이익을 위해서도 충분하지 않다. 물질적 이익을 존재하게 하고 어떤 인간집단을 하나의 사회로서 존재하게 하는 것은 오직 국민성이다. 즉 국민성이야말로 어떤 국민에게는 그 시도를 성공하게 하며 다른 국민에게는 실패하게 하는 것이다. 또 어떤 국민에게는 고상한 것을 이해하고 희구하게 하며 다른 국민에게는 천한 일에 몰두하게 하고, 또한 어떤 국민의 위대함을 영속시키며 다른 국민을 일찍 급속하게 쇠망시키는 것이다. ……국민성의 철학에 기초하지 않은 법이나 제도의 철학이란 어리석은 짓이다.

ㅡ존 스튜어트 밀

주관과 主體

　　처음부터 나는 이론과 아시아 연구라는 문제가 원래 정치적인 것임을 강조해야만 한다. 정치적이라 함은 사회적 조건들의 상호 적대적(antagonistic) 성질을 은폐하거나 중성화하지 않고 명확히 나타낼 수 있는 방식으로 이 문제가 제시되어야 한다는 의미에서이다. 사실은 문제에 대한 발화행위가 항상 적대(antagonism)를 전제로 한다는 것은 여기서 거듭 말할 필요도 없는 자명한 이치이다. 하지만 나는 오늘날만큼 '이론적 접근'의 비정치적 응용이 일반화된 적이 없다고 생각하므로 굳이 이것을 언급해야 하는 것이다. 이 수십 년 사이에 '이론적 노력'에 의해 밝혀진, 그러나 우리가 그 속에서 살아갈 수밖에 없는 사회적 인식론적 편제 속에 있는 자민족중심주의와 유럽중심주의의 뻔뻔스럽고도 부인하기 힘든 현실에 직면할 때, 주위에서 목격하곤 하는 적대나 수많은 부정(不正)의 사례를 중성화하고 보이지 않게 하는 무매개적인 화해나 종합의 헤게모니 논리에 우리는 아마도 과거보다 더 현혹되기 쉬울 것이다. 그런 상황에서는 이론으로 언급되는 것은 그러한 질문들과 우리가 갇혀 있는 역사적 난제들을 상기시킬 수 있는 불안감을 그 이름으로 억압하는 권위로서 이용될 수 있으며, 또한 이론은 아시아에 관한 학술적 논의를 아시아 연구자와 그 연구대상의 관계라는 골치 아픈 논점과 격리시켜줄 수 있다.

이론은 우리를 고민하게 하거나 불안하게 하지 않는 것으로 변하는 경우가 많다. 우리와 아시아 사이에 가상된 인식론적 관계 속에 존재하는 불안의 장소를 들춰내는 대신 이론은 아시아 연구 전문가의 발화 위치에 관한 더 깊은 탐구를 하게 만드는 질문들을 중성화하거나 침묵시키는 역할을 하게 되는 것이다.

그래서 이론의 정치성을 놓치지 않기 위해서는 개별 학문영역의 집합체로서의 아시아 연구의 구성과 그것에 대한 연구자의 관여에 대해 계속 질문을 던질 필요가 있다. 이를테면 부르디외가 "객관화의 수단이 제공하는 가능성으로 [대상을] 마음대로 가까이하거나 멀리하고 확대하거나 축소해서 장난하는 연출가이며 힘에 대한 일종의 몽상 속에서 자기 자신의 구축 규범을 대상에 강요하는 객관적이고 객관화하는 관찰자라는 미리 지정되고 승인된 위치"[1]라고 말하는 것을 계속 문제 삼을 필요가 있다는 것이다. 관찰자의 발화위치를 문제 삼는 일은 대상이 그 자체로서 거기에 존재하는 것이 아니라 단지 그것이 묘사되는 경우에도 관찰자의 부분적 참여를 요구한다는 것을 일깨워준다. 그러한 인식론적 관계의 대상 또는 도키에다 모토키(時枝誠記)가 '관찰적 입장'으로 언급한 것은 '주체적 입장'의 기초 위에서만 생겨날 수 있다.[2] 대상의 관찰은 항상 관찰자의 '실천'을 동반하며 연구자가 그 대상과 실천적 관계를 가지지 않는다면 그는 그 대상과 인식론적 관계를 가질 수도 없는 것이다.

따라서 내 생각에 이론의 의미는 해결에 의한 안정이 아니라 질문에 의한 환기를, 즉 공시성에서의 정체성/동일성의 고정이 아니라 호미 바바가 '타성반복적 정지'(iterative stoppage)의 반복이라고 부르는 것을 향해야 한다.[3] 이 제기의 밑바닥에는 이론은 항상 이중적인 양식으로 작동한다는 사실이 깔려 있다. 즉 이론은 문화적 차이에 대한 모든 서술에 내재하는 본질적 애매함을 이용하며 마치 사르트르가 말하는 '자기 기만'과 같은 것이 깃들어 있듯이, 이론은 자기자신에 대해 한 입으로 두 말을 하는 것이다.

인식과 실천의 이 교차점에서 부르디외가 '실천감각'에 대해 언급하면서 주장한 것이, 이제는 고전적 개념인 전간기(戰間期)의 근대일본 철학과 언어학의 주체성에 관한 논의들과 교차하며 그것에 내재하는 정치적 맹목성을 드러내는 듯하다.

제작된 작품(opus operatum)과 제작 양식(modus operandi)을 부르디외가 구별한 것과 유사하게 나는 문화와 문화적 차이의 분석이라는 맥락에 subjectivity에 대한 두 가지 정의, 즉 인식론적 subject인 주관과 主體(실천의 subject 또는 실천의 행위체)라는 가설적 차이화를 도입하고 싶다. 물론 主體가 subjectivity의 일반성에 포함되는지 여부는 아주 문제적이며, 안정되기에는 너무 거리가 멀다.

주체는 subject, sujet, Subject를 번역한 신조어로서 주어, 주관, 주제, 신민 등의 번역어와 더불어 일본의 지적 어휘에 도입되었다. 나는 주체를 영어로 번역한 것이 대부분 subject와 일치하지 않는다는 것을 강조하고 싶다. 영어에서 일본어로, 그리고 또 일본어에서 영어로의 번역의 순환, 즉 subject→주관/주체→subject라는 순환이 영어와 일본어의 subjectivity라는 개념들 사이의 차이로는 충분히 설명될 수 없는 잉여를 불가피하게 산출하는 것이다. 바꿔 말해 subjectivity의 일본판 개념과는 다른 主體는 초국가적으로 이루어지는 번역이라는 교환에서 등가성의 배분(the economy of equivalence)에 포함될 수 없다. 이런 점에서 主體는 일본어라는 통일체에도 영어라는 통일체에도 귀속되지 않는다. 그것은 처음부터 잡종적인 것이다. 이 잡종성 때문에 주체가 자기 구성을 하기 위해 主體는 부정/부인되어야만 한다. 主體 자체가 잡종적이며 그것이 주체가 구성되는 과정에서는 불가피한데도 구성된 주체에서는 그것이 말소되고 부인되는 것이다. 이런 점에서 主體의 잡종성은 재현 불가능하다. 부분적으로는 이것 때문에 나는 주체라는 개념에 관한 어떤 형이상학에 대한 주의를 끌기 위해 주체라는 단어를 회피하는 번역어로서 主體를 '발화행위의 신체'로 표현하고자 노력해왔던 것이다. 인식론적 주관과 主體라는 이러한 subjectivity의 두 가지 한정은 결코 두 가지의 명확한 개념성으로 간주될 수는 없지만, subject에 내재하는 차이로서, 그 배분이 잠재적으로 다양한 의미 혹은 방향——예를 들어 경험적·초월론적이고 존재적·존재론적 차이들을 향하는——을 그려낼 수 있는 차이로서 인식론적 주관에서 실천적 행위체를 차이화해서 구별하는 일은 아시아 연구 수행에서의 이론의 정치성을 설명하는 데 도움이 될 것이라고 나는 생각한다.

더욱이 인식론적 주관과 主體 사이의 차이는 전전(戰前) 일본의 철학적 논의에서조차도 결코 한 가지로 결정되는 것이 아니다. 반대로 1920년대와 1930년대에 이미 subjectivity의 이러한 두 가지 의미를 어떻게 구별할 것인가 하는 논점은 실천과 지식에 관한 정치적 문제였다.[4] 이 구별의 불안정성을 감안하면서 전전 일본의 철학적 담론에서 제기된 subjectivity의 문제와 이론과 아시아 연구라는 우리의 문제를 연결할 가능성을 탐구하고 subjectivity에 관한 일본의 철학적 논의를 읽음으로써 그 문제에 대해 생각해보고자 한다.

문화적 차이의 서술과 시간의 이중성

이 주체의 차이화 그리고 주체에서의 차이화는 문화적 차이의 분절화에서 시간성의 이중성을 검토할 수 있게 하는데, 그 이중성에 따라서 문화적 차이의 서술이 항상 연구대상과 연구자가 맺는 관계 속에서 특정한 발화위치를 인지하고 시인한다는 것이 드러날 수 있는 것이다. 문화적 차이를 쓴다는 것은 연구자가 그 차이를 관찰하는 것으로 되어 있는 특정한 발화위치를 확립하는 일이다. 하지만 다른 사람들을 만나지 않고서는 문화적 차이를 만날 수 없다는 것은 아무리 강조해도 충분하지 않다. 경험은 사회적 진공에서 생기는 것이 아니고, 다른 사람들과의 만남은 그들과의 어떤 사회관계에 관여하는 것을 의미하기 때문이다. 따라서 문화적 차이의 서술은 반드시 연구자 자신을 포함하는 특정한 사회관계를 각인하고 제도화하는 행위와 항상 관련되어 있다. 그리고 문화적 차이의 서술이 문화생산의 제작적(poietic) 행위가 되는 것은 이 시간성의 이중성을 통해서이다. 그러는 한 문화적 차이의 서술이 문화적 차이를 산출하고 제도화한다는 주장은 타당하다.

문화적 차이와의 만남은 본질적으로 사회적인 것인 실천 속에서 이루어진다. 따라서 문화적 차이의 서술은 항상 지연되고 사후적인 반응이 되는데, 문화적 차이를 서술의 대상으로 파악하기 위해서는 그것을 이해하고 현상으로 변용시켜야 하기 때문이다. 연구자가 관찰하는 사회적 세계의 어떤 측면의 특징들을 서술하는 것은 반드시 (의미작용의) 과정 또는 장 프랑수아 료타르가 '수행성'이라고 부른 것이 되며, 거기서 (본질적으로 상상적인 발화의 주체로서) 연구자의 위치는 관찰적이고 과학적인 서술 속에서 구성된 대상과의 관계에서 표상되거나 자의적으로 정립된다. 시각(vision)의 실천계의 역사적 변화에 관해 조너선 크래리가 주장했듯이 문화적 차이를 관찰하는 인식론적 subject인 주관은 그 실천계의 규칙들을 준수하는 관찰자(observer)이기도 하며 따라서 규칙들에 종속된 주체(subject)이기도 하다.[5] 하지만 관찰하는 주체의 정립(이 논의의 맥락에서는 주체의 고정화)과 대상의 구성은 같은 평면에서 일어나지 않는다.

이런 점에서 '우리'가 만나고 그럼으로써 '우리'에게 직접성으로(더 정확하게는 기원으로서의 반복으로) 주어지는 문화적 차이와 서술된 문화적 차이를 내가 가설적으로 구별한 것은 원초적인 지각과 그 서술에서의 이차적 표상을 구별하는 것과 일치하지 않는다. 약분불가능성이 항상 붙어 다니는 이상 차이는 원초적으로 주어진 것을 통해 지각된 것으로, 즉 현상학적인 의미에서 지각된 것으로 주어지지 않기 때문이다. 이미 한정된 서술대상이 아니고서는 문화적 차이는 지각될 수 없다. 그것은 오히려 유학에서 말하는 '정'(情), '움직이는 것' 또는 라캉이 말하는 '실재적인 것/실재계'(réel)로서 우리를 만난다. 그것은 의미작용의 공시성인 '이'(理)에서는 포착될 수 없다.[6] 바꿔 말해 쾌락원칙에 의해 지배되는 공간화된 시간의 배분질서 안에 포함될 수 없는 불안 혹은 섬뜩한(unheimlich) 것이라는, 대상화할 수 없는 '정'으로서의 문화적 차이와 마주치는 것이다. 이런 연유로 문화적 차이가 한정된 문화적 차이로서, 즉 실체들 사이에서 그 정체성/동일성을 확정할 수 있는 차이로서 지각되기 위해서는 발화행위에서 분절되고 억압되어야 한다. 시간적으로 기원적인(original) 것이 아니라 의미상으로 근원적인(originary) 위치를 부여받음으로써 문화적 차이는 반드시 일반적인 텍스트에서 반복으로 주어지며 따라서 분절화의 정치 그리고 분절화에서의 정치는 피할 수 없다.

문화적 차이가 연구대상과 관련되는 현상으로 변용되는 이 의미작용의 과정에서 일어나는 것은 문화적 차이와의 실천적이고 비공시적인 만남을 포착하는 일이며, 그것을 쳐다보고 고찰하며 인지하는 자, 즉 주관 앞에 세우는 일이다. 동시에 그것은 현상화된 여건에서의 일정한 거리와 분리를 삽입하는 것인데, 덕분에 주관은 보편적 객관성의, 눈에 보이지 않는 보증인인 양 행세할 수 있다. 주관은 실천적 관계들에서 분리되고 현상을 관찰하기 위해 필요한 형식적 조건인 추상적 주체가 되는 것이다. 여기서 실천의 행위체인 主體가 주체성의 범위 안에 등기될 수 있느냐 하는 문제가 생기지 않을 수 없다. 실천적 주체인 主體는 당연히 현상성의 가능성을 위한 존재론적 요청인 주관과 같을 수는 없기 때문이다. 더욱이 문화적 차이의 서술 또는 인지 자체는 실천으로서, 발화행위로서 일어나는 것이지 그것을 쳐다보거나 현상화하는 자 앞에 세울 수 있는 것은 아니다. 따라서 의미작용의 과정은 원초적인 지각으로 거슬러 올라가거나 돌아갈 수 있는 외재화나 소외의 과정과 혼동되어서는 안된다. 문화적 차이는 그 자체로서 저절로 주어지지 않는다. 의미작용의 과정 없이는 존재자들 사이의 존재론화된 차이로서의 문화적 차이 자체는 결코 존재하지 않을 것이다. 문화적 차이에 대한 발화행위는 항상 기존 담론에서 서로 이질적인 다양한 파편들을 동원하고 그것들을 새롭고 우발적인 방식으로 결합시키는 것이다. 설령 그것이 차이와 분리의 승인이라는 이름으로 표상되어 있다 하더라도 그것은 반드시 '공(共)존재'(être-en-commun)의, 장 뤼크 낭시가 특수화한 의미에서의 공산주의(communism)의 시발점이다.[7]

즉 우리가 문화적 차이를 만나고 그것을 발화하는 실천은 에르네스토 라클라우와 샹탈 무프가 말하는 '분절화'일 수도 있다.[8]

조직과 조직될 파편들이 그것들을 초월하는 전체성의 불가결한 계기가 되는 '매개'에 저항하여, 라클라우와 무프는 조직이 "우발적이며 따라서 파편들 자체에는 외적인"[9] 방식으로 파편들을 조직하는 '조직화'에 대해 명확히 말했다. 그것이 "사회적 관계들을 구성하고 조직하는 분절화의 실천"[10]이다. 분절화의 실천이 작용하는 파편들은 닫히고 완전히 구성된 전체성으로 환원될 수 없다. "모든 전체성의 불완전한 성격 때문에 우리는 봉합되고 자기규정된 전체성으로서의 사회라는 전제를 분석의 영역으로 삼는 것을 포기해야 한다."[11] 따라서 사회적 관계가 완전히 고정되는 필연적 법칙들을 끌어낼 수도 없고, 어떤 사회적 관계가 주어진 사회적 또는 문화적 전체성에 대해 완전히 내적인지 외적인지도 결정할 수 없는 것이다. 마찬가지로 문화적 차이를 어떤 완전히 구성된 문화적 통일체나 사회와, 또 다른 문화적 통일체나 사회 사이에 있는 것으로 개념화할 수도 없다. 그러므로 문화적 차이의 경험은 바로 "모든 전체성의 불완전한 성격" 때문에 가능한 것이다. 즉 문화적 차이를 안과 밖의 차이로 개념화할 수 없게 만드는 분절화의 실천 한가운데에서만 문화적 차이를 감지할 수 있다는 것이다.

하지만 다음과 같은 것을 강조하는 것도 중요하다. "사회를 필연적 법칙들에 의해 통일된 총체로 보는 개념을 비판하는 데 단지 요소들 간의 관계의 비필연성만을 내세울 수는 없다. 그렇게 하면 요소들 자체의 동일성이라는 필연적 성격이 유지될 것이기 때문이다."[12] 따라서 분절화의 실천은 "결코 완전히 고정되지 않은 정체성/동일성의 이 영역"에서, 즉 "중층결정의 영역"[13]에서 일어난다. 그리고 "모든 주체위치의 담론적인 성격을 긍정하는 일은 독창적이고 정초(定礎)적인 전체성으로서의 주체라는 견해를 거부하는 것과 연결되어 있었기 때문에

지배적이어야 할 분석적 계기는 다른 위치들과 관련되는 어떤 위치의
분산이나 탈전체화 또는 탈중심화의 계기가 되었다."14) 그래서 스스로
에게 투명하게 현전하는 주체로서는 결코 이해될 수 없는 분절화의 실
천의 행위체를 위한 주체위치에 관해서는, 분절화란 탈중심화하는 절
개적(切開的)인 실천이어야 한다.

그럼에도 불구하고 아시아 연구에서는 문화적 차이를 서술하는 행
위체는 종종 미리 결정된 정체성, 이를테면 아시아인에 대한 서양인처
럼, 그 관찰이 이루어지는 영역에서 완전히 동떨어지고 분리된 주체위
치를 차지할 것으로 상정되는 정체성을 가진 자로서 스스로를 제시한
다. 이런 경우 서양인이라는 정체성은 바로 매리 루이즈 프랫이 '접촉
지대' 15)라고 부르는 곳, 즉 연구자가 문화적 차이를 만나고 관찰하는
장소에서 '제국의 눈'을 가진 자로서 환기된다. 분명히 이 분리주의적
인 자기제시에는 아시아인 자신에 의해 본질화된 아시아인의 정체성
의 자기제시가 대응하는 경우가 많다.

이런 점에서도 우리는 문화적 차이의 분절화에서 시간성의 이중성
에 직면한다. 두 가지 시간성 사이의 이 모순은 호미 바바가 '시간성'에
대해 말할 때 문화적 차이의 분절화에 "정치적 상상물(imaginary)의 사
회운동에 대한 상징적 접근"16)을 부여한다고 한 바로 그것이다. 그리
고 바바가 프란츠 파농을 따라서 '시간의 어긋남'(time lag)이라고 부르
는 것, 즉 "상징과 기호 사이의, 공시성과 (통시성이 아닌) 중간 휴지 또
는 발작 사이의 방해적 중복 속에서 산출되는 타성반복적·심문적 공
간"17)은 계속 그 두 가지 시간성에 대한 주의를 환기시킨다. 하지만 나
는 그것을 "타성반복적·심문적 공간"이라기보다는 "타성반복적·심문
적 지속"이라고 부르고 싶다. "연속의, 융합의, 조직의, 다질성의, 질적
분별의 또는 본성상의 차이의 내적 다수성"18)으로서의 베르그송적 지
속(durée)이 문화적 차이의 표상 속에 고정된 문화적 정체성/동일성의

안정성과 문화적 차이가 분절되는 발화행위의 시간성 사이의 근원적
인 약분불가능성을 보다 적절히 표현할 수 있다. 병렬, 비교, 상호 외재
성이나 어떠한 연장의 관념과도 양립할 수 없는 순수지속과 공간이 약
분불가능한 것과 마찬가지로 문화적 정체성/동일성의 안정성은 발화
행위의 시간성과 약분불가능하다.[19] 바꿔 말해 인식론적 subject인 주
관과 실천의 행위체인 主體는 언제든지 차이화가 가능한데도, 그 양자
는 결코 일치하지 않으면서도 반드시 중첩되어서 나타난다. 인식론적
주관이 공시성의 공간성 속에서 나타나는 한편, 主體는 항상 그러한
공간성에서 벗어나고 결코 그 자체로서 나타나지 않는다.[20] 主體에는
늘 탈자적(脫自的, ecstatic) 시간성이 각인되어 있는 것이다. 다시 말
하면 主體는 거울 이미지처럼 그 자체로서는 결코 이야기할 수 없다.
그래서 나는 다음과 같이 제기하고 싶다. 주관과 主體는 'subject'라는
동일한 이름으로 불리는데도 그 양자는 두 가지로 서로 다르게 등기되
어 있으며 인식론적 subject인 주관이 공간에서 마련되는 반면 主體는
오히려 지속으로서의 시간 속에서 마련된다.[21]

이런 점에서 바바의 개입은 본질적이었다. 왜냐하면 그는 문화적 차
이의 분절화에서 발화행위의 수행성에 내재된 가능성으로서 문화표상
의 '공간'에 각인된 동일성을 변용시킬 가능성을 단호하게 제시하기 때
문이다. 주체성의 형성과 그 가능한 변용에 대한 문제들이 문화적 차이
를 이해하는 데 없어서는 안될 부분으로서 언급되지 않으면, 고정된
정체성/동일성의 탈구를 이루게 하고 문화적 차이의 또 다른 분절화를
촉진시키는 그러한 이론과 정치적 개입을 만들어낼 수 없을 것이다.
이러한 정체성들이 영원하고 초역사적이라고 여겨진다면, 식민지의
주인과 토착민 하인에게서 볼 수 있는 것 같은 정체성들 사이의 가정
된 위계가 일반적인 경제적·정치적 발전의 결과로서 변화를 겪고 뒤집
어졌다고 상상될 때, 가장 양심적이며 자기비판적인 과거의 '주인들'조

차도 노골적인 자민족중심주의에 의지하거나 '회귀'하려는 유혹에 저항하기 힘들다는 것을 깨닫게 될 것이다. '서양으로의 회귀'라는 최근의 풍조가 증언하는 것이 분명 그것이다. '서양인' '유럽인' '백인'이라는 그들의 정체성이 본질화되어 있기 때문에 그들은 이윽고 궁지에 몰려 있다고 느끼고 그들의 "부정당한" 전통이라든지 "서양문명에 대한 사랑"이라는 식의 온갖 호소를 통해서 그들의 민족적 본래성의 인지를 요구하기 시작할 것이다. 변화하는 세계 속의 그들의 입장에서 상상된 변화에 대한 반동적 반응은 우발적인 것도 병리적인 것도 아니다. 어떤 의미에서 그것은 민족적·인종적·국민적·문화적 정체성/동일성이라는 본질주의의 불가피한 결과인 것이다. 따라서 문화적 차이를 분절할 때 인식론적 주관과 실천의 행위체를 이론적으로 해독하는 데 문제가 되는 것은, 지식 생산의 자민족중심적인 실천계에 대한 보복적 폭로를 뛰어넘는―물론 어떤 단계에서는 보복적인 폭로가 필요할 수도 있지만―비판적 개입을 어떻게 찾을 것인가 하는 것이다. 여기서 문제가 되는 것은 문화적 차이의 또 다른 분절화와 더불어 발화되는 또 다른 사회관계의 분절화를 우리가 어떻게 마음속에 그리느냐 하는 것이다.

문화적 차이의 분절화에 있어서는 대상과의 순수한 인식론적 관계도 순수한 실천적 관계도 불가능하다. 또는 대상은 사회적 세계의 완전한 외부에 위치하고 그 세계에 철저하게 인식론적으로 참여하는 외부자일 수도 없으며, 그 세계 속에서 단순히 맹목적으로 실천적 관계를 살아가는 내부자일 수도 없다. '시간의 어긋남'과 시간성의 이중성 때문에 안과 밖이라는 대립은 유지될 수 없고, 또 일련의 억압적 부인에 의해서만 재생산되기 때문이다. 따라서 공시성과 중간 휴지 사이의, 그리고 주관과 主體 사이의 불안정한 차이화에 대한 나의 탐구는 내가 "발화의 치환"이라고 부르는, 문화표상의 공간에 다양한 정체성

들을 각인하고 또 재각인하는 것과 더불어 정치적 개입의 지점을 드러
내줄 것이다.

아시아 연구에서의 이론

　　　　　그럼 시간성의 이중성에 관한 나의 논의는 이론과 아시
아 연구에 대해 어떤 의미를 가질 수 있을까?

　안/밖이라는 대립의 불가능성은 다음과 같은 것을 의미할 것이다.
아시아 연구를 하는 연구자들은 자신의 국민·민족·계급 그리고 젠더
등의 배경과 무관하게 아시아라는 사회적 세계에서 그곳의 단독적인
존재자들에게 스스로를 드러냄으로써 그 세계에 포함되는 실천적 관
계와 이미 관련되어 있다. 이런 점에서 아시아 연구를 전공하는 연구
자는 그가 아시아라는 텍스트(가장 넓은 의미에서의 텍스트)를 관찰하
고 이해하려 하고 그것에 관해 확정한 것을 발화하는 한 아시아인이
다. 아시아 연구를 전공하는 미국인 연구자라 할지라도 스스로를 아시
아라는 사회적 세계의 순수한 외부자로 제시할 수는 없다. 하지만 동
시에 이른바 아시아인 자신도 스스로를 순수하게 실천적인 주체, 고유
한 사회적 세계에 무매개적으로 그리고 처음부터 살아온 진짜 토착민
으로 간주할 수 없다는 것을 강조하는 것은 중요하다. 문화적 차이의
분절화는 토착민과 비토착민, 아시아인과 비아시아인, 비서양인과 서
양인이라는 식의 공시적 대립이 근본적으로 문제시되는 바로 그 지점
에서 생겨나기 때문이다. 인식론적 주관과 실천의 행위체 사이에서 지
속되는 긴장을 실천적으로 협상(물론 그것은 정치적인 것이다)할 때에
만 문화적 차이의 분절화가 발화될 수 있다. 기호의 공시성 속에 고정
되고 상정된 정체성을 놓고 내기를 걸 때에만 그런 정체성은 다시 마

련될 수 있다. 만약 그런 정체성이라는 것이 가능하다면 말이다.

물론 연구자가 연구대상인 사회적 세계를 향해 스스로를 드러낸다는 것은 대상이 되는 그 사회적 세계의 거주자들이 스스로를 동일화하는 사회에 연구자가 받아들여졌다거나 동화되었다는 것을 뜻하지는 않는다. 실천적 관계라는 것은 전혀 갈등의 가능성을 배제하지 않는 것이다. 반대로 실천은 본질적으로 상호적대적이다. 이런 이유에서 아시아 여러 나라의 많은 사람들이 자신의 민족공동체적 정체성을 구축하기 위해 아이러니컬하게도 이른바 서양인이나 식민자의 서양이라는 정체성/동일성만을 받아들여 서양인이나 식민자를 외부자로 간주하고 배제해야 했다.(이것을 옥시덴탈리즘이라고 불러야 할까?) 그들에게 강요된 유럽중심주의적 분류를 뒤집음으로써 고유한 국민/민족이라는 신화적 주체를 구축할 수 있었던 것이다. 그와 유사하게 아시아 연구를 하는 연구자들은 종종 그 대상인 사회적 세계와의 실천적 관계 속에서 그 속성이 의심받게 된 서양이라는 정체성/동일성을 스스로에게 납득시키기 위해서 아시아 사회나 문화의, 심지어는 생리학적 체질상 어쩔 수 없이 비서양적인 특징을 주장하는 일에 사로잡혀 있다. 우리는 인종주의에 의해 강요된 스테레오타이프를 스스로 내면화한 아시아의 문화본질주의와 로버트 영이 서양의 나르시시즘이라고 부른 것 사이의 기묘한 공범관계를 수없이 목격해오지 않았는가?[22]

아시아의 문화본질주의와 서양의 나르시시즘 사이의 전이와 역(逆)전이를 통해 드러나는 것은 문화적 차이의 분절화를 발화하는 행위체의 경계성(境界性, liminality)에 의해 야기되는 불안을 치환하려는 충동이다. 스스로가 관여하고 있는 바로 그 문화적 차이를 분절하기 위해 아시아 연구자는 아시아 사회에서 서유럽이나 북미로 이민 간 사람처럼 '사이에 있는' 경계적 입장에 처할 수밖에 없으며 그 결과 연구대상과의 실천적 관계에 내재하는 적대관계의 한가운데서 자신의 모습을 발견하게 된다. 과거, 또는 현재 식민지배를 했던/하고 있는 제국주의 국가에서 온 인류학자가, 대다수 사람들이 그 제국주의 국가의 식민주의적 폭력의 참혹한 결과를 일상의 현실 속에서 명명백백한 것으로 인식하고 있는 지역에서 활동하는 경우를 상상해보자. 그런 경우 그 인류학자는 대상이 되는 사회나 문화 또는 사람들과 자신 사이에 순수하게 인식론적인 관계를 도입하고 "실천에 대한 실천적 관계를 실천에 대한 관찰자의 관계"[23]로 대체하고 싶은 충동을 이겨내기 힘들다는 것을 깨달을 것이다. 강상중이 보여주었듯이, 서양에 의한 비서양의 나르시시즘적 배제를 모방하는 가장 전형적인 '오리엔탈리즘'적 시각은 일본이 과거에 아시아 여러 나라에 관여한 결과에서 오는 역사적으로 피할 수 없는 불안을 부인하기 위해 일본의 고등학교 검정 역사 교과서에서 재생산되고 있다.[24] 그것은 아마도 특정한 실천관계에서 야기된 불안을 서양과 아시아 또는 일본과 한국이라는 식으로 짝을 이루는 정체성들 사이의 일반적인 이항대립으로 대체하려는 충동의 형식을 취할 것이며, 그럼으로써 그러한 정체성/동일성은 계속 재생산되고 물상화되는 것이다. 그것은 '사이에 있는' 이 경계적인 장(topos)에서 아시아 연구자가 그 정체성/동일성의 위기와 마주친다는 것이 아니라, 오히려 그들은 경계성이라는 이 위태로운 '접촉지대'에서 '위기로서의 정체성'에 직면하지 않을 수 없는 것이다. 그들이 그들 고유의 서양이나 일본에 강박적으로 스스로를 동일화한 것은 그들이 위기에 처해 있기 때문이다. 따라서 불안의 부인을 통해서 설치된 정체성/동일성이란 '균질지향사회성'(homosociality)에 바탕을 둔 정체성/동일성, 결국에는 부정이나 배제를 통해서만 설치되는 정체성/동일성에 지나지 않는다.[25] 그리고 어떤 단계에서 식민주의와 제국주의의 맹공에 맞서서 근대국민을 만들어낸다는 역사적 필연성에 의해 요구된 아시아의 문화본질주의와 '서양의 나르시시즘' 사이의 상호 전이는 사실은 이

'균질지향적'(homosocial)인 두 요구 사이의 공범관계를 위한 상호 필요에 의해 뒷받침되어 있다.

"이론은 그 고유의 한계를 미리 인식하고 그 안에서만 타당성을 갖는 특정한 지정학적·지역적·역사적 계기에 한정시키도록 예방책을 쓸 수 있는가? 그리고 그래야 하는가?"라는 식의 질문에 함정이 있다는 것은 이제 너무나 명백하다.[26] 이 질문에서 겸손한 몸짓으로 나타나는 것은 아시아 연구라는 실천의 적대적인 성질을 강조한다기보다는 오히려 없애는 구실을 한다. 이 위험성을 인지하지 못한다면 아시아 연구에서 실천의 역사성과 지역적 특수성, 그리고 정치성을 놓치게 된다. 이론의 유효성의 한계와 이론의 가능성의 역사적이고 인식론적인 조건에 대한 평가는 이론적 매개 없이는 이루어질 수 없다. 이론 또는 어떤 이론적 담론전략의 실천계는 한정되어야 하며, 아무 데나 적용할 수 있다고 상정되는 무비판적 '보편주의'로서 그것이 지지되어서는 안 된다는 입장에 나는 동의한다. 하지만 '특수주의'와, 특수주의가 거부하려는 바로 그 보편주의 사이에 있는 공범관계를 망각할 수도 없다.

따라서 이론과 아시아 연구라는 문제에 관해서 먼저 제기되어야 할 문제는 이론과 원래 지정학적 명칭인 '아시아 연구' 자체에 의해 주어지는 일군의 대상들과의 관계이다. 아시아를 전형적인 비서양으로, 유럽이나 서양의 타자로 정의해온, 역사적으로 부정적이고 대립적인 한정 때문에 이론과 아시아 연구에 관한 질문은, 서양/아시아라는 이분법의 배타주의적이고 분리주의적인 성질과, 이 질문이라는 행위가 불가피하게 포함되는 발화위치에 관한 질문의 연쇄를 불가피하게 도출하는 것이다. 이론은 항상 서양에 의한 아시아의— 반드시 강요는 아니더라도— 전유이며, 마치 법칙이라도 있듯이, 바바가 말하는 '봉쇄전략'의 궤도를 따를 것으로 흔히들 상정한다.[27] 이런 이론관은 예컨대 캐서린 홀이 19세기 자메이카의 사례를 통해서 그 정치적 효용을 분석한 것처럼 보편주의와 특수주의의 유사종교적 대립이라는 오히려 낯익은 것을 긍정할 뿐 아니라[28] 그 정치적 함의와 더불어 서양과 비서양이라는 바로 그 대립을 서서히 세서할 수도 있는 이론의 다른 용법을 금지시킨다. 그러한 이론관이 유일한 선택지라면 나는 이론을 거부하라고 권할 것이다. 이론이 서양 남성의 배타적 재산으로 등기되어 있거나 정해져 있다는 오리엔탈리즘적 분업에도 불구하고 이론의 보편주의나 특수주의도 기호의 공시성 속에 등기되어 있다. 실천의 행위체인 主體가 완전히 인식론적 주관에 흡수되지 않는다면 이론적 실천에서의 보편주의나 특수주의도 이렇다 할 만한 논점이 될 수 없는 것이다.

이론과 아시아 연구의 다각적인 연결에 대해 질문을 던지기 위한 서론 단계로서 이론의 정의에 관한 일반적인 혼란을 피하고 싶다. 내가 논의하려는 이론이란, 이론이 적용되고 특수성의 요소로서 서술되는 대상과 대립되는 (무한으로서의 보편성과는 구별되는) 보편적 일반성이라는 의미의 보편성의 요소로서 서술되는 일련의 명제들을 가리키지 않는다.

이론적 실천에서 문제가 되는 것은 보편주의와 특수주의를 이해할 수 있게 하는 공시성의 공간성이라는 구성 속에서 생기는 다양한 힘들의 상호작용이다. 필연적으로 이론적 실천은 그러한 힘들을 인식하는 임무와 관련된다. 하지만 공시성의 공간성을 구성하는 데 작동하는 모든 힘들을 자각하는 것은 결코 가능하지 않다는 것이 강조되어야 할 것이다. 모든 것을 망라하는 관점, 즉 모든 힘을 인식하고 그 정체성을 확정하는 관점을 요구하는 것은, 문화적 차이를 만나게 되는 장소 바깥에 존재한다고 상상되는 공정하고 박식한 자라는 가정을 불가피하게 요청할 것이다. 이런 이유 때문에 主體는 그 본질적 개방성 또는 불완전성으로 인해 역사 속에 있다고 할 수 있는 한편 실천적 관계의 회피는 주관을 본질적으로 비역사적인 것으로 만든다. 따라서 이론적 실천은 문화적 차이의 표상에 개입하고 그럼으로써 그 속에서 작동하는 정치를 드러내려고 해야 하는데, 그것은 문화적 차이가 그 앞에서 모습을 드러낸다고 가정된 인식론적 주관이 지니는 똑같이 본질적인 부분성과 더불어 그러한 이론적 실천의 바로 그 主體가 지니는, 들뢰즈가 본질적 망각이라고 부른 것을 주장함으로써 가능해질 것이다.[29] 내가 이해하는 이론이 떠맡는 것은 가상된 대상에 대한 그 적용을 습득하는 것이 아니라 오히려 그것에 개입하는 일이다.

그리고 '아시아 연구'는 '중국 연구' '일본 연구' 등과 같은 보다 작은 단위의 지정학적 지시대상들로 이루어진다고 이해되기 때문에, 이 첫 번째 질문의 결과 생기는 나의 두 번째 질문은 흔히 균질적 내부성으로서 상상적으로 투사되는 국민국가라는 통일체에 따른 영역의 구성에 대한 것이다.

와쓰지 데쓰로의 동일화와 부인

와쓰지 데쓰로의 『풍토』(風土)는 일본문화사라는 영역에서 가장 중요한 작품의 하나로 지지를 받아왔다. 1928년부터 1934년까지 학술잡지 『사상』(思想)에 처음 연재되었을 때부터 일본독자들 사이에서 놀라울 정도로 광범위한 인기를 누렸다. 많은 점에서 『풍토』는, 일본의 특수성에 관한 담론인 '일본인론'으로 종종 언급되는 대중적인 저작의 장르이자 학문분야인 일본문화사의 발전에 결정적인 역할을 한 정전(正典)으로 읽히고 해석되어왔다.

『풍토』에서 와쓰지는 풍토와 국민성이라는 두 가지 기초적 범주를 사용하여 문화유형학을 확립하고자 했다. 그런데 그 전지구적인 시야

에도 불구하고, 특정한 풍토의 주민으로서의 인간존재를 다룬 해석학
적이고 실존주의적인 이 연구에는 중국·동남아시아·인도·중동·유럽
에서의 짧은 체류와 독일에서 일본으로 돌아오는 길에 관찰한 문화석
차이가 여행자의 관점에서 서술되어 있다. 이 책을 통해 독자들은 아
마도 다른 문화를 접한 저자의 놀라움, 호기심 어린 시선, 분노, 당대
국제정치에 대한 이해를 발견하게 될 것이다. 그러나 동시에 독자들은
저자가 일본과 세계의 다른 지역 사이의 문화적 차이를 관찰함으로써
일본국민의 정체성/동일성이 구성되는 국민의 내러티브도 구성하고
싶어 한다는 사실을 무시할 수 없을 것이다. 그 결과 이 책을 읽고 난
독자는 일본과 다른 모든 풍토·문화·민족들이 최종적 대상, 즉 일본국
민의 문화적 동일성을 향해 누적적으로 종합되는 계기로 간주되고 있
다고 결론지을 수 있을 것이다. 흥미롭게도 『풍토』는 서양의 나르시시
즘과 크게 다르지 않은 나르시시즘에 의해 인도되는 것처럼 보인다.
실제로 와쓰지는 일본독자들을 위해 토착적인 것을 '나르시시즘적이
고 자기통합적인 타자'로 만드는 데 도움이 되는 한, 문화나 풍토를 다
루고 분석함에 있어 유럽의 학문을 차용하는 것을 주저하지 않았다.[30]
더욱이 와쓰지의 유럽에 대한 신뢰는 학문의 영역을 넘어선다. 그는
비서양을 해석할 때 유럽인의 정치적 태도도 차용한 듯 보인다. 예컨
대 그는 자연에 대한 인도인의 순종적 관계를 식민통치자의 관점에서
분석한다. "인도 사람들의 감정이 흘러넘치는 것은 이들의 수용적 태
도에서 비롯되었다. 수용적 태도는 동시에 순종적 태도이다."[31] 인도
사람들의 감정이 흘러넘치는 것이 인도문화의 일반적이고 초역사적
특징임을 보여준 뒤 그는 다음과 같이 단언한다.

마을의 밤 축제조차 수많은 등불을 든 행렬이나 인파로 붐비는 화려
한 분위기 속에 부인하기 어려운 애조(哀調)를 풍기고 있다. 감정이

흘러넘치는 것이 옛날의 인도처럼 우리를 놀라게 하는 대신 의지력의 부족으로, 압박에 대한 굴종으로 우리의 마음을 아프게 하는 것이다. 우리는 억압의 사실을 전혀 목격하지 않더라도 인도사람들 자체가 피억압을 표현하고 있음을 느낄 수 있다. ……인도사람들은 그 수용적·순종적 특성 때문에, 바꿔 말해 전투적·정복적 성격의 결여 때문에 우리의 전투적·정복적 성격을 자극하고 끌어낸다. ……인도사람들은, 자신의 면직물이 세계시장에 나타난 현대에도 여전히 수용적·순종적이다. 무저항주의적인 투쟁이 그것을 잘 보여준다.[32]

와쓰지가 차용한 관점이 너무나 전형적으로 영국의 식민당국이나 19세기 유럽의 오리엔탈리스트의 관점이기 때문에 오늘날에는 이러한 구절이 1928년에 인도를 여행한 일본인에 의해 쓰였다는 사실을 납득하기 어려울 수도 있을 것이다. 와쓰지가 아시아 지역에 관한 지식의 대부분을 유럽의 민족학이나 지리학에서 얻었음은 거의 의심의 여지가 없다. 인도를 바라보는 관점이 철저하게 식민통치자의 그것이라는 데 그는 만족하는 듯하다.(실제로 와쓰지는 『풍토』를 쓰면서 유럽의 오리엔탈리즘적 학문에 빚진 것을 숨기지 않았다. 하지만 영어판에서는 유럽의 풍토학에 관한 장이 빠져 있는데 이는 중요한 문제이다. 이 점에 대해서는 뒤에서 다시 논의할 것이다.)

그럼에도 불구하고 유럽의 제국주의적 야욕으로부터 아시아의 민족들을 해방시킬 것을 주장한 일본의 범아시아주의자들의 식민지 아시아에 관한 저작을 상기시키듯이, 와쓰지는 인도인이 종속되어 있는 식민지의 부정을 감수하지 않는 비인도인이 존재한다는 사실을 완전히 무시하지는 않았다. "인도를 방문하는 여행자는 그 독립을 위한 투쟁을 충동적으로 원하기에 이른다."[33] 이리하여 와쓰지는 적어도 관찰대상과의 실천적 관계가 그를 불안하게 만들 수 있다는 것, 그리고 대상과의 실천적 관계에서 어떤 정치적 결단을 필요로 하는 특정한 위치를 그가 차지해야 한다는 것을 인정한다. 이 불안이 식민지 인도의 당대 정치상황과 밀접히 연결되어 있었음은 부정할 수 없다. 하지만 역사적 특수성에 대한 감각은 몇 구절 뒤에서 와쓰지가 다음과 같이 말할 때 상실된다. "인도 노동자의 체력은 지나[중국]인보다 훨씬 약하며 서구 노동자의 3분의 1 내지 4분의 1에 불과하다고 하는데, 그것이 단시일 내에 변할 수 없듯이 인간의 특성 또한 단시일 내에는 변할 수 없을 것이다." 와쓰지는 변하지 않는 인도 국민성의 증거로 『베다』(Veda)와 기원전 불교의 수사학 이래의 인도 고전들을 인용하여 인도의 풍토와 문화에 대해 분석하는데, 이것은 관찰대상과의 실천적 관계를 탈역사화하는 역할을 한다. 게다가 식민통치에 대한 인도인의 복종을 인도인의 국민성 탓으로 돌림으로써 자신이 대상과의 실천적 관계 속에서 느껴야만 했던 모든 불안은 대상 자체로 투사된다. 영국의 식민통치자를 대신해서 그는 인도인을 억압 아래 둔 것은 영국 식민주의가 아니라 인도 국민성 자체의 초역사적인 본질이었다고 주장하기조차 한다. 여기서 와쓰지는 관찰의 사회적 조건들을 모두 대상의 탓으로 돌리는 가장 전형적인 객관주의를 만들려고 하는 것이다.

제자리에서 벗어난 애매한 위치(백인이 아닌 인도 여행자)가 부분적으로 원인이 되어, 와쓰지는 영국 통치하에 사는 인도인과의 실천적 관계 속에서 어떤 비결정성과 직면할 수밖에 없었으며, 뒤에서 보게 되듯이 윤리학에 관한 그의 학문 전체가 그 비결정성을 제거하는 데 바쳐졌다. 그는 라클라우가 구조의 '탈구'(dislocation)라고 부르는 자리에 놓여 있었으며 그것 때문에 일종의 자유를 얻을 수 있었던 것이다. 하지만 공시성의 공간성을 붕괴시키는 '시간성'에 접근할 수 있게 된 순간, 즉 인도인과 동일화될 수 있었던 바로 그 순간에 와쓰지는 서양과의 동일화를 실제로 결정한 것이다.[34]

그 후에 이루어진 와쓰지의 유럽과의 조우는 오히려 트라우마적인 것이었다. 1927년에 와쓰지는 3년간 독일에서 연구하기 위해 문부성에 의해 처음으로 유럽에 파견되었다. 그러나 독일에 간 지 1년 만에 '신경쇠약'으로 인해 귀국을 결정하게 된다.[35] 그 하나의 이유로서 아마도 난생 처음 자신이 인종차별을 당하는 현실과 직면했다는 것을 추측해볼 수 있을 것이다.

와쓰지의 서양 또는 영국과의 관계는 항상 문제적이었다. 「미국의 국민성」이나 「일본의 신도(臣道)」 같은 에세이에서 와쓰지는 영미제국주의에 대해 거듭 강한 비난을 가했다. 『풍토』에서조차 유럽중심주의에 대한 명확한 규탄을 찾아볼 수 있다. "우리는 헤겔처럼 유럽인을 '선민'으로 보는 세계사를 인정할 수 없다."[36] (3장에서 보았듯이 1930년대 말에 와쓰지는 헤겔식 세계사에 관한 철학적 입장을 바꾸어 세계사에서 국민국가 일본의 사명이라는 이념을 받아들이기 위해 그의 윤리학을 수정하기 시작했다.)

「미국의 국민성」은 근대세계가 비유럽 세계에 대한 유럽의 군사적 우위의 결과로 형성되었다는 내용에 주목하며 시작된다. 와쓰지는 아메리카 대륙의 역사에서 유럽의 군사적 우위는 멕시코와 페루의 왕국을 무찌르고 지역 인구의 대부분을 절멸시켰다고 적었다.[37] 스페인에 의한 아메리카 대륙 정복에서 "악마의 행위를 파괴하고 복음을 전파하기 위해서는 무슨 수를 쓰더라도 잔인한 게 아니다. 이것이 그들의 토인 살육의 논리였다."[38]

스페인의 아메리카 정복에 이은 앵글로색슨의 식민지화는 또 다른 그리스도교적 태도로 인도되었다. 청교도 이민자들은 신앙을 개인적 선택의 문제로 보는 이념을 지지하고 그리스도교를 위해 굳이 사람을 죽이는 일은 하지 않았다. 하지만 새로 획득한 땅을 식민지화하기 위해서 그들은 원주민의 저항을 뿌리뽑아야만 했다. 이런 점에서 그들은 원주민을 학살할 수밖에 없었다. 하지만 앵글로색슨에게는 원주민 학살을 완수할 수 있는 또 다른 원리가 필요했다. 와쓰지에 따르면 그것이 자연권이라는 이념이었는데, 서명은 했지만 오로지 이민자의 말로만 쓰인 평화조약이나 협정을 아메리카 인디언이 위반했다는 이유로 자행한 이민자의 살육행위를 그 이념이 정당화해준 것이다. 이민자들이 끊임없이 원주민을 죽일 수 있었던 것은, "자연상태에서는 정의도 부정도 없지만 계약관계가 성립된 뒤에는 정의를 침범한 쪽은 항상 토인들이었기 때문이다. 이리하여 그들은 정의의 이름 아래 토인들을 몰아내고 살육하며 오지로 오지로 신대륙을 개척해 나갔다. 이것은 그리스도교의 이름 아래 토인들을 살육한……스페인인들보다 훨씬 냉혹하고 무자비하며 악랄했다. 하지만 그들은 그것이 견실한 것이라고 자랑했다. 아메리카 대륙에서 앵글로색슨의 나라만이 강대한 국가가 된 이유는 이 견실성에 있다고들 하는데 그것이야말로 홉스적인 성격과 다름이 없다."[39)]

『와쓰지 데쓰로 전집』 17권의 엮은이가 제시한 1937년이라는 〔「미국의 국민성」의〕 첫 발표날짜를 받아들인다면(최근의 연구에 의하면 틀린 것 같지만),[40)] 발표날짜가 미국과 영국을 상대로 한 전쟁이 발발하기 전이기 때문에 이 주장 속에서 어떤 알레고리적인 전략이 작동하고 있음을 발견하지 않을 수 없을 것이다. 아마도 부지불식간에, 이 글은 식민주의적 상황 속에 존재하는 권력관계 구조의 일반성과, 동어반복적으로 자신의 '보편적' 정의를 정당화하는 식민지배자들의 전형적인 맹목성을 드러낸다. 동아시아의 당시 상황과 특히 중국에 대한 일본의 제국주의적 외교의 역사를 놓고 보면 '앵글로색슨'이라는 말은 쉽게 '일본인'이라는 말로 대체될 수 있었다. 그렇지만 이 글이 식민지에서의 권력관계 구조의 일반성을 들춰냈다고 할 수는 없다. 그것이 발화되지는 못했기 때문이다. 이 글이 '부메랑' 효과라는 관점에서 고안되었다는 것은 그럴듯해 보인다. 하지만 앵글로색슨과 일본인 사이에 있을 수 있는 모방관계는 결코 지적되지 않았다. 식민지의 권력관계는 전적으로 앵글로색슨의 '국민성'으로 돌려지는 것이다. 이유는 뒤에서 언급하겠지만 이 글에서 앵글로색슨과 일본의 유사성에 대한 인식은 억압된다. 와쓰지는 먼저 앵글로색슨을 겨냥한 비판의 부메랑이 자기에게 되돌아오는 것을 일부러 교묘하게 피하려 한 것이다.

이런 유의 의식적인 망각은 종종 국민적 박애라는 감각을 구축하는 데 한몫한다. 불문율을 깨거나 그러한 억압이 바로 존재한다는 것에 대해 언급하는 이들을 배제함으로써, 그런 불안의 부인이라는 동일한 욕구를 잠재적으로 공유하는 모든 이들과 동일화하는 회로가 확립될 수 있을 것이다. 그래서 국민의 내러티브의 편성이라는 점에서 호미 바바는 다음과 같이 말했다. "국민(national people)의 문제적 동일화는 이 망각의, 또는 망각을 강요하는 통사법을 통해서 가시화된다."[41] 그러나 그것이 역경에 처한 집단에게 힘을 줄 수도 있다는 또 하나의 정치적 효과를 간과해서는 안된다. "망각을 강요당하는 것이 국민을 상기하고 거기에 새로운 사람이 들어가게 하며 문화적 정체성/동일성의 경합적이고 해방적인 또 하나의 형태들을 상상하기 위한 기초가 되는 것이다." 하지만 고의적인 망각이라는 와쓰지의 전술이 문화적 정체성/동일성의 해방적 형태들을 끌어낼 것으로 상상하기란 거의 불가능하다.

「현대일본과 조닌(町人) 정신」에서 와쓰지는 1904~1905년의 러일전쟁 이후 일본과 아시아 나라들 사이의 관계와 제국주의에 대해 비판적 시선을 돌린다. "일로전역(日露戰役, 러일전쟁)에서 일본은 동양을 완전히 식민지화하려는 제국주의의 칼날을 겪었다. 하지만 이 전쟁에서의 승리와 함께 '동양 해방'을 함의하는 일본의 충동적인 〔제국주의에 대한〕 반발은 끝났다. 일본은 그 국민으로서의 지위를 확보하면서 스스로 제국주의 경쟁에 참여한 것이다."[42] 일본 자본주의의 발전은 유럽과 미국에 의한 식민지배로부터 〔동양 사람들을〕 해방시키는 데 한몫하려는 듯 보일 수도 있지만 "그것은 진정한 의미에서의 '동양 해방'을 위한 것이 아니다." 〔일본인에게 그 의의는〕 제국주의로부터의 동양 해방으로는 자각되지 않았다. 이 일은 세계전쟁의 〔베르사유〕 강화회의에서의 '인종평등안'에 대해 일본인이 얼마나 냉담했는지를 보아도 알 수 있다."[43]

이런 유의 꽤 짧은 글에서의 서술마저 모방적 관계와 적대에 대한 인식이 이루어지는 분절화의 실천을 보여주는 한 예였다. 앵글로색슨과 '토인'의 관계가 틀림없이 적대적이었던 만큼, 앵글로색슨과 일본인의 모방적 관계를 인지하는 것은 일본인이 중국인이나 제국 내부의 소수자들과 가질 수밖에 없었던 적대적 관계에 대한 또 하나의 인식을 제공할 것이었다. 그러나 와쓰지는 이러한 자각에 도달하지 않았으며, 뒤에서 보듯이 앵글로색슨 및 서양과의 모방적 관계는 전반적으로 다른 배분질서에 의해 인도되었는데, 이 배분질서는 主體를 완전히 억압하고 '국민성'이라 불리는 형식을 통해 통제·유지된다. 와쓰지는 바로 이 모방적 관계를 완강히 부인했기 때문에 그 부작용에 대해서는 더욱 저항력이 없었으며 앵글로색슨과 서양의 가장 좋지 않은 측면을 한층 더 모방할 수밖에 없었던 것이다.

15년전쟁 말기, 「미국의 국민성」과 같은 해에 발표된 「일본의 신도」에서 와쓰지가, '나르시시즘적이며 자기통합적인 타자'로서의 앵글로색슨을 구축하는 동시에 '그들'과 '우리'의 구별을 붕괴시킬 '부메랑' 효과를 더 강력하게 억압한 것은 전혀 놀랄 일이 아니다. 우리가 이 글에서 발견할 수 있는 것은 식민지를 지배하는 자국의 제국주의에 대한 어떤 죄의식의 치환인데, 그는 그 죄의식의 배출구를 영미제국주의의 야만성에 대한 서술에서 찾고 있다. '백인노예 거래'에 대한 이야기가 유색인종에 가해지는 인종주의 폭력에 대한 불안을 치환시켜주듯이 영미제국주의에 대한 비난은 와쓰지를 불안에서 구원해주는 것처럼 보인다.(중국과 일본의 상황에 대한 와쓰지의 불안에 대해서는 뒤에서 보겠지만 자기 자신과 일본인 일반을 중국인의 약삭빠름의 희생자로 제시함으로써 완전히 이 쟁점을 피해버린다.) 식민지에 대한 집단적 죄의식을 부인하고 치환시킴으로써 '영미의 악마'에 대항하는 '일본제국'의 박애는 강화되는 것이다. 「일본의 신도」와 「미국의 국민성」에 관한 한 와쓰지는 적을 악마화하는 정부정책을 따랐다고 하지 않을 수 없다. 이런 점에서 와쓰지의 '백인'제국주의에 대한 비난은 "키플링이 식민주의의 우월 콤플렉스의 '거대한 게임'이라고 부른 것," 바꿔 말해 "'그들의' 토착민들의 반란에 개입하고, 경쟁상대인 다른 제국주의 종주국의 식민지배에 인종주의라는 이미지를 투사함으로써 무엇보다도 그들 제국주의 열강끼리의 경합에서 자신이 얼마나 인간적인지를 과시하는"[44] 일에 일본이 관여했다는 것에 대한 또 하나의 증언이다.

따라서 문화유형론에 관한 와쓰지의 저작에서 우리는 서양과의 무비판적인 동일화와 마찬가지로 무비판적인 서양에 대한 거절이 기「하게 공존하고 있다는 사실에 직면하지 않을 수 없다. 그러므로 1930년대에 발표된 글의 대부분에서 와쓰지는 반제국주의적인 자세를 유지하고 있다. 하지만 '제국주의 담론'이란 단순히 의견의 문제가 아니다. 그것은 관찰자의 어떤 입장이나 제국주의적인 주체위치의 제도화를 유지하는 일련의 규칙들로 이루어진 것이다. 자신의 '의견' 안에서 스스로 인종주의자라고 주장하는 사람은 거의 없지만 인종주의는 우리 생활의 너무나 많은 측면에 존재한다. 마찬가지로 제국주의나 식민주의에 적극적으로 찬성하는 사람은 거의 없는데도 많은 사람들이 제국주의자로서 또는 식민주의자로서 행동하는 것이다. 즉 제국주의는 좁은 뜻의 진술 차원에서 구성되는 것이 아니라, 담론 차원에서 구성된다. 그래서 나는 여기서 한 개인으로서의 와쓰지가 내재적으로 식민주의자나 인종주의자였는지를 결정하려는 것이 아니다. 일관되고 체계적인 저술가로서의 와쓰지 데쓰로라는 사람에 대해 최종적인 판단을 내리는 일은 나의 관심사가 아니다. 중요한 것은 반제국주의적인 자세에도 불구하고 왜 결국에는 와쓰지가 관찰자의 특정한 위치, 즉 제국주의 담론에 의해 유지되는 주체와 동일화되고 말았는지를 묻는 것이다. 바꿔 말하면 의식은 제국주의를 반대하는데도 행동은 제국주의적 실천계를 벗어나지 못하게 만들곤 하는 역학구조를 폭로하는 것이다.

아마도 1929년판 『풍토』 가운데 나중에 삭제되고 재집필되는 3장 1절이 와쓰지의 이 양의성을 이해하는 데 도움이 될 것이다. 이 부분에서 그는 중국의 국민성을 정의하려 한다. 그는 중국인은 자신의 '무정부적'[45] 성향으로부터 결코 벗어날 수 없었기 때문에 균질적인 국민공동체를 형성할 수 없다고 지적한다. 이 무정부적 성향은 1920년대에 중국의 대부분을 외국의 식민세력들이 지배했다는 사실에 나타나 있다는 것이다. 그러나 그는 중국의 정치적 상황에 대한 역사적 설명을 거부하고 초역사적인 문화적 특성에 대한 설명을 하려고 한다.

지나인의 무감동적인 성격은 그 무정부적인 사회정세로도 설명될 수 있을 것이다. 하지만 비슷한 무정부상태가 비슷한 무감동적 성격을 만든다고 할 수는 없다. 일본에서 오닌(應仁) 이후 한 세기 반 동안 거의 비슷한 무정부상태가 계속되었을 때 일본인은 무감동적이 되었을까. ……일본에서는 한 세기 반의 무정부상태가 일본역사상 보기 드문 활기차고 감동적인 시대를 만들어냈다고 할 수 있다.[46]

결국 와쓰지는 특별히 무정부적인 중국인의 성격을 역사적 시간 전체에 걸쳐 비교적 일관되게 남아 있는 요인으로 환원한다. 하지만 그 무정부적 성격 때문에 중국인은 독립된 개인으로서 강건하게 국가의 보호 없이도 잘 살아남을 수 있다고 논한다. 중국인은 감정의 미묘한 차이를 제대로 이해할 수 없을지도 모른다. 하지만

> 지나인은 생활의 예술화를 전혀 이해하지 못하는 실제적 국민이며, 일본인은 생활의 예술화를 지나치게 행하는 비실제적 국민이다. ……
> 일본인이 그 단결을 잃고 개인의 입장에서 지나인과 대결한다면 일본인은 도저히 지나인을 당해낼 수 없다. 그리고 지나인이 이긴다는 것은 인간성에서는 하나의 퇴보이다.[47]

많은 중국인이 사는 동아시아의 몇 개 식민지 도시에서 와쓰지가 개인적으로 행한 사람들에 대한 관찰에는, 분명히 적대적이었던 당시의 중일관계를 반영한 불안의 그림자가 짙게 드리워져 있었다. 일본인 여행자로서 와쓰지가 관찰대상과의 실천적 관계에 대해서 혼란스럽고 불쾌한 사실들에 직면할 수밖에 없었음은 거의 확실하다. 좋든 싫든 그는 중국사람들과의 관계에서 특수하게 제국주의자의 위치를 점할 수밖에 없었다. 항일운동이 거세지고, 일본정부는 이미 중국 전역에 대해서 정치적·군사적으로 제국주의적 지배를 확대해 나가고 있었다. 하지만 그는 문화적 차이를 각인하고 본질화하는 두 국민적 정체성/동일성 사이의, 즉 중국과 일본 사이의 적대를 문제시함으로써 중국과의 관계에서 기인하는 자신의 불안감에 대해 응답하려 한 적은 단 한번도 없었다. 이런 점에서 와쓰지는 상하이의 상황을 참조하면서 어떻게든 중일관계와 관련된 화제를 논했던 가네코 미쓰하루(金子光晴)나 요코미쓰 리이치(橫光利一) 같은 영화인이나 작가를 비롯한 지식인들에 대해 적대적 입장을 취했던 것이다. 나중에 1943년에 나온 『풍토』 신판

에 추가된 중국에 관한 장에서 그는 자신의 정치적 입장을 설명하고
있다. "원래 이 글은 쇼와4년〔1929〕 좌경사상이 유행하던 시절에 쓰인
것으로, 풍토에 대한 고찰에다가 당시의 좌익이론에 대한 반박도 섞은
것이었다."[48]

　와쓰지는 1927년 2월 상하이에 있었다.[49] 그의 상하이 방문은 1925
년 5월 30일에 시작된 반제국주의적 노동운동이 힘을 얻고 있던 무렵
이었다. 1920년대에 들어 일본 방적자본은 중국시장에서 급속히 지배
력을 높여가고 있었지만, 상하이에 기반을 둔 일본 기업인 내외면회사
(內外綿會社)의 파업노동자 살해사건을 계기로 중국 국민주의 운동의
격렬한 저항에 직면하고 있었다.[50] 와쓰지가 일본과 중국의 국민성의
차이를 배타적으로 기술하려고 했던 배후에는 식민자/피식민자라는,
그리고 자본가/노동자라는 이중의 적대적인 관계가 존재한다는 것을
찾아볼 수 있다고 나는 생각한다. 마에다 아이(前田愛)가 "식민지적 약
삭빠름"[51]을 본 1920년대 후반의 상하이에서 와쓰지는 실제로 한 여
행자에 불과했지만, '일본인'이라고 불리는 주체위치와 동일화되어 있
는 한 공동조계(共同租界)라는 시스템에서 차별받는 주민 대다수와의
어떤 실천적 관계 속에서 위협감을 피할 수 없었던 것이다. 그러한 관
계에서 그는 자기에게 식민지배자나 자본가의 일원이라는 꼬리표가
붙을까 봐 틀림없이 불안에 휩싸였을 것이다. 그 불안이란 마오둔(茅
盾)이 『무지개』에서 묘사했던 바와 같이, 파편화된 중국인 대중이 제국
주의 세력에 대항하여 차츰 스스로를 분절하는 실천의 결과에 직면함
으로써 생기는 것이다.[52] 요코미쓰 리이치의 『상하이』를 언급하면서
마에다 아이는 다음과 같이 논하고 있다.

　　『상하이』의 시대에 '개와 중국인'이라는 팻말은 이제 과거의 전설이
　　되었지만, 그래도 양복이나 일본옷을 입은 사람에게만 공원 입장이

허용되고 중국옷을 입은 시민이나 여행자가 배제되는 규칙이 아직 남아 있었다. 이 제도에 의문을 가지려고 하지 않았던 고야(甲谷)가 그래도 서양인에 대한 열등감과 중국인에 대한 우월감을 번갈아 확인하는 이 장면에는 확실히 공동조계의 유력한 구성원이긴 하지만 신참에 지나지 않았던 일본의 미묘한 입장이 드러나 있다.[53]

와쓰지의『윤리학』에 나오는 용어를 빌린다면 상하이의 일본인 여행자인 와쓰지와 거기에 사는 중국인들 사이에는 "행위적 실천연관"[54]이 반드시 있었을 것이다. 피식민자, 노동자 등등의 주체위치를 차지해야 할 중국인 주민의 대다수와의 '아이다가라'에서 한 '개인'으로서의 와쓰지는 식민자와 자본가로서의 주체위치를 차지해야 하는 것이다.

'무정부적인' 중국인과 달리 '국가의 보호에 익숙한 외국인'[55]처럼 와쓰지는 관찰자의 입장을 취하고, 마치 상하이에서 사람들과의 실천적 관계가 전혀 존재하지 않았다는 듯이 중국인의 무감동적인 성격을 계속 서술하기로 결심했다. 1927년 2월 상하이에서 무슨 일이 일어났는지는 와쓰지의 설명을 통해서도 알아차릴 수 있다. 그것은 격리 시스템의 붕괴였다.[56] 와쓰지는 다음과 같이 썼다. "국가의 보호에 익숙한 외국인들은 그 보호 바깥으로 나갈지 모른다는 가능성 앞에서 심한 공포나 허전함을 느끼지 않을 수 없었던 것이다."[57] 그래서 와쓰지에게는 상하이에서 함께 사는 사람들과의 실천적 관계를 지우는 것과 주관의 위치에 의해 규정되고 보호받는 관점에서 관찰대상으로서만 그들을 관찰하는 것은 두 가지 의미에서 필요한 것이었다. 첫째, 관찰을 행하는 주관으로서 스스로를 제시하기 위해 그는 피식민자와 식민자의 격리를 유지하는 반(半)식민지적 시스템, 즉 와쓰지가 식민화하는 측에 포함됨을 일본국가가 보장하는 인종격리 시스템에 의지할 수밖에 없었다. 둘째, '보호 바깥으로 나간다'는 것은 일본국가에 의해 명령받은 주체위치와의 동일화를 그만두고 '중국인들' 속에서 살아감을 그에게 강요할 것이다. 그것에 의해 '일본인'과 '중국인'의 분리는 불가능해지고, 일본인과 중국인의 '무정부적' 혼합과 두 국민성의 이항대립의 붕괴가 초래된다. 와쓰지는 경고한다. "이것은 모든 생활을 국가로 귀일시키는 우리 입장에서는 도저히 상상하지도 못했던 사태이다."[58] 요컨대 『윤리학』에서 그랬듯이 모든 사회성을 주체적 전체성으로서의 국가로 돌리는 한, 와쓰지는 문화적 차이의 또 다른 분절화와 더불어 발화될 수 있는 다른 사회관계의 분절화를 추구하는 것을 거부할 수밖에 없다. 와쓰지가 추구했던 것은 국민성, 즉 국가에 의해 공인된 정체성/동일성의 명령으로부터 일탈하는 모든 사회관계를 낙인찍고 파괴하는 것이었다.

이 경우 역시 자신의 불안을 부인했음에도 불구하고 와쓰지는 다른 가능한 발화위치와의 대화적 투쟁으로 끌려갔다. 그는 '좌경사상'뿐만 아니라 상하이의 사람들과의 실천적 관계에서 생겨나는 불안감을 억압하기보다 직시하려 했던 사람들과도 적대적이었다. 요코미쓰의 소설 『상하이』는 홍수처럼 격리 시스템을 쓸어버리는, 국제자본과 대중운동의 활동을 포함한 국제적인 혼합의 광경을 그린 것이다. 소설의 주인공들이 제국주의 국가에 대한 예속과 복종에서 스스로를 해방시키고 그것에 의해 상하이의 사람들과 그때까지와는 다른 사회관계를 만들어내는 모습을 묘사함으로써 요코미쓰는 자신이 상상하는 정치적 가능성을 부각시켰다.[59] 당시의 일본 대중매체에 의해 제작된 가장 흥미로운 시도는 아마도 가메이 후미오(龜井文雄)의 「상하이」라는 다큐멘터리에서 찾아볼 수 있는데,[60] 그 영화 자체는 와쓰지가 상하이를 방문한 지 거의 10년 뒤에 방영되었지만 거기서는 관찰을 하는—일본인의—주체위치가 너무나 혼란스럽고 전도되어 있어서 '반대쪽으로 건너가도록' 유혹받는다. 소설 『상하이』와 영화 「상하이」에서 볼 수

있는 것은, 바라보는 대상과의 또 다른 사회관계의 분절화를 모색하려
는 시도로서, 말하자면 와쓰지가 어떻게든 차단하지 않을 수 없었던
것이 이런 유의 시도이다.[61] 따라서 당시에 그가 말하는 '좌경사상'에
서 우리는 지식인들의 어떤 태도를 인식할 수 있다. 이른바 당시의 좌
경사상은 제국주의의 수많은 결점으로부터 전혀 자유롭지 않았지만
지식인들은 일본 국가와 대륙 사람들과의 관계에서 생겨난 불안을 부
인하지 않고 직시하려고 했으며, 문화적 동일성으로 도피하지 않고 그
들의 역사적 실존이라는 근본적인 난제 속에 머무르기로 결심했다. 그
러므로 와쓰지의 『풍토』는 새로운 문화적·정치적 실천들에 대항하며
발화되었지만 지식인들은 그러한 실천을 통해 그들 고유의 역사적 난
제들의 현실성과 감히 대치하고, 필요하다면 신중하게 기도된 문화
적·지적 전술을 통해 '반대쪽으로 건너가' "스스로를 있는 그대로 바라
보며 현실도피를 그만두고 현실을 바꾸기 시작할" 준비가 되어 있었
다.[62]

문제가 되는 '외국인'과 '지나인'의 격리는 단순히 외국에서 온 방문
자와 주민의 관계일 뿐 아니라 식민자와 피식민자 사이의 권력관계이
기도 하다. 그리고 말할 필요도 없이 와쓰지가 '외국인'과 자기를 동일
화한 것은 이 권력관계 속에서 의미를 지닌다. 하지만 일본과 서양 사
이의 모방관계에서 좋은 면을 지지하고 싶다면 좋지 않은 면도 받아들
여야 한다는 인식을 와쓰지는 자신이 무매개적으로 그리고 본질적으
로 동양인이며 일본인이라는 이유로 거부한다. 이렇게 서양을 모방하
려는 부인된 욕망은 '무정부적인' 혼란과 잡종성에 대한 공포로 통하게
된다. 결국 그 욕망은 '억압된 것의 회귀'로서 돌아오게 된다.

궁극적 전체성으로서의 국민국가

"지나인은 유대인보다도 더 유대인적이며 반면에 일본인은 그리스인보다도 더 그리스인적이다."[63)

유대인=지나인과 그리스인=일본인이라는 기묘한 병행관계만큼 와쓰지의 부인된 불안의 소재를 잘 가리키는 것이 있을까? 와쓰지의 반(反)유대주의는 일본의 극소수 지식인들 사이에서 나치즘이 유행하기 전에 처음 등장했으며, 15년전쟁이 끝날 때까지 계속 산발적으로 표명되었다. 와쓰지의 반유대주의의 기묘함은 요컨대 인구의 절대 다수가 그리스도교 예배당과 유대교 예배당을 분간할 줄도 모르는 나라에서 이야기되었다는 사실에 있다. 거기에는 다음의 세 가지 강조점이 있다고 생각된다. 첫째, 유대인은 국민공동체와 민족공동체의 불일치를 상징하는 '무정부적' 민족으로 간주되었으며 따라서 유대인의 부재는 국민적 정체성이 곧바로 민족적 정체성과 동일시되는 국민공동체의 이상적 상태를 의미할 것이었다.[64) 이것이 전전(戰前) 천황제의 보편주의적 교의에 대해 전후(戰後)에 미 점령군이 도입한 전후 '상징' 천황제를 정당화하기 위해 와쓰지가 가장 효과적으로 활용한 바로 그 논리이다. 둘째, 서양과 동양의 대칭성이라는 틀이 설치되어 있다. 이 것 없이는 유럽 및 중동의 그리스인과 유대인 사이의 대조는 일본인과 지나인 사이의 대조와 대응하지 않을 것이었다. 셋째, 유대인은 자신이 어느 국민공동체에 살든지 간에 동화하는 척하면서도 실제로는 자기 민족의 신에 대한 절대적 충성심을 유지하고 다른 국가의 신에 대해서는 전투적으로 그러나 남들이 모르게 불충한 태도를 취하는 한편 유대인 상업자본은 '국가의 보호'를 넘어 확산되는 것으로 생각되었다. 초국가적인 유대인 자본에 대한 그러한 관점은 국경이나 국민적 정체성과 상관없이 이민하는 사람들에 대한 공포를 필연적으로 불러일으킨다.[65] 그러나 와쓰지에게 유대인의 이미지는 계속해서 너무나 막연했기 때문에 만약 그가 1980년대에 유대인을 팔레스타인인으로 대체시켜야 한다고 해도 그는 유대인에 관한 주장을 수정할 필요가 전혀 없었을 것이다. 유대인이라는 말을 가지고 그가 지시하는 것은 1920년대 후반의 중국인이 그랬듯이 고유의 국민국가를 만들지 못하고 그 결과 자국의 보호 없이 이산 속에서 살아갈 수밖에 없는 사람들이기 때문이다. '유대인'은 사람들을 미세하게 분할하는 장벽들을 '무정부적으로' 침범하고 뛰어넘으며 현존하는 안정적인 국민적 정체성을 좀먹는 자들로 정의되고 있었다. 바꿔 말해 문화적 차이의 만남을 통한 실천적 관계 속에서 생길 수 있는 모든 불안이 유대인이라는 트라우마적인 형상으로 결정화(結晶化)된 것이다.

슬라보이 지제크가 『이데올로기의 숭고한 대상』에서 시도한 동유럽에서의 반유대주의에 대한 분석은 와쓰지의 중국혐오증(sinophobia)과 관련하여 우리의 주의를 끈다. 지제크에 따르면 "이른바 '반유대주의적 편견'에서 스스로를 해방시키고 유대인의 실제 모습을 볼 줄 알아야 한다고 말하는 것만으로는 충분하지 않다. 이런 식으로는 우리는 이른바 편견의 희생자로 계속 머무르게 될 것이다."[66] 유대인이라는 트라우마적 형상은 사람들의 욕망이 갈 곳을 잃은 감각을 치환시키기 위해 이용할 수 있는 도피처 역할을 하고, 그때까지 모호하게 느껴지던 그들의 불안에 어떤 응집력을 부여한다.

반유대주의의 기본적인 속임수는 사회적인 적대성을 건전한 사회조직(social texture)·사회체(social body)와 그것을 부식하고 부패시키는 힘으로서의 유대인 사이의 적대성으로 치환하는 데 있다. 따라서 그것은 부패의 원천이 [원래] '불가능한' 사회 자체가 아니라 특정한 실체, 즉 유대인에 위치지어진 적대에 있다고 본다. 이 치환은 유대인과 금융거래라는 연상에 의해 가능해진다. 착취와 계급적 적대의 원천이 노동계급과 지배계급 사이의 기본적 관계가 아니라 '생산'력 (노동자, 생산조직자…)과 상인(유기적인 협동관계를 계급투쟁으로 전화 시킴으로써 '생산적' 계급들을 착취하는 자) 사이의 관계에 위치지어지는 것이다.[67]

지제크는 이 책 여기저기서 라캉의 정신분석을 다소 교조주의적으로 적용하고 있어서 나로서는 동의하기 어렵지만, 그의 반유대주의에 대한 통찰—그것이 동유럽 나라들에서 타당한 것인지 나는 굳이 판단하지 않겠지만—은 와쓰지 데쓰로의 반유대주의/중국혐오증을 이해하는 데는 도움이 될 것 같다. '지나인의 무정부적' 성격이라는 식으로 와쓰지가 문화적 차이를 서술하는 것을 통해 발견할 수 있는 것은 식민지적·계급적 적대성을 '국가의 보호 아래' 살아가는 서양인·일본인과 '무정부적인' 중국인 사이의 대립으로 치환시키는 과정이다.

하지만 그러한 적대성에 대한 와쓰지의 부인은 본질적으로 반동적인 행위였으며 적대성을 가시화하는 분절화의 실천에 의해 유발된 것이었다. 일본인 여행자와 상하이의 주민 대다수 사이의 실천적 관계는 중국인 활동가와 일본인 좌파에 의해 분절되기 전까지는 식민자와 피식민자 또는 자본가와 노동자 사이의 관계로 한정되어 있지 않았다. 따라서 그러한 실천적 관계들은, 불가시적이고 와쓰지의 용어를 사용하면 '무'(無) 혹은 존재론화되지 않는다는 의미에서 비존재였으며, 일상생활에서 어떤 분절화의 실천에 의해 비로소 가시화되고 한정되는 것이다. 새로운 정치적 집단성의 형성과 현존하는 사회적 관계들의 변혁이 야기하게 되는 것은 이러한 분절화의 실천을 통해서이다.

이처럼 와쓰지의 부인은 중국인에 의한 분절화의 실천뿐 아니라 스스로가 빠져 있는 중국인과의 식민주의적 관계들에 의해 생겨난 불안

4. 주체 그리고/혹은 主體와 문화적 차이의 각인 ‖ 243

을 부인하기보다 용감하게 받아들이고 중국인과의 또 다른 관계를 만들기 위해 일하는 일본인들에 의한 분절화의 실천에 대한 응답이기도 했다. 식민주의적 관계의 인지에 관한 한, 그 분절화의 실천에서 경계선은 복수의 국민성 사이의 선과는 다른 선을 따라 그어져 있었던 것이다.

와쓰지의 주체 개념에 따르면 사회적 차별이 지양되고 개개인의 평등이 실현되는 인격의 공동성으로서의 전체성은 각 '인격'에 내재한다. 말할 필요도 없이 구체화된 "인류조직의 인류조직으로서의 궁극적 전체성"[68]은 국민국가로서 구체화된다. 따라서 원리적으로 '무정부적'이며 '국가의 보호 아래' 살지 않아서 그러한 전체성에 속하지 않는 사람들과의 주체위치들의 관계성, 즉 '아이다가라'는 있을 수 없으며 있어서도 안된다. 와쓰지와 상하이에 사는 '무정부적인' 주민 사이에는 두 국민국가 사이의 '국제적' 외교관계를 매개로 하지 않으면 '사이에 있는 존재'로서의 '인간'의 공간이 있을 수 없는 것이다. 즉 다른 국적을 가진 사람이나 무국적자는 '인간'의 사회적 공간에서 배제되어야 한다. 물론 다른 국적을 가진 사람은 국제조약에 의해 통제된 외교 경로를 통해 관계를 가질 수 있지만 '국가의 보호 아래' 살지 않는 무국적자는 결코 '인간'이라는 공간에 들어갈 수 없는 것이다. 중국인과의 관계에서 와쓰지는 그가 주체라고 말하는 것의 의미에서는 주체일 수 없으며, 무엇보다도 자기를 '초역사적인' 관찰자, 즉 주관으로 정립할 수밖에 없었다. 그의 『윤리학』에서는, 장 뤼크 낭시가 '공존재'라고 부르는, 일본국적이 없는 사람들과의 비관계적이며 비상호적이고 심지어는 적대적이기까지 한 관계의 사회성을 무시할 뿐만 아니라 거부하기 때문에 그가 선택할 수 있는 유일한 자세는 관찰자, 즉 주관의 그것이었다. 『윤리학』의 주장에 따르면, 자기 국가와 외국인의 국가 사이에 국제적 관계가 없을 때 외국인을 관찰대상으로만 받아들임으로써 외국인과의 관계를 맺는 것이 윤리적인 의무가 되는 것이다.

국민국가를 '궁극적 전체성'으로 가정하기 위해서 와쓰지는 '국제적' 관계와는 독립적으로 형성될 수 있는 사회적 관계들의 가능성을 배제하지 않을 수 없었다. 그러한 가능성은 중국인의 형상으로 표상되었는데, 그로서는 먼저 그 가능성을 중국인의 '국민'성이라는 식으로 객관화하고 그것을 '무정부적'이라고 부름으로써 격리시킬 필요가 있었다. 한편으로는 중국인에 대한 그의 서술이 첫 해외여행에서 그가 경험했을 불편함을 반영하고 있음에 틀림없지만, 다른 한편으로는 그것이 문화적 담론에서 국민공동체의 구성과 불안을 치환시키는 역학 사이의 다양한 중계장치들을 지시하고 있다. 이런 이유 때문에『풍토』나『윤리학』에서 명백히 표현된 반유대주의나 중국혐오증을 국민문화에 관한 그의 논의에서 떼어내기란 아주 어렵다. 유대인이나 중국인의 형상은 와쓰지에게 국민국가의 궁극적(조합주의적) 전체성을 불가능하게 만드는 요소로 이해되었던 것이다. 지제크는 유대인이라는 트라우마적 형상의 작용을 다음과 같이 분석한다. "따라서 '이데올로기 비판'은 전체주의적인 응시에 의해 지각된 인과관계를 뒤집어야 한다. 사회적 적대성의 실정적인 원인이 아니라 '유대인'은 바로 어떤 방해—사회가 완결된 균질적 전체성으로서의 완전한 정체성을 달성하는 것을 막는 불가능성—의 구현인 것이다."[69]

라캉의 '대문자 타자'(Autre)가 있을 수 없는 것과 마찬가지로 사회는 전체성의 불가능성으로서만 존재할 수 있다.『윤리학』에서 그랬듯이 와쓰지는 문화연구에서도 균질적인 전체성이라는 가정에서 시작하는 조합주의의 논리를 따라야 했다. 지제크는 이렇게 덧붙인다. "사회가 완전한 동일성의 달성을 방해받는 것은 유대인 때문이 아니다. 사회는 고유의 적대적 본성, 사회 자체에 내재하는 방해에 의해서 완전한 동일성이 방해받는 것이며, 이 내적 부정성을 유대인이라는 형상으로 '투사'하는 것이다."[70] 따라서 '유대인'이라는 트라우마적 형상은 사회의 적대적 본성이 "실정적 존재를 가정하는"[71] 지점이며, 아마도 타자와 자기 사이의 투명한 상호관계인 와쓰지의 '아이다가라' 개념에서 가장 잘 표현된 투명한 상호 승인과 우애의 융합이라는 균질적 전체성을 달성하기를 열망하는 '균질지향사회적인' 환상의 관점에서 보면 "'유대인'은 외부에서 무질서와 사회조직의 분해와 부패를 가져다주는 침입자로, 다시 말해서 제거를 하게 되면 질서와 안정성과 정체성을 회복할 수 있는 외부의 실정적 원인으로 나타난다."[72] 그러나 "물론 반유대주의의 '진실'은 바로 우리의 위치의 정체성/동일성이 유대인이라는 이 트라우마적 형상과의 부정적 관계를 통해서 구조화된다는 데 있다."[73] 와쓰지의 중국혐오증은 역설적으로 그의 문화유형론과 『윤리학』에서의 일본인의 문화적 정체성/동일성의 '진실'을 드러낸 것이다.

이런 점에서 문화유형론과 국민성이라는 형식은, 와쓰지가 문화적 차이를 서술할 때 대상과 일본인의 실천관계에서 필연적으로 일어나는 정치적 적대를 부인하는 것을 정당화하는 일종의 담론 배분을 유지하고, 동시에 '그리스인'처럼 되고 싶다는 모방적 욕망을 지탱하는 역할을 했던 것이다. 여기서 이러한 담론 형식이 전후(戰後) 시기에도 계속 유효하다는 것에 주의해야 한다.

문화적 차이에 관한 와쓰지의 논의에서 더욱 주목할 만한 것은 중국이나 인도, 유럽의 국민성이나 지역성에 대한 서술이 항상 일본인의 국민성에 대한 일련의 주장을 동반한다는 점이다. 이 각각의 정의는 쌍형상화 도식 속에서 서술되는데, 그 도식에 의해 일본인이라는 자기는 항상 중국이나 인도, 유럽의 타자로 정립된다. 바꿔 말하면 그러한 타자들의 정의는 반사적인 거울 이미지로서 일본인이라는 자기를 가정하게 만드는 것이다. 『풍토』에는 대상이 되는 사람들에 대한 숱한 논리적 모순과 완전히 독단적인 평가가 포함되어 있지만 와쓰지의 내러티브를 조직하는 말걸기의 지배적 구조 때문에 그것은 간과될 수 있다. 그는 오직 일본인과 다른 국민적 정체성들 사이의 대립적이고 공간적으로 정의된 차이에만 주의를 기울였는데, 그도 그럴 것이 그의 궁극적인 관심사는 자신의 민족적·국민적 정체성/동일성을 단정짓는 것뿐이었기 때문이다. 그 결과 타민족에 대한 관찰과 그들에 대한 도덕적 판단은 하나의 기준──자신의 민족적·국민적 정체성의 배타적 독특함이라는 기준──에 의해 규정되어 있었다. (일본 사회와 문화를 비판적으로 검증한답시고 최근에 나온 일본에 관한 수많은 영어 출판물 속에서 이 같은 유의 문화론이 작동하고 있는 것 같다. 그 출판물들은 일본의 배타적 독특함이 아니라 '서양'이라는 모호한 통일체의 배타적 독특함을 주장하고 싶다는 강박에 사로잡혀 있는 듯하다. 이런 유의 문화론적 논의는, 예컨대 아주 아이러니컬하게도 저자 자신은 일본인론식의 문화론에 대해 비판적이라고 믿고 있는 카렐 반 월프렌의 『일본의 권력구조』에서 찾아볼 수 있다.[74])

『풍토』는 특수한 발화위치 또는 발화위치들의 복합체에서 발화되고 있다. 그것은 '우리' 일본인을 향한 것이며 와쓰지는 자신이 광범위하게 서술대상으로 삼은 사람들에게 말을 걸 가능성을 전혀 받아들이지 않았을 것이다. 『풍토』는 나중에 영어로 번역되어 일본 외부에서도 꽤 많은 독자를 얻었다는 사실에도 불구하고, 그 말걸기의 구조는 일본인 독자 이외의 독자를 배제시킨다. 그것은 다양하게 정의되는 '우리'의 위치에서 '우리'를 향하는 것이다. 우리가 아는, 일반화된 말하는 주체로서의 '우리,' 와쓰지와 동일한 경험을 한 '우리,' 공통된 문화유산 때문에 예민한 감수성과 같은 유의 호기심을 공유하는 '우리,' 유기적 전체성으로서의 일본국민의 관점을 항상 차지하는 '우리' 등등. 하지만 이 책의 처음부터 끝까지 '대상'이 되는 민족들에 의한 불평과 반론의 가능성은 막혀 있다. '우리'의 다양성과 다수성에도 불구하고 말걸기에서 '우리'의 환유적·은유적 전환을 규제하는 배분은 '대상'이 되는 민족들을 수용하지 않는다. 마치 그러한 '원주민들'은 실제로는 그들에 관한 '우리'의 논평에 대해 말대꾸하거나 반박하는 일이 결코 없다는 듯이 전체적인 내러티브가 진행되고, '우리'와는 다른 사람들의 목소리를 배제함으로써 생기는 어떤 쾌적함이나 안심을 와쓰지가 즐기고 있는 것처럼 느껴질지도 모른다. 하지만 '우리'를 향한다는 바로 그 이유 때문에 말걸기를 규제하는 구조는 상정된 독자공동체의 외부를 무시하는 것을 허용하는 한편 독자의 반응이나 심지어는 동의를 구하도록 저자에게 강요한다. 동시에 말걸기에서의 이 '균질지향사회적' 배제는 내가 '일본이라는 내부성'이라고 부른 것을 정립하고 표시한다. 이런 점에서 『풍토』는 '오리엔탈리즘'으로 알려져 있는 말걸기의 구조를 대칭적으로 뒤집은 형태로 재생산하는 것이다. 오리엔탈리즘이 '서양'이라는 주체를 구성하듯이 『풍토』는 일본국민의 주체성을 기획한다. 와쓰지가 그러한 사람과 조우했던 것으로 가정되는 장소에서의 문화적 차이의 서술 속에서 와쓰지와 그 사람들과의 실천적 관계는 완전히 인식론적 관계로 흡수되고 와쓰지 자신이 주관과 주체의 구별의 중요성을 계속 강조했음에도 불구하고 실천의 행위체인 주체는 인식론적 subject인 주관으로 대체되어 있는 것이다.

　『윤리학』이라는 제목 아래 1931년부터 1949년까지 출판된 일련의 저작에서 점차 발전된 철학적 인간학에서 와쓰지는 주관이라고 불리는 인식론적 subject와 실천의 행위체인 주체를 구별하는 주체 개념을 제시하기도 했다.[75] 『풍토』에서도 실천의 행위체와 인식론적 subject의 구별은 "역사적이며 사회적인 개념"인 풍토를 자연과학에서 이해하는 그것과 변별하는 지도원리이다. 하지만 와쓰지는 관찰자와 풍토의 실천적 관계를 강조하고 관찰자를 인식론적 subject가 아니라 주체로서 정립하면서도 사회적·문화적 특징의 관찰이 필연적으로 관찰대상과의 실천적 관계를 포함하며 그 대상 또한 실천의 행위체, 즉 주체라는 사실을 완전히 무시한다. 와쓰지가 자신이 연구하는 행위체들과의 공존을 아무리 피하고자 할지라도 그는 사회적인 것(the social) 속에서 항상 이미 그들과 관계되어 있으며 그들에게 노출되어 있는 것이다. 그의 『윤리학』에서 극명하게 드러나듯이, 그가 시종일관 외면하는 것은 타자와의 '공존재'에 내재하는 사회적인 것의 비결정성이며, 그것은 공시성의 공간성 안에서 정체성/동일성의 관계론적 한정(限定)과는 동일시될 수 없다. 그가 주체라는 용어를 쓰면서 달성한 것은 사실은 실천적 관계를 인식론적 관계로 치환하는 일이었던 것이다. 이런 의미에서 최종적으로 와쓰지의 주체는 주관으로 환원될 수 있으며 그 주체는 subjectivity의 계(系, corollary)에 불과하다고 생각한다. 따라서 그의 문화유형론이 구축하는 것은 主體가 아니라 subject이다. 이 subject는 발화위치에 관한 말걸기 구조와 마찬가지로 '아이다가라'에 의해 지배되고 있으며 조너선 크래리가 '관찰자/준수자'(observer)라고 부르는, 기대되고 보호받는 위치를 차지하고 그럼으로써 규칙을 준수하는 subject이다.[76] 서양인이 '비서양인과의 관계에서 주관인 것과 마찬가지로 일본인이 주관인 것은 바로 이 점에서 그런 것이다. 서양이라고 불리는 subject의 정체성/동일성을 결집하는 데 필요한 기능 중 하나가 여기에 있다고 나는 믿는다. 서양이란 주관으로 가장 명확하게 특징지어질 수 있는 역사적으로 특정한 subjectivity의 양식인 것이다. 따라서 『풍토』에서 이렇게 구성되는 일본이라는 내부성은 근본적으로 서양적이다. 말할 나위도 없이 '서양'이라는 개념이 지시하는 바는 지역적·시간적 상황에 따라서 우연히 바뀌고 슬쩍 이동하기 때문에 그 개념은 역사적으로 변화 가능한 실천적·인식론적 관계라는 점에서 해명되어야 한다. 더욱이 이러한 국민적 subjectivity의 구축에 특별히 일본적인 것이라고 꼬리표를 붙이는 것은 잘못이다. 그러한 충동은 불가피하게 서양우대와 서양예외주의라는 주장에 이르기 때문이다. 많은 점에서 와쓰지가 달성하려고 시도했던 것은 공감사회의 구축이었는데, 그것에 대한 명확한 규정을, 다음 글을 발표하고 나서 얼마 지나지 않아 동인도회사의 인도통신조사관이 되는 한 저술가의 글에서 찾아볼 수 있다.

동일한 공동체 또는 국가성원 사이에 존재하는 강력하고 활발한 결합의 원리로서 우리가 의미하는 것은 공감의 원리이지 적의의 원리가 아니다. 단합의 원리이지 분리의 원리가 아니다. 우리가 의미하는 바는 동일한 정부 아래 살고 동일한 자연적·역사적 경계선 내부에 포함되는 사람들 사이에 존재하는 공통이익의 감정이다. 즉 우리는 다음과 같은 것을 의미하는 것이다. 공동체의 한 부분이 다른 부분에 대해서 스스로를 이방인이라고 생각하지 않는 것, 그들이 서로의 결합에 대해 가치를 인정하는 것, 그들이 하나의 민족이라고 느끼고 운명을 함께한다고 생각하며 같은 국민 가운데 어떤 사람에게 해가 되면 자기에게도 해가 된다고 느끼는 것, 그리고 자신들의 결합을 끊음으로써 불편의 공유에서 벗어나려는 이기적 욕망을 가지지 않는 것을 의미한다. 영속적인 위대함을 얻은 고대국가들에서 이 감정이 얼마나 강했는지는 모든 사람이 알고 있다. 로마가 그 전제(專制)에도 불구하고 광대하고 분할된 제국의 속주(屬州)들 사이에 하나의 공통의 나라라는 감정을 확립하는 데 얼마나 요행스럽게 성공했는가 하는 것은 이 주제에 응당 주의를 기울여온 사람이 그것을 지적하려 든다면 분명해질 것이다. 근대에는 그러한 감정을 가장 강렬하게 지닌 나라가 가장 강한 나라이다. 영국, 프랑스, 그리고 그 영토와 자원에 비추어 보면 네덜란드와 스위스가 그렇다. 하지만 아일랜드와의 관계에서 보면 영국은 이 감정이 결여된 결과를 가장 전형적으로 보여

주는 사례 중 하나이다.[77)

와쓰지는 근대화의 오래된 처방을 따름으로써 단순히 국민적인 공감의 공동체를 구축하기 위한 문화전략을 탐구했다고 할 수 있을 것이다.[78) 여기서 강조해두고 싶은 것은 그런 공감의 공동체는 외부자를 관찰 또는 지배의 대상으로 정립함으로써 상상적으로 구축되며, 그렇게 정의된 외부자에게 공감이 미쳐서는 안된다. 위의 인용문과 관련해서 말한다면, 아일랜드인을 포섭하기 위해 영국 식민지에서 '우리'와 비백인 사이의 분리정책에 의한 거리를 유지해야 한다는 주장이 보충되었다. 마찬가지로 와쓰지 역시 먼저 공감의 '균질지향사회적' 한계를 표시함으로써 국민적 공감의 공동체라는 것의 윤곽을 그릴 수 있었다.

와쓰지의 문화유형론은 내가 주체적 기술이라고 언급한 것, 즉 동포의 고통을 공유할 수 있다고 스스로 상상할 수 있는 국민적 주체를 제작하는(poiein) 문화적·정치적 기술의 총체의 한 버전이었다. 하지만 동포의 고통에 공감할 수 있다는 감각은 공동체적 공감의 '균질지향사회적' 한계 바깥에 관찰대상을 만들어넘으로써 비로소 용이하게 되는 것이다.

이리하여 와쓰지는 "객관화의 수단이 제공하는 가능성을 마음대로 조작하는 무대연출가처럼…… 힘에 대한 일종의 몽상 속에서 자기 자신의 구축 규범을 대상에 강요하는"[79) 것이다. 더욱이 그는 계속 이 '힘에 대한 몽상'을 즐기도록 독자들을 유혹하며 이 몰래 공유된 균질지향사회적 쾌락을 기반으로 '우리'라는 정체성/동일성과 동지의식을 확립하고자 한다.

매리 루이즈 프랫은 18~19세기의 여행기들을 '문화이식'(transculturation)이라는 일종의 문화정치로 분석하고, 그 안에서 라틴아메리카의 백인 이주민 계급이 유럽인 식민지배자들에 대해서는 애써 아

메리카의 본래성을 주장하려고 했지만 지역적인 인종적 위계 속에서
는 지배계급으로서의 지위를 유지하려 했다고 서술하고 있다.[80] 많은
점에서 와쓰지 역시 자기도 모르게 문화이식의 전략을 답습한 셈이다.
앵글로색슨의 행위들로 표상된 서양 지배에 대한 그의 비판은 결국 아
시아 민족들과의 관계 속에서 '동양의 그리스인'으로서의 일본인의 민
족적 우월성을 강화하는 역할을 하게 되었다. 일본문화에 대한 그의
논의가 일본인과 여타 아시아 민족 사이의 차이를 강조하는 것은 19세
기(그리고 오늘날) 유럽인의 여행담이 서양과 비서양의 구별을 강조하
는 것과 마찬가지이다. 그리고 그의 인간학은 식민체제가 지역주민들
에게 강요한 인종격리체제의 분리주의적 경계선을 침범하는 난민, 혼
혈, '무정부적인 존재', 그리고 이산민들에 대한 편집증적인 공포와 더
불어 민족적 균질성에 대한 강박에 사로잡혀 있는 듯하다.

　와쓰지의 문화론이 파괴하려 했던 것이, 장 뤼크 낭시가 '소통'
(communication)이라고 부르는 것의 정치적·사회적 가능성, 즉 각인
된 문화적·민족적·국민적 차이에도 불구하고 단독자로서의 사람들이
서로 '소통'하는 노출의 양식들(the modes of exposition)을 분절할 수
있는 가능성이었음은 이제 명백하다. 그의 문화론은 사람들의 네트워
크가 갖는 가능성, 예컨대 마오둔(茅盾)이 일본에 머물면서 『무지개』
를 쓰는 것을 가능케 한 가능성을 억압하려 했던 것이다. 15년전쟁이
끝난 지 반세기가 지났지만 문화론에 의한 이런 손상에서 일본 지성계
가 회복되었다고는 생각할 수 없다.

문화적 차이의 단독성

　우리가 『풍토』 안에서 목격해온 것은 '그들'을 배제하고

'그들'을 호기심 어린 시선의 대상으로 만듦으로써 우리 자신의 동일화가 촉진되는 '균질지향사회성'의 가장 매혹적인 형태 중 하나이다. 하지만 '우리'의 정체성/동일성 또한 '우리'와 '그들' 사이에서 제도화된 차이들을 참조하면서 분절되고 발화되며 쌍형상화되어야 한다. 그리고 이런 유의 문화유형론에서 달성되는 것은 우리 자신을 위한 '우리'의 표상이다. 문화적 차이에 대한 서술을 통해서 일본의 문화적 정체성/동일성은 표상가능한 것이 될 수 있다. 와쓰지는 서양과 비서양의 분리주의적 구별에 대한 강박적 주장을 양순하게 재생산한다. 결국 문화적 차이의 각인 안에 스스로를 정립하는 subject는 주관으로서의 '일본'이라는 내부성 그 이상도 그 이하도 아니다. 그것은 다른 국민성과 '우리'의 국민성이라는 쌍형상화를 통해 자신('우리')을 자신('우리')에게 표상하는 국민으로서의 일본이다.

내가 이해하는 이론이란 단지 어떤 공식이나 범주를 보편적으로 또는 무차별적으로 적용하는 것이 아니라 무엇보다도 지식 편제에서의 실천이나 주관과 主體 사이의 분열에 대해 자각하는 일이다. 따라서 문화적 차이의 분절화라는 맥락에서 이론은 와쓰지 데쓰로가 달성하려 했던 것을 뒤집는 기획, 와쓰지가 자신의 '우리'를 향해 말하고자 했던 발화위치의 '비이론적인'(atheoretical) 성격을 논증한다는 목적을 가진 기획을 가리켜야 하는 것이다.

*　　　*　　　*

아시아 연구와의 관계에서 나의 와쓰지 독해는 어떤 위치에 있을까? 그것은 예시(例示)의 양식에서 기능하는 것일까? 그런데 물론 예시의 양식은 특수한 것과 일반적인 것의 약분가능성이 전제되어야만 작동할 것이다. 『풍토』에 대한 나의 독해는 문화적 차이에 대한 객관주의적 서술에서 연구대상과의 실천적 관계가 인식론적 관계로 환원되는 방식의 어떤 일반적 보편성에 대한 인지로 특징지어진다. 역사적·지리적으로 특수한 상황에서 일어난 『풍토』라는 글쓰기에서 와쓰지의 발화가 갖는 단독성을 무시함으로써 이 특수한 심급으로부터 북미나 일본의 아시아 연구 현황에 똑같이 적용될 수 있는 어떤 사례를 끌어낼 수 있을까? 만약 그렇다면 이론의 보편주의적 주장이라는 매혹에 굴복하게 되는 것은 아닐까?

여기서 실천적 관계를 인식론적 관계로 환원하는 것, 말하자면 '정'(情)을 의미작용의 공시성으로 환원하는 것에 무슨 함의가 있는지 주의를 기울여보자. 그 환원에서 일어나는 것은 단독성의 자리를 특수성이 차지하는 사태이다. 문화적 차이의 단독적 사건성은 기존의 인식론적 실천계를 따라 고정된다. 문화적 차이에 대한 이 고정화와 고착에서 기존의 실천계는 사건의 대화적 역학에서 영향을 받지 않고 격리된 상태에 머무른다. 즉 무한의 보편주의와 구별되는 일반성의 보편주의는 문화적 차이에 대한 제국주의적 각인에서 비롯되는데, 그것은 항상 그리고 필연적으로 단독자들 사이의 만남을 통해서 일어나는 변화와 변용을 지워버린다. 그래서 단독성을 특수성으로 환원하는 제국주의/식민주의 일반의 보편주의를 소묘하기 위한 독해전략으로서 일반성이라는 의미의 보편주의가 채용되어야 하는 것이다. 따라서 그러한 환원은 문화적 차이의 조우를 통해 무슨 일이 일어나든지 간에 그것의 서술은 아무 일도 없었다는 듯이 정상적으로 이루어질 수 있어야 한다는 주장에 의해 항상 뒷받침되어야 한다. 이 글에서 시도한 것은 어떤 해석 도식의 일반적 적용가능성을 논증하는 것이 아니라 연대기적 시간성의 배분 속에서 표상가능한 것의 현상성으로는 포착할 수 없는 것과 문화적 차이의 단독적 사건성의 억압을 역사성의 망각과 더불어 필연적으로 요구하는 부인의 작용을 지적하는 일이었다. 문화적 차이의 조우─그것은 늘 단독자들 사이의 조우, 즉 장 뤼크 낭시가 모든 '소통 이론'을 필연적으로 붕괴시키는 '소통'이라고 부르는 것으로서의 조우를 말한다——에서 안정을 파괴하는 '정'을 부인하기 위해 생겨난 것이, 대립적 입장이면서도 서로를 필요로 하는 공범관계에 있는 보편주의와 특수주의이다. 대상이 되는 문화나 민족의 특수성을 서술하는 데 이론의 보편주의가 이미 작동하고 있다는 것을 보여주어야 하는 것이다. 요컨대 보편주의란 문화적 차이를 분절하는 데 의식적으로 보태거나 뺄 수 있는 것이 아니다.

부분적으로는 이런 이유 때문에 나는 주관과 主體 사이의 차이를, 즉 일반적인 보편주의와 특수주의의 담론적 배분에 적응할 수 있는 것과 '공시성의 공간성'에서 포착하려고 하자 달아나는 것 사이의 본질적으로 비대칭적인 차이를 도입해야 했던 것이다. 그래서 '主體'라는 말로 나는 사회적·윤리적 행위의 가능성을 보장하는 비결정성과 더불어 모든 정체성/동일성의, 특히 행위체의 정체성/동일성에서는 완전한 충만이 불가능하다는 것을 시사하고 싶다. 하지만 主體는 자유주의적 휴머니즘에서 이해되는 그런 의미의 자유로운 선택권을 가진 행위체가 아니다. 자유란 主體에 의해 소유되는 것도 主體 속에 존재하는 것도 아니기 때문이다. 主體의 자유, 그리고 主體로서의 자유는 主體가 발화행위의 신체라는 主體의 물질성에서 유래한다. 그러므로 主體는 주관과의 차이화로만 정의될 수 있다고 생각한다. 와쓰지의 문화유형론에서 일어나는 것은 主體의 이 차이화된 성격의 소거이며 다른 국민들을 표상함으로써 스스로를 스스로에게 표상하는 일본인 주체의 정체성을 폐쇄하려는 시도이다.

이런 점에서 와쓰지 데쓰로가 약 60년 전에 시도했던 일을 아시아 연구자들이 반복하고 있는 것은 아닌지 질문할 필요가 있는 것이다. 역사적·지정학적 조건의 부정할 수 없는 이질성에도 불구하고, 환원의 한 사례를 다른 사례와 연결짓는 그러한 시대착오적인 질문은 이 부인의 작동에 담긴 본질적으로 보편적인 일반성을 들춰내기 위해 제기되어야 한다. 그도 그럴 것이 부인이란 연구대상과의 실천적 관계에 내재하는 문제들을 회피하고 사건으로서의 문화적 차이의 단독성을 지워버리려는 시도가 있을 때면 반드시 요구되기 때문이다.

　아마도 『풍토』 영어판에서 일어난 것은 아시아 연구라는 학문의 징후이다. 영어판에서는 마지막 장이 통째로 빠졌는데, 거기서 와쓰지는 선행연구와의 관계에서 자신의 문화유형론을 평가하고, 히포크라테스로부터 장 보댕(『공화국에 대하여』), 몽테스키외(『법의 정신』), 헤르더(『인류 교화를 위한 또 하나의 역사철학』, 『인류의 역사철학에 대한 이념』), 칸트, 피히테(『독일국민에게 고함』), 헤겔을 거쳐 마르크스와 루돌프 셸렌(『삶의 형식으로서의 국가』)에 이르는 서양 풍토학의 계보 안에 그것을 위치지었다. 일본인의 국민성이 일본의 풍토에 구현되어 있다는 주장에도 불구하고 풍토학이라는 장르 자체가 서양 기원이라는 것을 와쓰지가 주저 없이 승인했음은 분명하다. 즉 비서양적 기원과 일본의 독특함이라는 주장 속에서 일본인의 국민성은 두드러지게 서양적이라는 것이다. 영어판에서 부인되는 것은 근대세계의 '서양과 일본 양측의 저술가들이 공유하는 지식형태, 관상학이나 감정진단학(pathognomy)과 같은 영역을 포함한 지식형태의 근대성 바로 그것이다. 이 영어 번역에서는 서양과 비서양 양측에 널리 전파된 문화본질주의의 보편주의를 부인하는 번역자의, 와쓰지가 「아메리카의 국민성」과 「일본의 신도」에서 영미 제국주의 비판의 '부메랑 효과'를 피하려 한 것과 유사한 몸짓을 무시하는 것이 오히려 어려울 것이다. 『풍토』의 저자와 번역자는 문화본질주의의 상호전이를 부인해야 했으며, 그 결과 서양과 비서양의 구별을 마치 그것이 본질적이고 불변적인 구별인양 각인/기입했다. 그래서 아시아 연구 속에서 분석범주로서 작동하는 서양이라는 정체성/동일성과 그 대립물인 비서양이라는 정체성/동일성이 문제시되지 않는다면 와쓰지류의 문화본질주의는 거대한 분할의 양측에서 계속 재생산될 것이다.

와쓰지의 문화유형론에 담겨 있는 문화본질주의와 최근의 문화본질주의 사이의 유사성은 쉽게 알아볼 수 있지만, 이 유사성이 단순한 우연이 아님은 물론이다. 다음 장에서 논의하듯이 이 양자는 '서양'과 '비서양' 사이의 대립적 구별을 강조하고 국민문화·국민·국어라는 통일체를 대상이 되는 사람들의 단일하고 실체화된 본질의 세 가지 측면으로 생각하며 그러한 본질의 역사적 불변성을 주장한다.[81] 예컨대 최근에 간행된 『일본 2000』은 진부한 정치선전으로 넘겨버리기가 어렵다. 그것은 거리낌 없는 솔직함으로 어떤 반유대주의(와쓰지의 중국혐오증과 마찬가지로 그것은 유대인이라는 형상에 초점을 맞출 필요가 없다)의 특징뿐 아니라 실천의 환원이 일어날 때 생기는 불안의 억압에 나타나는 모든 특징을 분명하게 보여주기 때문이다.[82] 아시아 연구도 그러한 실천의 환원으로부터 결코 완전히 자유로울 수는 없다. 그리고 그러한 간행물을 단순히 무책임한 저널리스트의 가십으로 처리해버리는 것도 기만적이다. 왜냐하면 와쓰지의 학문에 의해 충분히 예시되었듯이 이른바 학술저작조차도 이런 유의 인종주의적 스테레오타이프로 쉽게 변질될 수 있기 때문이다. 물론 『일본 2000』의 표현에 비하면 와쓰지의 자민족중심주의적 표현이 훨씬 문명화된 것으로 보이지만 말이다.

와쓰지의 『윤리학』에서는 외국인이나 사회적 지위가 미리 정해져 있지 않은 사람들에 대한 공포와 타자에 대한 과민증(우치벤케이(內辨慶), 집안에서만 큰소리치는 사람)의 심리에 대한 이론적 설명을 찾아볼 수 있다. 그런 점에서는 그의 『윤리학』이 지시하는 바는 그가 '사막적 성격' 탓으로 돌린 '전투성'이라는 외관을 지니지 않는다. 하지만 그 '수용적·인종(忍從)적 성격'(그는 그것을 '몬순적 성격'이라고 한다)에도 불구하고 그의 『윤리학』이 이산되고 자국의 보호가 없는 사람들 — 오늘날 우리 세계의 난민, 이민, 외국인 노동자 등등 — 에 대한 잔혹성,

다시 말해서 국경과 국민적 정체성/동일성과 무관하게 '우리'에게 다가와 '우리'와 사회관계를 만드는 이들에 대한 공포의 이면인 잔혹성을 정당화한다는 것을 우리는 인정하지 않을 수 없다. 와쓰지의 국민적 나르시시즘이 국민공동체를 넘어선 사회관계를 만들 수 있는 가능성을 무시하고 그 공동체를 외부에 노출된 상태로 두는 것을 거부했기 때문에 그가 제국주의와 인종주의에 대한 적개심을 선언했음에도 불구하고 결국에는 내부와 외부 사이의 식민지적·인종주의적 권력관계를 지지하게 되었던 것이다. 따라서 그의 몇 가지 저작은 '균질지향사회성'에 대한 자폐적이고 조합주의적인 욕망을 통해 제국주의와 파시즘적 사회 편제 사이에서의 동맹을 가능케 하는 메커니즘에 대해 아주 많은 것을 가르쳐주는 것 같다.

5 근대성 속의 비판 :
보편주의와 특수주의의 문제

서양이라는 상정된 동일성

비록 포스트모던, 즉 근대의 한 타자(an other of the modern)는 우리의 '근대적' 담론으로는 확정될 수 없을 것이라는 결론이 예상된다고 할지라도, 모던과 포스트모던을 분리시키는 것은 무엇이며, 도대체 우리가 근대에 대해 이야기할 수 있는 근거는 무엇인가라는 질문이 완전히 무의미하지는 않을 것이다. 마찬가지로 근대의 또하나의 타자인 전(前)근대를 다루는 것은 꼭 필요하며, 근대성 역시 많은 경우에 전근대와 관련지어져서 정의되어왔다. 전근대−근대−후근대라는 이 계열은 연대기적인 순서를 나타내는 듯이 보인다. 하지만이 순서가 세계의 지정학적인 지형을 떠나서 결코 존재한 적이 없었다는 점은 기억해둘 필요가 있다. 이제는 잘 알려져 있듯이 기본적으로 19세기에 확립된 이 역사적 도식은 국민, 문화, 전통, 인종의 위치를체계적으로 이해할 수 있게 하는 관점을 제공한다. 포스트모던이라는말은 최근에 와서 등장했지만, 전근대와 근대의 역사−지정학적 짝짓기는 지역연구(서양, 특히 미국에서의 비서양사회 연구) 같은 분야에서 학술적 담론을 조직하는 주요 장치였다. 그 정체를 알 수 없는 세 번째 용어, 즉 포스트모던의 출현이 증언하는 바는 어떤 한 시대로부터 또 다른 시대로의 이행이라기보다는, 논쟁의 여지가 없는 것으로 가정되던 역사-지정학적인 짝짓기(전근대와 근대)가 점차 문제적이 된 결과, 우리의 담론이 전환 또는 변용되었다는 것이다. 물론 이 짝짓기의 타당성이 도전받은 것은 이번이 처음은 아니다. 오히려 그것이 숱한 도전을 이겨냈으며 아직까지 그 유효성을 잃지 않았다는 점이야말로 놀랄 만한 일이다.

일련의 사회경제적 조건으로서든 어떤 사회가 고수하는 선택된 가치로서든 간에 '근대성'이라는 말은 전근대와 근대의 짝짓기와 무관하게 이해된 적이 없다. 역사적으로 근대성이란, 기본적으로 근대에 선행하는 역사와 대립하는 것이었으며 지정학적으로는 비근대(nonmodern), 더 명확하게는 비서양과 대비되는 것이었다. 그러므로 이 짝짓기는 역사적 속성/술어(predicate)를 지정학적인 속성/술어로 번역하는, 그리고 지정학적인 것을 역사적인 것으로 번역하는 담론 도식의 역할을 한 것이다. 어떤 주체/주어는 이러한 속성/술어들에 의해 한정되어서 정립되며, 이런 담론장치의 기능 덕분에 근대적 서양과 전근대적 비서양이라는 두 가지 영역은 구분 가능한 것으로 인식된다. 물론 이것이 서양에는 전근대기가 없었다든가 비서양은 결코 근대화될 수 없다는 것을 의미하지는 않는다. 그것은 전근대적 서양과 근대적 비서양의 동시 공존 가능성을 배제할 뿐이다.

이런 식으로 얼추 검토해보아도 근대성이라는 것이 세계를 역사적·지정학적으로 다르게 생각해볼 가능성을 제한하는 일종의 양극성 (polarity) 또는 뒤틀림임을 충분히 알 수 있다. 많은 사람들이 지적했듯이 서양이라는 상정된 통일체를 확립하는 데 분명히 한몫한다는 사실 말고는 서양/비서양이라는 대립이 근대성의 지리적 원근법을 규정할 내재적 이유는 전혀 없다. 그런데 이 서양이라는 상정된 통일체는, 모호하지만 우리가 오랫동안 그 존재를 당연시해온 경향이 있는 지배력을 가진 실정성(實定性)이다. 말할 필요도 없이 과거 2세기 동안 서양은 확장되어 왔고 임의로 이동했다. 그것은 담론 속에서 스스로를 통일하는 주체일 뿐만 아니라 담론적으로 구성되는 대상이기도 하다. 그것은 분명히 다른 지역·공동체·민족보다 우위에 있는 지역·공동체·민족과 항상 스스로를 관련짓는 명사(名辭)인 것이다. 이런 점에서 서양은 그람시가 말하는 헤게모니와 유사한 행동을 국제적 규모로 보여준다. 기본적으로 그것은 어떤 지리적 영역·전통·국민성·문화·민족·시장 등을 지시하는 것으로 간주되는 '일본'이라는 명사와 비슷하지만, 다른 지리적 특수성과 결합된 명사들과 달리 서양이라는 명사는 자기한정에 대한 거부를 함의하기도 한다. 즉 실제로는 초월하지 못하더라도 모든 특수성을 초월하려는 충동을 계속 가지고 있다고 주장되는 것이다. 말하자면 서양은 타자에 의한 인지에 결코 만족하지 않는다. 그것은 자기 이미지를 끊임없이 변화시키기 위해 항상 타자에 접근하려는 충동에 이끌리며 계속 대문자 타자(Other)와의 상호작용 속에서 자기 자신을 찾는다. 서양은 인지되는 것으로는 결코 만족하지 않고 타자를 인지하길 원한다. 그러한 인지의 수용자이기보다 공급자이고자 하는 것이다. 요컨대 서양은 그 아래에 특수를 포괄하는 보편의 계기를 대표해야 하는 것이다. 실제로 서양은 그 자체로는 특수하면서도 보편적 참조점을 구성하고 그것과의 관계를 통해서 서양의 타자들은 스스로를 특수성으로 인지한다. 이런 점에서 서양은 스스로가 편재(遍在)한다고 생각하는 것이다.

서양이라고 불리는 상정된 통일체에 대한 이런 설명은 결코 새로운 것이 아니지만, 예를 들어 위르겐 하버마스가 서양합리주의에 대한 주장을 할 때 이용하는 방식은 아직도 이것이다. 그는 "은근히 보편성의 주장과 서양적 세계 이해를 연결시킨다."[1] 이러한 주장의 의미를 명확하게 하기 위해 하버마스는 전근대와 근대의 역사-지정학적 짝짓기에 의지하여 비서양의 신화적 세계 이해와의 대비를 강조하는 것이다. 우리가 이해할 수 있는 문화전통 속에서, 즉 문화인류학자가 우리를 위해 재구성해준 문화전통 속에서 고대사회의 신화는

> 근대사회에서 지배적인 세계 이해와는 아주 선명한 대조를 이룬다. 신화적 세계관은 우리가 이해하는 행위의 합리적 방향설정을 결코 가능하지 않게 하는 것이다. 이런 의미에서 생활의 합리적 경영방식을 위한 조건에 대해서 신화적 세계관은 근대적 세계 이해와 상반되는 명제를 제시한다. 그러므로 이제까지 테마화되지 않던 근대사상의 여러 전제들이 신화적 사고라는 거울을 통해서 가시화되는 것이다.[2]

하버마스가 말하는 "우리는 항상, 진리는 보편적 타당성의 요청이라는 전제로부터 직관적으로 출발한다"라는 주장에 대한 동의 여부는 차치하더라도, 적어도 전근대와 근대의 짝짓기에 의해 조직된 일련의 이항대립을 비판적으로 검토하지 않았다는 점은 그의 이론 전개에 비추어 볼 때 분명하다. 그는 전근대/근대, 비서양/서양, 신화적/합리적이라는 이항대립 사이의 평행적 대응관계를 당연시한다. 서양의 여러 신화의 탈신비화를 수행했던 그의 과거 업적들을 아는 사람이라면 이러한 이항대립에 의해 구성된 서양이라는 신화도 그의 비판대상이 되어야 마땅한 것 아닌가라는 의문을 억누르기 어려울 것이다. 더욱이 하버마스에게 서양이라는 통일체는 이미 주어진 것이며 거의 만져볼 수 있는 실체 같은 것이다. 무엇보다도 놀라운 것은 서양을 가시화하기 위한 거울로서의 비서양의 필요성을 인정하면서도 그 거울이 몹시 뿌연 것은 아닌지 전혀 질문하지 않는다는 것이다. 그렇다고 민족학자나 인류

학자가 볼 수 있게 해준 이미지가 실제로 거기에 있는 것의 진정한 표상인지 여부가 문제라는 것은 아니다. 무엇보다 문제가 되는 것은 하버마스가 비서양의 문화나 전통을, 분명한 윤곽이 있고 완전한 물체로서 다룰 수 있는 것처럼 취급한다는 것이다. 그는 타문화의 약분불가능성에 관한 문제와 씨름할 때조차도 불가지성(不可知性)이라는 쟁점 전체를 약분불가능성이라는 문제의 가지성(可知性)으로 환원하고 만다. 하버마스에게 약분불가능성의 문제는 본질적으로 사이비문제인 문화상대주의를 의미하는 것에 불과하다.

하버마스는 우리 안에 인식론적 확신을 다시 심어주고, 우리로 하여금 보편주의를 다시 신뢰하게 하기 위해 인식론적 확신을 가지고 주장을 한다.[3] 오늘날 유통되는 '자민족중심성'(ethnocentricity)이라는 말에 대한 가장 설득력 있고 아마도 가장 엄밀한 정의를 따른다면, 하버마스는 단순히 자민족중심적이다. 하지만 '포스트모던'이라는 용어의 출현이 우리의 정체성/동일성을 둘러싼 불안을 증언하고 있다면, 하버마스가 그 위치에서, 그리고 그것을 가지고 말하고 싶어 하는 서양, 즉 우리라는 이 상정된 통일체가 해체되어가고 있다면, 그의 인식론적 확신이 흔들리지 않는다는 사실이 함의하는 바는 무엇일까? 그의 의사소통행위 이론과 밀접하게 결부되어 있는 우리, 서양의 '우리'라는 어떤 발화위치가 위협받고 있다면 그의 인식론적 확신이 다른 무언가를 나타낸다고 할 수 있을까? 그리고 '우리'는, 그 확신이 '우리'에 대한 억압된 불안을 가리킨다고 할 수 있지 않을까?

*   *   *

이런 관점에서 보면 일본이라고 불리는 담론의 대상이 근대와 전근대의 짝짓기에 따라 조직된 전지구적 배치에 쉽게 통합되지 않는 이질적인 사례라는 것을 알 수 있다. 비서양 문화 가운데 오로지 일본만이 근대산업사회로 전환하기 위해 필요한 것들을 서양 각국으로부터 신속히 채용할 수 있었다는 것이 거듭 탄식의 대상이 되기도 하고 칭송의 대상이 되기도 했다. 그래서 이 기묘한 대상이 담론편제에 해를 끼치지 않도록, 다시 말해 서양이라는 상정된 동일성이 분해되는 사태를 피하기 위해서 상당한 양의 지적 노동이 투자되어왔던 것이다. 미국에서는 이러한 노동의 결과가 보통 '근대화론'이라는 이름 아래 축적되어 있다. 근대화론자들은 국가의 공공연한 전략적 요청에 응해 그 전략을 정당화하는 논의를 전개했는데, 이러한 전략적 필요성 말고도 암묵적인 요구가 있어서 사회과학적·인문학적 논의가 그러한 요구를 충족시키는 역할을 담당했다. 보통 '근대화론'으로 분류되는 저작 가운데 로버트 N. 벨라의 『도쿠가와 종교: 일본 근대화와 종교윤리』는 시대의 국민적 요청에 응한다는 점에서 보아도 가장 뛰어난 작품 중 하나라고 하겠다. 막스 베버도 서양이라는 상정된 통일체를 담론적으로 확정하는 사명을 분명히 이해했고 그 사명을 아주 솜씨 좋게 해냈는데, 벨라는 독일 대신 미국을 중심에 두면서 베버의 사명을 계승하려 한 것이다.

'자유로운 유희'(free play)의 영역을 제한하는 요소들에서 수단을 합리화하기 위해 기능하는 요소들을 분리하는 방식에 대해, 사회발달에서 두 가지 서로 대립하는 경향이 있음을 벨라는 제시하려 한다. 하나는 변화에 대한 적응과 설정된 목표 달성을 추진하는 경향이며 또 하나는 기존의 제도를 고수하기 위해 사상(事象)을 통제하려는 경향이다. 그는 파슨스의 사회학 용어들을 사용하여 전자를, 지향된 목표를 실현하기 위한 가장 효과적 수단을 찾기 위해 필요한 '자유로운 유희'를 긍정하는 '보편주의적' 태도로 정의하고 후자인 '특수주의적' 태도와 대립시킨다. 물론 이렇게 사고된 자유란 필연적으로 보편적인 '예정조화'에 이르기 위한 자유로서, 예정된 질서를 침해할 우려가 있는 그러한 유희가 선험적으로 제거되어 있음은 말할 나위도 없다. 무제한임을 찬양하는 수사에도 불구하고, 보편주의적 태도에 반드시 동반된다

는 이 자유는 결국 준법의 자유, 보편적으로 공유된 일종의 인간본질
을 실현하는 자유가 된다. 더욱이 이렇게 '자유로운 유희'를 높이 평가
하면 기대와는 반대로 단일화된 공유성이나 전체의 통일 대신 이질적
인 다양성이 생겨난다거나 예상된 통합이 깨지는 사태가 벌어질 수도
있다는 생각이 신중히 불식되어 있음을 발견하는 것은 어렵지 않다.

이 벨라의 보편주의가 지닌, 보는 사람이 민망할 정도의 낙천적 외
관은 사람들이 흔히 생각하듯이 그렇게 천진난만한 것은 아니다. 타문
화 연구에 보편주의와 특수주의의 대립을 도입함으로써 근대화론이
달성한 것은 첫째, 서양이라는 통일체를 구성하는 담론편제와 동일한
종류의 담론편제를 과거와는 달리 미국을 중심으로 재생산하는 일이
며, 둘째, 19세기 역사주의의 지시사항을 지키면서도 국사라는 관념에
공공연히 의지하는 것을 거절하는 새로운 종류의 역사 내러티브를 만
들어냈다는 것이다. 여기서 나는 새로운 역사 내러티브가 덜 국민주의
적이라거나 국민주의와 적대적 관계에 있다고 말하려는 것은 아니라
고 덧붙일 필요가 있다. 다른 여러 보편주의들과 마찬가지로 보편주의
의 이 버전은 결정적으로 국민주의적이다. 하지만 이 새로운 내러티브
에서 국민주의는 다르게 분절되어야 한다.

미국에서 경제적 가치가 다른 가치들에 비해 중요시되는 사실이 미
국사회가 본질적으로 보편주의적인 사회임을 나타내는 한편, 다른 사
회들 또한 보편주의적 요소들을 공유한다고 해석되어왔다. 따라서 어
떤 사회에서 보편주의적 경향과 특수주의적 경향의 대립은 그 사회의
합리적 변화가능성을 결정하게 된다. 한편으로 근대화론자들은 느리
든 빠르든 간에 특수성에서 보편성으로의 이행, 추상적 보편성에서 구
체적 보편성으로의 이행과 일치하는, 궁극적으로는 합리성이 증가하
고 이성이 자기를 실현하는 과정과 일치하는 역사적 시간이라는 유럽
의 유산을 틀림없이 상속했다. 다른 한편으로 그들은 보편주의적 요소

들이 균등하게 분산되어 있다고 보았다. 즉 자기와 타자 사이의 갈등의 역학을 강조하는 대신 모든 사회가 잠재적으로는 스스로를 합리화할 능력을 가진다는 것을 보여주려 한 것이다. 그러나 자기를 합리화하는 과정에서 사회가 미국처럼 되어간다는 것 역시 분명하다. 혹은 약간 다르게 표현하자면 진보란 항상 미국화를 뜻한다는 것이다. 이런 점에서 근대화론자들은 전후 일본의 대중의식에 가장 성공적으로 이식된, 근대화란 사실상 미국화와 동일하다는 비전을 표현한 것이었다. 그 전까지는 대체로 근대화란 유럽화와 동일한 것이었는데 근대화론은 그 중심을 서구에서 미국으로 이동시키는 데 크게 봉사한 것이다.

물론 여기서 유럽화와 미국화라는 근대화론의 비전 가운데 어느 쪽이 더 본래적이냐 하는 질문은 전혀 중요하지 않다. 이 독해를 통해서 시사하려는 것은, 어떤 추상적 차원에서는 근대화과정이 가치의 구체화를 향한 운동으로 생각될 수 있는데도 실제로는 항상 세계지도상의 어떤 지점에서 다른 지점으로의 이동으로 상상된다는 것이다.

그러므로 근대성의 개념과 보편주의는 미국 국민주의와 예전보다 훨씬 더 밀접하게 얽혔다. 『도쿠가와 종교』를 쓰고 10년 후에 벨라가 미국사회를 통합하는 신화에 강한 관심을 보이게 된 것도 놀랄 만한 일이 아니다. 그에게 보편주의란 미국의 독특함, 즉 그 특수성을 보여주는 미국 신화의 없어서는 안될 일부를 이루기 때문이다. 그렇다고 이 신화를 곧이곧대로, 즉 미국에만 고유한 것으로 받아들일 수는 없다. 이런 유의 보편주의는 일정한 권력관계를 정식화할 이데올로기가 필요한 곳이라면 어디서든 생겨나기 때문이다. 그리고 이러한 보편주의가 미국에 고유한 것이 아님은 뒤에서 보게 될 것이다. 하지만 이 이중구조(보편주의가 동시에 특수주의의 신화화라는 것) 때문에 보편주의는 잘 알려진 국민주의의 여러 결함으로부터 자유로운 것처럼 보이기도 한다. 물론 보편주의를 주장하는 행위는 국민주의에 대한 요구를 촉진시키는 역할을 하는 경우가 많다. 그 이중구조 때문에 보편주의와 특수주의 사이에서는 끊임없는 동요가 생기는 것이다. 아마도 어떤 지방주의와, 보편주의에 대한 어떤 갈망은 동전의 양면일 테고, 특수주의와 보편주의는 이율배반을 이루는 것이 아니라 서로를 보강하는 관계이다. 실제로 특수주의는 보편주의에 정말로 위협을 가하는 적(敵)이 된 경우가 단 한 번도 없으며 그 반대도 마찬가지다. 보편주의와 특수주의가 단독적인 것, 즉 결코 주체가 되지 않으면서 보편적인 것을 무한히 초월하는 것을 차단한다는 바로 그 이유 때문에 보편주의와 특수주의는 타자와 마주치는 일이 없는 것이다. 거기서 타자성(otherness)은 항상 대문자 타자(the Other)로 환원되고 따라서 억압되고 제거된다. 그리고 결국 우리가 보통 보편주의라고 부르는 것은 스스로를 보편주의라고 생각하는 특수주의이며 보편주의가 이와 다르게 존재한 적이 있는지는 심히 의심스럽다.(타자를 향한 무한한 기투를 촉발하는 것으로서의 보편주의를 생각해볼 수 있을지 모르지만, 이런 경우의 보편성은 오히려 무한성이라고 불러야 할 것이다. 무릇 타자성이나 외부성이 문제가 될 때 어떻게 보편'주의'라는 것을, 즉 '주의'로 정립될 수 있는 것을 이야기할 수 있을까?)

그렇지만 이런 보편주의가 가능해지기 위해서는 어떤 조건들이 갖추어져야 된다. 서양의 중심이 가장 농후하게 보편적인 사회편제를 대표한다고 가정한다면, 합리화의 역사적 시간 속에서 서양의 중심은 덜 보편주의적이고 더 특수주의적인 사회들보다 앞서가고 있어야 하는 것이다. 즉 보편성이 스스로의 사회제도를 바꾸고 합리화할 수 있는 능력과 동일시되기에 그것은 가장 선진적인 특수성이어야 한다. 이 형식에는 경제적 합리성의 정도, 다시 말해서 어떤 사회가 보편주의에 얼마나 투자를 하고 있는지를 가늠할 수 있는 모종의 방정식이 깔려 있다. 이를테면 경제 같은 영역에서 사회가 잘 돌아가지 않으면 그 사회는 보편주의에 충실하다고 할 수 없다는 것이다. 그러므로 어떤 사회가 다른 사회들보다 앞서간다고 인식될 때 이런 보편주의는 그 사회가 다른 사회들을 지배하는 것을 효과적이고도 강력하게 정당화한다. 하지만 합리화의 영역에서 다른 사회들에 대한 경제적·정치적 우월성이 확실하게 인지되지 않으면 그것의 효력과 설득력은 급격하게 상실된다. 보편주의에 대한 책임이라는 부담 때문에 그 사회는 위험에 빠질 수도 있는 것이다. 그렇게 되면 보편주의는 전체성으로서의 사회라는 이미지를 깨버리는 무거운 짐으로 나타날 것이다. 아마도 벨라는 '근대화론'의 이런 측면에 대해 아주 민감했기 때문에 특수주의로 전환할 필요성을 일찌감치 간파했을 것이다.

보편주의와 특수주의의 친화성

'포스트모던'이라는 용어는 근대 보편주의가 현실화해 온 이러한 내적 모순을 완곡하게 증언한다. 직접적으로 결부된 것을 제시하기가 어려운 경우에도, 이제까지 보편주의가 모든 수단을 동원해 감추려고 해온 자민족중심성을 최근에 와서 뻔뻔스럽게 긍정하려는 태도는 근대라는 관념이 의지하고 있는 서양의 동일성을 더 이상 유지하기가 어려워졌음을 보여주는 것이다. 데이비드 폴락이 쓴 『의미의 파쇄』(*The Fracture of Meaning*)는, 순진한 보편주의가 그러한 인식에 직면했을 때 무슨 일이 벌어지는지를 관찰하기에 가장 좋은 사례 중 하나이다. 그것은 인지된 환경 변화에 반응하여, 보편주의를 자연화시키는 기존의 담론 규칙들을 보강한다. 하지만 여기서 중요한 것은, 이전에는 그러한 담론 규칙들이 암묵적으로 가정되고 받아들여졌지만 이제는 정식으로 이야기되고 요란하게 공표된다는 것이다. 폴락의 저작이 갖는 중요성은 바로 이 점에 있다. 더욱이 일본의 미적 전통에 대한 그의 연구는, 비서양, 특히 극동에 대한 축적된 지식에 박혀 있는 어떤 틀을 고수하려는 의도적인 시도라고 할 수 있다. 폴락의 저작을 더욱 흥미롭게 만드는 것은 이따금 학술지 등에서 포스트구조주의라고 불리는, 지식 생산 속의 특수하고 유럽중심주의적이며 휴머니즘적인 권력관계를 가장 효과적으로 들춰내는 그런 이론적 비판을 존중하고 심각하게 받아들이려는 그의 몸짓이다. '포스트구조주의'에 대한 비판 충동을 무시하고 무력화시키려는 폴락의 대담한 결의는 자크 데리다나 롤랑 바르트 같은 권위에 호소하는 거의 모든 지점에서 좌절된다. 그래서 그의 저작에서 '포스트구조주의' 저작의 인용부분은 오히려 익살스럽다는 인상을 주는 것이다. 하지만 우리는 그의 주장이 좌절되는 방식에 더 주의를 기울여야 한다. 그런 좌절은 단순한 기술적 실수보다는 '근대성'이라고 불리는 이미 낡았지만 완강한 담론편제의 지속을 보여주고 있기 때문이다.

일본이라는 주체적 정체성/동일성을 정립시켜온 화한(和漢), 즉 일본/중국이라는 일본 고유의 변증법을 제시하면서 폴락은 한 세기 가까이 서양의 극동연구에서 거듭 사용되던 오래된 수사인 "우물 안에서 모든 세계를 규정하는 우물 안 개구리"[4]라는 주요한 은유를 구사한다. 19세기 중반까지 일본의 존재를 규정하는 우물 안의 벽은 중국이었다. 그리고 최근에 와서 그 역할을 미국이 대신했다고 폴락은 덧붙인다. 이전에 일본이 자신을 중국의 타자로 규정했듯이 오늘날에는 미국의 타자로 자신을 규정한다는 것이다. 어느 경우에도 일본은 어떤 의미에서는 기생적이고 또 다른 의미에서는 관계적이다. 주체적 정체성/동일성의 가능한 모든 형식이 기생적이고 관계적이지 않느냐 하는 문제는 일단 차치하고 폴락의 말을 계속 들어보자. 폴락은 예외 없이 중국어와 일본어 사이의 현격한 격차를 보여주는 '과학적 사실들'을 계속 제시한다. 그런 다음 그는 "문화와 언어는 동일한 구조를 반영하고 그것으로 특징지어진다는 단순하면서도 매우 근대적으로 간주되는 전제"[5]를 바탕으로 독특한 일본문화를 자세히 서술하기 시작하는 것이다. 현재 가령 인류학자들 사이에서 이렇게 물상화된 문화개념이 얼마나 진지하게 받아들여지고 있는지 나는 모른다. 하지만 이 전제 혹은 이 전제에 포함되는 어떤 하나의 함의에 근거하면, 문화와 언어는 "동일한 구조를 반영하고 그것으로 특징지어"지기 위해 단일한 체계로 분리될 수 있어야 하며, 중국과 일본 사이에서 표상 차원의 격차는 실재 차원의 차이로 바뀌고 각인된다.

언어학에서는 이른바 경험적 정보들을 분석하고 조직하기 위해 필요한 가설로서 여러 규칙성의 어떤 체계적 통일체가 설정되어야 한다. 지식의 체계적이고 형식적인 집성체로서의 언어학을 가능케 해주는 것은 언어통일체에 대한 이러한 설정이며, 이 언어통일체는 결코 어떤 언어의 실체와 혼동되어서는 안된다. "포유동물의 신체 속에 등뼈가 있"듯이 다양한 언어활동 속에 언어의 체계적 통일체가 존재하는 것은 아니다.[6] 따라서 언어학자가 데이터를 검토하고 나서 특정한 지방어 또는 국어의 통일체를 발견하고 확정한다고 하는 것은 잘못된 것이다. 반대로 그런 특정한 언어통일체를 설정하는 것이 언어연구를 가능케 하는 필요조건이다. 일본어나 중국어와 같은 언어통일체의 본성은 기본적으로 담론적인 것이다.

즉 언어통일체는 어떤 제한된 공간이나 울타리로 표상될 수 없다. '우물 안 개구리'라는 은유는 반드시 부적절하지는 않으며, 외부세계가 국민적 대중매체에 의해 세워진 벽에 투사된 이미지로밖에 보이지 않는 현대일본의 맥락에서는 오히려 정확하고 아주 설득력이 있다. 그렇지만 이 은유가 문화적 유아론(唯我論)의 전형적인 인식론적 상투어와 결부되면 그런 통일체들은 모두 물상화될 것이며 바로 이것이 폴락에게 일어난 것이다. 부분적으로 이것은 그가 분석범주와 분석대상 사이의 차이를 유지하지 못한 데서 비롯되었다. 하지만 보다 중요한 것은 이것이 근대적 담론에 대한 이론적 비판이 전반적으로 결여되어 빚어진 결과로 보인다는 점이다.

예컨대 일본어, 일본문화, 일본국민이라는 세 가지 통일체가 거의 호환적으로 거듭 사용된다. 마치 황국사관이나 최근의 일본인론을 충실하게 따르려는 듯이 폴락은 현대일본의 정형화된 이미지를 중세나 고대로 투사하는 것이다. 일본인이 중국인과 얼마나 다른가를 강조하기 위해, 그리고 두 국민 사이의 변증법적 상호작용을 보여주기 위해 그는 자주 순환논법에 호소한다. 즉 일본문화는 일본어의 정체성/동일성을 근거로 확정되며 일본어는 일본인의 국민적 정체성/동일성을 근거로 확정되고 끝으로 일본인은 문화적·언어적 유산에 의해 그 정체성/동일성이 확정되는 것이다. 그는 이 일련의 동어반복이 역사적으로 특정한 담론편제의 산물임을 자각하지 못한다. 여기서 폴락이 간과하는 것은 위의 세 가지 범주가 어떤 논리적 근거도 없이 각 범주의 지시물 안에서 서로 대응한다는 것이다. 다른 곳에서 말했듯이 일본문화라는 상정된 통일체가 확립된 것은 아주 최근의 역사에서이다.[7] 문화라고 불리는 담론의 대상은 최근 시기에 속하는 것이다. 그런데 폴락에게 이 세 가지 통일체들은 초역사적인 보편이며, 그런 의미에서 『의미의 파쇄』는 가장 명백하게 문화본질주의를 지지하는 책이라고 할 수 있다. 그의 주장은 결국 항상 타자에 의지해서 정체성/동일성의 의미가 확정되는 하나의 특수성으로서의 일본을 한정하는 작업이 된다. 말할 필요도 없이 이 타자는 보편적인 것이며 이 보편적인 것과의 대비를 통해서 일본 특수성론은 그 모습을 뚜렷하게 드러낸다. 그 연장선상에서 일본에 대한 이러한 한정은 일본이 처음부터 '자연적인' 공동체였으며 스스로 '근대적' 국민이 된 것은 결코 아님을 함의한다.

중국과 일본 사이의 분명한 언어적 이질성에도 불구하고 일본인은 중국의 글쓰기 방식을 차용했고, 그 결과 자신의 정체성에 대한 끝없는 불안이 생겨났다고 폴락은 주장한다.

> 예컨대 중국인에게는 우리와 마찬가지로 자신의 사상을 재현하는 데 자기네 문자(script)가 적절한가 하는 '문제'는 생길 수가 없었을 것이다. 하지만 우리의 탐구는 일본 최초의 텍스트에 중국의 문자가 차용되었다는 문제, 즉 그 후에 생긴 문제들의 원형이 되는 문제로부터 출발한다.[8]

일본의 독특함은 일본이 외국의 문자를 차용할 수밖에 없었다는 사실에 가장 잘 나타나 있다고 그는 주장한다. 그의 책제목인 『의미의 파쇄』는 분명히 이런 이해에서 비롯된 것이다. 하지만 독자는 그 뒤에 나오는 다음과 같은 구절을 읽을 때 놀라지 않을 수 없을 것이다. "분명히 문화라는 기호학적 영역에서의 '파쇄'는 일본에 고유한 것이 아니다. 그리고 결국 근대기호학이 특별히 일본과 연관되는 주제도 아니다."[9] 확실히 폴락은 "예컨대 중국인에게는 우리와 마찬가지로 자신의 사상을 재현하는 데 자기네 문자가 적절한가 하는 '문제'는 생길 수가 없었을 것이다"라고 말할 심사는 아니었다. 물론 그는 그런 것을 의미하지 않았다. 결국 의미는 일본인뿐만 아니라 우리 모두에게도 파쇄되어 있으니까. 하지만 그 문자 자체가 사유를 표현하는 데 적당하지 않다는 것을 인정하지 않는 잘못된 자세는 자민족중심적인 울타리를 만들지 않을까? 의미의 파쇄를 인지하는 것은 글쓰기뿐 아니라 말하기 역시 사유와 무관하고 사유에 부적당하기 때문에 문자가 항상 이질적이며 따라서 그것이 민족적·문화적·언어적 통일체라는 상상의 울타리에 구멍을 낸다는 것을 의미하는 것은 아닐까? 말하거나 쓸 때 사람은 항상 자신의 상정된 정체성에 대해 외부적이라고 데리다가 말하지 않았던가?

여기서 의미의 파쇄가 "일본문화의 기호학적 영역 전체에 고유한" 것임을 폴락이 진심으로 의미했다고 치자. 그럴 경우 로고스 중심적인 고집이 없으므로 일본문화는 문자가 사유를 충분히 재현할 수 있다는 생각에 사로잡힌 다른 문화에 비해 배타성과 차별성이 덜해야 할 것이다. 즉 자신의 정체성/동일성에 관심을 보이지 않는다는 점에서 일본문화는 가장 열린 문화가 되는 셈이다. 물론 폴락은 진심으로 이런 것을 의미하려 했던 것은 아닐 것이다.

일본의 특수주의와 어쩌면 자신이 일본의 문화본질주의라고 생각했던 것을 비판하기 위해, 폴락은 결코 타자를 받아들이지 않고 배제하는 일본의 이미지를 만들어야 했다. 나중에 비난을 가할 수 있는 대상을 먼저 만들어야 했던 것이다. 하지만 이 과정에서 그는 자신의 문화본질주의로 이 기묘한 대상을 잘못 정의했다. 그 결과 문화본질주의는 연구대상의 속성이라기보다는 연구하는 주체에 속하는 기본 어휘로 받아들여져 왔다.

이런 유의 전도(顚倒)가 폴락의 책에서는 반복적으로 일어난다. 이 저작이 방법론적으로 어떻게 구축되어 있는지 살펴보면 또 다른 전도를 발견하지 않을 수 없다. 서론에서 폴락은 다음과 같이 말한다. "나의 관심사는 일본인이 본질적으로 '중국적'이라고 본 것에 대한 해석에 있지 우리나 중국인 스스로가 한 해석에 있지 않다."[10] 폴락이 자기 연구가 해석학적인 성격을 갖는다고 주장했듯이 '우물 안 개구리'의 은유에 따라 세 가지 영역, 또는 세 가지 우물이 해석학적 지평을 형성하는 것이다. 하지만 그는 결론에서 다음과 같이 말한다. "여기서 내가 관심을 갖는 것은 변증법적 과정이며, ……따라서 이 연구는 일본문화의 해석학, 즉 시간을 넘어 전개되어온 일본인 자신과 문화에 대한 해석

방식에 대한 연구 이상이 될 것이다."[11] 여기서는 일본이라는 영역이
선택된 것이며 그는 일본인의 관점에서 바라본 중국인과 일본인의 변
증법에 대해서만 관심을 갖기 때문에 "중국 또는 중국이라는 관념조차
도 이 연구에 반드시 포함되지는 않는다"[12]고 말한다. 그는 일본인에
의해 표상되는 경우에 한에서만 중국을 다룬다. 하지만 이 접근에는
한 가지 맹점이 있다.

그가 이해하지 못하는 것은 그것 없이는 우물 안 개구리의 은유가
제대로 기능할 수 없는 어떤 사실, 즉 개구리는 결코 우물 안의 벽에서
우물 자체를 볼 수 없다는 사실이다. 개구리에게 우물의 전체상은 결
코 보이지 않는다. 따라서 개구리는 자신이 좁은 공간에 갇혀 있다는
것을 결코 알지 못할 것이며 자신이 전세계라고 믿는 것이 작은 우물
에 지나지 않는다는 것을 알 수 없다. 자신의 세계가 우물에 불과하다는
것을 알기 위해서는 우물의 이미지가 우물 안의 벽에 투사되어야만 한
다. 즉 개구리(일본인)에게 우물(일본)의 전체상은 기본적으로 보이지
않으며 그것은 벽에 투사된 표상으로 인식될 뿐이다. 만약 중국이 표
상으로서만 다루어진다면 일본도 똑같이 표상으로 다루어져야 한다.
더욱이 일본인이 일본에 대한 어떤 표상을 가지지 않으며 그것에 갇혀
있거나 종속되어 있다는 것을 모른다면, 그들은 자신이 일본인이라는
것조차 인식하지 못할 것이며 스스로를 일본과 동일시할 수 없을 것이
다. 중국이 일본인에게 상상물에 지나지 않듯이 일본 또한 일본인에게
는 상상물이다. 폴락이 일본문화 속의 중국이라는 통합체에 대해 말하
고 싶다면 먼저 일본문화 속의 일본이라는 통합체에 대해 말해야 한
다. 일본인과 중국 사이에 있는 변증법이 일본인과 일본 사이에도 있
어야 하는 것이다. 물론 그의 문화본질주의는 이 주체성 문제를 전혀
보지 못한다.

이 은유의 아이러니컬한 함의 가운데 하나는 우물 안 개구리의 운명

으로부터 자유롭다고 자신 있게 말할 수 있는 사람은 아무도 없다는 것이다. 개구리는 자신의 작은 세계 외에 다른 세계는 없다고 믿으며, 그래서 그 작은 세계의 지식이 어디에 대해서나 보편적으로 옳다고 가정한다. 하지만 개구리를 비웃는 사람들이 속하는 세계가 또 하나의 우물이 아니라고 어떻게 장담할 수 있을까? 이 문제가 제기되자마자 거만하고 자신에 찬 미소는 얼어붙을 것이다. 폴락이 묘사한 일본이, 일본인이 그들의 우물 안에서 상상한 중국과 과연 얼마나 다를까?

어떤 의미에서 『의미의 파쇄』는 누가 언제 이 질문을 던질지 모른다는 것을 은근히 알고 있기 때문에 생기는 불안감에 사로잡혀 있는 것이다. 이 불안감을 억누르기 위해, 저자가 보편적인 용어로 이야기할 수 있는 발화위치, 사물을 바라보는 편재적이고 초월적인 위치가 설정된다. 폴락의 말이 자동적으로 메타언어로 등록되는 것이 자연스러워 보이게끔 되어 있는 것이다. 그의 언어는 그가 함께 이야기하고 싶어 하는 우리를 정립하고 이 메타언어의 말하는이인 그의 우리는 서양과, 특히 미국과 일치한다. 이리하여 다시 한번 서양은 그 특수성 한가운데서 보편성과 편재성을 띠게 된다. 폴락의 주장은 이론(보편)과 이론의 대상(특수)이라는 대립이 서양과 일본이라는 대립에 대응한다는 것을 전제로 하고 있다.

그러므로 일본이라는 특권적인 담론대상은 특수주의의 구체적 사례로서 상정된 것을 우리에게 보여주기 위해 구성되며, 그것과의 대비를 통해서 우리의 보편주의는 확인된다. 일본은 보편적인 용어 안에서 특정하고 단일한 특수성으로 정의되는 것이다. 즉 일본의 독특함과 정체성은 일본이 서양이라는 영역에서 특수한 대상으로 튀어나오는 경우에 한하여 주어진다. 서양 보편주의에 통합될 때에만 특수로서 자신의 정체성을 얻을 수 있는 것이다. 다시 말해 일본은 서양에 의해 인지될 때에만 '자기'를 부여받고 '자기'를 알게 된다. 일본인론이 일본의 정체성을 서양으로부터의 일탈로 정의하기 위해 일본과 서양의 차이에 대한 무수한 사례를 언급하는 것은 우연이 아니다. 일본의 독자성과 서양과의 차이에 대한 강조는 자기를 타자의 관점에서 바라보고자 하는 누그러지지 않는 충동을 나타낸다. 하지만 이것은 서양의 용어로 일본의 정체성을 정립하는 한편 보편적 참조점으로서의 서양의 중심성을 확립해주는 것에 지나지 않는다. 그래서 폴락은 일본의 배타주의와 자민족중심성을 비판하는 몸짓을 취함에도 불구하고 실제로는 일본인론에서 너무나 잘 드러나는 일본특수주의와 인종주의를 열심히 끌어안고 지지하는 것이다. 사실 이렇게 넓은 마음으로 특수주의를 받아들이지 않는다면 그의 논의 전체는 깨져버릴 것이다. 그리고 여기서 드러난 담론형태는 개인의 의도나 악의에 의해 생기는 것이 아니라, 담론형태로서 현재 일본을 연구하려는 사람들을 빠져나갈 길 없는 역사의 무게로 짓누르는 것이다. 그런 의미에서 폴락에게는, 사람은 역사 속에서 산다는 자각, 즉 기본적인 역사의식이 결여되어 있었다.

　보편주의와 특수주의는 그 양측에서 주장했던 것과는 반대로 서로를 강화하고 보완한다. 실제로 보편주의와 특수주의는 결코 갈등하지 않고 서로를 필요로 하며, 안전하고 조화로운 것으로 알려진 그들의 독백적인 세계를 필연적으로 위험에 빠뜨리는 대화적 조우를 피하기 위해 모든 수단을 동원하여 대칭적인 동시에 서로 지원하는 관계를 형성해야만 하는 것이다. 보편주의와 특수주의는 자신의 결함을 은폐하기 위해 서로의 결함을 받아들이며, 공범관계로 친밀하게 맺어져 있다. 이런 점에서 국민주의 같은 그런 특수주의는 결코 보편주의에 대한 심각한 비판이 될 수 없다. 그것 자체가 보편주의의 공범자이기 때문이다.

반근대주의 속의 근대주의

아직까지 서양과 비서양의 관계는 주인/노예라는 오래
되고 친숙한 공식을 따르는 듯하다. 우리의 포스트모더니티와 어딘가
유사한 '현대'가 포괄적으로 검토된 1930년대에 어떤 일본지식인들이
문제삼은 쟁점 중 하나가 바로 서양과 비서양의 관계였다. 그 시대를
진단하면서 고야마 이와오(高山岩男)나 고사카 마사아키(高坂正顯)
같은 교토학파의 젊은 철학자들을 비롯한 많은 사람들이 가장 중요한
지표로서 서양(유럽)과 비서양(비유럽)세계와의 관계를 뽑았다. 그들
이 보기에는 19세기 말부터 20세기 초까지 세계에 근본적인 변화가 일
어났다는 것이다. 19세기 말까지 역사는 단선적으로 세계의 통일을 향
하는 것 같았다. 궁극적으로는 하나의 중심만을 허용하는 단일한 틀을
따라 전지구가 조직화되었다. 역사는 유럽을 중심으로 하는 통일과 집
중의 끝없는 과정처럼 보였다. 그래서 역사가 단순히 서양화(유럽화)
의 과정으로 받아들여진 것은 이해할 만하며 부분적으로는 필연적인
것이었다. 이 역사도식에서 역사는 꼭대기에서 조감되며, 비서양세계
도 서양화될 운명에 있는 것으로 받아들여졌다는 의미에서 전세계가
서양이라고 생각되었다. 헤겔의 역사주의에서 가장 잘 표현되었듯이
본질적으로 "세계사는 유럽사였다."[13]

하지만 고야마가 주장하듯이 19세기 말에 접어들면서 비서양세계
는 독립을 향해 움직이기 시작했으며 고유의 세계를 형성하기 시작했
다. 이 변화의 결과 그때까지 전세계에서 받아들여졌던 것이 단지 근
대세계, 즉 많은 세계 가운데 하나임이 드러났다. 그리고 새로운 역사
인식과 실천의 가능성이 열리게 되었다. 세계의 근본적인 역사적 변화
에 의해 알려진 이 역사인식과 실천의 가능성이 '세계사'라고 불리게
되었다. 이 '세계사'에서는 풍토, 지리, 인종, 국민, 문화 등 이미 확립

된 공간적 범주들에 대한 참조 없이는 역사적 변화가 이해될 수 없는 것으로 가정되었다. 그러한 범주들로 세워진 틀 속에서만 역사발전은 이해될 수 있으며, 다양한 변화의 의미는 내러티브의 더 큰 단위로 편입되어야 이해될 수 있다는 것이다. 이 단순하지만 무시하기 힘든 인식이 가리키는 것은, 역사는 시간적이고 연대기적일 뿐만 아니라 공간적이고 관계적이라는 것이다. 역사를 단선적으로 진보하는 사건들의 연쇄로 간주할 가능성의 조건은 또 다른 역사들, 또 다른 공존하는 시간성들과의 아직 테마화되지 않은 관계에 있다. 일원적 역사를 실제로 지탱하는 또 다른 시간성들과의 관계는 세계, 즉 서로 이질적인 역사적 시간들과 다양한 문화들이 공존하는 시공간적인 전체 혹은 장(場)과 일치한다는 것이다. 일원적 역사는 또 다른 역사들에 자신이 분명히 의지하고 있음을 모르고 스스로를 자율적이고 전체적이라고 생각하는 한편, '세계'사는 스스로를 역사들의 공간적 관계로 생각했다. 따라서 세계사에서는 동일한 역사만을 참조하는 식으로는 역사를 생각할 수 없으며 일원적 역사는 세계사에서 이해하는 세계를 다루지 못한다. 그 세계란 무엇보다도 이종혼성성과 타자들의 영역이기 때문이다. 고야마가 말하는 세계사가 얼마만큼 이종혼성성과 타자들을 대면할 수 있었는지, 그리고 어쨌든지 간에 세계사가 그들의 이종혼성성과 타자성에서 얼마만큼 열려 있었는지 나중에 살펴볼 것이다. 하지만 이 타자성과 이종혼성성이라는 개념이, 마치 같은 국민, 같은 문화, 같은 역사 속에는 차이와 이종혼성성이 전혀 존재하지 않는다는 듯이 항상 국민들, 문화들, 역사들 사이의 차이로 정의된다는 것에 주목할 필요가 있다. 고야마에게 이종혼성성과 타자성은 기껏해야 간국민화(inter-nationalization)의 계기에 지나지 않은 것이다.

세계사가 출현할 때 일원적 역사의 진리로서 스스로를 드러내는 '공간적 술어의 망각'은 어떤 역사적 조건에서 비롯된다고 고야마는 주장한다. 역사-문화적 세계는 또 다른 역사-문화적 세계로부터 심각하게 도전받고 영향받지 않으면 자신의 세계가 결코 전세계와 직접적으로 같아질 수 없다는 자각에 도달하지 못할 것이며, 스스로가 전체성의 대표이자 표상이라고 계속 망상할 것이다. 유럽중심적인 역사는 이것의 가장 전형적 사례 중 하나이다. 즉 유럽중심적 역사에는 세계가 존재하지 않는다. 하지만 고야마는 일본의 국사를 이런 사례에 추가한다. 일본의 국사는 일원적 역사의 또 하나의 사례이며, 그 속에서 일본은 다른 역사와 문화의 도전과 영향을 받았는데도 섬나라라는 조건 때문에 역사가 타자들과의 상호작용 속에 존재한다는 인식에 도달하지 못했다는 것이다.

고야마가 일깨워준 것은 하나의 역사의 정체성은 다른 역사들, 다른 것들에 의존해서 구성된다는 사실이다. 일원적 역사는 자신의 정체성이 구성될 수 있는 조건을 인식하지 못하기 때문에 고유한 가치를 순진하게 무제한적으로 확장시키며 그런 가치의 보편타당성을 계속 강요한다. 즉 언뜻 보기에 대치되는 듯한 고유한 가치의 보편성과 역사의 정체성에 대한 집착이 사실은 상호보완적으로 이루어진다는 점을 일원적 역사는 인식하지 못하며 스스로가 편집증적으로 고집하는 것에 대한 자각이 없는 것이다. 그래서 일원적 역사가 주장하는 가치의 보편타당성이 거부되고 부정되면, 다시 말해서 그 가치의 약분불가능성이 제시되면 일원적 역사는 그러한 약분불가능성이 타자의 자의나 착오에 의한 것이므로 타자의 잘못이라고 주장하기에 이른다. 이리하여 타자성의 계기는 보편을 전수하는 자로서의 상정된 중심성과, 보편적이며 특수한 가치의 약분가능성을 유지하기 위해 신중하게 변형된다. 이것은 분명 타자성 속에서 대문자 타자(Other)를 말살하는 것과 같다. 일원적 역사가 자기 책임이라고 믿고 있는 사명은 다음과 같은 진술에 가장 잘 요약되어 있다. '그들은 꼭 우리 같다.' 물론 이것이 또 하나의 진술, '우리는 꼭 그들 같다'와는 명확히 구별된다는 것을 기억해야 한다. 후자에서는 우리의 중심성은 보장되지 않는 것이다. 즉 우리의 힘은 우월 대신 열등이 되지만 그 양자는 대리보충적인 짝을 형성한다.

일원적 역사는 오늘날까지도 그 사나운 영향을 멈추지 않고 있는, 역사적으로 특정한 지배의 한 형식을 돕는 역할을 해왔다. 하지만 고야마는 일원적 역사의 발전의 전환점을 발견하고 그것을 파악하려 했다. 그는 다른 역사들을 인식하는 또 하나의 역사, 즉 세계사가 막 출현하려 하고 있으며 이 출현이 역사의 주체와 그 타자들과의 관계의 근본적 변화를 표시한다고 주장했다. 타자에 대한 인식을 거절하는 일원적 역사는 더 이상 불가능하다는 것이다. 이 새로운 역사에서는 역사의 복수성(複數性)과 상호작용이 원리가 될 것이다. 그러므로 공간적으로 표현된 필연성이 역사에 편입되고 그 역사는 시간과 공간의 종합으로 해석되어야 하며 국제화되어야 할 것이다.

역사는 하나의 주체에 의해 만들어지는 것이 아니며 주체가 연속적으로 확대되면서 이질적인 것을 흡수해 나가는 단선적인 과정으로 생각할 수 없게 될 것이었다. 역사의 주체는 복수(複數)이며 역사적 주체의 위치는 일원적으로 결정할 수 없어서 다원적 결정을 고려하지 않을 수 없게 된다. 즉 하나의 역사의 주체는 다른 역사에서 보면 대상이기에 '세계사'는 불가피하게 역사 주체들 사이의 작용과 반작용을 포섭할 수밖에 없다. 이렇듯 고야마의 주장은 단선적이고 단일한 역사와 대립되는 진정한 다원적 역사처럼 들릴 수도 있으며, 그 말을 액면 그대로 믿는다면 일원적 역사로부터 다원적 역사로의 이행은 문화적·국민적·역사적 특수성이 완전히 표현되는 또 다른 권력배치로 이어지는 근본적인 역사적 변화를 표시해야 할 것이다. 그렇게 되면 모든 문화적 세계들은 고사카 마사아키가 말하는 '유(有)적 보편'이 아니라 '무(無)적 보편'에 의해 매개될 것이다.[14] 그리고 이것이 실제로 가능하다면 근대의 너머, 근대적 담론의 한계를 확정하는 역사적 운명의 피안을, 진정한 포스트모더니티를 상상해볼 수도 있을 것이다.

이런 맥락에서 고사카와 마찬가지로 고야마에게도 역사의 주체, 다원적 역사의 주체라는 통일체가 무조건적으로 국민국가의 그것과 동일하다는 것은 주목할 만하다. 그렇지만 그들은 국민국가가 인종이나 민족과 직접적으로 일치하지 않는다는 점을 강조한다. 그들에게 국가란 다른 국가들과 대립하는 대자적 존재이며 그런 점에서 '세계' 속에 존재하는 것이다. 따라서 국가는 다른 국가들과의 관계에 의해 매개되어야 하며 그 결과 자기성찰적인 존재, 즉 주체여야 한다는 바로 그 이유 때문에 인종, 민족, 씨족, 가족과 같은 다른 '실체'와는 연결되지 않는다. 또 한편에서 민족은 자연에 뿌리내린 공동체, 사람들이 태어나고 죽는 공동체를 가리킨다. 그 구성원을 붙잡아두는 굴레는 피, 생식, 땅 등이며 어머니와 자식 사이의 유대가 자연적이라고 하는 의미에서 자연적이다.

여기서 고야마는 경고를 발한다. 자연적 공동체로서의 민족은 보편에 의해 매개되어 있지 않기 때문에 결코 역사의 주체가 될 수 없다는 것이다. 자연적 공동체(고사카는 그것을 '기체'[substratum]라고 부른다)는 아직 이성화되어야 하기 때문에 즉자적으로는 주체가 아니라는 것이다. 자연적 공동체는 국가에 의해 표상되어야 하며 국가를 통해서만 자연적 공동체는 대자적 국민으로서의 정체성을 얻을 수 있다. 그리고 이런 스스로에 대한 표상을 통해서만 민족은 역사적 존재가 될 수 있고 고유의 문화와 고유의 역사적 세계를 만들어낼 수 있는 것이다. 이 단계에서 민족은 국가를 주체로 해서 고유의 역사 또는 역사적 세계를 형성한다.

고야마는 일원적 역사의 연장으로서의 헤겔 철학을 거절하면서도,

헤겔의 이론체계를 그대로 따른다. 모든 '근대적' 전제들을 받아들이고 그 역사관만을 바꾸려고 하는 것이다. 다원적인 세계사를 도입하고 그럼으로써 근대를 넘어선다고 주장하면서 근대화의 이름 아래 일본국가가 습득한 거의 모든 것을 그는 승인한다. 고야마의 일원적 역사에 대한 비판에서 표현된 서양과 근대에 대한 비판은 반(反)근대라는 수사 전체가 실은 무원칙적인 근대 지지를 은폐한다는 사실을 폭로하는 것처럼 보이는 것은, 고사카와 고야마가 서양 비판이 긴급히 요청되는 상황에서 1930년대부터 1940년대 초까지 중일관계와 관련된 문제들을 다룰 때였다.

1941년 11월에 개최된 좌담회에서 고사카, 고야마 등은 역사적 발전과 국민의 도의성에 대해 언급한다.[15]

> 고야마: 독일이 이겼다는 것을, 나는 독일민족의 도의적 에너지가 이긴 것으로 본다. 흔히 세계사란 세계심판이라고들 하지만 그것은 뭐 세계사 바깥에서 신이 보고 있어서 그것을 심판한다는 그런 것이 아니다. 국민 자체가 자기자신을 비판한다, 자기자신을 심판한다는 것이라고 생각한다. 나라가 망한다는 것은 외부에서의 침략이라든가 무언가 외적 원인에서 비롯되는 것이 아니다. ……나라가 망하는 것은 사실은 국민의 도의적 에너지가 고갈된 데서 비롯되는 것이다.[16]

여기서도 분명 고야마는 역사적 사건과 도의성 사이에서 대응관계를 찾는다. 그에게도 역사란 정의의 법정이며 이런 점에서 고야마는 19세기 역사주의에 충실하다고 하겠다.

> 고야마: 도의적 에너지의 주체를 나는 국민이라고 생각한다. 민족이라는 것은 19세기의 문화적 개념이지만, 과거의 역사는 어떻든지 간

에 오늘날 '민족'이라는 것에는 세계사적인 힘이 없다. 진정한 의미에서 '국민'이라는 것이 모든 것을 해결해주는 열쇠가 되었다. 도의적 에너지는 개인윤리도 아니고 인격윤리도 아니며 또 피의 순결과 같은 것도 아니다. 문화적이고 정치적인 '국민'에 집중되어 있는 것이 오늘날 도의적 에너지의 중심이 아닌가 싶다.

고사카: 그렇다. 민족이라는 것도 단순히 민족으로서만 있어서는 의미가 없다. 민족이 주체성을 지닌 경우에는 그것은 어떻게든 국가적 민족의 의미를 지녀야 한다. 그것이 주체성을 지니지 않고 자기한정성을 지니지 않는 민족, 즉 '국민'이 되지 않는 민족은 무력하다. 그 증거로 아이누와 같은 것은 결국 독립한 민족의 의미를 지니지 않고 다른 국가적 민족 속으로 흡수되고 만다. 유대민족의 경우에도 결국에는 그렇게 되지 않을까. 세계사의 주체는 그런 의미에서 국가적 민족이라고 생각한다.[17]

이러한 근대 주체에 대한 이해와 헤겔 변증법 사이에서 어떤 차이를 찾기란 거의 불가능하다. '근대적' 국민은 자기한정성을 지녀야만 하고 국민이라는 주체는 늘 자기한정(보통 말하는 자기에 대한 한정)이며 한정하는 자기(스스로를 한정하는 자기)이다. 그리고 '근대적' 국민은 스스로 자각하고 그 의지를 실현하기 위해 자신을 외재화(外在化)해야 한다. 따라서 그것은 예외 없이 국가 안에서 스스로를 표상하는 국민이며 민족(비합리)과 국가(합리)의 종합이다. 국민은 개별성(=민족)을 통해서 구체화된 이성이며 따라서 국민이 곧바로 민족과 일치할 수는 없다. 민족이 국민으로 전환하기 위해서 민족은 다른 민족에 의해 부정적으로 매개되어야 한다. 즉 국민을 형성하기 위해 강한 민족은 약한 민족을 정복하고 예속시켜야 하는 것이다.[18] 소수민족에 대한 정복 또는 절멸은 근대에만 있는 일이 아니지만, 근대에 가장 철저했으며 근대성의 가장 중요한 지표 중 하나이다. "그 증거로 아이누와 같은 것은 결국 독립한 민족의 의미를 갖지 못하고 다른 국가적 민족 속으로 흡수되고 만다"라는 것이다. 이것은 일본 근대화의 부정할 수 없는 측면이다. 이것은 비단 일본에만 있는 일이 아니다. 오히려 근대의 일반적 특징이라고 해도 무방할 것이다. 하지만 고야마와 고사카가 근대를 역사적 필연으로 인정할 뿐만 아니라 근대의 필연성을 내다보는 그들 자신의 통찰력을 자랑할 때, 독자들은 그들의 반근대라는 수사가 도대체 무엇이었는지를 알게 된다. 결국 이것이 그들이 말하는 다원주의의 정체였던 것이다.

다원적 세계사가 당대 역사상황이라는 맥락에서 논의될 때 그들의 반근대적 수사의 취약성은 더더욱 분명해진다. 앞의 좌담회가 있은 지 3개월 뒤에 같은 멤버가 참석한 좌담회 「동아공영권의 윤리성과 역사성」에서 참석자들은 역사의 과제를 중일관계와 직결시킨다.[19]

> 고사카: ……지나사변은 여러 사안들이 복잡하게 얽혀 있는데 일본인의 모럴 또는 도덕과 지나인의 모럴 사이의 우열(優劣)이 최종적인 결정을 하는 것이 아닐까. 물론 정치적·문화적 공작이라는 것도 매우 필요하겠지만 지나인에 대한 우리의 도덕적인 태도가 매우 중요하다고 본다. 가령 도덕적으로 뛰어난 사람들이 많이 저쪽으로 나가서 도덕적 에너지라는 점에서도 저쪽 사람들이 '그렇구나' 하고 납득을 하게 한다. 그러한 마음가짐도 필요하지 않을까. 지나사변에는 모럴 싸움이라는 의미가 있다. 더군다나 이번 대동아전쟁은 보다 넓은 동양의 도덕과 서양의 도덕 사이의 싸움이 되고 있다. 또는 이렇게 말하는 것이 좋을 것이다. 어느 쪽의 모럴이 세계역사 속에서 앞으로 보다 중대한 의의를 짊어지게 되느냐 하는 문제인 것이다.[20]

이 단계에서도 그들이 아직 일본국민의 도덕성에 대해 이야기할 뿐만
아니라 중국인에 대한 도덕적 우월성에 대해 이야기할 수 있었다는 것
은 놀라운 일이다. 그 발언이 나온 당시의 분위기를 상상한다면, 고사
카가 농담을 하는 건 아닌지 물어보는 일은 자제하는 편이 나을 것이
다. 그럼에도 불구하고 적어도 일본의 도의와 중국의 도의 사이의 관
계가 일종의 변증법적 관계에 놓여 있음은 주의할 만하다. 모든 것이
일본의 군사적 우월성에 의해 보장되었듯이 일본의 도의적 우월성 역
시 결국에는 증명되리라고 고사카는 믿고 있는 것 같다.

고사카에게 역사적 과정이란 불가피한 일련의 충돌을 포함하며 그
충돌 속에서 한 국민의 도의성이 또 하나의 국민의 도의성과 대비되어
심판된다. 그래서 중일전쟁(지나사변)은 도의적 전쟁이며 태평양전쟁
(대동아전쟁) 또한 전 인류라는 전체성의 궁극적 도의성의 관점에서 동
양과 서양의 도의적 우월성을 결정짓는 전쟁인 것이다. 이런 의미에서
그가 생각하는 역사란 인간의 도의 확립을 향하는, 인류의 궁극적 해
방을 향하는 도의 발전의 역사이다. '휴머니즘'이라는 말을 거듭 거부
하면서도 고사카는 휴머니즘이라는 말로 현상(現狀)을 정당화하는 유
혹을 결코 이겨내지 못한다. 다시 말해 그의 휴머니즘과 근대에 대한
비판은 실은 사탕발림으로 위장한 찬양인 것이다.

이런 구절에 표현된 놀랄 만한 자부심을 제쳐두더라도 거기에는 분
명히 다원적 세계사와 모순되는 이론 편제가 있다. 중국과 일본의 관
계를 중국과 일본의 도의성 전쟁이라고 상상하는 것은 두 도의성 사이
에 변증법적 관계를 정립하는 일이다. 낙관적 상상 속에서 이것이 의
미하는 바는 중국의 도의성의 특수성이 증명되듯이 일본의 도의성의
보편성이 언젠가는 증명되리라는 것이다. 이것은 필연적으로 특수성
이 보편성의 지배에 예속되는 과정이 될 것이다. 고야마는 이렇게 말
한다. "(지나인에게는) 주관적인 중화의식이 있어도 객관적인 '세계'의

식이 없다. ……지나에는 모럴이 있고 일본에는 도의적 에너지가 있다."[21]

우리는 여기서 보편주의의 가장 추악한 측면을 볼 수 있으며 그것이 결국 고야마가 말하는 '다원주의'의 실제 모습임을 잊어서는 안된다. 중국에 대한 일본의 승리가 전제되고 의심받지 않을 뿐 아니라 일본의 도의적 우월성도 가정되고 있는 것이다. 일시적인 일본의 군사적 우월성(사실은 국내 대중매체에 의해 조작된 것이었지만)이 은혜라도 베풀 듯이 말할 권리를 보장한다고 생각되었다. 보편적 도의와 특수적 도의 사이의 이 변증법적 운동이 상상대로 진행된다면, 결국 일원적 역사에 대한 비판 속에서 열정적으로 주장된 많은 역사와 전통의 다원적 공존은 배제되고 말 것이다. 보편주의-특수주의라는 짝을 이루는 도식 속에서 다원적 주체들은 점차 보편주의의 단일한 중심에 종속되는 많은 특수로서 조직될 것이다.

그렇다면 그토록 혐오하던 일원적 역사를 어떻게 피할 수 있을까? 하나의 중심에 의한 완전한 지배를 향하는 진보의 역사와 세계사는 전혀 차이가 없는데도 말이다. 고사카와 고야마는 중국인이 세계사 감각을 결여하고 있고 거만하기 때문에, 그리고 최종적으로는 그 특수주의 때문에 중국인을 비난할 자격이 있다고 생각했다. 그들은 자신이 보편주의의 위치에서 말하고 있다고 생각했기 때문에 그렇게 할 수 있다고 느꼈던 것이다.

다원적 세계사는 일원적 역사의 다른 버전임을 스스로 밝히고 만다. 세계사의 주체가 국민과 동일시되는 한 이 결론을 피할 길은 없을 것이다. 역사적 실천의 유일한 기반으로 국민적 정체성/동일성을 확언하고 찬양할 때 근대성에 대한 효과적인 비판을 추진할 수 있을까? 이 사상가들의 근대 비판은 기껏해야 반제국주의적인 척하는 것이며, 그 겉치레 아래서 일본의 근대──팽창주의적 충동의 불가피한 결과를 포함한—를 관대하게 승인하는 것이다. 일원적 역사 속에서 그들의 심기를 불편하게 만든 것은 유럽중심적인 권력 배치 때문에 많은 사람들이 억압되고 자존심을 빼앗긴다는 사실이 아니었다. 그들이 반대했던 것은 세계의 유럽중심적 권력 배치 속에서 일본인이라는 상정된 통일체가 우연히 그 중심에서 배제되었다는 사실이었다. 그들은 세계를 변화시켜 일본인이 그 중심을 차지하고 그들 고유의 보편적 용어로 다른 특수성들을 정의하는 주체가 되길 원했다. 이 목적을 달성하기 위해 근대 국민국가의 구조에 잘 들어맞는다면 그들은 서양적인 것을 뭐든지 좋아했다. 그들의 동기는 반(反)서양적 경향과는 거리가 먼 근대화의 길을 추구하려는 의지였다. 중앙집중화와 균질화가 근대화의 본질적인 부분인 한에서 그들이 말하는 세계사의 철학은 서양의 외부와의 공존불가능성을 보여줌으로써 역설적으로 전쟁의 불가피성을 예증한다. 그리고 이 철학의 비참한 좌절은 일본이 이미 너무나도 근대화되어 있었기 때문에 필연적으로 보편주의를 향하게 되었으며 반근대라는 수사에도 불구하고 보편화하고 전체화하려는 충동에서 벗어나지 못했다는 사실을 너무나도 잘 보여주었다. 아마도 세계사의 철학을 말한 철학자들은 일본이 서양의 외부에 있는 것이 아니라는 사실을 결정적으로 간과했을 것이다. 그 특수주의에서도 일본은 편재하는 서양에 이미 포함되어 있었으며 역사적으로나 지정학적으로나 일본을 서양의 외부라고 볼 수는 없었다. 일본과의 관계를 통해서 서양을 비판하려면 반드시 일본에 대한 비판으로부터 시작해야만 한다는 것이다. 마찬가지로 일본에 대한 비판은 필연적으로 서양에 대한 근본적 비판을 함의해야 한다. 우리, 즉 서양이나 일본이라는 상정된 통일체의 위치에서 말하려고 하는 한, 보편주의–특수주의라는 짝의 지배에서 결코 벗어날 수 없을 것이다. 아무리 급진적인 척해도 그 비판은 결코 효과적일 수 없을 것이다.

다케우치 요시미의 '저항'

　　1945년의 일본 패전 후 다케우치 요시미(竹內好)는 중
국과의 관계를 통해서 일본의 도의성을 진지하게 검토하고 일본이 패
배한 전쟁은 중국의 도의성과 일본의 도의성 사이의 전쟁이었음을 공
개적으로 인정한 보기 드문 지식인이었다. 그는 사회경제적 및 도덕적
기반에서 일본이 패배할 수밖에 없었던 점을 훌륭하게 증명해 보였다.
일본은 자신이 마련한 경기장에서 도덕적으로 패배한 것이다. 그런데
다케우치는 전시(戰時)에 세계사의 철학을 말한 철학자들에 의해 주장
된 '대동아공영권'이라는 이념을 혐오하고 거부했던 사람이었음에도
불구하고, 세계사의 철학을 말한 철학자들을 비롯한 많은 사람들을 다
원주의라는 수사로 몰고간 어떤 정당성을 무시하지 않았던 몇 안되는
사람 중 한 명이기도 했다. 그는 무슨 수를 써서라도 서양의 지배라는
문제에 대해 지적 관심을 유지하려고 애썼는데, 그것은 물론 서양의
지배라는 문제가 일본의 패배와 함께 사라지지 않았기 때문이다.

　고야마가 정의한 일원적 역사에서 볼 수 있듯이 비서양에서의 근대
란 서양 지배의 귀결로밖에 이해할 수 없다. 고야마와 유사한 방식으
로 다케우치는 비서양에서 근대의 비자발성에 주목한다. 여기서 '근
대'라는 용어는 시간적·연대기적인 것을 의미할 뿐 아니라, 비서양과
서양의 공간적 관계를 이해하지 않으면 비서양에서의 근대의 의의를
파악할 수 없다는 뜻에서 공간적 개념도 의미해야 한다. 다케우치에
의하면 동양에서의 근대란 무엇보다도 서양의 정치적·군사적·경제적
통제에 예속되는 것이었다. 근대적 동양은 서양에게 침략되고 패배하
고 착취되었을 때 탄생했다. 요컨대 동양은 서양의 대상이 되었을 때
비로소 근대에 들어선 것이다. 따라서 비서양에서의 근대의 본질은 서
양에 대한 반발/반작용이다. 서양이라는 주체적 정체성/동일성에 관

한 문제틀과 관련해 서양이 형성된 과정 때문에 그럴 수밖에 없음을
다케우치는 강조한다.

> 근대란 유럽이 봉건적인 것으로부터 스스로를 해방하는 과정에서(생
> 산의 측면에서는 자유로운 자본의 발생, 인간에 대해서는 독립되고 평등한
> 개체로서의 인격의 성립) 봉건적인 것과 구별된 자기를 자기로서 역사
> 적으로 바라보는 자기인식이기 때문에, 원래 유럽이 가능해지는 것
> 이 그런 역사를 통해서라고도 할 수 있고, 역사 그 자체가 가능해지
> 는 것이 그러한 유럽에서라고도 할 수 있지 않나 싶다. 역사는 공허
> 한 시간의 형성이 아니다. 자기를 자기로 만드는, 그것을 위해 어려
> 움과 싸우는 무한의 순간이 없으면 자기는 상실되고 역사 또한 상실
> 될 것이다.[22]

서양(유럽)은 스스로를 갱신하기 위해 끊임없이 노력하지 않으면 서양
일 수 없다. 서양은 실정적으로는 존재하지 않고 반성적으로만 존재하
는 것이다. 그래서 서양은 필연적으로 자기확장적이며 비서양에 대한
침략성은 서양의 주체성을 구성하기 위한 필수적인 계기가 된다.

> 자본은 시장의 확장을 원하며 선교사는 신의 나라를 전도하는 사명
> 을 자각한다. 그들은 끊임없는 긴장을 통해 자신이고자 한다. 끊임없
> 이 자신이고자 하는 움직임은 단순히 자신 안에 머무르는 것을 불가
> 능하게 만든다. 자기가 자기이기 위해서는 자기를 잃어버릴 위험을
> 무릅써야 한다.[23]

이 지속적인 자기 탐구, 끊임없는 자기중심화 과정을 참조하지 않고서
는 진보나 역사주의라는 이념을 이해할 수 없을 것이다.

불가피하게 서양의 자기해방은 동양에 대한 침입이라는 결과를 낳았다. 동양에 침입하여 "이질적인 것들과 부딪침으로써 거꾸로 자신이 확인되었다. 유럽의 동양에 대한 동경은 오래되었지만(오히려 유럽 그 자체가 본래적으로 일종의 혼효〔混淆〕이다), 침입이라는 형태의 운동은 근대 이후의 일이다."[24] 그와 동시에 유럽의 침입은 동양에 자본주의를 발흥시켰다. 틀림없이 동양에서의 자본주의 확립은 서양의 자기보존을 위한 확장의 결과로 여겨지며, 세계사의 진보와 이성의 승리를 증명하는 것으로 생각되었다. 물론 동양은 서양의 확장에 반응했으며 그것에 대한 저항을 보여주었다. 하지만 바로 이 저항에서도 동양은 서양의 지배에 통합되고 유럽중심적이고 일원적인 세계사를 완성하는 계기로 봉사했다. 이 도식에서 동양은, 스스로에 대해 확신을 가진 자의식으로서의 서양이 다시 긍정되고 중심화되는 변증법에서 실패하는 자의식이라는 역할을 해야 했던 것이다. 또 동양은 지식의 주체로서의 서양이 편성되기 위해 필요한 대상의 역할도 했다. 그리하여 동양은 우리 것의 친근함을 은근히 긍정하게 하는, 신기하고 이질적인 것들을 끊임없이 제공하는 것을 기대받는다. 동양적인 것에 대한 지식은 서양과 그 타자인 대상 사이의 권력관계가 있고 나서 형성되며 사이드가 『오리엔탈리즘』에서 보여주었듯이 그 지식은 계속 그러한 관계를 긍정하고 강화한다. 하지만 우리는 그렇게 알려진 동양이 스스로를 위해 표상될 수 없고 서양을 위해서만 표상될 수 있다는 점을 잊어서는 안 될 것이다.

한편으로 서양은 이질적인 것과의 대립을 통해서 자기의 경계선을 그을 수 있다. 즉 자신의 정체성/동일성을 위해 타자가 필요한 것이다. 그런 의미에서 서양은 제약받고 있다. 다른 한편으로 서양 자체가 지식의 보편타당성을 가능케 하는 조건이라고 가정됨으로써 서양은 편재하며 눈에 보이지 않는다. 근대라고 불리는 담론편제 속에서만 보편성은 본질적으로 서양적인 보편성일 수 있다. 그런데 다케우치는 "동양은 저항한다"고 한다. 그는 이 '저항'이라는 말을 반복하는데 그것은 이런 맥락에서이다.

동양은 저항한다. 동양은 서양의 지배를 어지럽히는 것이다. 동양의 근대화가 이 저항에 의해 유발되었다는 것에 주목하는 것은 중요하다. 여기서 다케우치는 동양이 저항하지 않았다면 동양이 결코 근대화되지 않았을 것이라고 강조한다. 따라서 일본의 근대화처럼 저항의 의지가 아주 약한 경우가 있다 하더라도 동양의 근대화가 서양의 근대화에 대한 모방으로 간주되어서는 안된다. 서양에 저항하기 위해 동양이 근대화하고 서양의 문물을 차용할 수밖에 없었다는 사실이 충분히 보여주듯이 동양의 근대화는 서양의 출세 또는 성공을 입증하는 것이며, 따라서 그것은 항상 서양화 또는 유럽화일 수밖에 없다. 그래서 저항을 하면서도 동양은 서양이 지배하는 표상양식에 종속될 수밖에 없는 것이다. 동양이 서양에 저항을 시도하더라도 그것은 실패할 운명에 처한다. 동양은 주체의 위치를 차지할 수 없다. 그렇다면 동양을 결코 주체일 수 없는 것으로 정의할 수 있을까?

서양도 동양도 직접적으로는 지시대상이 아니다. 서양이라는 통일체는 그 주체적 정체성/동일성을 한데 모으는 과정에서 저항이 다루어지는 방식에 전적으로 좌우된다. 이 접합점에서 다케우치의 '저항'이라는 용어에 대한 설명은, 두 가지 상이한 읽기 사이에서 흔들리기 시작하는 것 같다.

한편 다케우치는 동양이란 거기에 포괄되는, 중동에서 극동지역까지 걸쳐 있는 것들 사이의 어떤 내적 공통성을 함의하지 않음을 지적한다. 그 다양한 지역에서 공통된 종교적·언어적·문화적 요소를 찾기란 거의 불가능하다. 동양이란 문화적·종교적·언어적 통일체도 아니며 통일된 세계도 아니다. 그 정체성/동일성의 원리는 동양 외부에 있다.

동양에 막연한 일체감을 부여하는 것은 역사적 진보의 과정에서 동양이 서양에 의해 배제되고 대상화되었다는 사실이다. 처음부터 동양이란 서양의 그림자이다. 만약 서양이 존재하지 않는다면 동양 또한 존재할 수 없을 것이다. 다케우치에 따르면 이것이 근대에 대한 일차적 정의이다. 결국 비서양에서 근대란 자신의 주체성을 박탈당한 상태를 의미한다. 그럼 비서양은 자신의 정체성을 획득해야 하는 것일까? 다케우치의 대답은 그의 모든 담론의 특징인 일종의 애매함을 품고 있다. "왜냐하면 거기에는 저항이 없기 때문이며 자신을 유지하고 싶다는 욕구가 없기(자기 자신이 없기) 때문이다. 저항이 없다는 것은 일본이 동양적이지 않다는 것이며, 동시에 자기 유지의 욕구가 없다는(자신이 없다) 것은 일본이 유럽적이지 않다는 것이다. 즉 일본은 아무것도 아니다."[25]

다케우치는 "일본은 아무것도 아니다"라고 말한다. 하지만 일본은 정말로 스스로를 다시 중심화하려는 성향이 없는 구름과 같은 무정형(無定形)의 존재일까? 일본은 스스로이고자 하지 않으며 스스로를 갱신하려 하지 않기에 자기 자신이 되지 못할 뿐 아니라 서양처럼 되는 데도 실패한다고 그는 주장한다. 당대 일본에 대한 그의 규탄에 의하면, 마치 일본은 스스로에 대한 표상도 혹은 다양한 제도 속에 구체화된 자기도 가진 적이 없었던 것 같다. 마치 '국민'이라는 감각을 그 지역주민들에게 강요한 국가는 존재하지 않았다는 듯이, 그리고 마치 그 지역주민들이 스스로를 '국민'과 동일시해서 (대문자) '주체'에 종속되는 (소문자) '주체'로서 스스로를 구성한 적이 없다는 듯이, 그래서 마치 일본이라는 '국민'이 자연적 공동체로서 수천 년 동안 존재했다는 듯이 말이다.

일본은 근대적 국민이다. 스스로를 유지하려는 바로 그 노력을 통해서 일본의 영토에 사는 사람들은 스스로를 국민으로 조직하고 스스로를 그 국민의 국가로 표상한 것이다. 정체성/동일성 의식이 없는 국민이 막대한 인적·경제적 파괴를 초래한 15년 이상의 전쟁을 어떻게 치를 수 있었을까? 여기서 다케우치는 전근대와 근대라는 역사-지정학적 짝짓기에 사로잡혀 있는 듯한데, 그 결과 서양이 근대이기에 일본은 전근대, 적어도 비(非)근대여야 하는 것이다. 서양과 비서양——서양에 의해 배제된——의 짝짓기를 분석하지 않고 다케우치는 일본에 대해 이야기하면서 이 짝짓기의 타당성을 가정한다. 하지만 그의 분석장치는 그 분석대상을 파괴하고 만다. 서양이 주체적 정체성/동일성과 무관한 자연적 공동체가 아니듯이 일본 또한 자연적 공동체라고 생각할 수 없다. 일본은 스스로를 표상하려 했으며 담론으로 그 통일체 이미지를 만들어냈을 것이다. 일반적으로 국민 통일의 이미지를 구성하는 유일한 수단은 담론이다. 근대일본의 경우에도 다른 국민국가와 마찬가지로 일본 또는 일본인이라고 불리는 '국민'의 통일은 제도적으로 확립되었으며 '일본인'이라는 상상물은 한 세기 가까운 기간 동안 담론의 지배적 장치로서 기능해왔을 것이다. 이런 점에서 보면 예컨대 '미국인'이라는 상상물은 담론에 의해 만들어진 효과인데, '일본인'의 경우도 이와 전혀 다를 바가 없다. 즉 일본은 극단적으로 '유럽적' 혹은 '서양적'인 것이다. 문제는 다케우치의 생각과 반대로 일본은 지나치게 견고한 국민적 정체성/동일성을 가졌기 때문에 불가피하게 자기 확장의 길을 걷기 시작했다는 것이다.

이런 유의 오해는 서양의 침략에 대항하기 위해 비서양은 국민을 형성해야 한다는 다케우치의 신념에서 비롯된 것 같다. 그래서 서양에 대해 이질적인 것들은 서양에 대한 일종의 한결같은 저항으로 조직화될 수 있지만, 국민 내부에서는 균질성이 지배적이어야 하는 것이다. 헤겔이 '보편적 균질성의 영역'이라고 부른 것을 구축하지 않고서는 국민 형성은 불가능하다. 따라서 좋든 싫든 국민 형성을 지향하는 근대화과정은 그 내부에서 이질적인 것의 제거를 수반할 수밖에 없다. 서양과 비서양의 관계와 똑같은 유형의 관계가 전체로서의 국민과 그 내부의 이질적 요소들 사이에서 재생산되는 것이다. 이런 맥락에서 국민은 항상 국가로 표상되어 국가에 종속하는 주체가 되는데, 그 한편에 이질적인 요소들은 주체성을 박탈당하여 그러한 주체와 쉽게 동일화되지 않는다.

다케우치는 상호적이고 대칭적인 인지관계를 서양과 비서양 사이에 수립하고 싶은 것일까? 근대에 의해 궁극적인 이상적 사회관계로 정립된 상호인지를 향해 역사가 최종적으로는 우리를 인도할 것이라고 믿고 싶은 것일까? 인류의 보편적 해방이라는 신념을 포기하지 않는 한 다케우치는 확실히 근대주의자이다. 그래서 결국에는 일원적 역사는 불가피하며 따라서 보편적 해방은 서양이 아니라 동양에 의해 실현될 것이라고 믿는 것이다. 역사 속의 진정한 주체는 동양이라고 그는 말한다. 하지만 그때까지는 역사의 주체인 국민을 구축하기 위해 이질적인 것의 제거를 감수해야 하는 것이다. 다케우치를 반근대적이라고 말하는 것은 잘못이다. 그는 근대화의 제한된 몇 가지 측면만을 부정한다. 그의 근대비판은 '근대화론'으로 대표되는 서양의 비서양에 대한 차별적 태도나 착취의 흔적을 깨끗이 쓸어버린, 원활하고 예정조화적인 과정으로 근대화를 생각하는 입장을 겨냥한다.

다른 한편으로는 그의 '저항'이라는 용어에 대한 다른 읽기를 암시하는 맥락을 찾을 수도 있다. 동양에게는 저항이 그 주체적 정체성을 형성하는 데 결코 도움이 되지 않는 것으로 생각되었다. 다시 말해 저항은, 스스로가 부정하던 것과의 대립을 통해서 주체가 정립되는 수단으로서의 부정이 아니다. 따라서 저항은 부정과 구별되는 부정성과 연결되어야 하는데, 부정성은 주체가 스스로에게 충분하게끔 되어 있는 상정된 균형상태를 흐트러뜨린다. 여기서 다케우치는 근대와 서양의 문제 전체에 대한 근본적인 무언가에 관여하고 있다.

> 하지만 그렇다고 해도 저항이란 무엇인가라는 문제를 나는 잘 모른
> 다. 저항의 의미를 엄밀하게 따져보는 일을 나는 하지 못한다. 나는
> 철학적 사색에 익숙하지 않다. 그런 것은 저항도 아니라고 누가 그러
> 면 그만이다. 나는 단지 자기가 그런 상태에 있는 것을 느끼고 있을
> 뿐이지 그것을 꺼내어 논리적으로 조립할 수는 없다. 할 수 없다고
> 함은 내가 무력해서 그렇지 불가능하다는 것은 아니다. ……그러나
> 그 가능성은 너무나 멀리 떨어져 있어서 그 앞에 서서 나는 어떤 두
> 려움을 느끼고 그 두려움을 느끼는 자신에게 죄책감을 느낀다. 나에
> 게는 모든 것을 꺼내볼 수 있다는 합리주의의 신념이 두려운 것이다.
> 합리주의의 신념이라기보다 그 신념을 성립시킨 합리주의 배후에 있
> 는 비합리적인 의지의 압력이 두려운 것이다. 그리고 그것은 나에게
> 유럽적인 것으로 보인다. 나는 내가 갖고 있는 두려움의 감정을 그
> 자체로서는 모른 채 지내왔다. 몇몇 시인을 제외하면 일본의 사상가
> 나 문학자 대부분이 내가 느끼는 그런 것을 느끼지 않아서, 그리고
> 그들이 합리주의(유물론도 포함해서)라고 부르는 것이 내게는 도무지
> 합리주의로 보이지 않아서 나는 불안했다. 그리고 그때 나는 루쉰을
> 만났다. 그리고 루쉰이 내가 느끼는 그런 공포를 필사적으로 견디는
> 것을 보았다. 그렇다기보다는 루쉰의 저항을 통해서 나는 자기 마음
> 을 이해할 단서를 얻었다. 저항이라는 것을 생각하기 시작한 것은 그
> 때부터이다. 저항이 무엇이냐고 누가 물어보면 루쉰에게 있는 그런
> 것이라고 대답할 수밖에 없다.[26]

저항은 모든 것을 표상하려는 의지, 즉 근대적 주체성에 본질적으로
내재하는 의지에 대한 뿌리깊은 공포에서 생긴다. 루쉰은 주체성에 대

한 저항, 주체성에 종속되는 것에 대한 저항, 그리고 마지막에는 (국가·국민으로서의) 주체에 종속되는 것에 대한 저항을 예시한다. 다케우치는 루쉰의 글 「현인과 바보와 노예」(聰明人和傻子和奴才)를 인용하면서 다음과 같이 저항에 대해 말한다.

> 루쉰은 휴머니즘을 (그리고 모든 것을) 거부한 사람이다. 그가 현인을 미워하고 바보를 사랑한 것은 확실하지만 그것은 별개의 것이 아니라 현인을 미워하는 것이 바보를 사랑하는 것이었다. 루쉰이 바보와 현인을 가치적인 대립으로 바라본 것은 아니다. 그런 식으로 바라보는 입장, 즉 휴머니즘의 입장이라는 것은 루쉰에게 성립되지 않는다. 휴머니스트가 바라는 것처럼 바보가 노예를 구해줄 수는 없기 때문이다. 바보가 노예를 구해주려면 그는 노예로부터 배척당한다. 배척당하지 않기 위해서는, 따라서 노예를 구해주기 위해서는 그는 바보를 그만두고 현인이 될 수밖에 없다. 현인은 노예를 구해줄 수 있지만 그것은 노예의 주관에서의 구제로서, 깨우치지 않는 것, 꿈꾸게 하는 것, 바꿔 말해 구해주지 않는 것이 노예에게는 구제이다. 노예 입장에서 말하면 노예가 구제를 원하는 것, 그것이 그를 노예로 만든다. 그래서 이러한 노예가 각성을 하게 된다면 그는 '갈 길이 없는' '인생에서 가장 고통스러운' 상태, 즉 자신이 노예라는 자각 상태를 겪어야 한다. 그리고 그 공포를 견뎌야 한다. 만약 그 공포를 견디다 못해 구제를 원하면 그는 자신이 노예라는 자각마저 잃어야 한다. 다시 말해 '갈 길이 없는' 것이 꿈에서 깨어난 상태이기에 길이 있다는 것은 꿈이 아직 계속되고 있다는 증거이다. 노예가 노예임을 거부하고 해방의 환상을 거부하는 것, 자신이 노예임을 자각하고 노예로 있는 것, 그것이 '인생에서 가장 고통스러운' 꿈에서 깨어난 상태이다. 갈 길이 없지만 가야 한다, 아니 오히려 갈 길이 없기 때문에 가야 한

다는 상태이다. 그는 자신임을 거부하고 동시에 자신 이외의 것임을 거부한다. 그것이 루쉰에게 있는, 그리고 루쉰이라는 사람을 성립시키는 절망의 의미이다. ……거기에 휴머니즘이 들어설 여지는 없다.[27]

결국 여기서 저항이란 자아와 그 이미지의 표상가능한 관계를 어지럽히는 것이다. 그것은 사람들을 다양한 제도에 종속시키는 정체성/동일성의 형성에 저항하는 무언가이다. 하지만 이것은 사람들을 해방시켜주지 않는다. 저항은 해방으로 이어지지 않는다. 사람들은 해방이라는 말을 통해 자신이 가장 두려워하는 것에 종속되는 일이 많기 때문이다. "소리쳐서 약간 의식이 뚜렷한 몇 명을 깨우고……그 불행한 소수에게 어차피 구제받을 수도 없는 임종의 고통을 주는"[28] 대신에 잠자는 채 놓아두어야 할지도 모른다. 하지만 깨어 있기로 했다면 적어도 저항이 해방을 낳는다는 희망에는 저항해야 한다. 근대적 가치관에 깊이 관여하면서도 근대를 비판하는 일이 다케우치에게 가능했던 것은 이러한 저항관 때문이었던 것 같다. 이것이 다케우치가 근대의 초극을 순진하게 상상한 사람들과 구별되는 점이다. 해방이라는 제스처에 의해 그들은 모두 근대가 파놓은 함정에 빠진 것이다. 다케우치는 해방의 이데올로기를 단념했기 때문에 근대적 가치관에 관여하면서도 근대에 대한 더욱 효과적인 비판을 할 수 있었던 것이다. 바로 그랬기 때문에 그는 루쉰이 지향한 것을 그토록 잘 볼 수 있었다.

'포스트모던'이라는 용어가 불러일으키는 불확실성의 감각은 이 저항이 차츰 산종(散種)되는 것을 의미하는지도 모른다. '유희'(le je)라는 용어는 좀 억지스럽지만 다케우치가 루쉰에게서 본 것과 연결시킬 때 가장 잘 이해될 수 있다고 본다.[29] 이 단계에서만 사람은 희망에 대하여, 하지만 루쉰이 「고향」에서 그랬듯이 머뭇거리면서 말할 수 있는 것이다.

희망이라는 것을 생각한 나는 갑자기 무서워졌다. 룬투가 향로와 촛대를 달라고 했을 때, 그는 오로지 우상을 숭배하는 인간이구나 하고 나는 속으로 그를 비웃었다. 그러나 지금 내가 말하는 희망 역시 내가 만들어낸 우상이 아닌가? 단지 그의 소망이 현실에 아주 가까운 것이라면, 나의 소망은 막연하고 아득하다는 것뿐이다.

몽롱한 나의 눈앞에 바닷가의 파아란 모래사장이 떠올라왔다. 짙은 쪽빛 하늘엔 황금빛 보름달이 걸려 있었다.

나는 생각했다. 희망이란 것은 본래 있다고도 할 수 없고, 없다고도 할 수 없다. 그것은 마치 땅 위의 길과 같은 것이다. 본래 땅 위에는 길이 없었다. 걸어가는 사람이 많아지면 그게 곧 길이 되는 것이다.[30]

6 전후 일본에서의 죽음과 시적 언어

역사적 실천으로서의 시

어떤 시는 역사를 보존하거나 기록하기보다 역사에 간섭한다. 시를 쓰거나 읽는 것은 역사적 경험 자체에 관한 일반적인 개념을 바꿔놓는다는 점에서 일종의 역사적 실천을 이루고 있는 경우가 많다. 여기서 다루는 사례는 15년전쟁 패배 이후 수십 년 동안 산출된 일본의 시다.

대부분의 전후 일본시가 전시의 죽음과 파괴라는 경험에 의해 유발된 것이며, 어떤 의미에서 그것에 대한 때늦은 응답이었다는 주장이 계속 있어왔다. 그리고 그것이 시인뿐 아니라 이 시대의 대다수 작가들에게 공유된 어떤 죄책감, 즉 그들이 전쟁에서 살아남았고 그들이 사랑한 사람들과 죽인 사람들을 과거 속에 두고 왔다는 사실에서 분명히 유래하는 죄책감과 관련이 있다고도 주장되어왔다. 전후시에 대한 이러한 설명에는 어떤 부정할 수 없는 진실성이 있다는 것을 인정하지 않을 수 없다. 하지만 시적 텍스트가 생산되는 내적 과정에 대한 탐구를 게을리 한다면, 전후시가 일종의 역사적 실천을 이루고 있으며, 사산(死産)되었다고 하더라도 그것이 적어도 역사에 대한 의도적 간섭이었다는 점을 간과하게 될 것이다.

보통 '전후시'(戰後詩)라는 이름 아래 분류되는 문학작품 속에서 우리는 이러한 집단적 경험에 대한 언급을 많이 찾아볼 수 있지만, 전후시를 시인이 전시에 조우한 트라우마적 경험에 대한 목격자로서의 보고로 간주할 수는 없다. 오히려 집단적 역사경험으로서의 전쟁은 패전에 이은 다양한 담론활동의 산물로 논의되어야 한다. 어떤 사람이 살아남은 경험과 이야기되고 기억되는 그 설명 사이에는 뛰어넘을 수 없는 격차가 존재한다는 것을 우리는 명심해야 하는 것이다. 그래서 집단적인 역사적 사건으로서의 전쟁은, 어떤 역사적 내러티브 속에서 일련의 진술에 의해 만들어지는 사건을 그러한 내러티브의 실제적인 산출에 선행하는 것으로 상정되거나 상상되는 경험과 동일시하는 방식을 통해 만들어진다. 관습상 역사로 이해되는 것, 즉 그 자체가 담론으로 구성된 영역과, 말에 의한 고정화를 벗어나 돌이킬 수 없이 상실되고만 일종의 경험 사이의 관계가 바로 전후시에 관한 쟁점이었던 것이다.

여기서 불가피하게 역설적 상황이 생겨난다. 문자 그대로의 의미에서 역사적 사건에 대한 담론은 사건 자체에 의해 선행되는 것처럼 보이기 때문에, 담론에서 표상되는 사건이 구전 또는 문자로 쓰인 기입/각인과는 독립적으로 존재해야 할 일종의 실체로서 이해될지도 모른다는 것이다. 하지만 만약에 담론 조작과 담론 속에서의 그 표상에 앞서 경험에 대해 이야기할 수 있다면, 우리는 그 경험을 칸트가 말하는 물자체(Ding an sich)나 절대적 외부 같은 것으로 생각해야 할 것이다. 이런 의미에서만, 어떤 근거로 역사적 경험이 그 내러티브적인 설명에 앞선다고 할 수 있는지 이해할 수 있을 것이다.

전쟁 직후에 쓰인 어떤 시를 동시대 문학이나 문학 외의 저작들 대부분과 구별하는 것은 역사와 담론 사이의 관계가 갖고 있는 이 역설적인 성격에 대한 관심이다. 이 장은 보통 '황무지派'라는 이름으로 알

려진 시인집단과 관련되는 시 작품들 속으로 이러한 관심이 어떻게 구
조적으로 통합되었는지를 밝혀보려는 예비적 시도이다.

죽은 자의 위치에서의 발화

　　　　이미 많은 사람들이 다양한 방식으로 시사했듯이 "나는
죽었다"라는 진술이 '황무지파' 시인들의 작품에 스며들어 있는 듯하
다. 시인들이 텍스트를 만들어내는 과정에서 자신의 죽음이라는 환상
에서 결코 빠져나갈 수 없었다는 것은, 아시아 대륙, 태평양, 그리고 일
본본토에서의 대량살육의 15년이 그들에게 썩어가는 시체와 폐허에
대한 누적된 기억을 피해가는 것을 허용하지 않았음을 생각하면 그리
놀랄 만한 일이 아니다. 직업적으로 문학에 관여한 이들뿐 아니라 일
본인 일반──물론 '일본인'이라는 범주는 그 역사적 우발성, 특히 1945
년 8월 15일 패배 직후의 지정학적·역사적 조건 때문에 아주 유동적이
고 불안정한 것이었다──도 전쟁 기간에 목격하고 겪고 마침내는 배
웠다고 스스로가 생각하는 것들에 대해 거의 한없이 이야기하고 반복
해서 말하려는 충동을 억누를 수 없었던 것 같다. 하지만 그렇게 함으
로써 그들은 전후 일본사회에서 스스로의 존재가 확인될 수 없는 것과
상관없이 역사적 도식들을 만들기도 했다는 점에 주목할 필요가 있다.
틀림없이 이 도식들은 빈번히 상충하고 서로 패권을 다투곤 했다. 즉
과거에 대한 그들의 지속적인 이야기는 많은 역사적 내러티브와 마찬
가지로 본질적으로 현재적인 것이며 과거에 일어난 사건 자체를 향하
기보다는 집단적 현재의 구성을 향하고 있다. 그것이 의도적이든 아니
든 간에 역사적 내러티브의 생산은 중단된 연속성을 잇는 집단성을 위
해 필요한 절차였다. 설사 그 내러티브가 역사적 단절의 계기로서의

일본의 재생이나 일본의 패배를 이야기하고 있다고 해도 말이다. 역사적 현재라는 감각과 집단적 동시대 감각이 구축되어야만 했던 것이다. 그러나 늘 그렇듯이 동시대 감각이란 상상의 것이다. 즉 실제로는 그 속에 살고 있지 않지만 그 속에 살고 있다고 믿게 되는 그런 것이다.

인간은 전쟁을 통해서 극심한 기아, 공포, 또는 황폐에 직면할지도 모르는데, 최종적으로는 그것을 혼자 경험한다고 할 수밖에 없다. 아주 트라우마적인 강도를 지닌 경험은, 학살 희생자들의 타는 듯한 침묵을 관찰함으로써 알 수 있듯이 집단적으로 체험될 수 없다. 그것을 집단적 사건으로 표상하는 임무는 역사적 내러티브에 맡겨야 하는데, 그것을 통해서 트라우마적 경험은 보편화되고 집단적 표상의 실천계로 통합되는 것이다. 물론 이 보편화 과정을 통해서 경험은 초기의 강도를 상실하고 그 대체물, 즉 그 경험의 표상으로 바뀌지 않을 수 없다. 아울러 그것을 경험한 개인 또한 보편화되고 역사적 내러티브의 주어/주체가 된다. 자크 라캉이 보여주었듯이 보편화 과정은 주체가 분열되는 과정이기도 하다.

하지만 만약 역사적 경험이 역사적 내러티브를 만들어내는 집단적 표상체계를 침식할 정도로 강도가 세다면, 역사적 경험은 침묵을 지키고 표상될 수 없는 운명을 짊어지게 될 것이다. 에마뉘엘 레비나스가 지적했듯이, 역사는 항상 필연적으로 생존자인 역사가에 의해 쓰여지므로 죽은 자의 경험이 표상될 수 없듯이 그런 중대한 역사적 경험은 마찬가지로 말없이 남겨져서 매장되어야만 하는 것이다.[1]

따라서 우리는 전후 일본시에서의 죽음에 대한 넘쳐나는 논의 한가운데서 기묘한 아우라, 즉 강렬한 침묵을 발견하게 된다. 마치 일부 문학작품이 말은 과거 경험의 핵심에 결코 이르지 못한다는 냉정한 인식에 의해 고무되었던 것처럼, 시적 담론의 가능성은 그것이 불가능하다는 인식에 의존하고 있다고 하는 자기 모순적인 명제를 전후 일본시는 열심히 긍정하려 하는 듯하다. 달리 말하면 그것은 정의(定義)상 표상할 수 없는 것을 표상하려는 시도였던 것이다. 틀림없이 이런 상황은 "나는 죽었다"라는 진술에 의해 가장 잘 요약될 수 있다.

이 진술을 발화하는 '나'(발화행위의 주체)와 이 진술의 존재에 의해 정립되는 '나'(발화되는 것의 주어) 사이의 균열을 보여줌으로써, 이것은 언어사용에 내재하는 근본적이면서 필연적인 모순을 드러낸다. 발화행위가 의미작용을 실현하려면 발화행위의 주체는 말소되고 상실되고 죽어야 하며, 스스로를 보편화된, 익명의 '나'로 변용시켜야 하는 것이다.[2] 말하자면 "나는 죽었다"라는 진술은 극적인 형태로 말하기 일반의 본질을 설명하는 것이다.

따라서 아무 데도 없는 죽은 자의 위치에서 발화한다는 형식을 취함으로써 시인들은 자신이 믿었던 것이 표상 불가능하다는 사실을 언어 속에 끌어들이려 한 것이다. 그러나 패전 이전부터 죽음은 문학 생산의 초점이었으며 문학이 죽음에 대해 강박적 관심을 갖는 것은 결코 새로운 것이 아님을 상기할 필요가 있다. 어떤 집단이든 죽음을 표상 가능케 하는 문화장치를 갖고 있다. 전쟁 동안 일본 전통시의 수사적 어휘는 죽음을 심미화하는 데 아주 효과적이었다. 요시모토 다카아키(吉本隆明)가 사계(四季)파 시인들에 관한 글에서 주장했듯이 근대전에서의 대량살육은 고전시의 수사에 의해 의례적 죽음에 비유되었다.[3] 마찬가지로 자연의 이미지가 죽음을 표상할 수 있도록 널리 이용되었다. 전쟁 시기 시인들의 작품에서 환기되었듯이, 자연이란 심상(心象)의 어휘를 형성하기 위해 다양한 말들이 그 속에서 서로 연결되는 동위체 체계(system of isotopies)를 가리키는 것이다. 전후 시인들은 이 동위체 체계에 강력히 반대했는데, 그것은 바로 이 체계가 주체성의 어떤 특수한 유형을 형성하는 데 한몫했기 때문이다. 아와즈 노리오(粟津則雄)는 자전적 에세이에서 사계파에 가입한 시인 미요시 다쓰지

(三好達治)가 "나는 죽음의 공포를 느끼기에 앞서 자연의 아름다움을 승인했습니다"라고 말한 구절을 인용하고 다음과 같이 주장한다.

> 자연의 아름다움에 대한 승인이 죽음의 공포에 앞섰다는 것은 미요시 다쓰지의 정신의 본질적 형태를 보여준다고 해도 좋다. 이후 그의 발걸음은 이 형태를 향한 성급한 성숙이었다. 죽음에 대한 공포라는, 말하자면 삶의 질서를 무너뜨리는, 본래적으로 무제한적인 내면의 운동을 자연의 아름다움이라는 정적(靜的)인 세계로 수렴시키는 발걸음이었다. 그리고 바로 이 점이, 미요시 다쓰지에게 시가 외부세계에 대한 강한 비평운동이 되지 못하는 하나의 중요한 이유였다. 자연의 아름다움이라는 완결된 세계에 대한 선험적인 승인은, 물론 그 사이에 다양한 굴절들이 있다 할지라도, 궁극적으로는 이 또한 완결된 것으로서의 외부세계에 대한 승인으로 통하기 때문이다.[4]

이 동위체 체계에 의해 이루어진 것은 집단적인 미적 상상력과 개인의 죽음 사이에 항상 존재하는 틈을 은폐하는 것이며 집단적 표상체계 속에 개인을 위치짓는 것이었다. 그럼으로써 죽음에 대한 공포는 굴절되고 집단적 표상 속의 주체위치에 대한 욕망으로 변했다. 다시 말해, 죽음에 대한 공포는 집단에 의해 기억되고 추앙되고 싶다는 소망으로 번역된 것이다. 이 맥락에서 미적 상상력이 도움이 되는 그런 종류의 집단이란, 중세적인 씨족이나 고대적인 친족이 아니라 근대 국민국가에 의해 규정된다는 점에 유의해야 한다. 이리하여 죽음은 의미 있는 것으로 표상되지만, 이 의미는 집단적 표상체계 속에서만 주어질 수 있기 때문에 그 죽음은 국민의 입장에서의 의미, 즉 국민의 입장에서 의미 있는 죽음일 수밖에 없는 것이다. 더욱이 그렇게 보편화된 죽음은 그것 자체가 목적을 의미하는 것으로 이해되었다. 죽음은 이제 죽음외의 어떤 가치 실현을 위한 행동과정에서 일어나는 사고나 이해할 수 없는 사건이 아니라는 것이다.[5] 그래서 이른바 전통적인 시적 언어는, 개인으로서의 한 인간의 생명과 국민적 주체로서의 한 인간의 정체성 사이의 분열을 궁극적으로는 봉합하고 치료하는 특권적 계기로서의 죽음의 이미지에 계속 호소했다. 죽음의 보편화를 통해서 이른바 전시 시인들은, 인간은 죽음에 의해 최종적으로 국민과 동일화될 수 있다는 허구를 날조해낸 것이다.

아마 그러한 시적 상상력의 힘은 시적 수사의 어휘가 일본인의 집단 생활에 내재한다는 널리 공유된 가설에서 비롯되었을 것이다. 하지만 많은 전시 시인들이 외면했던 것은, 어떠한 집단적 정체성이든 그러한 정체성을 정립하고 집단성을 '항상 이미 거기에 있는 것'으로 제시하는 담론이 형성된 뒤에 형성된다는 사실이었다. 그것은 표상되는 것이 담론 형성에 선행하는 것처럼 보인다는 담론의 본성 때문이지만, 이것이 집단적 정체성과 같은 표상된 것이 실제 시간의 연속선상에서 표상행위보다 먼저 존재해야 한다는 것을 의미하지는 않는다.

따라서 전시 시인들에게 집단적 정체성은 그 표상과 무관하게 존재하는 실체였다. 많은 측면에서 동일한 상황이 패전 후에도 지속되었다. 전쟁 경험에 관한 담론이 순수하게 그리고 단적으로 과거의 경험 그 자체라고 믿는 한, 그 이데올로기적 함의를 결코 자각할 수 없었을 것이다. 여기서 과거에 대한 조작이 현재를 지배하기 위해 필수불가결하다는 자명한 이치를 거듭 언급할 필요가 있을 것이다. 그렇기 때문에 여기서 우리가 관심을 갖는 그런 종류의 전후시에서 쟁점이 되는 것은, 결국 그러한 이데올로기적 함의를 드러낼 수 있는 시적 언어를 어떻게 창조하느냐는 것이었다. 당연히 전시 시인들의 작품에 삽입된 죽음의 이미지는 이른바 전통시의 그것과는 많이 달랐다. 이 문제틀은 다음과 같은 탐구로 우리를 인도한다. 이 시인들은 전후 사회에서 자신의 발화위치를 어떻게 정했는가? 또는 좀더 특정적으로 말하면, 시인들은 자신이 말하게끔 운명지어져 있는 그 위치를 무비판적으로 받아들이는 것을 어째서 피할 수 있다고 생각했는가?

집단적 표상체계와 외부성

황무지파 시인인 아유카와 노부오(鮎川信夫)는 패전 후에 다시 생활을 시작해야 했을 때, 여태까지 없었던 비판적 시각을 만들기 위해 과거를 어떻게 되살릴 수 있는가 하는 문제부터 먼저 다루지 않을 수 없었다.

> たとえば霧や
> あらゆる階段の跫音のなかから
> 遺言執行人が, ぼんやりと姿を現す.
> ―― これがすべての始まりである.

> 예를 들어 안개나
> 모든 계단의 발소리 속에서
> 유언집행인이, 어렴풋이 모습을 드러낸다.
> ―― 이것이 모든 것의 시작이다.[6]

시인은 죽은 친구 M의 유언집행인 자격으로만 어렵사리 전후 일본에 다시 들어가는 것을 정당화하는데, 거기에 자신을 위한 장소나 위치가 마련되어 있을 거라고 예상하지는 않았다. 그는 자신이 차지할 사회적 위치나 사회에 들어갈 권리는 오래 전에 취소되었다고 생각했으며 또

한 계속 그렇게 생각하고 있다. 그러나 아무 예고도 없이, 그는 스스로를 아주 당혹스럽게 만들었던 그곳에 되돌아왔다. 쇄신되었다고 상정된 사회의 규칙을 따른다면, 그는 그곳에 있어서는 안되며 그의 존재는 받아들여져서는 안되는 것이었다. 전장에서 돌아온 몇몇 사람들에게 전후사회에서 그들의 존재는, 자신의 실존과 트라우마적 과거를 재정의하기 위해 사과는 아니더라도 어떤 설명을 요구하는 것 같았다. 그도 그럴 것이 그들의 과거와 현재의 실존을 동시에 화해시켜주는 어떤 용어도 없었으며 있을 수 없었기 때문이다. 다시 말해, 일본의 패전 이전과 이후 사이에서 패전이란 양자택일만이 가능한 경계영역을 의미하게 만들어야 된다고 그들은 요구했던 것이다.(影には鼠の足ほどの足もない，/片足を過去に，片足を未來にかける足がない〔그림자에게는 쥐 다리만한 다리도 없다，/한쪽 다리를 과거에, 한쪽 다리를 미래에 걸칠 다리가 없다〕)[7] 현재를 긍정하고 그럼으로써 그들의 생존과 전후의 실존을 시인하는 것은 1945년 8월 15일까지의 자신의 과거와 삶을 부정한다는 것을 의미했다. 적어도 그들은 그렇게 믿으려고 했다. 즉 그들은 자기들과 마찬가지로 일본사회가 그 역사적 이음매에서 완전히 변할 수 있다고 믿고 싶었던 것이다.

하지만 새로운 리더십 아래서도 동일한 집단성이 그 정체성을 계속 긍정하고 있었다. 새로운 국민과 새로운 시대의 탄생이 대대적으로 선전되었음에도 불구하고, 집단적 표상체계에 아주 근본적인 분열을 야기하지도 않은 채 과거는 현재 속으로 통합된 듯이 보였다. 과거는 대강 이전과 동일한 방식으로 이해된 것이다. 그들의 평가에서는 리더십의 변화도 자유주의 이데올로기의 도입도 분명히 역사의 단절을 만들어내지 못했다. 황무지파 시인들을 포함하여 몇몇 사람들은 일부 군사·정치 지도자들의 추방과 정치조직의 개조만으로는 충분하지 않다고 보았다. 요컨대 누군가 그랬듯이 '국민의식'의 근본적 변화가 절대적으로 필요했다. 따라서 시인들의 입장에서는 비판적 시각을 창조하는 데 필요한 것은 역사의 단절이라는 감각을 유지하는 일이었다. 만약 그러한 역사의 단절이 실제로 일어나지 않았다면 그들은 단절이 일어났다는 허구를 지지하고 이 허구에 기초해서 계속 써야만 하는 것이다. 그래서 그들은, 시인들이 틀림없이 친숙하게 느낄, 현존하는 표상체계 속에서 주어지는 어떠한 발화위치도 거부하지 않을 수 없었다. 그들은 전후사회에서 주체의 위치를 차지하는 것을 거부했는데 그것은 그들이 낡은 주체위치를 고수하고 싶다고 생각했기 때문이 아니라 새로운 주체위치가 사실상 낡은 것과 차이가 없어 보였기 때문이다. 이 거부의 결의가 또 한 명의 황무지파 시인인 다무라 류이치(田村隆一)의 다음 시련(詩聯)에 깔려 있다.

> われわれはいとしいものを殺さなければならない
> これは死者を甦らせるただひとつの道であり、
> われわれはその道を行かなければならない

> 우리는 그리운 것들을 죽여야 한다
> 이것이 죽은 자들을 다시 살려낼 유일한 길이며,
> 우리는 그 길을 가야 한다[8]

그래서 지속되는 집단적 표상체계 속에 적응된 개별적 주체인 일반적 타자(other)로 근원적 타자(radical Other)로서의 시인의 개별성을 환원하려는 어떠한 유혹의 몸짓도 거부하는 것이 긴급한 명령이 되는 것이다. 그러나 시인이 언어로 작업을 하는 한 의미작용을 이루는 발화가 필연적으로 그를 주체로 정립하므로, 이 긴급한 명령은 불가능한 임무처럼 보인다. 그렇다면 자신의 절대적 타자성(Otherness)을 지키기 위해 시인은 침묵하고 있어야 하는 것인가? 그 '해결책'은 표상의 대상으로서가 아니라, 구조 또는 한계로서 죽음을 시적 텍스트 속에 편입시키는 것이었다. 이것은 시인이 자신을 단지 죽은 자를 위해 말하는 대리인, 즉 유언집행인으로 간주했음을 의미하는 것이 아니다. 말하자면 죽음은 여기서 현재 세계에서의 부재, 공백의 기묘한 현전을 가리킨다. 이런 점에서 유언집행인은 죽은 자의 말이 아니라 그 침묵을 지키도록 결정되어 있다고 하는 편이 더 정확한 말이 될 것이다. 그에게 할당된 것은 죽은 자의 말이 정확히 준수되고 집행되는지 감시하는 일이 아니다. 그 대신 그는 죽은 자의 말이 결코 이해되지 않을 것이라고 현재 세계에 알려야 했다. 죽음은 이해할 수 없고 접근할 수 없어야 한다. 죽은 자가 현존하는 집단적 표상체계 속에 통합되는 일이 있어서는 안되는 것이다. 전후 일본시의 특징으로서, 에하라 쓰라오(荏原肆夫)는 이런 점을 다른 각도에서 언급한다. 그는 시의 변질은 "공동적 의식 분해의 역사적 과정을 반영한다"고 말한다.

> 픽션은 단편(斷片)으로 분열된 생활 실감을 어떠한 공통의식의 형태로 통일시키는 작용을 하는데 그러한 통일작용은 새로운 생활 현실의 환경에 의해 붕괴될 운명을 면할 수 없는 법이다. ……픽션의 강요에 대한 감수성의 반항과 해방은 의제적(擬制的) 공감에 대한 반동으로서 개별적인 요구를 가지고 나타나지 않을 수 없다.[9]

우선 시인은, 모든 경험이 분절될 수 있으며 따라서 집단적으로 이해될 수 있다는 전제를 부정해야 한다. 추호의 의심도 없이, 에하라가 '의제적 공감'이라고 부르는 것은 있음직한 모든 경험들이 서로 소통할 수 있는 집단적 표상체계의 권위를 유지할 필요에서 생긴다. 그것이 전제로 하는 것은, 모든 경험은 길들여질 수 있으며 공유할 수 있다는 것이다. 즉 균열과 약분불가능성, 그리고 갈등은 은폐되어야 한다. 여기서 나는 이것이 단순히 집단적 표상체계가 실제로 모든 가능한 경험을 다룰 수 있는지 묻는 것만은 아님을 강조해야 한다. 그것은 무엇보다도 그렇게 할 수 있다고 믿는가 믿지 않는가의 문제인 것이다. 그러한 근거 없는 믿음이 도전받을 때만, 에하라가 이해했듯이 시는 시야에 들어올 수 있다. 따라서 전후시의 가능성은, 불가피하게 그러한 믿음을 보강하는 공감이라는 픽션에 저항하는 시인의 능력과 밀접히 연관되어 있다. '의제적 공감'은 구체적인 사건에 의해서가 아니라 시인의 상상에 의해 만들어지는 경우가 너무나 많았기 때문이다. 그렇게 만들어진 공감은 집단적 표상체계 속에 완전히 갇히고 체계 외부와는 전혀 무관한 표상의 한 표상이 된다. 그러한 공감이 현존하는 체계에 대해 근본적으로 문제를 제기하고 그것을 바꿀 기회를 상상하기란 거의 불가능하다.

　대다수 전후 시인에게 진정한 경험, 즉 체계 외부와 관련되는 종류의 경험에 이르는 유일한 길은 죽은 자에 대한 스스로의 강박관념 속에서 발견되게 되었다. 하지만 죽은 자의 침묵을 수호하는 몸짓을 통해서 시인들은 자신을 죽은 자와 동일시하지 않았고 할 수도 없었다는 점 또한 지적해둘 만한 가치가 있다. 짐짓 죽은 자의 위치에서 말하는 체함에도 불구하고, 그들은 정말이지 자신을 죽은 자로 간주하는 함정에 빠뜨리는 유혹에 넘어가지 않았다. 나카기리 마사오(中桐雅夫)는 다음과 같이 쓴다.

> 死について人に語るな
> 煙のごとく消えさる言葉を語るな
> 死をおまえは見ることはできない
> そのときそこに在るものは灰にすぎない

죽음에 대해 남들에게 말하지 마라

연기처럼 사라지는 말을 하지 마라

죽음을 너는 볼 수 없다

그때 거기에 있는 것은 재에 불과하다[10]

왜냐하면 우리는 죽은 자와는 결코 합쳐질 수 없다는 것이 바로 죽음의 성질이기 때문이다. 오직 죽은 자가 주체가 된다는 조건에서만 사람은 어쩌면 그들과 동일화될 수 있을 것이다. 죽은 자는 죽었기에 결코 주체일 수 없다. 다시 말해 시인은 죽은 자에게 사회 안에서 어떤 위치를 부여할 수 있으며, 상상된 사회 전체의 표상에 죽은 자가 통합될 수 있다는 어떠한 환상도 받아들이기를 거부하는 것이다.

죽음은 표상될 수 없고 길들여지질 수 없기 때문에 주어진 집단적 표상체계의 외부 또는 외부성이 있을 수 있다는 가능성을 의미한다. 동시에 그것은 결코 명확하게 지시되지는 않지만 실재계의 어떤 장소와 관계된다.

전후 일본의 많은 작가들이 이 존재하지 않는 장소에 이르려고 시도했다. 틀림없이 이 거의 자멸적인 기획에서 문제가 되었던 것은, 자신의 과거에 대한 관심보다는 미래에 대한 관심, 즉 현존하는 체계를 변혁할 가능성에 대한 관심이었다고 생각한다.

주체의 추방과 말할 수 없는 것

전후 일본의 시작품들 중에 나오는 "나는 죽었다"라는 진술은, 이 시인들의 목소리가 수렴해가는 듯이 보이는 양의성의 장소를 드러낸다. 한편으로 개인으로서의 시인은 죽은 자와 합쳐지는 것을

거부함으로써 합일화 환상이라는 매혹적인 미끼에 저항했다. 이런 의
미에서 그들은 자신이 죽은 자와 돌이킬 수 없을 만큼 멀리 떨어져 있
음을 너무나 잘 알고 있었다. 다른 한편으로 그들은 죽은 자의 위치와
다소나마 동일화될 수 있는 위치를 찾으려 했다. 그러한 작품의 하나
인 다무라 류이치의 「1940년대·여름」에서 죽은 자의 발화위치를 얻고
자 하는 욕망은 거의 견디기 힘들 정도의 강렬함을 띠고 있다.

> ………
> 『おれはまだ生きている
> 死んだのはおれの經驗なのだ』
> 『おれの部屋はとざされている しかし
> おれの記憶の椅子と
> おれの幻影の窓を
> あなたは否定できやしない』
> ………
> ………
> われわれはわれわれの死んだ經驗を埋葬する
> われわれはわれわれの負傷した幻影の蘇生を夢みる
> ………
> ………
> わたしはこれ以上傷つくことはないでしょう　なぜなら
> 傷つくこと　ただそのために　わたしの存在はあつたのだから
> わたしはもう倒れることもないでしょう　なぜって
> 破滅すること　これがわたしの唯一の主題なのだから
> ………

"나는 아직 살아 있다

죽은 것은 나의 경험이다"

"나의 방은 닫혀 있다 그러나

나의 기억의 의자와

나의 환영의 창문을

당신은 부정할 수도 없다"

....

....

우리는 우리의 죽은 경험을 매장한다

우리는 우리의 부상당한 환영의 소생을 꿈꾼다

....

....

저는 더 이상 상처받지 않을 것입니다 왜냐하면

상처받는 것 오직 그것을 위해 저의 존재가 있었기에

저는 이제 쓰러지지도 않을 것입니다 왜냐면

파멸하는 것 이것이 저의 유일한 주제이기에[11]

여기서는 다무라의 많은 작품들과 마찬가지로 'われわれ'(우리), 'おれ'(나), 'あなた'(당신) 등 인칭대명사가 유별나게 명시적으로 사용되고 있음을 알 수 있다. 'われわれ'-'おれ' 'おれ'-'あなた' 'おれ'-'わたし' 등의 일련의 대명사의 대립항이 죽은 자와 산 자의 관계를 더욱더 분절하고 있음은 분명하다.(여기서 'おれ'-'わたし'라는 대립항이 특히 중요한데 이것은 어떤 성적 차이*를 가리키는 한편 소위 말하는 유럽과 일본이라는 두 문명의 대립을 언급하는 것이기도 하다.) 이 사례를 통해서 우리는

* 보통 일본어에서 'おれ'는 남자 1인칭이며, 여자는 '저'에 해당하는 1인칭 'わたし'를 주로 사용한다.

죽은 자와 산 자의 대립이 한 가지 이상의 차원에서 분절되어야 한다
는 것을 볼 수 있다. "われわれはわれわれの死んだ經驗を埋葬する"(우
리는 우리의 죽은 경험을 매장한다)라는 구절에서 볼 수 있듯이, 이 죽은
자와 산 자라는 대립항에 대한 몇 겹의 분절들은 약간 장황한 대명사
의 사용과 그 결과로 나타나는 '정신분열증 효과'(schizophrenic effect)
라고 명명될 수 있는 것에 의해 표현된다. 나가 나의 경험에서 분리되
거나 나가 나 자신이 나의 몸을 매장하는 것을 지켜본다는 종류의 표
현이 반복적으로 사용되는 것이다. 아울러 이 시의 다른 측면, 즉 따옴
표("")의 사용이 또 다른 발화위치를 분절한다는 점에 주의를 기울일
필요가 있다. 즉 'おれ'(나)가 인용된 구절에만 나온다는 사실을 간과할
수 없는 것이다. 이 작품에서는 'おれ'(나)-'われわれ'(우리)라는 대립
항이 '인용된 것'-'인용이 아닌 것'이라는 대립항과 대체로 일치한다는
점에 주목하는 것이 중요하다.

　이러한 발견이 시사하는 바는 적어도 통사론 차원에서는 시인이 계
속 발화위치를 옮겨가며 그 결과 그는 하나로 통일된 목소리를 가질
수 없다는 것이다. 이 시적 전략에서 주목할 만한 것은 시인이 결코 직
접적인 방식으로 독자들에게 말을 걸지 않는다는 것이다. 'きみ'(너)-
'おれ'(나)라는 지극히 단순하고 거의 대칭적인 대립항을 찾아볼 수 있
는 시 「細い線」(가는 선)¹²⁾에서조차도 "きみは擊鐵を引く! / ぼくは言葉
のなかで死ぬ"(너는 방아쇠를 당긴다! / 나는 말 속에서 죽는다)라는 마
지막 연은 'きみ'(너)-'ぼく'(나)라는 안정적이라고 생각된 대립항을 뒤
집는다. 내가 죽는 것이 외부세계에서가 아니라 말 속에서(言葉のなか
で)이기 때문에, 죽음은 표상된 대상 속에서가 아니라 바로 표상의 매
체 속에서 찾아오는 것이다. 따라서 너와 나라는 대립항은 표상된 것
의 차원에서는 위치지어질 수 없다. 이런 점에서 죽음은 표상된 것과
표상 사이의 조화가 깨지는 순간에 찾아온다고 할 수 있을 것이다. 덧

붙이자면, 이것은 많은 전후시에서 사용된 대명사에 의한 대립이, 보통 우리가 이해하는 말걸기 양식에 함의된 인간관계를 반드시 가리키는 것은 아님을 의미한다.

더욱이 죽은 자의 위치에서 말한다는 바로 그 가능성은 시인이 확정할 수 있는 발화위치를 가지지 않는다는 사실에서 생겨난다. 한 대명사로부터 또 다른 대명사로의 끊임없는 이동이 그의 목소리가 태어나는 장소이다. 시인이 '정신분열증적'이라는 것, 즉 자신과 분리되고 자기 내부에서 분열된다는 사실이 그가 죽은 자의 위치에서 말하는 것을 가능하게 만드는 것이다. 따라서 시인이란 어떤 차이이다. 즉 대명사들의 네트워크 속에서 구성되는 고정된 정체성에 의해서라기보다는 대명사들에 의해 언급되는 다양한 위치들 사이에서 슬쩍 이동하는 움직임인 것이다.

아마도 이 점은 흔히 전후시의 몇몇 작품에서 기인하는 것으로 여겨지는 문체론적 특질에 의해 가장 잘 예증될 것이다. 전통 일본시에서 사용할 수 있는 수사적 의장(意匠)을 고의적으로 무시함으로써 몇몇 시인들은 말투의 선언성을 강조하는 딱딱한 문체를 고수한다. 이것은 특히 다무라의 초기 작품에서 두드러지게 나타나는데, 그 대부분이 사실상 일련의 선언적 진술로 이루어져 있다. 예를 들어 그런 작품 중 하나인 「幻を見る人」(환상을 보는 사람)에서는 각 연이 갑작스레 끝나는데, 이로 인해 의미작용의 강렬한 완결감이 생겨난다. 문장을 그런 형식으로 끝냄으로써 발언은 끝나고 완결된 것으로 제시되는 것이다. 한편으로는 선언적으로 끝을 맺음으로써 시인의 거부의 몸짓, 즉 마치 발언이 저지되고 논의가 끝나버린 듯이 반대도 찬성도 받아들이지 않으려는 거부의 몸짓이 구성된다. 아마도 이것은 궁극적으로는 죽은 자만이 누릴 수 있는 특권이다. 죽은 자는 반론을 들을 수도 없고 듣지도 않을 것이기 때문에 절대적으로 그에 대한 반론을 제기할 수 없는 존재라는 것이다. 다른 한편으로는 선언적으로 끝을 맺음으로써 논리학 교과서나 법전에 어떤 진술이 서술되는 것과 같은 방식으로 문장이 대상화되고 비인간화된 것으로 제시되면서 초연한 느낌이 생긴다. 이런 담론에서 말하는이는, 논리학 교과서의 경우에는 논리적 합리성 이외의 모든 속성이 박탈된 논리학자처럼 보편화되거나 혹은 법전의 경우에는 추상적 주체, 즉 국가라는 궁극적인 법적 주체처럼 보편화된다. 물론 그것이 시적 텍스트에 속하기 때문에 다무라의 작품에서는 선언적으로 끝을 맺는 것이 결코 그렇게 극단적인 일반성에 이르지는 않는다. 하지만 초연한 느낌은 여전히 현저하다. 소급적으로 상상된 시인의 존재, 즉 발화행위의 주체는 이런 작품들의 텍스트의 표면에서는 지워진 듯 보인다. 'おれ'(나)나 'われわれ'(우리)와 같은 대명사로 그 존재가 지시되는 발화된 주어/주체는 육체를 가진 시인과는 무관하게 모습을 드러내는 것이다. 이런 작품이 독자들에게 정서적 반응을 일으키지 않는다고 주장하는 것은 아니지만, 종종 발화과정과 관련되는 정서적 특징은 신중히 삭제되어 있다. 발화의 주체와 발화된 주어/주체 사이의 이 균열이 자서전적 일화로의 유혹에 결코 넘어가지 않으려는 시인의 굳센 결의를 우리가 어쩔 수 없이 상상하도록 만드는 것이다. 많은 사람들이 주목했듯이 바로 이 특성 때문에 다무라의 작품이 '초월적' 분위기를 띤다고 이야기되는 것이다.

결국 발화행위의 주체를 추방하려는 경향은 시적 담론이 지시대상에 의존하는 것을 거부하려는 노력을 의미하기도 한다. 일본시에서는 종종 일어나는 발화행위의 주체와 발화된 주어 사이의 파악하기 어려운 융합을 고발함으로써 시인은 발화행위의 주체를 언어 외부의 빈터로 추방한다. 물론 이것은 말할 수 있는 것과 말할 수 없는 것을 구별하려는 시도이며, 시인의 목소리의 원천을 말할 수 있는 것의 외부에 위치시키려는 시도이기도 하다. 시인은 언어 외부에서, 보다 특정적으로 말한다면 집단적 표상체계의 외부에서 말하는 것이다. 틀림없이 이것은 시인이 죽은 자의 말이 아니라 침묵을 수호할 유언집행인이 되라는 불가능한 요구에 대한 대답이기도 하다.

죽음과 시적 언어

　　　　　　직접적이고 생생하던 인상이 발화되거나 서술되자마자 어슴푸레해진다는 것은 문학과 마찬가지로 문학비평에서도 잘 알려져 있다. 전후 일본시에서도 시인들은 과거의 경험이 실제로 경험된 대로 표현될 수 있을 거라는 기대를 완전히 포기함으로써 패전 후에 다시 쓰기 시작한 듯이 보인다. 그 대신에 그들 자신의 실존과 과거의 경험이 부재로서, 언어의 한계를 넘어선 눈부신 공백으로 제시되는 작품들을 만들어냈다. 이리하여 그들은 과거와 현재, 전시 일본과 전후 일본, 죽은 자와 산 자를 다 포함한 역사적 경험에 표현을 부여한 것이다. 하지만 그들 생각에는 이 짝은 하나를 선호하면 다른 하나는 포기해야 할 양자택일적 선택지를 형성한다. 그런데 양자택일적 선택지를 전체로서 편입시킬 수 있었던 것은 바로 그 등가물을 발화구조 속에서 찾을 수 있기 때문이다. 말하자면 시인들은 시적 담론에서 서로 갈등하는 짝을 조화시키기 위해 발화에 고유한 발화행위의 주체와 발화된 주어/주체의 근원적 균열을 이용한 것이다. 가장 직설적인 방식으로 전후시는, 근대 주체가 자기동일성의 비결정성이라는 원리에 따라 구조화되어 있는 한 거기에 내재하는 본질적 부정성을 나타내는 데 성공했다.

따라서 전후시의 논리에 따르면, 역사 자체가 양자택일적 선택지의 형태로 시인들에게 강요한 근원적인 비연속성을 유지하는 것이 윤리적 규범이었으며, 시인들은 그것을 발화행위의 과정에 내재하는 근원

적 균열로 대체한 것이다. 다시 말해, 전후시는 죽은 자도 발화의 주체
도 돌아올 수 없으며 각각 산 자와 발화된 주어와 화해할 수도 없다는
인식과 더불어 시작되었다.

> わたしの屍體を地に寢かすな
> おまえたちの死は
> 地に休むことができない
> わたしの屍體は
> 立棺のなかにおさめて
> 直立させよ

> 내 시체를 땅에 눕히지 마라
> 너희들의 죽음은
> 땅에서 쉴 수 없다
> 내 시체는
> 입관(立棺)에 담아
> 직립시켜라[13]

이미 논의한 바 있는 대명사의 대립이 신중히 그려진 데 더해 과거의
경험이 결코 현재에 의해 전유될 수도, 현재에 접목될 수도 없다는 근
원적 불연속성을 가장 효과적으로 주장한 사람이 다무라이다. 사실 그
것은 시인들이 사는 사회를 끊임없이 대상화하고 멀리하며 비판하는
그런 방식으로 과거를 간직하는 기능을 하는 시적 전략이다. 그들에게
는 "地上にはわれわれの國がない / 地上にはわれわれの死に價いする
國がない"(지상에는 우리의 나라가 없다 / 지상에는 우리가 죽을 만한 나라
가 없다).[14] 만약 이 두 줄이 단지 나라의 패배에 의해 자초된 환멸을

표현하는 것으로 이해된다면, 이 시의 가장 주목할 만한 장점 중 하나를 간과하게 될 것이다. 두 번째 줄과 반대되는 경우를 생각해보자. 즉 '지상에는 우리가 죽을 만한 나라가 있다'. 이 진술은 애국주의와 낭만주의적 전쟁관이 기초하는 감정을 가장 원초적 형태로 설명한다. 그러나 여기서 시인은 애국주의 비판이나 전쟁 고발에 대해 관심이 있는 것이 아니다. "지상에는 우리가 죽을 만한 나라가 있다"라는 이 진술은, 절대적 타자(Other)인 죽은 자가 길들여지고 죽음의 개념으로 변용되는 담론의 어떤 형태를 함의한다. "나라를 위해 죽는다"라고 말하기 위해서는 사람의 죽음이라는 사실이 죽음의 개념으로 대체되어야만 하는 것이다. 동시에 죽는 개인은 집단적 표상체계 속에서 정체성이 구성되는 주체로 변해야 한다. 이러한 조건들이 충족되지 않는다면 "나라를 위해 죽는다"라고 할 때의 '위해'를 어떻게 이해할 수 있을까? 전쟁 중의 시가 그랬듯이 이 진술은 죽음을 이상화하고 죽음 자체를 목적으로 바꾼다. 바로 그렇기 때문에 어떤 애국주의에서도 항상 죽음에 대한 어떤 낭만주의를 찾아볼 수 있는 것이다. 애국주의는 좁은 의미의 정치적인 것이기에 앞서 무엇보다도 집단적 표상에 관한 것이다.

따라서 전후시의 내적 일관성은 시의 형식이 집단적 표상의 문제와 연관될 때 드러난다. 시인은, 집단적 표상체계에 대한 맹목적 믿음 없이는 결코 있을 수 없는 의제적 공감에 대한 공격을 시도한다. 여기서 문제는 더욱 분명해질 것이다. 집단적 죽음의 경험에 대해 말할 수 있는 사람은 아무도 없으며 죽음은 항상 집단성 바깥에 있다. 죽음은 항상 외부를 구성하는 것이다. 그리고 애국주의에는 절대적 외부인 죽음이라는 근원적 타자성(Otherness)을 은폐하고 잊게 하는 시체애호증적인(necrophiliac) 치환장치가 항상 붙어 다닌다.

어떤 경우에는 포괄적이고 자연스러우며 투명하게 나타나는 집단적 표상의 헤게모니적 본래성은 죽음에 의해 한계지어지며 상대화된다.

체계의 근본적 불완전성을 지시하고 보여준다는 의미에서 만약 그것을 경험이라고 부를 수 있다면 죽음이란 위기적/비판적/경계적인(critical) 경험이라고 할 수 있다.

죽음은 두 가지 의미에서 위기적이다.[15] 첫째, 죽음은 집단적 표상의 양의적인 한계를 만든다. 그러나 이 한계를 집단성의 안과 밖을 가르는 경계선과 혼동해서는 안된다. 어떤 집단적 표상체계이든 간에 집단성의 바깥을 표상할 수 있게 하는 장치는 충분히 갖춰져 있다. 어떤 체계에서도 그 바깥은 항상 이미 일반적 타자(other)로 자기의 상정된 표상가능성을 지탱하고 자기를 대칭적으로 반사하는 대립물로 제시되며, 절대적 타자(Other)로, 표상가능성의 공시적 체계성 안에서는 포착될 수 없는 외부성이라는 의미에서의 타자성으로 표상되지는 않는다. 이런 점에서 바깥과 경계선은 체계 속에서 조화를 이룰 수 있으며 집단적 표상의 가정된 본래성을 반드시 위기에 빠뜨리지는 않는다. 우리가 절대적 외부라고 부른 것은, 그것의 전체성이 공간적으로 상상될 때에는 집단성 안에서도 찾아낼 수 있다. 외부란 지시대상도 지시대상들의 바깥도 아니다. 그것은 약분불가능한 현상이 우리를 칠 때 스스로를 드러낸다. 그때 우리는 현존하는 표상체계가 완전하지도, 우리가 믿게 된 만큼 믿음직스럽지도 않다는 것을 깨닫게 된다. 그 한계는 노출되고 집단적 표상체계는 위기 속에 있다고 할 수 있는 것이다. 그래서 죽음은 그 절대적 타자성이 가려져 있지 않을 때 위기적 상황을 가져올 수 있다.

둘째, 죽음은 집단적 표상이 작동하는 근본적 메커니즘을 밝힌다는 의미에서 위기적이다. 주체의 죽음을 함의하기도 하는 발화행위의 주체와 발화된 주어의 분열은, 지금까지 내가 논의해왔듯이 사람들이 자신을 주체로 정립하는 데 없어서는 안될 기본원리이다. 그리하여 죽음은 두 가지 사실을 동시에 밝혀낸다. 무릇 집단적 표상체계가 작동하기 위해서 한편으로는 분열이 반드시 도입되어야 하며 표상으로부터 발화행위의 주체가 추방되어야 하는데, 그것이 의미하는 바는 그 누구도 체계 속에서 결정되는 주체위치와 동일화될 수 없다는 것이다. 다른 한편으로는 그 체계의 본래성 자체는 완전한 것으로 가정된 발화행위의 주체와 발화된 주어 사이의 상상된 대응관계에 의존하며, 또 주체가 항상 이른바 '모순적 자기동일'로서만 정립된다는 사실이 은폐되고 있다는 것에 의존한다. 그러나 이 완전성이라는 감각은 발화행위 속에서 필연적으로 일어나는 상실, 소멸 그리고 죽음이 은폐되는 경우에 한에서만 유지될 수 있다. 죽음이 은폐되지 않고 치환되지 않으면 집단적 표상체계가 그 본래성을 주장할 수 없는 이유가 바로 여기에 있다.

전후 일본시가 달성한 것, 또는 달성하려 한 것은 비판적 시각을 만들어내기 위해 죽음의 이 두 가지 측면을 시적 언어에 편입시키는 것이었다. 그것은 어떤 특정한 정치제도의 변혁을 목적으로 하는 것이 아니다. 하지만 그것은 바로 모든 정치적·사회적 교류의 밑바닥에 깔려 있는 집단적 표상체계의 변혁을 지향했기 때문에 사회적 행위 또는 역사적 실천을 구성하는 것이다. 관습적으로 정치적 행위라고 불리는 것이 현존하는 사회적 교환의 경로 속에서 유통되는 경제적·사회적·문화적 가치에 의해 구성된다면 이런 유의 역사적 실천은 정치적인 것이라는 제목 아래 포함되기 어렵다. 즉 그것은 비정치적(apolitical)이라고 불려야 한다.[16]

그것이 정치적 행위를 위한 조건을 변혁하기 위한 시도로 이해될 때만 우리는 그 역사성을 볼 수 있다. 관습적인 역사용어로는 이해될 수 없다는 사실 때문에 그것은 특히 뛰어난 역사적 실천(praxis/practice)인 것이다. 이 점을 올바로 이해하기 위해서는 헤겔이 생각하는 역사를 참조하면 충분한데, 거기서 죽음은 최종적으로는 진보과정에서 필연적으로 소비되고 저장되는 역사의 영양분이다. 역사가들이 진보라는 이념에서 자유롭다고 아무리 확고하게 주장해도 다른 형태의 연대기적 역사에서도 그 상황은 근본적으로 변하지 않았다.[17] 국가가 죽은 자들을 위해 아무리 엄숙하고 공손하게 의식을 거행해도, 죽은 자들이 우리를 현존하는 체계의 경제적 합리성을 넘어서는 역사적 실천으로 인도하지 않는 한, 그들은 역사의 영양분인 것이다.

이것이 전후 일본 시인들에 의한 텍스트가 우리에게 직시하도록 강요하는 것이라고 나는 생각한다.

지은이 주

서문

1) Naoki Sakai, *Voices of the Past: The Status of Language in Eighteenth-Century Japanese Discourse* (Ithaca, N.Y., and London: Cornell University Press, 1991), pp. 104~05.

2) 이 부분은 Ann Curthoys and Stephen Muecke, "Australia, for Example," in Wayne Hudson and David Carter, eds., *The Republicanism Debate* (Kensington: New South Wales University Press, 1993), pp. 177~200 과 Giorgio Agamben, *The Coming Community*, trans. Michael Hardt (Minneapolis: University of Minnesota Press, 1993), pp. 9~11에서 아이디어를 얻은 것이다.

3) Gilles Deleuze and Félix Guattari, *A Thousand Plateaus: Captialism and Schizophrenia*, trans. Brian Massumi(Minneapolis: University of Minnesota Press, 1980), pp. 327~50.

4) Sakai, *Voices of the Past*, p. 101.

5) 예컨대 데이비드 하비(David Harvey)는 *The Condition of Postmodernity: An Inquiry into the Origins of Cultural Change* (Oxford: Blackwell, 1989)에서 불투명성에 대해 이런 식으로 쓰고 있다.

6) Eve Kosofsky Sedgwick, *Epistemology of the Closet* (Berkeley and Los Angeles: University of California Press, 1990), p. 100.

7) Robert Hughes, *Culture of Complaint: The Fraying of America* (New York and Oxford: Oxford University Press, 1993).

8) Ibid., p. 96.

9) Sakai, *Voices of the Past*, p. 106.

서론: 다종다양한 청중을 위한 글쓰기와 이언어적(異言語的) 말걸기의 자세

1) Naoki Sakai, *Voices of the Past: The Status of Language in Eighteenth-Century Japanese Discourse* (Ithaca, N.Y.: Cornell University Press, 1991).

2) 오늘날 우리가 흔히 국민국가가 출현한 시기라고 생각하는 시대에 불어를 전혀 모르는 플랑드르의 학생들에게 불어로 교육을 한 망명 교사 조제프 자코토(Joseph Jacotot)에 관한 훌륭한 작품 『무식한 선생님』(*Le Maître Ignorant*[Paris: Fayard, 1987])에서 자크 랑시에르(Jacques Rancière)는 사람들을 모이게 하는 것은 집단성이 아니라고 주장한다. 그와 반대로 "누군가 원한다면, 진리가 모인다고 할 수 있다. 그러나 사람들을 모으는 것, 합치는 것은 비집성성(non-agrégation)이다. 혁명 이후 시대의 사고력을 굳어지게 하는 사회적 유대/시멘트라는 표상을 없애자. 사람들은 사람들이기 때문에, 즉 서로 떨어져 있는 존재이기 때문에 합치는 것이다. 언어는 그들을 합치지 않는다. 그와 반대로 언어의 자의성이 사람들에게 번역을 강요하고 사람들을 노력을 통한 전달─그러나 그것 또한 지성의 공동체이다─속으로 들어가게 하는 것이다."(p.99, 방점은 원문)

3) 정신분석과 포(Poe)의 「도둑맞은 편지」에 관한 잘 알려진 글에서 데리다가 주장한 것을 참조할 것. "편지가 남는/우체국에 유치되는 구조는, 세미나*가 마지막 구절에서 말하는 것('도둑맞은 편지,' 아니 '아직 배달되지 않은 편지'가 말하려는 것은 편지는 항상† 그 목적지에 닿는다는 것이다)과 반대로 편지가 항상 그 목적지에 닿을 수는 없다는 것이다. 편지/문자(lettre)의 '물질성'과 '위상'은 그 분할가능성, 항상 나눌 수 있다는 것에서 비롯된다."("Le Facteur de la Vérité," in *La Carte Postale*[Paris: Flammarion, 1980], p. 472) 메시지가 항상 목적지에 닿을 수 없기에 말걸기가 가능한 것이다.

4) Jean-Luc Nancy, *La Communauté Désœuvrée* (Paris: Christian Bourgois), 1986, p. 18.

5) "원문과 번역 사이의 진정한 관계를 파악하기 위해서는, 인식비판이 모사이론의 불가능성을 증명하는 사고과정과 처음부터 끝까지 유사한 사고과정을 의식적으로 음미해보아야 한다. 인식이 현실적인 것의 모사에 머무를 때 인식에 객관성이 없을뿐더러 객관성을 주장하는 것도 불가능하다는 것이 인식비판에서 제시된다면, 번역의 경우 번역이 그 궁극적 본질로서 원문과의 유사성을 추구할 때 어떠한 번역도 가능하지 않다는 것이 증명될 것이다." (Walter Benjamin, "Die Aufgabe des Übersetzers" in *Sprache und*

---

* 라캉의 「도둑맞은 편지」에 관한 세미나("Le séminaire sur 〈La Lettre volée〉")를 가리킨다.
† 데리다가 한 인용에서는 이 '항상'이라는 단어가 빠져 있다.

Geschite〔Stuttgart: Phillipp Reclam jun.〕, 1992, p. 54)

6) '공동체'와 '전달'이라는 근본적으로 다른 두 가지 등기 사이의 괴리를 해명한 것으로는 낭시의 다음과 같은 말을 참조할 것. "말 위의, '의미'라는 말 위의 단순한 잉크 얼룩처럼 모든 의미들이 엎질러지는 한계에 닿지 않고서는 아무것도 전달할 수 없다는 것에서 비롯되는 고통과 쾌락을 바타유가 나에게 직접적으로 전달해준다는 점에서 그것은 공동체이다./이 유출과 잉크는 '전달'에 관한 이론의 잔해이자, 합리적인 교환을 촉진시키려고 하면서도 강대한 어리석음과 대적할 가능성을 전혀 주지도 않고 폭력, 배반, 거짓말을 덮어 감추어주기만 하는 관습적인 수다의 잔해이다. 하지만 이런 유의 '전달'에서 벗어나지 않고서는 아무 것도 공유할 수 없는 공동체의 현실성은 항상 이미 그러한 담론의 공허함을 드러낸다. 그러한 담론은 '의미'의 전달과 '전달'의 의미라는 가정만을 전달하는 것이다. 바타유는 자신이 말하는 것을 넘어서 또 때로는 자신이 말하는 것과 다르게 공동체 자체, 즉 발가벗겨진 실존, 발가벗겨진 글쓰기를 전달하는데, 고요히 유령처럼 그것이 보내지기 때문에 우리는 의미의 나체를 공유할 수 있다. 전달되는 것은 신도 사상도 아니고, 자기도 모르는 사이에 어쩔 수 없이 외기(exscribed)된 우리이다."(Jean-Luc Nancy, "Exscription," in *The Birth to Presence*, trans. Brian Holmes et al.〔Stanford, Calif.: Stanford University Press, 1993〕, pp. 319~20. 방점은 원문)

7) "쓰기와 읽기란 이 무소유(이 무식), 즉 '외기'에 노출되고 또 스스로를 노출시키는 일이다. 외기된 것은, 우리가 표현이라는 것을 이해해야 할 모든 의미에서 처음부터 '표현할 수 없는 것'이거나 '기입할 수 없는 것'으로서가 아니라, 그와 반대로 그 내부에서, 스스로에 대한, 의미의 무한한 이행/소멸로서의 고유한 기입에 대한 글쓰기의 개방에 의해 외기되는 것이다."(Ibid., p. 338)

8) 실패하기 위해서 우리는 일해야 한다. 말을 걸지 않는다면 우리는 전달에 실패할 수도 없다. 따라서 우리는 노동 속에서만 실패할 수 있다. 그래서 장 뤼크 낭시는 다음과 같이 말한다. "그런데 노동/작품(œuvre=work) 속에서, 또는 노동/작품을 통해서 노출되는 것은 노동/작품의 안과 밖에서——노동/작품의 조작적 집중의 안과 밖에서 무한히 시작되며 끝난다. 지금까지 인간, 신, 동물이라고 일컬어지던 것들은 노동/작품의 핵심에 있는 이 노출을 통해서 각자 스스로를 노출하는데, 그 노출이 우리에게 노동/작품을 주면서 그 집중을 해소하며 그 노출을 통해서 노동/작품은 공동체의 무한한 전달에 제공되는 것이다."("La Communisme littéraire," in *La Communauté Désœuvrée*, pp. 180~81)

9) Rancière, *Le Maître Ignorant*, pp. 108~09.

10) 번역이론의 한계에 관해 데리다는 다음과 같은 문제를 제기했다. "번역이론 의 한 가지 한계에 대해 주목해보자. 그런 이론들은 한 언어에서 다른 언어로 의 이행만을 다루고 한 텍스트에 두 개 이상의 언어가 포함될 가능성에 대해 서는 마땅하게 생각하지 않는다. 동시에 복수의 언어로 쓰인 텍스트를 어떻 게 번역하는가? 복수성의 효과를 어떻게 '옮기는가'? 그리고 복수의 언어로 동시에 번역을 한다면 우리는 그것을 번역이라고 할 수 있는가?"(Jacques Derrida, "Des tours de Babel" in *Psyché*〔Paris: Galilée, 1987〕, pp. 207~ 08)

11) Roman Jakobson, "On Linguistic Aspects of Translation," in *Selected Writings*, vol. 2(The Hague and Paris: Mouton, 1971), p. 261. 내가 이 미 주장했듯이 번역이 본래 언어간 번역이라고 이해해야 할 이유는 전혀 없 다. (Sakai, *Voices of the Past*, pp. 211~39) 야콥슨의 용어로 말한다면, 언 어 내 번역과 언어간 번역 사이의 구별이 유지되기 위해서는 변형의 배분질 서가 기호체계 간의(또는 텍스트 간의) 상호관계의 특수한 실천계, 즉 내가 음 성중심주의의 실천계라고 부르는 것에 사로잡혀 있어야 한다. 음성중심주의 가 없는 곳에서는 언어 내 번역과 언어간 번역은 구별하기 힘들 것이다. 참고 로 야콥슨과 벤야민을 참조하면서『과거의 목소리들』의 원형이 된 박사논문 에서 펼친 번역론을 비판적으로 검토한 것으로 宇野田尙哉, 「飜譯論の困難 と近世儒家言語論」, 『比較思想硏究』20호(比較思想學會, 1993)가 있다.

12) 틀짜기와 주체성/주관성에 관한 논의는 Sakai, *Voices of the Past*, pp. 113 ~207 참조.

13) Émile Benveniste, *Problèmes de linguistique générale* (Paris: Gallimard, 1966), p. 260.

14) 근대 수학과 분명히 공명하는 이 구절은 니시다 기타로(西田幾多郎, 1870~ 1945)에게서 차용한 것이다. 사회적 실천과 자각을 개념화하는 데 니시다는 비연속성의 수학적 정식화에 호소했다. 라이프니츠와 칸트 이래의 근대 철학 의 전통을 따라서 그는 비연속적인 단독점에서의 미분 모델을 따라 실천적 주체의 형성을 개념적으로 이해했다. 따라서 나중에 그가 한 정식화가 분명 히 보여주듯이 니시다에게 윤리적 행위에서의 주체 구성은 사회 편제의 제작 이기도 한다. 이렇듯 '비연속의 연속'은 사회적인 것 속에서의 약분불가능성 의 장소에서 주체 구성을 개념화할 가능성을 시사하는 것이다. 「現實世界の 論理的構造」(1934), 『西田幾多郎全集』7권(東京: 岩波書店, 1965), pp. 210 ~304와 「世界の自己同一と連續」(1935), 『西田幾多郎全集』 8권, pp. 7~ 106 참조.

15) 이 분열은 번역의 경우에만 한정될 수 없는데, 브라이앵클 창(Briankle Chang)이 시사하듯이 말하는이와 듣는이라는 상정된 통일체 자체가 유지되기 어렵기 때문이다. 왜냐하면 데리다가 『우편엽서』(*La carte postale*)에 수록된 「발송」(envois)에서 플라톤-소크라테스 이중체(doublet)로 형상적으로 예증했듯이 말하는이 자체가 분열되고 다수화되어 있기 때문이다. 전달 일반에 대해 창은 다음과 같이 말한다. "배달과 서명행위는 둘 다 메시지가 도착하지 않거나 수신자 불명이라는 동일한 구조적 위협에 홀려 있기 때문에 서명의 패러독스 또한 전달에 침입한다. 메시지의 배달이 실패할지도 모르는 한에서만 전달은 일어난다. 즉 발신자와 수신자 사이에 분리가 있는 만큼만 전달은 일어나는/자리를 차지하는 것이며 이 분리, 이 거리, 이 공간화가 메시지가 닿지 않을 가능성을 만드는 것이다."(Briankle G. Chang, *Deconstructing Communication* [Minneapolis: University of Minnesota Press, 1996], p. 216. 방점은 원문)

16) 비연속의 연속에 대한 또 다른 개념을 제시하면서, 스승인 니시다와 마찬가지로 근대 수학에서 얻은 통찰 위에서 논의를 전개한 다나베 하지메(田邊元)는 사회 편제 일반은 무한히 분할할 수 있으며 사회를 균질적이고 조화로운 통일체로서 개념화할 수 없다고 주장했다. 그것과 반대로 한 사회 속에는 무한히 많은 사회들이 포함되어 있으며 모든 사회는 비연속과 갈등으로 이루어져 있는 것이다. 한 사회를 하나로 통일하는 것은 저절로 주어지지 않는다. 민족사회마저도 저절로 주어진 통일체가 아니라고 그는 주장했다. 인종이든 민족이든 국민이든 간에 저절로 주어지는 정체성/동일성은 없으며 모든 정체성/동일성은 부정성의 변증법적 과정을 통해 사회적으로 구축되어야 하는 것이다. 「社會存在の論理」, 『田邊元全集』 6권(東京: 筑摩書房, 1963), pp. 51~168 및 「種の論理と世界圖式」, ibid., pp. 299~397 참조.

니시다도 다나베도 반식민적 민족분리주의라는 암묵적 위협에 대비해 민족주의적 국민주의의 유효성의 토대를 허물고 일본제국의 통일을 정당화하는 철학적 공식을 제공하려 했다는 점은 기억해둘 필요가 있다. 이른바 '교토학파'의 두 영수인 니시다 기타로와 다나베 하지메의 철학적 담론에 대해 나는 대단히 비판적이다. 하지만 그들의 철학에 대한 나의 비판은 그들의 철학이 일차적으로 일본의 민족적·문화적 국민주의의 정당화와 관련되었다는 가설을 전제로 하는 것은 아니다. 반대로 나는 그들의 철학이 일차적으로는 제국주의적 국민주의를 옹호하는 보편주의적인 철학이며, 이차적으로 제국주의를 규탄하지 않는 보편주의는 숙명적으로 자민족중심주의적이라는 의미에서 자민족중심주의적인 국민주의였다고 생각하는 것이다.

17) 예를 들어 번역자의 도움을 완전히 배제시킨 근원적 번역이라는 콰인

(Willard V. O. Quine)의 가설은 이런 소급주의(retrospectivism)를 범한 것이다. 만약에 번역자의 도움이 전혀 없다면 "지금까지 전혀 접촉이 없었던 사람들의 언어"를 어떻게 인식할 수 있을까? Willard V. O. Quine, Word and Object (Cambridge: MIT Press, 1960), pp. 26~80 참조.

18) '정'과 차이에 대한 보다 자세한 논의는 4장 주6 참조. 그리고 '정'의 시적 측면에 대해서는 Gilles Deleuze, *Différence et Répétition*(Paris: PUF, 1968), p. 373 이하 참조.

19) 여기서 들뢰즈를 따라서 '표상' '개념' '개념 없는 차이' '개념적 차이'라는 관념에 주목해보자. "개념은 권리상 존재하는 특수한 사물의 개념일 수 있으며 따라서 무한한 하나의 내포를 가진다. 무한한 내포는 외연=1과 상관된다. 내포의 이 무한은 잠재적이거나 단순한 무한정으로서가 아니라 현실적인 것으로서 정립된다는 것이 아주 중요하다. 이러한 조건에서 비로소 개념의 계기로서의 술어들은 보존되고 스스로가 귀속하는 주어 속에서 효과를 가지는 것이다. 무한한 내포는 이렇게 상기와 인식을, 기억과 자기의식을 가능하게 한다.(그 두 가지 능력은 무한하지 않지만 말이다.) 이 이중적 양상, 즉 이 기억과 이 자기의식 속에서 실현되어 있는 양상 아래서 개념과 그 대상의 관계는 표상이라고 불린다."(Gilles Deleuze, *Différence et Répétition*, pp. 20~21) "최종심급에서는 모든 한정은 개념적이며 현실적으로 한 개념의 내포/이해(compréhension)의 일부를 이룬다."(Ibid., p. 21) "한정으로서의 술어의 속성은 사물 속에서는 다른 것이 되면서도 개념 속에서는 계속 고정되어 있다.(동물은 인간과 말에서 다른 것이 되며 인간은 피에르와 폴에서 다른 것이 된다.) 바로 그렇기 때문에 개념의 내포는 무한한 것이다. 즉 사물 속에서 다른 것이 된 이상 그 술어는 개념 속에서 다른 술어의 대상으로서 존재한다. 그러나 그런 이유 때문에 각각의 술어 또한 개념 속에서 고정되고 그 권리상 모든 사물에 적용될 수 있는 한 일반성에 머무르는 것이며 하나의 유사성을 정의하는 것이다."(Ibid., p. 21) "이렇듯 개념 속의 차이로서의 차이의 원리는 유사성을 파악하는데 대립하기는커녕 반대로 최대한의 가능한 유희공간(jeu)을 남겨놓는다. 수수께끼 놀이의 관점에서만 보아도 '어떤 차이가 있는가?' 하는 질문은 항상 '어떤 유사성이 있는가?' 하는 질문으로 바뀔 수 있는 것이다. 하지만 무엇보다도 분류 속에서 여러 종을 한정하는 것은 유사성에 대한 연속적인 평가를 함의하며 전제한다."(Ibid., p. 21) "따라서 반복은 개념 없는 차이로서 나타나며 무한정으로 연속하는 개념적 차이를 피해간다."(Ibid., p. 23)

1장 문학의 구별과 번역이라는 일

1) James Sneed, "European pedigrees/African contagions," in *Nation*

and Narration, ed. Homi K. Bhabha(London and New York: Routledge, 1990), p. 233.

2) Gilles Deleuze & Félix Guattari, *Mille Plateaux* (Paris: Les Édition de Minuit, 1980), pp. 124~25.

3) 아마도 간(間)국민 세계를 가장 잘 표현한 것은 1930년대 일본 철학자들에 의해 제시된 다원적 '세계사'라는 이념에서 찾을 수 있을 것이다. 제임스 스니드가 간결하게 보여주었듯이 학문분야로서의 문학은 이러한 간국민 세계와 공범관계에 있다. "우리는 문학사나 문학의 고전이 국민정신이나 국민성이라는 관념의 대역을 맡는 것에 많이 익숙해져 있다. ……이러한 경향 때문에 특정한 국민 작가들은 자신이나 자신의 '인종'을 위해 말하는 것으로 평가받을뿐더러 '인류'를 위해 말하는 것으로도 평가받을 것이다. 호메로스, 단테, 라블레, 세르반테스, 셰익스피어, 괴테와 같은 작가들은 종종 일정한 국민정신을 대표하는 '완성된 천재'나 각각의 국민문학의 '창시자'로 여겨지지만 그들이 어떤 점에서 '보편적 진리'를 체현했다고 보이기에 궁극적으로는 더 큰 관심을 끌기도 한다."(Sneed, "European pedigrees/African contagions," in *Nation and Narration*, ed. Homi K. Bhabha(London and New York: Routledge, 1990), p. 233) 비슷한 맥락에서, 나는 이 책 5장에서 다원적 세계사를 언급하면서 특수한(국민적인) 것과 보편적인(국제적인 또는 제국주의적인) 것의 상호의존 관계에 대해 논의했다.

4) Leonard Forster, *The Poet's Tongues: Multilingualism in Literature* (Cambridge: Cambridge University Press, 1970); Chinua Achebe, *A Man of the People* (London: William Heinemann, 1966).

5) 니시다 기타로(1868~1945)에 의해 만들어진 '장소'라는 말을 나는 과거에는 'topos'라고 번역했으나 이것을 'choraic place'라고 번역하기로 했다. 플라톤의 '코라'(khora)와 아리스토텔레스의 '휘포케이메논'(hypokeimenon)을 차용해 니시다는 판단, 의식, 의지, 실천에서의 주체성의 구축을 해명하기 위해 이 '장소'라는 말을 도입하려 했다. '장소'는 그 위에서 또는 그와 대립해서 주어가 정립되는 '술어적 한정의 평면'으로서 설명된다. 그래서 '장소'는 판단 (판단을 통해서 주어와 술어의 결합으로서 존재론적 한정이 생긴다), 의지(의지를 통해서 윤리적 행위의 행위체가 문제화된다), 그리고 역사적 실천(역사적 실천을 통해서 국민적 주체와 같은 제도를 역사적으로 제작하는 행위체가 문제화된다)을 가능하게 하지만, 그것 자체는 주제화되지 않는다(주어로 만들어지지 않는다). 西田幾多郞, 『働くものから見るものへ』(東京: 岩波書店, 1927); 『西田幾多郞全集』4권(東京: 岩波書店, 1949), 『一般者の自覺的體系』(東京: 岩波書店, 1930); 『西田幾多郞全集』5권(東京: 岩波書店, 1947), 『無の自覺的

限定』(東京: 岩波書店, 1932): 『西田幾多郞全集』6권(東京: 岩波書店, 1948) 등 참조. 주어(subject)를 역사적 변화의 행위체이자 논리와 지식 일반의 중심으로 간주하는 주어주의(subjectivism)를 비판하기 때문에 니시다의 변증법은 헤겔의 변증법과 다르다고 하지만, 우리가 이러한 비판을 곧이곧대로 받아들일지는 별개의 문제다. 니시다는 판단·의지·실천의 행위체를 술어에 위치시키는 술어주의를 제기한다.(하지만 근대의 주체에 대한 개념화는 소박한 개인주의의 그것을 제외하면 대체로 술어주의적이면서 주어에 대한 고집을 포함한다고 할 수 있다. 이런 점에서 니시다의 술어주의는 동양적이지도 반서양적이지도 않다.) 그런데도 '휘포케이메논'(sub-jectum, 즉 '아래에 놓인 것' 또는 '기체')이라는 의미도 포함한다는 '장소'의 첫 번째 정의에서도 알 수 있듯이 니시다의 변증법은 주어에 대한 집착과의 유대를 결코 끊지 않았다. '장소'에 대한 그의 설명은 특히 이질성 속에서 연속적으로, 즉 사회적 항쟁 없이 일본 신민(Japanese subject)을 제작할 수 있는 국가의 능력을 낙관적으로 전제한다는 점에서 동화주의에 머물고 있으며, 니시다의 변증법은 제국주의적 국민주의 특유의 보편주의의 일종에 지나지 않았다. 이것은 바로 제국주의 통치자나 선무공작원의 관점에서는 낙관적이고 피식민자의 관점에서는 비극적인 이론적 구축체이며 딕테는 이것을 시대착오적으로 분해하려는 것처럼 보인다.

6) 일본학계에서의 문제적 예외는 중국문학이다. 하지만 1930년대까지 중국문학에 근대 중국 작가들의 작품은 포함되지 않았다. 근대 중국문학에 대한 연구가 곧바로 중국에서의 일본제국주의의 역할에 대한 탐구로 이어졌음에 주목하는 것이 중요하다.

7) Naoki Sakai, *Voices of the Past: The Status of Language in Eighteenth-Century Japanese Discourse* (Ithaca, N.Y.: Cornell University Press, 1991), pp. 208~319 참조.

8) 鈴木朖, 「離屋學訓」, 『日本思想體系』 51권(東京: 岩波書店, 1971), pp. 361~405.

9) Ibid., p. 387.

10) "필경 문학은 도(道)가 깃든 것이다. 문학을 통해 그것에 깃든 도를 밝혀 아는 것을 도를 갖춘 사람이라 하며, 몸소 행할 수 있는 것을 덕을 갖춘 사람이라 한다." (Ibid., p. 373)

11) 西田幾多郞, 「ポイエシスとプラクシス(實踐哲學序論補說)」, 『思想』 223호(東京: 岩波書店, 1940): 『西田幾多郞全集』 10권(東京: 岩波書店, 1950), pp. 124~77 참조. subject라는 단어의 일본어 번역으로는 '주관'과 '주체'가 있는데 나는 후자의 형용사형인 '주체적'을 채용했다. 니시다는 다음과 같이 말

한다. "포이에시스라든가 기술이라든가 하면 사람들은 단순히 주관적이라고 생각하지만 위에서 말했듯이 집을 짓는다는 것도 역사적 지반 위에서만 가능하며, 이에 반해 언어와 같은 것도 기술적으로 구성된 것이어야 한다. 그리하여 언어라는 것 없이는 사회라는 것도 있을 수 없다. 우리가 지금 여기서 마주보고 이야기를 나누는 것도 역사적 형성작용으로서 기술적이어야 한다." "기술이라는 것에는 숙련이라는 것이 있어야 한다. 숙련이라는 것은 개인의 습성의 역사적 구성이라는 것이어야 한다. 하지만 우리의 습성이라는 것은 단순히 개인의 주관적 작용에 의해 구성되는 것이 아니다. 그것은 역사적 형성작용으로서 구성되는 것이어야 한다. 그렇지 않으면 우리는 그것에 의해 아무것도 만들지 못한다. 우리의 습성은 동시에 역사적 세계의 습성이어야 한다."(pp. 135~36) "일차적으로 프락시스라는 것은 사람이 사람 자신을 목적으로 하는 작용이라고 생각할 수 있을 것이다. 그것을 통해 자기가 자기가 되는 작용이라고 할 수 있을 것이다. 거기서 우리의 자기가 성립되는 것이며 자기가 태어나는 것이다. 우리의 자기 자체를 만드는 포이에시스라고 할 수 있다."(p. 142) '주관'과 '주체'의 차이는 주관이 오직 지식의 subject인 반면에 주체는 늘 자기를 위해 자기를 제작하기도 하는 실천의 행위체라는 사실에 있다. 따라서 주체적 기술이란 주체가 실천을 통해 스스로를 제작하는 기술이다. 바로 그렇기 때문에 나는 '문학'과 번역이 특히 주체적 기술이라고 주장하는 것이다.

12) 『딕테』에는 이 사진에 대한 아무런 설명이 없지만 이 글씨가 북부 규슈의 호

슈(豊州) 탄광의 벽에 새겨진 것이라는 것은 일본이나 한국에서는 잘 알려져 있다. 그것은 일본정부에 의해 15년전쟁 기간에 한국에서 강제징용된 노동자가 새겨놓은 것으로 믿어져 왔다. 하지만 최근에 그 역사적 신빙성에 의문이 제기되었다고 하는데 그 근거에 대해서는 확인할 수 없었다.

13) Theresa Hak Kyung Cha, *Dictée* (New York: Tanam Press, 1982), pp. 8~9. 원문에서는 "Traduire en français"의 'français'에서 세디유 'ç'가 없는 'francais'로 되어 있다.

14) Ibid., p. 13.

15) J. L. Austin, *How to Do Things with Words* (Cambridge: Harvard University Press, 1962), p. 95.

16) Ibid.

17) Cha, *Dictée*, p. 81.

18) Ibid., p. 1.

19) John R. Searle, *Speech Acts* (Cambridge: Cambridge University Press, 1969), p. 74.

20) 말하는 것과 말하려고 하는 것 사이의 차이를, 어떤 텍스트에도 내재하는 이른바 해체(deconstruction)의 일반성으로 곧바로 환원하지 않는 것이 중요하다. 설이 영어의 속성이자 타당성이라고 생각하는 기체의 영역의 안과 밖이 그것을 분리시키려 하자마자 서로를 오염시키기 시작한다는 것을 보여주는 것은 어렵지 않지만 말이다. Jaques Derrida, "Limited Inc. abc...," trans. Samuel Weber, in *Glyph* 2 (Baltimore, London: Johns Hopkins University Press, 1977), pp. 162~254 참조.

21) Cha, *Dictée*, pp. 61~75. 특히 p. 74의 그림은 중요하다.

22) Ibid., p. 69.

23) 틀짜기와 발화행위의 신체의 문제에 대한 보다 자세한 논의는 Sakai, *Voices of the Past*, pp. 106~11; 134~38 참조.

24) 차학경의 민족적 정체성은 어떤 환원론의 단서로서 종종 주목되었다.

25) 여기서 나는 '도식'이라는 말의 고전적 용법을 따랐다. 알지 못하는 외국어는 칸트가 '이념 속의 대상'이라고 부른 것에 포함될 수 있다. 칸트에 따르면 "어떤 것이 나의 이성에게 오직 대상으로서 주어지는 것과 이념 속의 대상으로서 주어지는 것 사이에는 큰 차이가 있다. 첫째 경우에는 나의 개념이 그 대상을 규정하려 하며 둘째 경우에는 실제로는 가언적으로도 직접적 대상이 없는 도식만이 있는데, 오히려 그것은 다른 대상들을 이러한 이념과 관계시킴으로써 그 체계적 통일성에 관해서, 즉 간접적으로 우리에게 표상하는 데 도움이 될 따름이다."(Immanuel Kant, Kritik der reinen Vernunft, Kant Werke, Bd. 4[Darmstadt: Wissenschaftliche Buchgesellschaft, 1983], S. 583) "이와 같이 이념은 원래 발견적 개념이지 명시적 개념이 아니며, 어떤 대상의 성질을 가리키는 것이 아니라 우리가 그 지도 아래서 일반적 경험의 대상들의 성질과 결합을 어떻게 찾아야 할지 가리켜주는 것이다."(Ibid., S. 584) 다나베 하지메는 하이데거의 칸트 해석을 비판적으로 검토하면서 '도식 세계'라는 용어를 도입하려 했다.(「圖式「時間」から圖式「世界」へ」, 『哲學硏究』 200호[京都: 京都哲學會, 1932]; 『田邊元全集』 6권[東京: 筑摩書房, 1963], pp. 1~49) 1930년대의 도식론과 '도식-세계'에 대한 철학적 논의의 발전에 대해

서는 Naoki Sakai, "Subject and Substratum: On Specific Identity and Cultural Difference in Japanese Imperial Nationalism," in *Cultural Studies* 14(3/4) (London: Methuen, 2000) 참조.

26) 체계(system)와 체계성(systematicity)의 구별은 중요하다.

27) 호미 바바가 '문화적 차이의 분석론'을 통해 시사하는 것이 바로 이것이다. "문화적 차이의 분석론은 단순히 차별에 대한 이론적 설명을 어지럽힐 뿐 아니라 분절화의 시나리오가 바뀌도록 간섭한다. 그것은 발화위치와 그 속에 있는 말걸기 자세의 관계를 바꾼다. 즉 말해지는 내용뿐 아니라 그것이 말해지는 위치를 바꾸는 것이다. 단순히 분절화의 논리를 바꾸는 것이 아니라 발화행위의 위상을 바꾼다."(Homi K. Bhabha, "DissemiNation" in ed. Homi K. Bhabha, *Nation and Narration*, p. 312)

28) 두 가지 역사적 전선 중 전자에서는 주체적 기술의 목적은 한반도 사람들에게서 천황을 어머니나 유모의 형상으로 의도적으로 오인하는 대일본제국의 애국적 주체/신민, 즉 '천황의 적자'를 만드는 것이었다. 『딕테』가 이러한 기술을 무효화했다고 말하기 위해서는 어떤 시대착오적 위험을 무릅써야 하는데, 이 시대착오는 1945년 이전의 주체적 기술의 사용과 그것의 예기치 못한 결과, 즉 망명작가 차학경의 탄생 사이의 역사적 지연 때문에 생기는 것이다. 이 장에서 나는 역사적 결과가 그 기원의 조건을 소급적으로 비판하는 시대착오적 맥락화에 대해 생각하고 있다.

29) '반(反)작품'(unwerk)이라는 말은 장 뤼크 낭시의 'déœuvrement'에서 차용한 것이다. Jean-Luc Nancy, *La Communauté Désœuvrée* (Paris: Christian Bourgois, 1986) 참조.

30) 주변인의 주류에 대한 과잉동일화에 의해 분출되는 희생양을 만드는 폭력과 그러한 폭력에 대한 통찰력이 있는 비판으로서는 John Okada, *No No Boy* (San Francisco: Combined Asian American Resources Project, 1976) 및 酒井直樹, 「遍在する國家」, 『死産される日本語·日本人』(東京: 新曜社, 1996) 참조.

31) Philippe Lacoue-Labarthe, "L'echo du sujet" in *Le sujet de la philosophie* (Paris: Aubier-Flammarion, 1979), pp. 217~303.

32) Cha, *Dictée*, p. 45.

33) Ibid.

34) Ibid.

35) Ibid.

36) Bhabha, "DissemiNation" in ed. Homi K. Bhabha, *Nation and Narration*.

37) 예를 들어 "지금은 비물질적이고, 무정형하다. 하나의 신체를 구성하는 모든

부분, 사지 하나하나를 용해에 맡겨서. 체액과 골수는 한때 근육과 뼈에서 넘실거렸고, 피는 무수한 입구를 통해 자유로이 흘렀는데, 모든 것이 기꺼이 추방당한다. 입당송(入堂誦)으로부터 이 신체가 다른 신체, 더 큰 신체에 의해 살게 될 합체를 위한 준비가 이루어진다./동맥이라는, 정맥이라는 빈 원주가 지금은 돌 속에 고정되어 서 있다. 날개 없이. 손, 발 없이. 계속된다. 이런 식으로. 그래야 한다. 그 가득함을 바꾸거나 깨는 것 없이, 이 공허함의 충만을 이용하는 외부 없이."(Cha, *Dictée*, p.161)

38) Ibid., p. 37. 이것이 죽을 수 있었는데 '적절한 시기에' 죽을 기회를 놓친 사람의 관점에서의 소급적 상상임을 지적해두어야 한다. 하지만 고유한 죽음을 부분(개인)을 전체(국민)로 통합하는 역할을 할 것이라고 믿어지는 자기희생적 헌신으로서 주제화할 수 있는 것은, 거의 항상 전체로의 동화에 대한 동경과 더불어 어떤 죄책감을 수반하는 이러한 상상에 내재하는 소급적 시간 때문이다. 여기서 찬양된 애국적 죽음의 이상화가 다음과 같은 구절과 대치됨으로써 균형을 되찾는 것에 대해서도 주목할 필요가 있다. "'적.' 어떤 사람의 적. 적국민. 전체 국민이 다른 전체 국민과 대립한다. 어떤 사람들은 다른 사람들에게 제도화된 고통을 기뻐한다. 적은 추상화된다. 국민. 적. 이름은 그 정체성보다 커진다. 자신의 척도보다 크게. 자신의 속성보다 크게. 자신의 의미보다 커진 사람들. 이 사람들을 위해. 그들의 적인 사람들을 위해. 통치자의 신민이자 통치자의 승리인 사람들을 위해./일본은 이미 기호가 되었다. 알파벳. 어휘. 이 적인 사람들에게. 그 의미는 도구, 피부를 쑤시고, 살을 찌르는 기억, 다량의 피, 육체적 실체의 척도인 피, 그것은 기록으로서, 사료로서 남는다. 이 적인 사람들의."(Ibid., pp.31~32) 식민종주국의 국민은 단지 사람들의 적인 것은 아니다. 식민주의가 남긴 깊은 상처는 독립 후에조차도 사람들의 생활이 적의 유산에 의해 규정된다는 사실을 통해서 알 수 있을 것이다. "일본은 이미 기호가 되었다. 알파벳. 어휘." 적국민은 이제 외적인 것이 아니라 스스로에 의해 내면화되었기 때문에, 적에 대한 혐오는 때가 되면 돌아와 자기혐오라는 형태로 그들에게 붙어 다닌다. 바로 그렇기 때문에 사람은 적인 사람들을 더욱더 혐오하지 않을 수 없는 것이다. 식민주의는 식민자들이 돌아갔다고 해서 결코 끝나는 것이 아니다.

39) Ibid., p. 161.

2장 '일본사상'이라는 문제

1) 加地伸行, 『中國硏究からみた日本思想史硏究』(東京: 吉川弘文館, 1985), p. 1.

2) 和辻哲朗, 『續日本精神史硏究』(1935): 『和辻哲朗全集』 4권(東京: 岩波書店, 1962), p. 281.

3) Ibid., p. 282 이하.

4) 1930년대의 일본철학에서는 일본의 국민적 주체와 일본국민으로서의 민족 공동체의 차이가 종종 주체(subject)와 기체(基體)의 차이로서 논의되었다. 주체는 기체가 자기언급적으로(self-reflectively) 부정, 즉 합리화되지 않으면 결코 존재할 수 없다는 것이다. 나중에 다나베 하지메의 '도식 세계'에 대해 논의할 때 분명해지겠지만, 민족공동체(다나베에게 민족공동체는 필연적으로 복수이며 다민족 공동체였다)가 국민(국민, 즉 국가적 민족은 단수가 된다)을 구 성할 때 의거하는 자기언급적인 부정은 일정한 도식론에 의해 매개되어야 한 다. 다나베와 달리 와쓰지가 이 기체와 주체의 구별을 완전히 지워버렸다는 것은 주목할 만하다. 뒤에서 보듯이 마루야마 마사오는 적어도 1943년 이후 의 저작에서 기본적으로 와쓰지의 노선을 답습해 단일한 민족공동체가 단일 한 국민으로 변증법적으로 부정/자기언급하는 과정으로서 국민주체의 구성 을 생각하게 된다.

5) 津田左右吉, 「日本思想形成の過程」(1934): 『津田左右吉全集』 21권(東京: 岩 波書店, 1965), p. 153.

6) "결론을 먼저 가정해두는 것이 가장 편한 논법이다." 戶坂潤, 『日本イデオロ ギー論』(岩波文庫, 1977), p. 27(첫 출판은 1935년). 도사카(戶坂)의 비판은 '현실적인 범주 조직'과 '해석을 위한 범주 조직'의 구별에 기초한 것인데 해 석학을 너무 협소하게 받아들여 해석이 지니는 제작적(poietic) 기능에 주의 를 기울이지 않았기 때문에 해석학 비판으로서는 적절하지 않다.

7) 津田左右吉, 「日本思想形成の過程」(1934), p. 157.

8) 중국의 근대에 관한 유사한 상황에 대한 명석하고도 아주 예민한 분석을 통 해 레이 초우는 다음과 같이 주장한다. "민족의 역사나 '국민의' 역사에 대한 동일화와 이 동일화가 수반하는 고통과 쾌락은 단순히 '토착주의'(nativism) 라는 말로는 이해될 수 없다. 구경꾼은 단순히 민족적인 것이 아니라 민족화 되어 있다. 즉 그의 '중국인성'에 대한 인지는 이미 근대사의 넓은 영역에서 작동하고 있는 문화횡단적인 호명의 일부인 것이다."(Rey Chow, *Woman and Chinese Modernity: The Politics of Reading between West and East* [Minneapolis: University of Minnesota Press, 1991], p. 25) "특히 여성 화되고 민족화되어 있는 이들의 입장에서는 다음과 같은 점이 강조되어야 한 다. 즉 이러한 동일화 행위는 생산적인 관계의 장소이며 이 장소는 고유한 복 합성을 지니는 것으로 다시 읽혀야 한다. 이 복합성은 민족문화와의 동일화 에만 있는 것이 아니라, 그러한 상상행위를 처음에 구조화하는 절단 (dismembering) 과정과의 강한 의미의 공범관계 속에도 있다. 가령 서양화 된 중국인을 조금 사귀어보면 알 수 있듯이 중국에 감정적으로 집착하는 사

람은 꼭 중국식으로 옷을 입고 생활하는 사람이라고는 할 수 없다. 대부분의 유럽인들과 미국인들에게 동양적인 것이 여전히 그런 것과 달리 중국 사람들에게 '서양적인 사물'은 없어도 되는 장식물이 아니다. 지난 한 세기 동안 서양적인 사물의 존재는 근본적인 적응과 수용의 필연성을 표상했던 것이다. 그것은 자신(itself)에 대한 민족문화의 집착 속에서조차도 기억되어야 할 서양과의 접촉이 남긴 각인(imprints)의 영속성이다."(Ibid., p. 27. 방점은 원문)

9) '우리 국민사상'은 쓰다 소키치의 유명한 역사서『문학에 나타난 우리 국민사상의 연구』(文學に現れたる我が國民思想の研究)의 한 부분이다.

10) 하이데거의『칸트와 형이상학의 문제』에 대해 말하자면 호의적인 비판에서 다나베 하지메는, 나중에 '종의 논리'라고 불리게 되는 그에게 고유한 실천철학을 위한 준비단계로서, '시간' 도식을 민코프스키(Herman Minkowski)에게서 차용한 도식 '세계'로 대체하려 했다.(「圖式〈時間〉から圖式〈世界〉へ」(1932):『田邊元全集』[東京: 筑摩書房, 1963], pp. 1~49) 다나베는 칸트의 제일비판을 형이상학의 기반을 깔아놓은 것으로 읽으려는 하이데거의 기획을 열광적으로 지지하면서도 하이데거의 기획이 역사성의 사회적 측면에 적절한 주의를 기울이지 않았음을 강조했다. 하이데거의 칸트론에 대한 다나베의 비판을 다음과 같이 요약해보자. ①하이데거는 내적 감각의 형식과 외적 감각의 형식 사이의 상호오염과 상호 부정을, 그리고 감각과 자발성뿐 아니라 타자와 자아를 매개해야 할 도식론의 사회적 차원을 고려하지 못했다. ②현존재의 초월성은 '타자'의 초월성으로서도 파악되어야 한다. 따라서 칸트가 말하는 주체의 경험적-초월론적 이중화는 두 가지 계기, 즉 시간성과 공간성으로 이해되어야 한다. 주체가 실천에서 자기를 부정할 수 있을 때 주체는 스스로를 시간 도식을 통해서 표상한다. 하지만 자유롭게 자기를 부정할 수 없을 때 주체는 스스로는 공간 도식을 통해서 표상해야 하는 것이다. 그리고 시간과 공간은 다나베가 '도식 세계'라고 부르는 것에 의해 매개되는데 거기서 시간과 공간은 상호 부정에 의해 종합된다. 그래서 사회적·역사적 조건이 본질적 자유를 통한 자기초월을 주체에게 허용하지 않는다면 주체는 스스로를 공간적으로 재현하지 않을 수 없을 것이다. 이와 같이 공간적 도식론의 결과, 주체는 자아와 타자의 이중화, 즉 보편성으로서의 자아에 의한 자아와 타자의 종합이 가정된 대립하는 특수성으로서 공간적으로 이해되어야 하는 것이다. 바꿔 말해 주체는 단지 자기에게서 자기를 향하는 탈자적(脫自的, extatic) 운동일 수 없다. 즉 자기애는 그 본질적 부정성(즉 자유)이 억압될 때 공간적 도식론을 통한 자기의 타자화의 결과이기도 해야 한다. 왜냐하면 주체는 타자화와 그 육체 또는 기체에서의 외화를 통해서만 존재하게 되기 때문이다. ③따라서 감각적 직관과 개념적 자발성을 매개하는 도식은 시간도

공간도 아니고 그 속에서 시간과 공간이 서로 부정하며 매개하는 세계이다.

그런 관점에 따르면 역사적 시간의 공간화라는 과제가 도출된다. 「도식 '시간'에서 도식 '세계'로」에서 다나베는 도식 '세계'의 국제적 차원에 대해 논의하지 않았지만 그 3년 후에 출판된 「종의 논리와 세계도식」(「種の論理と 世界圖式」: 『田邊元全集』 6권, pp. 169~264)에서는 이미 국민국가와 관련시켜 주체에 대해 논의하고 있다.

11) Martin Heidegger, *Kant und das Problem der Metaphysik* (Boon: F. Cohen, 1929), S. 82~107 참조. 물론 하이데거는 이 책에서 번역에 대해 논의하지 않았으며 칸트의 도식론은 감각의 다양성이 이해라는 투명한 개념 속으로 포섭되는 것과 관련된다.

12) 이것이 다나베의 '도식 세계,' 즉 그 속에서 시간과 공간이 상호적으로 부정되며 따라서 매개되는 도식에 의해 암시되었던 내용이다. 다나베는 시간과 공간의 상호부정을 다음과 같은 종의 개념으로 설명한다. "따라서 최소한도로 그 시간성을 억압하고 기동성을 유지하는 종의 공간성을 통해 나는 요컨대 과거가 미래를 억제하며 그 운동을 사로잡는다는 것을 말하려는 것이다. 이리하여 현재라는 전대적 부정성의 가능성이 사라짐에 따라 시간성 또한 그 모습을 감춘다."(「論理の社會存在論的構造」: 『田邊元全集』 6권, p. 361)

13) Immanuel Kant, *Kritik der reinen Vernunft* (Wiesbaden: Insel, 1956), p. 583.

14) Ibid., p. 586.

15) 2장 주13 참조.

16) 일본어로 발표된 원래 이 논문은 주로 북미, 유럽, 중국, 일본 등지의 사회과학의 최근 발전에 관심을 가지는 일본의 일반 독자들을 대상으로 한 '사회과학의 방법'이라는 2권짜리 시리즈의 한 장으로 출판되었다.

17) 이항적 간국민적 번역의 실천계의 출현과 통제적 이념으로서의 일본어의 탄생에 대한 보다 자세한 논의에 대해서는 Naoki Sakai, *Voices of the Past* 참조.

18) 이 격언은 후쿠자와 유키치(福澤諭吉)에 의해 제기되었다. 그는 「탈아론」에서 일본은 아시아 사회의 제약에서 벗어나 서양 열강 속으로 들어가야 한다고 주장했다.

19) '주체적 기술'이라는 말에 대해서는 1장 각주10) 참조.

20) '서양의 나르시시즘'이라는 말에 대해서는 Robert Young, *White Mythologies: Writing History and the West* (London and New York: Routledge, 1990) 참조.

21) 丸山眞男, 『日本政治思想史研究』(東京: 東京大學出版會, 1952). 각 논문의

첫 발표는 1장『國家學會雜誌』54권 2-5호(1940), 2장『國家學會雜誌』55권 7, 9, 12호(1941) 및 56권 8호(1942), 3장『國家學會雜誌』58권 3-4호 (1944).

22) Ibid., pp. 321~24.

23) Ibid., p. 321.

24) Ibid., p. 321. 방점은 원문.

25) 내가 주목하고자 하는 것은 다음과 같다. 첫째, 1940년대 말 이후 마루야마 마사오는 그가 일본의 '천황제 파시즘'이라고 부르는 전전(戰前) 일본 천황제에 대한 가장 날카로운 비판자로 알려져왔지만『일본정치사상사 연구』의 1부와 2부는 전전 일본 천황제에 대한 정교한 정당화로 읽을 수 있다. 둘째, 1부와 2부에 나타난 마루야마의 주장에 관한 한 근대적 국민주체의 형성은 이론적으로 단일민족에 기초한 국민을 요구하지 않는다. 이런 점에서 3부는 나중에 추가된 것으로, 마루야마의 정치적 입장은 다민족적 국민주의의 정치이론가로부터 단일민족적 국민주의의 자유주의적 이데올로그로의 변화를 증언하는 것으로 읽을 수 있다.

마루야마 마사오의 전전 천황제에 대한 태도에 관한 나의 견해는 마쓰자와 히로아키(松澤弘陽) 씨의 미발표 견해에서 많은 영향을 받았다. 이런 견해를 서로 피력할 기회를 만들어준 마쓰자와 씨의 개방적이고 공정한 학문적 자세에 감사함과 동시에 나의 견해는 어디까지나 나의 사견임을 밝혀둔다.

민족공동체가 국민공동체로 변환된다는 국민적 주체 성립에 대한 전체적 이해를 마루야마가 표명한 논문은 1942년에 처음 발표되었는데『일본정치사상사 연구』에는 그 전에 발표된 논문들도 수록되어 있다. 초기 논문에서도 일본인의 국민적 자각의 출현에 관한 그의 논의가 실체화된 일본민족의 동일성/정체성을 전제로 한 것인지 여부는 당연히 논의되어야 할 것이다. 일본제국의 붕괴라는 미래를 예견할 수 있게 되는 1942년 무렵 이전부터 일본국민을 일본민족이라는 초역사적 존재로 개념화하고 있었다고는 생각되지 않기 때문이다. 당시의 지식인들이 심정적으로 일본인을 일본민족과 동일시하는 일은 있었을 것이다. 하지만 제국의 관리·유지를 담당해야 할 도쿄제국대학 법과대에 재직하고 있던 연구자가 일본국민을 곧바로 일본민족과 동일시하는 논의를 그 당시 전개할 수 있었을까? 예컨대 1930년대 다나베 하지메의 『종의 논리』에서는 분명히 일본제국은 이른바 '다민족국가'로 구상되고 있으며 단일민족성이라는 전제를 1942년 이전의 마루야마에게서 찾을 수 있는지 여부는 중요한 문제이다. 그러나 전후에 이루어진 그의 작업과의 연속성에서 보는 한 마루야마는 '일본인 단일 민족관'을 따른 것처럼 보이며 주지하다시피 그의 작업 속에서는 일본이 과거 제국주의 국가였다는 사태에 대한 비판적 감성은 거의 느껴지지 않는다.

26) Ibid., p.85. 방점은 원문.

27) Ibid., p.89.

28) Ibid., pp.78~91 참조.

29) Ibid., p.95.

30) 오규 소라이가 말하는 성인의 필요조건에 대한 마루야마의 해석에 깔려 있는 공식은 다나베의 자와 타의 변증법을 참조하면 분명해질 것이다. 다나베는 다음과 같이 주장한다. "나는 자아이면서도 타아(他我)인 너와 동시에 자기도 지양하는 자기부정적 통일이다. 나는 본래 개별적인 나여야 한다. 개별성이 없는 단순한 보편의 나라는 것은 없다. 그리하여 개별적인 나는 자아이다. 그러나 자아는 타아를 대해야 비로소 자아가 된다. 타아 없이 자아는 자아로서 정립되지 않는다. 그런데 타아는 구체적으로는 자아 외부에 공존 대립하는 너이다. 이 외재 관계는 공간의 원시적 의의와 다름없다. 우리는 그것의 통일에 대한 부정적 원리로서의 비아(非我)에 의해 타아와 자아의 분열을 매개로 하고, 이것을 계기로 해서 개별적인 나가 된다. 나는 자아로서는 타아에 대해, 자기 외부에 공간적으로 외재하는 너와 대립하면서, 이 공간적 외재가 동시에 시간적인 나의 내부로부터의 통일과 서로 관통함으로써 타아인 너를 자아와 종합하고, 양자를 지양해서 개별적인 나가 되는 것이다. 그러므로 나는 자아이면서도 단순히 자아라고 할 수 있는 것도 아니다. 자아인 동시에 타아를 매개로 해서 이것을 지양하는 것을 함의한다. 이렇게 특수하고도 보편적이기 때문에 나는 개별적이 되는 것이다."(「圖式〈時間〉から圖式〈世界〉へ」, pp.27~28) 다나베의 논의는 니시다 기타로의 저작에서 힘입은 바 크다. 西田幾多郎,「私と汝」(1932):『西田幾多郎全集』6권(東京: 岩波書店, 1965), pp.341~427 참조. 다나베와 마루야마가 각각 헤겔을 전유하는 방식 사이에는 하나의 중요한 차이가 있다. 타자를 지양함으로써 '나'로서의 주체가 보편이 된다는 점에서 다나베가 헤겔을 따른 반면에 마루야마의 경우 보편성은 일차적으로 타자에 속한다.

31) 丸山眞男,『日本政治思想史研究』, p.97.

32) 자세하게는 Sakai, *Voices of the Past*, pp.211~309 참조.

33) 丸山眞男,「忠誠と反逆」(1960):『忠誠と反逆』(東京: 筑摩書房, 1992), p.77.

34) 丸山眞男,『日本政治思想史研究』, p.323.

35) 丸山眞男,『忠誠と反逆』, p.44.

36) 丸山眞男,『日本政治思想史研究』, p.241.

37) Ibid., pp.206~73.

38) 丸山眞男,『現代政治の思想と行動』상·하(東京: 未來社, 1956·1957). 여기

서 나는 이 책에 수록된 앞의 세 편의 논문 「초국가주의의 논리와 심리」
(1946), 「일본파시즘의 사상과 운동」(1948), 「군국 지배자의 정신 형태」
(1949)를 주로 상정하고 있다.

39) Jean-Luc Nancy, *L'expérience de la liberté* (Paris: Galilée, 1988), p. 29.
방점은 원문.

40) 丸山眞男, 「近代日本思想史における國家理性の問題」(1949): 『忠誠と反逆』,
p. 205. 방점은 원문.

41) Ibid., p. 204. 마루야마의 논의가 이러한 '도식'을 주제로 전개된다는 점을
강조해두고 싶다.

42) Young, *White Mythologies: Writing History and the West.*

3장 서양으로의 회귀 / 동양으로의 회귀

1) T. J. Clarke, "Olympia's Choice," in *The Painting of Modern Life*
(Princeton, N. J.: Princeton University Press, 1984), pp. 74~146.

2) 집단심리와 주체에 관한 논의는 Mikkel Borch-Jacobson, *The Freudian
Subject*, trans. C. Porter(Stanford, Calif.: Stanford University Press,
1988)〔*Le sujet freudien* (Paris: Flammarion, 1982)〕, pp. 146~237 참조. 모
성적 천황의 이미지와 공감의 기제에 대해서는 加納實紀代, 「"大御心"と"母
心," "靖國の母"を生みだすもの」, 『女性と天皇制』(東京: 思想の科學社,
1979) 참조.

3) Martin Heidegger, *Sein und Zeit* (Tübingen: Max Niemeyer Verlag,
1963), S. 130~40. 하지만 미키의 주장은 『존재와 시간』에서 찾아볼 수 있는
현존재 분석보다 훨씬 전의 분석에 의거한 것처럼 보인다.

4) 『倫理學』은 『岩波講座哲學』(東京: 岩波書店, 1931) 시리즈의 한 권으로 출판
되었다. 와쓰지는 온 생애에 걸쳐 『윤리학』을 몇 번씩이나 출판했는데 그때
마다 근본적인 수정을 가했다. 나는 아직 『倫理學』의 모든 판본을 구하지 못
했다. 내가 갖고 있는 것은 1931년판 『倫理學』, 전후에 다시 찍은 1934년판
『人間の學としての倫理學』, 전후에 다시 찍은 1937년판 『倫理學(上)』, 전후
에 다시 찍은 1942년판 『倫理學(中)』(이 책에는 전후에 개작된 부분의 리스트
가 들어 있다), 그리고 1949년판 『倫理學(下)』이다.

5) 『倫理學』, p. 4. 인용문 속 인용문은 미키 기요시가 번역한 『ドイッチェ・イデ
オロギー』〔독일 이데올로기〕(東京: 岩波書店, 1930)에서 따온 것이다. 여기서
미키는 '주체'(subject)라는 말의 용법을 명확히 확정했다. 『과거의 목소리들』
에서 나는 'subject'라는 말에 대한 일본어 번역의 다양성과 그 철학적 함의
에 대해 설명한 바 있다.

6) '도구연관'이라는 말에 대해서는 Heidegger, *Sein und Zeit*, S. 110~11 참조.

7) 『倫理學(上)』 3장 2절 「二人共同體 性愛と夫婦」:『和辻哲郎全集』 10권(東京: 岩波書店, 1962), pp. 336~82 참조. 아마도 이 부분에서 와쓰지는 가장 '근대적'이며 '자유주의적'이다. 사회학적이거나 민족학적인 간행물들(지멜, 뒤르켕, 바우흐, 말리노프스키, 홉하우스, 폴섬〔J. K. Folsom〕, 도다 데이조〔戸田貞三〕, 모건 등등)을 검토한 다음에 그는 스펜서나 모건과 같은 사회진화론자들에 의한 원시사회의 가족에 대한 지배적인 견해가 성관계와 친족관계의 혼동에서 비롯된 것이며 사회관계 창조에 있어서 성관계가 친밀성의 기반이며 친족관계보다 일차적이라고 주장했다. 이런 관점에서 와쓰지는 친족관계 차원에서 가족형태는 다양하지만 일부일처제적 성관계는 보편적이며, 공동체에 대한 일차적 정의는 한 남자와 한 여자의 성적 결합으로 정의되어야 한다고 주장했다. 이만큼 결혼에 대한 낭만주의적 견해는 와쓰지 윤리학에 내재화되어 있었다.

8) 일본어로 '자각'이라는 말은 일상회화에서도 흔히 사용되는데 19세기 말~20세기 초 무렵부터 널리 철학적인 용어로 등록되고 논의되었다. '자각'의 한 측면으로서 잊어서는 안되는 것은 그것이 자아의 통일성과 관련되지만 그 통일성은 일차적으로 의지의 통일성으로서 주어진다는 점이다. 이것은 1910년대 말과 1920년대 초에 인지가 아니라 가능성의 양태로서 통각 개념을 찾고자 한 니시다 기타로의 저작들에 가장 명백하게 나타나 있다.

9) 和辻哲郎, 『倫理學』, p. 7. 그리고 이 인용문을 『人間の學としての倫理學』: 『和辻哲郎全集』 9권, p. 160과 비교할 것. 〔 〕는 인용자.

10) 말할 것도 없이 『인간의 학으로서의 윤리학』의 모든 기획에는 하이데거의 『칸트와 형이상학의 문제』가 그림자를 드리우고 있다. 그렇지만 실제로 하이데거의 칸트론에 대한 언급은 1937년판 『윤리학』에 이르기까지 나타나지 않는다. 그런데 이미 1932년에 다나베 하지메의 시론 「圖式〈時間〉から圖式〈世界〉へ」는 시간과 공간의 상호부정과 매개에 기초한 도식론을 제출하기 위해 하이데거의 칸트론을 근본적으로 비판하고 전유하는 것을 시도했다. 다나베의 하이데거 독해와 와쓰지의 하이데거 독해는 대조적이다.

11) 和辻哲郎, 「人格と人類性」은 처음에 『哲學硏究』에 1931년과 1932년에 발표되었다가 1938년에 단행본으로 간행되었다. 여기서는 『和辻哲郎全集』 9권, pp. 317~476에 수록된 1938년판을 참조했다.

12) Immanuel Kant, "Kritik der reinen Vernunft," *Kant Werke*, Bd. 4 (Darmstadt: Wissenschaftliche Buchgesellschaft, 1983), S. 344.

13) 실제로 와쓰지의 무(無)의 이 용법은 니시다 기타로에게서 차용한 것에 불과

하다. 그러나 니시다도 의식과 특히 후설(Husserl)의 현상학에 대한 비판이
라는 맥락에서 의식의 문제에 관한 칸트 독해를 통해 이 말을 정식화했다. 하
지만 무라는 용어의 동일성에도 불구하고 니시다와 와쓰지는 이 철학소를 전
혀 다른 맥락에서 사용하고 있으며 이 경우에도 와쓰지가 무를 본질화 또는
실체화하는 경향은 분명하다. 뒤에서 보듯이, 중국어와 일본어에서 존재를
나타내는 말에 대한 어원학적 검토에도 불구하고 와쓰지의 인간학은 니시다
가 '논리적 주어주의'라고 부르는 주체/주관/주어의 존재론에서 결코 빠져나
올 수 없었다. 니시다의 그 용법에 대해서는 「無の自覺的限定」, 『西田幾多郞
全集』6권(東京: 岩波書店, 1965) 참조.

14) 和辻哲郞, 「人格と人類性」, 『和辻哲郞全集』9권, pp. 332~33 및 坂部惠, 『ペ
ルソナの詩學』(東京: 岩波書店, 1989), pp. 121~46.

15) 여기서 문제가 되는 도식론은 시간성과 대립되는 공간성의 문제와 관련되는
것 같은데, 그것은 당시 많은 사람들에 의해 추구된 것이었다. 틀림없이 이것
은 하이데거의 칸트론과 관련된다. 다나베 하지메 등과 더불어 와쓰지는 하
이데거의 논의 속에서 공간성에 대한 시간성의 우위라는 이치에 맞지 않는
특권화를 본 것이다. 이 특권화를 와쓰지는 하이데거의 '개인적' 성향과 그
철학의 비사회적 특징의 징후로서 해석했다.

16) Immanuel Kant, "Kritik der reinen Vernunft," *Kant Werke*, S. 371.

17) 和辻哲郞, 「人格と人類性」, 『和辻哲郞全集』9권, pp. 333~34.

18) 나중에 와쓰지 또한 하이데거가 개인주의적인 경향이 있으며 '공동존재'를
무시했다고 비난했다. 하이데거의 '공동존재'라는 개념에서 보면 와쓰지의
비판은 이해하기 어렵다. 와쓰지는 하이데거의 주장을 개인주의라는 말로 요
약한 것이다. 하지만 그는 '개인주의'라는 말에 포괄될 수 있는 아주 다양한
입장들을 고려하지 못했으며, 개인의 자아를 항구적인 실체로 여기는 순진한
형태의 개인주의를 하이데거로 돌릴 수 없다는 사실을 무시했다. 그의 경력
중 이 단계에서는 이미 개인주의적인 서양과 집단주의적인 동양이라는 경박
한 문화론/문명론적인 이분법이 작동하고 있는데, 그것 때문에 그는 미국의
전후 일본 전문가들, 특히 일본종교사 전문가들에게서 정형화된 일본 특수론
의 상징적 사상가로서 추앙받게 되었다. 뒤에서 보듯이 이 맹점이 그의 인간
학이 사회적·정치적 귀결에서 볼 때 스스로가 아주 싫어하고 거부하던 일종
의 개인주의와 얼마나 가까운지를 이해할 수 없게 만든 것처럼 보인다.

19) 和辻哲郞, 『倫理學』, p. 9.

20) 대부분의 일본어 단어들은 글자 단위로 분해할 수 있는 한자 복합어이다. 하
지만 한자의 소리는 그 글자가 독립적으로 발음되거나 다른 한자와 결합되어
서 발음될 경우에는 동일하지 않다. 더욱이 특정한 글자가 놓인 통사론적인

기호학적 맥락에 따라 같은 서기소(書記素, grapheme)가 다른 소리와 결합
될 수 있다. 기호학적으로는 한자는 일본어 용법상 단성적으로 다루어질 수
있지만 음성학적으로는 원리적으로 그것은 다성적이다.

21) 坂部惠, 『和辻哲郎』(東京: 岩波書店, 1986), 특히 2장 pp. 53~94. 사카베
또한 와쓰지 철학에 틀림없이 존재하는 인간주의적 경향에 주목하는데, 이는
부분적으로는 와쓰지의 이론적 모호함에서 비롯되는 것처럼 보인다. "그 윤
리학의 형성기에 니시다 철학의 영향을 받으면서도 니시다의 '초월적 술어
면'(述語面) 내지 '무의 장소'를 앞에서 보았듯이 '인간존재'로 한정시켜 파악
한 와쓰지는 나아가 그 '인간의 존재'의 장을, 수학이나 논리에서 말하는 이른
바 '약한 구조'로서의 내포적·유비적·교차반전적인 상호침투의 논리를 따라
서가 아니라 오히려 서로 배타적인 개체와 그 총화로서의 전체라는 외연적인
'강한 구조'의 논리를 따라서 부주의하게 파악하여……"(p. 94)라고 사카베
는 와쓰지 윤리학의 인간중심주의적인 측면을 찔렀다. 더욱이 사카베는 와쓰
지 인간학에 대한 비판의 방향을 다음과 같이 말한다. "오직 한마디, 윤리학
내지 철학의 바람직한 서술형식에 대해서는, 『인간의 학으로서의 윤리학』과
『윤리학』이 같이 채용한 ('환원' '구성'과 같은) 시스템론적 고찰 뒤에 역사적
'파괴'(해체라고 부르고 싶다면 그렇게 해도 여기서는 상관없다)를 연결시키는
(헤겔의 '체계'와는 반대되는) 일종의 열린 원형 형식(참고로 덧붙이자면 그것
은 앞에서 본 역사서술에서의 기전체[紀傳體]에 어떤 느슨한 형태로 대응한다)
이 미래를 향해 많은 시사를 포함한다는 것만을 덧붙여두자."(p. 237)

22) 和辻哲郎, 『人間の學としての倫理學』: 『和辻哲郎全集』 9권, p. 19.

23) 와쓰지는 같은 사람이 동시에 속할 수 있는 많은 공동체를 가족에서 이웃, 국
민 그리고 국가까지 차이화했다. 하지만 이 공동체들은 국가가 다른 작은 공
동체들을 모두 포함하도록 위계적으로 조직되어 있다.

24) 和辻哲郎, 『倫理學(上)』: 『和辻哲郎全集』 10권, p. 73. 방점은 원문.

25) 와쓰지의 저작 중에는 사회관계를 간주관성이 아니라 지연의 계열(series of
deferral)로서 이해할 가능성을 시사하는 단편들이 존재한다. 그런 사례의 하
나가 가면과 인격성에 관한 그의 논문 「面とペルソナ」(『和辻哲郎全集』 17권)
이다. 이 논문에서 그는 인격의 실체화에서 벗어나 인격을 가면으로, 그 뒤에
원래의 자기라는 것이 없는, 가면을 쓴 가면으로 이해하는 것처럼 보인다. 하
지만 이러한 인격과 사회관계에 대한 이해는 그의 주관성의 인간학 속에서
간주관성으로서의 '아이다가라'의 개념화와 양립될 수 없다.

26) 和辻哲郎, 『人間の學としての倫理學』: 『和辻哲郎全集』 9권, p. 151.

27) 『倫理學』(1931), 『人間の學としての倫理學』(1934), 『倫理學(上)』(1937). 당
연하게도 '무'(無)에 대한 이해방식이 변해간다.

28) 『倫理學』, pp. 84~90 ; 『人間の學としての倫理學』:『和辻哲郎全集』9권, pp. 28~34.

29) 和辻哲郎, 『倫理學(上)』:『和辻哲郎全集』10권, p. 83.

30) Ibid., p. 84.

31) Ibid., pp. 84~85.

32) 천황과 그 신민(subject)의 관계는 전전(戰前) 국가에 의해 추진된 '일시동 인'(一視同仁)이라고 불리는 국민적 동일화의 실천계에서 흔히 '아기(=赤 子)를 보살피는 이'와 '보살핌을 받는 아기(=赤子)'로서 표상되었다. 말할 나 위도 없이 '시선'은 전전 천황제의 중심적 위치를 구성하기도 했다.

33) 와쓰지 윤리학의 개인에 관한 문제가 전향이라는 문제틀과 밀접히 연결되어 있음은 부인하기 어려울 것 같다. 말할 필요도 없이 참회란 치안유지법에 의 해 체포된 정치범이 전향을 성명할 때의 공적 형식이었다.

34) 和辻哲郎, 『倫理學(上)』:『和辻哲郎全集』, pp. 141~42.

35) Louis Althusser, "Idéologie et appareils idéologiques d'Etat," in *Positions* (Editions Sociales, 1976), p. 67~125. 이 주체라는 문제는 와쓰 지의 전후(戰後) 천황제론에서 중요한 역할을 했다. 사실 그것은 알튀세가 비판한 주체가 천황제의 본질이라는 것을 직접적으로 말하는 것은 아니다. 와쓰지의 인간학은 스스로를 일차적으로 주체와 국가가 동일시되는 국가윤 리학으로 정립했으며 국가는 결코 천황제와 동일시될 수 없기 때문이다.

36) 和辻哲郎, 『倫理學(上)』:『和辻哲郎全集』10권, pp. 243~44.

37) 和辻哲郎, 『風土』:『和辻哲郎全集』8권, pp. 1~256. 처음 월간 『사상』지에 연재되었다가(1928~1934) 1935년에 이와나미쇼텐(岩波書店)에서 단행본 으로 출판되었다. 이것은 아마도 하이데거의 해석학을 '공간화'하려는 와쓰 지의 시도를 가장 잘 보여주는 사례일 것이다. 이 책에 대해서는 4장 참조.

38) 와쓰지의 국제주의에 대한 이해는 다음과 같다. "민족에서의 역할을 떠나서 오직 개인적인 학자라는 것은 없다." "학문의 민족적 제약을 가장 강력하게 배격하는 것은 유대인 학자들인데, 그들은 이 배격을 통해서 그들 스스로의 민족적 제약을 가장 강력하게 실현하는 것이다. 유대민족의 특성은 다른 민 족들과 달리 토지에서 유리될 수 있다는 것, 따라서 다른 민족들 속에서 흩어 져 존재할 수 있다는 것이다. 바꿔 말해 민족과 민족 사이에 있는 것이 바로 유대인의 민족적 존재이며 그런 한에서 폐쇄적이지 않다는 존재방식에 의해 특히 두드러지게 폐쇄적인 것이다. 학문의 초민족적 공동이란 유대민족적 공 동과 동의어이다."(和辻哲郎, 『倫理學(上)』:『和辻哲郎全集』10권, pp. 557~ 58) 나는 학문의 초민족적 공동이 필요하다고 생각한다. 그런 의미에서 굳이 와쓰지의 말을 빌리면 우리는 다 "유대인 학자들" 같아야 한다고 생각한다.

그런데 말할 것도 없이 와쓰지의 유대인 이해는 순진할 뿐 아니라 유럽과 북미의 그리스도교에서 두드러진, 문화본질주의가 깔린 정형화를 거의 그대로 드러낸 것이기도 하다. 이런 유의 외국인 공포는 (다음 장에서 다룰)『풍토』 pp. 119~33에 있는 아시아인, 특히 중국인에 대한 서술에서도 찾을 수 있다. 그런데 이러한 민족 개념이 와쓰지가 생각하는 전지구적인 과학의 공동에서 일종의 귀돌 역할을 하고 있는 것에 주목할 필요가 있다.

39) 아마도 유럽의 운명에 대한 불안을 가장 세련되게 표현한 것은 Paul Valéry, "La Crise de l'Esprit," in *Variété* (Paris: Gallimard, 1924), p. 9~56에서 찾아볼 수 있다.

40) 내가 아는 한, 오늘날 '서양으로의 회귀'와 같은 복고/유신의 이론에 대한 가장 통찰력이 있는 비판은 여전히 후설의『기하학의 기원』에 붙인 데리다의 서문이다. 하지만 최근의 책에서 데리다가 그러한 회귀의 유혹에 넘어간 듯 보인다는 것에 주목하는 것 또한 중요하다. Jacques Derrida, *Un autre cap* (Paris: Éditions de Minuit, 1991).

41) Philippe Lacoue-Labarthe, *Typography*, trans. Christopher Fynsk (Cambridge: Harvard University Press, 1989) 및 Mikkel Borch-Jacobsen, *Le sujet freudien* (Paris: Flammarion, 1992) 참조. 그리고 이 두 가지 책을 가교하는 시론으로서는 Philippe Lacoue-Labarthe, "Le dernier philosophe: Œdipe comme figure" in *L'imitation des modernes* (Paris: Galilée, 1986). 부인된 모방적 동일화의 폭력적 발로의 사례는 수없이 많은데(아주 유명한 사례 중에는 시인이자 조각가인 다카무라 고타로〔高村光太郎〕, 시인이자 불문학자인 미요시 다쓰지〔三好達治〕, 시인 하기와라 사쿠타로〔萩原朔太郎〕 등이 포함된다), 거기서는 유럽문화를 찬미하던 사람이 하룻밤 사이에 그것을 혐오하게 된다. 그 변화가 훨씬 서서히 이루어지기는 했지만, 와쓰지는 마지막 순간까지 유럽 사회의 다양한 측면에 대한 비판을 억누르는 유럽문화 찬양자들의 집단에 속하는 것으로 분류되어야 할 것이다. 전쟁 기간에 와쓰지는 서양, 특히 영미의 인종주의를 서술하고 규탄하는 데 많은 지면을 할애했는데 그것은 오늘날에도 대수롭지 않게 잊혀서는 안되는 것이다.(和辻哲郎, 「日本の臣道」,『和辻哲郎全集』14권, pp. 295~312 및 「アメリカの國民性」『和辻哲郎全集』17권 참조) 그러나 그의 비판은 자신의 상황만을 이해하고 발화된 것이며 거기에는 그 비판의 대상이 될 사람들에게 비판이 닿을 가능성이 전혀 없었다. 그런 상황에서는 서양의 인종주의에 대한 와쓰지의 비판이 결정적으로 효과가 있을 것이라고 생각하기는 어렵다. 비판의 말을 걸어야 할 대상이 없다면 그런 비판은 오로지 저자가 속한 공동체에 대한 배타적 충성선언으로 기능할 따름이다. 즉 그것은 공동체적 자기

면죄(self-indulgence)행위가 될 것이다. 그와 동시에 우리는 전쟁 전에도 아
시아인 등에 대한 인종주의를 포함한 서양사회의 어떤 측면에 대한 비판을,
그 말을 들어야 할 사람들에게 전달할 수 있는 소통수단이 거의 없었다는 점
을 감안해야 한다. 국제적인 대중매체의 배치를 포함한 현존하는 국제권력구
조는 서양의 이미지를 구성하는 서유럽의 자기정당화 담론을 문제삼는 비서
양에서의 비판적 목소리를 허용하지 않았던 것이다. 서양은 스스로의 정체성
을 폐쇄적으로 구축했으며 그 상태를 유지하기 위해 정치적 군사적 우위를
이용하는 것을 주저하지 않았다.

42) 和辻哲郎, 『倫理學(上)』: 『和辻哲郎全集』 10권, p. 126.

43) 이것이 『倫理學(上)』에서 와쓰지가 뒤르켕에 대해 대체로 긍정적인 태도를
취한 것을 설명해준다. 와쓰지 윤리학의 이러한 측면은 전후 천황제에 관한
글쓰기 속에서 와쓰지 자신에 의해 강조된다.

44) 和辻哲郎, 『倫理學(上)』: 『和辻哲郎全集』 10권, p. 156.

45) Ibid., p. 127.

46) Ibid.

47) 高橋哲哉, 「回歸の法と共同體」 『現代思想』 17권 9호(東京: 靑土社, 1989).
다카하시는 역사성의 문제를 중심으로 와쓰지와 하이데거가 말하는 본래성
이 지니는 이질성과 유사성을 설득력 있게 해명하고 민족공동체로의 결집에
대해 서술했지만, 아마도 매수 제한 때문에 하이데거의 내적 오류에 대해서
는 충분히 주의를 기울이지 못한 것 같다. Christopher Fynsk, *Heidegger:
Thought and Historicity* (Ithaca, N.Y.: Cornell University Press, 1986)
참조.

48) 和辻哲郎, 『倫理學(中)』: 『和辻哲郎全集』 11권, p. 585.

49) Ibid.

50) 이 부분은 원래 『윤리학(중)』에 있었으나 전후판에서 개작되었다. 『和辻哲郎
全集』 11권, p. 422의 부록 참조. 와쓰지의 부정성 개념에는 시간성이 빠져
있는데, 다나베 하지메나 하이데거의 그것과는 현저히 다르다는 점을 강조하
는 것은 중요하다.

51) 和辻哲郎, 『倫理學(中)』: 『和辻哲郎全集』 11권, p. 593.

52) 和辻哲郎, 『倫理學(上)』: 『和辻哲郎全集』 10권, pp. 226~27.

53) Ibid., p. 233.

54) Ibid., p. 237.

55) Heidegger, *Sein und Zeit*, S. 129.

56) Ibid., S. 386.

57) 和辻哲郎, 『倫理學(上)』: 『和辻哲郎全集』 10권, p. 284.

58) 잘 알려져 있듯이 와쓰지 초기 저작의 연애관은 그의 인간학에서 볼 수 있는 것과 다르다. 『ゼエレン・キェルケゴオル』: 『和辻哲郎全集』1권 참조.

59) 역사-사회적 동시성에 대해서는 William Haver, "The Body of This Death: Alterity in Nishida-Philosophy and Post-Marxism," Ph.D. dissertation, University of Chicago, 1987 참조.

60) Jean-Luc Nancy, La Communauté Désœuvrée (Paris: Christian Bourgois, 1986) 참조.

61) 이것은 바로 '일본 낭만파,' 특히 전후에도 살아남은 미시마 유키오(三島由紀夫)의 경우이다. 그에게 이러한 절연 메커니즘은 무엇보다도 죽음이었다. 그의 문학담론에서 고유한 죽음을 향한 선구적 결단성과 '인민'이라는 심미화된 이미지 속으로의 통합에 대한 향수어린 동경이 결합되어 있는 것은 우연이 아니다. 三島由紀夫, 『眞夏の死』(東京: 創元社, 1953) 참조.

62) 국가윤리학에 대한 그의 설명은 『和辻哲郎全集』11권, pp. 425~30; 「辯證法的神學と國家の倫理」 『和辻哲郎全集』9권, pp. 443~60 참조.

63) 공동생기와 타인들과의 공동존재에 대해서는 Heidegger, Sein und Zeit, S. 384~87 참조.

64) Sein und Zeit, S. 306~07.

65) 和辻哲郎, 『倫理學(中)』: 『和辻哲郎全集』11권, p. 432.

66) Ibid., p. 434.

67) 장 뤼크 낭시는 다음과 같이 말한다. "만약 내가 자신이 죽었다고 말할 수 없다면, 내가 그 죽음, 나의 것이자 나에게 가장 고유한 죽음 속으로 실제로 사라진다면 그것은 내가 하나의 주체와는 다른 것이기 때문이다. '죽음을 향한 존재'에 대한 하이데거의 탐구는 모두 그것을 진술하려는 노력 외에는 의미를 갖지 않는다. 즉 나는 하나의 주체가 아니다.(그러한 공동체가 문제될 때는 그 하이데거가 민족과 운명이라는, 적어도 부분적으로는 주체처럼 이해된 것의 이미지[vision] 속에서 길을 잃었다 할지라도)" Nancy, Ibid., p. 40. 죽음이라는 문제틀에 대해서는 6장에서 논의할 것이다.

68) Ibid., p. 35.

69) "그렇기 때문에 절대적 내재로의 의지에 지배되는 여러 정치적·집단적 기도는 죽음의 진리를 스스로의 진리로 삼는 것이다. 내재나 합일적 융합이 내포하는 논리는 죽음에 준거한 자살의 논리 외의 아무것도 아니다. 그리고 가령 나치 독일의 논리는 피와 흙을 매개로 한 합일 바깥에 있는 하등인간, 즉 타자의 절멸의 논리일뿐더러 동시에 '아리아' 공동체 안에서 순수한 내재의 기준들을 충족시키지 못하는 모든 구성요소들을 희생시키는 논리이며, 따라서 (그러한 논리는 실제로는 확정하기 어렵기 때문에) 이 과정을 그럴싸하게 대담

하게 부연해보면 독일국민 자체의 자살에 다다를 것이다."(Ibid., p. 35~36)
Philippe Lacoue-Labarthe, *La fiction du politique: Heidegger, l'art et
la politique* (Paris: Christian Bourgois, 1987)도 참조.

70) 和辻哲郎, 「封建思想と神道の教義」, 『和辻哲郎全集』 14권, p. 323.

71) Ibid.

72) 和辻哲郎, 「國民全體性の表現者」, 『和辻哲郎全集』 14권, p. 339.

73) Ibid., p. 341.

74) Ibid.

75) Ibid.

76) Ibid., p. 340.

77) 5장 참조.

78) Ibid., pp. 344, 348.

79) 아카사카 노리오(赤坂憲雄) 또한 와쓰지의 천황제론을 다룬 최근의 글(「和辻
哲郎または象徴としての天皇制をめぐって」『世界』 1989년 10월호, pp. 270~81)
에서 문화공동체로 천황제의 중심이 이동했음을 지적했다. 또 아카사카는 와
쓰지의 논의와 헌법초안 요강에 대해 언급했는데, 미국측 자료로서는 가령
T. A. Bissou에 의한 일련의 글들은 '인민'과 '국민'이라는 단어 선택에 대해
말하고 있다.

80) 和辻哲郎, 「國民全體性の表現者」, 『和辻哲郎全集』 14권, p. 367.

81) Ibid., pp. 345~46.

82) 필립 라쿠 라바르트는 다음과 같이 말한다. "정치적인 것의 본질적 유기체성
은 실제로 (이익사회라는 의미에서) 기초-사회적인(infra-sociale) 것은 아니
더라도 기초-정치적인(infra-politique) 것이다. 그것은 공동체의 유기성, 즉
공동사회 또는 하이데거가 『국가』에 대한 주석에서 말한 공동체
(Gemeinwesen)이다. 따라서 그것은 사람들, 즉 '국민성'(Volkstum)의 유기
성인데, 그 '국민성'이란 원래 의미를 복원시킨다면 불어 개념인 '국민'
(nation)으로 잘 번역된다. 그런데 그것은 '국민'이 기술(technê), 실제로는
기술 자체는 아니더라도 언어(랑그)를 비롯한 기술/예술(art)에 의해서만 이
루어지고 드러날 수 있는 하나의 기술인 공동체의 자연적 또는 '물질적' 한정
을 가리키는 한에서이다. 만약 기술이 자연(phusis)의 잉여로서 규정될 수 있
으며 그것을 통해서 자연이 스스로를 '해독'하고 드러낸다면, 즉 기술이 아리
스토텔레스-하이데거적인 의미에서 서술적(apophantisch)이라고 할 수 있
다면, 정치적 유기체성은 국민이 스스로를 드러내고 인식하기 위해서 필요한
잉여가 된다. 그리고 그러한 것이 기술/예술의 정치적 기능인 것이다."
(Lacoue-Labarthe, Ibid., p. 109) 이미 『現代日本の思想』에서 구노 오사무(久

野收)와 쓰루미 슌스케(鶴見俊輔)는 천황제를 다음과 같이 서술했다. "역사
가 부르크하르트는 『이탈리아 문예부흥기의 문화』 속에서 '예술작품으로서
의 국가'에 대해 논의했는데, 이토 히로부미(伊藤博文)가 메이지(明治) 천황
을 중심으로 만들어낸 메이지 국가야말로 무엇보다도 하나의 훌륭한 예술작
품의 모델로 간주될 만하다. 그렇게 보이지 않는 것은 이토 등이 국가를 만들
기 위해 사용한 소재에 현혹되기 때문이고, 훌륭한 예술작품으로서 그것이
자연의 소산으로 보이며 이토 또한 그렇게 보이도록 노력했기 때문이다."(久
野收·鶴見俊輔, 『現代日本の思想』〔東京: 岩波書店, 1956〕, pp. 126~27) "더욱
이 천황은 교황처럼 신의 권위를 현세에서 대행하는 지위에 머물지 않고 바
로 신의 아들이자 현인신(現人神)으로 간주되었다. 천황은 황제=교황일 뿐
아니라 실로 국가종교에서 신의 아들 예수의 역할도 맡아야 했다."(Ibid., p.
128) "일본의 국체는 절대적 권위로서의 천황이 조상의 유훈(遺訓)에 따라
국민 전체의 행동의 측면뿐 아니라 의식의 측면까지도 주재하는 방식이었다.
천황은 실로 절대적 주체이며 천황으로부터 볼 때 국민은 절대적 객체에 지
나지 않으며 평등성 또한 그런 한에서만 존재했다. ……이토의 고심은 이렇
게 만들어놓고 국민의 주체성을 어떻게 되찾을 것인가에 있었다."(Ibid., pp.
128~29)

83) 예컨대 和辻哲郎, 『倫理學(中)』: 『和辻哲郎全集』 10권, p. 587 및 「國民全體
    性の表現者」, 『和辻哲郎全集』 14권, p. 337.

84) 和辻哲郎, 『倫理學(下)』(1949): 『和辻哲郎全集』 11권, pp. 1~414에서는 특
    히 이 점이 강조되고 있다.

85) 和辻哲郎, 『倫理學(中)』: 『和辻哲郎全集』 11권, pp. 421~22. 高橋, 앞의 논
    문도 참조.

86) 和辻哲郎, 「日本文化の重層性: 續日本精神史研究」, 『和辻哲郎全集』 4권, pp.
    273~551. 특히 pp. 314~21 참조.

87) 와쓰지는 국민공동체의 기초를 민족 위에, 민족의 기초를 '언어의 공동' 위에
    두려 한다. "그럼 언어의 공동의 범위는 무엇인가. 우리는 그것을 '민족'이라
    고 명명해도 무방할 것이다. 자고이래 역사상에 나타난 민족으로 언어의 공
    동을 첫째 특징으로 하지 않는 것은 오직 유대민족뿐일 것이다. 하지만 이 유
    대민족에 있어서조차도 그 민족적 통일을 표현하는 것은 바로 히브리어 성전
    (聖典)이다."(和辻哲郎, 『倫理學(中)』: 『和辻哲郎全集』 11권, p. 533) '언어의 공
    동'과 언어를 통일체로 확정하는 것을 와쓰지는 분명히 주어진 조건으로 받
    아들인다. 그러나 '언어의 공동'은 역사적 한계를 지닌 담론상의 구성체이며
    가령 '일본어'라는 '언어의 공동'은 잘해야 2~3세기의 역사밖에 되지 않는
    것이 아닌가. 자세한 것은 Naoki Sakai, *Voices of the Past: the Status of*

Language in Eighteenth-Century Japanese Discourse (Ithaca: Cornell University Press, 1991) 참조.

88) 和辻哲郎, 「國民全體性の表現者」 『和辻哲郎全集』 14권, pp. 340~41.

4장 주체 그리고/혹은 主體와 문화적 차이의 각인

1) Pierre Bourdieu, *Le sens pratique*(Paris: Les Édition de Minuit, 1980), p. 53. 부르디외는 이론과 실천 사이의 거리를 다음과 같이 문제화한다. "그 말 자체가 말해주듯이 이론이란 행위가 이루어지는 무대 바깥에 위치한 관점에서만 관조되는 공연이기에, 거리는 아마도 보통 사람들이 찾는 곳, 즉 문화적 전통들 사이의 간격에 있다기보다는 세계에 대한 두 가지 관계, 즉 이론과 실천 사이의 간격에 있는 것이다."(Ibid., p. 30) 내가 '이론'이라는 말로 제시하고자 하는 것은 부르디외와는 분명 다른 것이다.

2) 時枝誠記, 『國語學原論』(東京: 岩波書店, 1941) 참조.

3) Homi K. Bhabha, "Postcolonial Authority and Postmodern Guilt" in *Cultural Studies*, ed. Lawrence Grossberg, Cary Nelson and Paula A. Treichler(New York: Routledge, 1992), p. 59 참조. 타자의 타성(alterity)에 있어서 공시성 및 반복과 구별되는 동시성에 대한 주목할 만한 설명으로는 William Haver, "The Body of This Death: Alterity in Nishida-Philosophy and Post-Marxism," Ph.D. dissertation, University of Chicago, 1987 참조.

4) 니시다 기타로(西田幾多郎)는 칸트 독해를 통해 主體라는 말을 정식화했다. 1920년대 초에 발표한 일련의 논문에서 그는 판단, 자각, 의지에서 주체성의 문제를 다듬었다. 나중에 그의 초점이 '의지하는 주체'로부터 '행위의 주체'로 옮겨감에 따라 니시다는 인식론적 subject인 주관과 실천의 행위체인 주체 사이의 근본적 차이를 다루지 않을 수 없었다. 주관이 스스로를 표상하는 대상과의 관계에서 정립되며 따라서 모든 표상에 수반되는 초월론적 자아로서 이해할 수 있는 한편, 主體는 실천이 본질적으로 사회적이기 때문에 어떤 실체로서 생각될 수 없다. 主體는 그것이 다른 主體에게 제시되어(노출되며 동시에 대립되어) 있는 한에서만 존재한다. 즉 主體들 사이의 어떤 관계도 자아나 의식 속의 표상으로 환원될 수 없는 것이다. 바꿔 말해, 사회적이고 실천적인 관계 속에서는 표상의 대상으로서의 개체(個體)를 마주칠 일은 없으며 타자의 타자성에서만 마주칠 수 있는 것이다.(西田幾多郎, 「私と汝」 『西田幾多郎全集』 6권〔東京: 岩波書店, 1965〕, pp. 341~427) 하지만 결국에는 니시다가 주로 종교적 경향 때문에 主體를 subject와 차이화하는 데 실패한 것으로 보인다는 점은 강조해두어야 한다. 그러한 경향 때문에 그는 적대관계를 전체

적 조화 속으로, 단독성을 어떤 전체화하는 보편주의와 명상적인 인간주의 속으로 해소하는 유혹에 저항하지 못한 것이다. 그래서 내가 제시하는 번역 어인 主體는 니시다나 와쓰지의 그것과는 대조적인 것이다.

5) Jonathan Crary, *Techniques of the Observer* (Cambridge: MIT Press, 1990).

6) 주자학에서는 "성(性)은 심(心)의 이(理)이고, 정(情)은 성(性)의 용(用)이며, 심(心)은 성정(性情)의 주(主)이다"라고 하여 측은(惻隱), 수오(羞惡), 사양(辭讓), 시비(是非) 등을 '성'이 '정'으로 외화된 것으로 정의한다. 나아가 '성' '정' '심'을, "성이란 아직 움직이지 않은 것이고 정이란 이미 움직인 것이며 심이란 이미 움직인 것과 아직 움직이지 않은 것을 포괄할 수 있는 것이다"(性是未動, 情是已動, 心包得已動未動)라고 설명한다. 따라서 '정'은 '움직이는 것'으로 한정된다. '성'과 '이'가 존재론적으로 앞서는 것이 보장되어 있는 한, '정'은 보편적으로 공유된 '성'의 외화나 표현이기 때문에 '정'은 처음부터 간주관적으로 생긴다. '정'이 사적 개인의 이기성을 포함한다 하더라도 그것의 순수형태는 인류 전체에 전달이 가능한 '공감', 즉 모든 인간성에 의해 공유된 공통적 감정이다. 따라서 사적 개인의 자의성이 제거됨에 따라 그것은 '공통 감정'(common sense)으로서의 공감의 성격을 분명히 한다. 하지만 '성'과 '이'가 존재론적으로 앞선다는 것이 부인되는 경우(이것은 17~18세기 유교의 어떤 이설, 특히 이토 진사이[伊藤仁齋]의 몇몇 글에서 생겼다) '이미 움직인 것'이라는 '정'의 한정은 근본적으로 다른 의미를 지니게 된다. '성'이 역사적으로 변할 수 있는 사회적 관습들에 기초한 일련의 범주로서 이해된다면, '정'에서는 그 선험적인 공동적 내재성이 벗겨진다. 대신 사회적 관습의 공시적 체계성이자 '성'에 의해 '정'의 이해가능성을 보장하는 사고 범주로서의 '성'과 대립적인 것으로, '정'은 성의 공시적 공간성 속에서는 포착할 수 없는 '운동'이 될 것이다. 그래서 '정'은 설명할 수 없는 것이어야 한다. 하지만 이토 진사이가 주장했듯이 '정'은 정태적인 이치에 의한 포획에서 벗어나는 '운동'으로서 명확히 사고되어야 한다. 바꿔 말해서 '정'은 그 설명불가능성에서 생각될 수 있어야 하는 것이다. 따라서 '정'은 들뢰즈가 말하는 의미에서의 차이로서 주어진다. "사고는 차이를, 사고와는 절대적으로 다르면서도 생각하게 하고 사고를 부여하는 차이를 생각해야만 한다."(Gilles Deleuze, *Différence et Répétition*[Paris: PUF, 1968], p. 292) "차이라는 것이 문자 그대로는 '설명할 수 없는/주름을 펼칠 수 없는'(inexplicable) 것이라고 하는 것은 놀랄 만한 일이 아니다. 차이는 설명될/펼쳐질 수 있지만, 엄밀히 말해서 차이는 그것이 설명될 수 있는 체계 속에서는 무효화되는 경향이 있다. 그것이 의미하는 바는 단지 차이는 본질적으로 연루되어(impliquée) 있다는

것, 즉 차이의 존재란 연루(implication)라는 것이다. 스스로를 위해 차이가 설명된다는/펼쳐진다는 것은 그것이 무효화된다는 것, 즉 그것을 구성하는 불균형을 쫓는다는 것이다."(Ibid., p. 293) 바로 이 연루라는 문제에서 '정'이라는 개념이 느낄 수 있는 것이라는 문제틀과 관련되는 것으로 드러난다. "[플라톤이 말하고자 하는 것은] 느낄 수 있는 질이나 관계는 그 자체에 있어서 대립(contrariété)에서, 그리고 그것들이 귀속하는 주체 속에서의 모순에서조차 분리될 수 없다는 것이다."(Ibid., p. 304) "그러나 반대로 느낄 수 있지만 질 속의 대립은 특히 느낄 수 있는 존재를 구성할 수 있는 것이지 느낄 수 있는 것의 존재를 전혀 구성하지 않는다. 느낄 수 있는 것'의' 존재를 구성하는 것은 질 속의 대립이 아니라 강도(强度, intensité) 속의 차이이다. 질적인 대립은 강력한 것의 반영, 즉 강력한 것을 연장 속에서 설명함으로써/펼침으로써 그것을 저버리는 반영에 지나지 않는다. 강도야말로, 즉 강도 속의 차이야말로 감성 고유의 한계를 구성하는 것이다. 또한 그것은 이 한계의 역설적인 성격을 지닌다. 즉 강도는 느낄 수 없는 것인데, 왜냐하면 강도는 항상 그것을 소외시키거나 '반대하는' 질에 의해 뒤덮여 있으며 그것을 뒤집고 무효화하는 연장 속에 배분되어 있기 때문이다. 그러나 다른 의미에서 강도는 느낄 수밖에 없는 것이며 감성의 초월적인 운동(exercice)을 정의하는데, 왜냐하면 강도는 느끼게 하며 기억력을 일깨워 사고를 강요하기 때문이다." (Ibid., p. 305)

3장에서 보았듯이 와쓰지의 윤리학은 주자학의 성 개념에서의 전제와 유사하게 존재론적 선행을 가정한다. 주자학의 성은 와쓰지가 '아이다가라'라고 부른 것, 즉 주체적 입장들의 관계에 의해 한정되는 본질이다. 와쓰지는 그의 윤리학에서 느낄 수 있는 것으로서의 '정'을 제거하고 그 윤리철학을 완전히 공감의 간주관성 위에 세우려 했다.

7) Jean-Luc Nancy, "Le communisme littéraire," in *La communauté désœuvrée* (Paris: Christian Bourgois, 1986) "만약 공동체가 '생산에 앞서 정립'된다면, 공동체는 작품(œuvre)에 앞서 존재하고 작품으로 바뀌도록 되어 있어야 할 공통적 존재(être commun)가 아니라, 단독적 존재자의 공동존재(être *en* commun)로서 존재한다. 이것은 공동체를 형성하고 분할/공유하는(partage) 분절화가 유기적인 분절화가 아니라는 것을 의미한다(마르크스는 다르게 나타낼 줄을 몰랐지만). 이 분절화가 단독적 존재자들에게 본질적임은 의심의 여지가 없다. 즉 단독적 존재자들은 그들의 공동존재(être-en-commun)의 네트워크를 만들어내는 힘, 분열, 비틀림, 기회 등등의 선을 따라서 스스로가 배치되고 분할/공유되는 한에서 서로 겹쳐지면서 분절되는 것이다. 그리고 이 조건은 단독적 존재자들이 서로가 서로에게 목적/끝(fin)

이라는 것도 의미한다."(p. 186~87) 물론 번역이 그런 분절화의 사례이다.

8) Ernesto Laclau and Chantal Mouffe, *Hegemony and Socialist Strategy* (London and New York: Verso, 1985) 참조. 주7의 장 뤼크 낭시에 의한 '분절화'라는 말에 대한 설명도 참조.

9) Ibid., p. 94.

10) Ibid., p. 96. 방점은 원문.

11) Ibid., p. 111. 방점은 원문.

12) Ibid., p. 96. 방점은 원문.

13) Ibid., p. 113. 방점은 원문.

14) Ibid., p. 115.

15) Mary Luise Pratt, *Imperial eyes: Travel Writing and Transculturation* (London and New York: Routledge, 1992). 프라트는 '접촉영역'이라는 말을 다음과 같이 해석한다. "식민지적 마주침의 공간, 지리적·역사적으로 분리되어 있던 사람들이 서로 접촉하게 되고 일반적으로 강제, 근본적 불평 등, 제어할 수 없는 충돌이라는 조건을 포함하는 지속적인 관계를 확립하는 공간."(p. 6)

16) Bhabha, "Postcolonial Authority and Postmodern Guilt," p. 58.

17) Ibid., p. 59. 타성반복적·심문적 공간에 대해 간단히 설명해두자. 원문에서 는 'an iterative, interrogative space'로 되어 있는데, 이렇게 구절을 구성 한 데도 타성반복적·심문적 성격이 각인되어 있다. 'an iterative and interrogative space'가 아니어서 and에 의한 원활한 병렬관계가 콤마에 의 해 분단되고 균열이 생긴다는 것이 여기에서도 제시된 것이다. 타성반복적이 란, 기호는 그것이 이해가능하다는 것 속에, 말걸기 자세에 의해 규정된 말하 는이와 듣는이의 관계를 넘어선 제3자에 의해 반복될 가능성을 항상 지니고 있으며, 또 제3자에 의해 반복적으로 읽힐 가능성을 지니지 않을 때 그것을 기호라고 부를 수 없다는 자크 데리다에 의한 타성반복성(itérabilité)에 관한 논의를 전제로 한 것이다. 심문적이란, 의미작용의 과정에서 발화행위의 주 체와 발화된 것의 주어가 분열되어서 주체가 구성되는데 이 주체 구성을 묻 는 것, 즉 주체의 구성을 힐문하는 과정/소송(procés)의, 힐문으로서의 성격 을 제시한다. 이 호미 바바의 텍스트는 쥘리아 크리스테바의 논의에 많이 의 거했을 뿐 아니라 그 논의를 수행적으로 전개하는 '이론'이다. 심문적이라고 할 때도 발화과정에 균열이 생기게 함으로써 심문적으로 주체 구성을 묻는 것이다. 이런 의미에서 바바의 수행적 '이론'은 내가 생각하는 이론에 가깝다 고 하겠다.

따라서 타성반복적·심문적 공간이란 기존의 말걸기 자세에서 구조적으로

소외된 자가 주체 구성을 반복적으로 묻는 공간일 것이다.

18) Gilles Deleuze, *Le bergsonisme* (Paris: PUF, 1966), p. 31.

19) Henri Bergson, *Essai sur les données immédiates de la conscience* (Paris: PUF, 1927), chapitre2: "De la multiplicité des états de conscience: l'idée de durée."

20) 문화본질주의에서의 문화적 차이의 표상과 구별되는, 문화적 차이의 발화의 분절화 기능을 제시하기 위해서 왜 主體와 주관을 차이화할 필요가 있는지를 이해하는 데 다음 구절은 시사적이다. "자유라고 불리는 것은 구체적 자아와 그 자아가 하는 행위와의 관계이다. 이 관계는 우리가 자유롭다는 바로 그 이유 때문에 정의할 수 없다. 실제로 사물은 분석할 수 있지만 흐름(progrès)은 분석할 수 없다. 연장은 분해할 수 있지만 지속은 분해할 수 없는 것이다. 그래도 분석하는 데 고집하다 보면 무의식중에 흐름을 사물로, 지속을 연장으로 변형하게 된다. 오직 구체적인 시간을 분해하려는 것만으로 그 순간들을 균질적 공간 속에 펼치게 된다. 이루어지고 있는 일 대신에 이루어진 일을 두게 되며, 말하자면 처음에 자아의 활동을 엉키게 하기 때문에 자발성은 관성으로, 자유는 필연성으로 변하는 것을 보게 되는 것이다. 그래서 자유에 대한 모든 정의는 결정론을 정당화한다."(Bergson, ibid., p. 165) "자유에 관해서는 모든 설명 요구가 의심의 여지없이 다음 질문으로 되돌아간다. 즉 '시간은 공간에 의해 정확히 표상될 수 있는가?' 이에 대해 우리는 다음과 같이 대답한다. 흘러간 시간에 관해서는 '예,' 흐르고 있는 시간에 대해서는 '아니오'라고. 그런데 자유로운 행위는 흐르고 있는 시간 속에서 일어나는 것이지 흘러간 시간 속에서 일어나지 않는다."(Ibid., p. 166)

21) 니시다에 따르면 베르그송의 시간성은 主體의 사회적 정의를 배제한다. 主體는 다른 主體와의 본질적 대립 속에서 모순적 자기동일을 달성하는데 베르그송의 시간성에는 그러한 사회적·공간적 차원이 결여되어 있기 때문이다. 니시다는 베르그송이 主體의 사회적 제시적(expositional) 성격을 고려하지 않았다고 생각했다. 예를 들어 西田幾多郎,「形而上學序論」(1933):『西田幾多郎全集』7권(東京: 岩波書店, 1965), pp. 5~84 참조. 공간의 중요성을 강조하면서 니시다는 공간에 대한 이질적 개념들을 중심적으로 다룰 기회가 많았는데도 타성반복적·심문적 공간과 공시성의 공간 사이의 구별을 개념화하지 않았다.

22) Robert Young, *White Mythologies: Writing History and the West*(London and New York: Routledge, 1990) 참조.

23) Bourdieu, *Le sens pratique*, p. 58.

24) 姜尙中,「昭和の終焉と現代日本の「心象地理＝歷史」: 教科書の中の朝鮮を中

心として」,『思想』12월호(東京: 岩波書店, 1989).

25) homosociality를 나는 '균질지향사회성'이라고 번역해서 이브 세지윅이 그 기념비적 저작 *Between men*(New York: Columbia University Press, 1985)에서 사용한 것과 약간 다르게 비판적 고찰의 영역을 지시하는 것으로 사용하고 있는 점에 독자들은 유의해주기 바란다. 내가 강조하는 것은 남성들 간의 에로틱한 관계(homoeroticism)를 동성애혐오적으로 부인하고 여성혐오적으로 여성을 전유함으로써 남성들의 유대와 성적 균질성을 구축하는 것이라기보다 주로 외부자를 구경거리로 만듦으로써 국민적·민족적·문화적 균질성을 구축하는 데 있다. 그렇지만 나는 국민적·민족적·문화적 균질성을 구축하는 데 어떤 젠더의 차이화가 강력하게 작동하고 있는 사실을 부정하고 싶지 않다. 가령 서양이라는 동일성은 서양이 구축될 때 항상 같이 존재하는 젠더의 정치를 고려하지 않으면 비판적으로 이해될 수 없다.

26) 이 질문은 오레곤 대학에서 열린 학술대회 '이론과 아시아 연구' 계획안에서 제기된 것이다. 이 장은 원래 이론과 아시아 연구에서의 보편주의와 특수주의에 관한 문제에 대한 대답으로서 오레곤 대학에서의 발표를 위해 집필되었다.

27) Homi K. Bhabha, "The Commitment to Theory," *New Formations*, no. 5 (summer 1988): 16.

28) Catherine Hall, "Missionary Stories," in *Cultural Studies*, pp. 240~76. 홀은 보편주의와 인종주의 사이의 공범관계가 명백히 드러난 하나의 사례를 보여주고 있다.

29) Deleuze, *Différence et répétition*, p. 182~84.

30) Chandra Talpade Mohanty, "Under Western Eyes: Feminism Scholarship and Colonial Discourses" *Boundary* 2, 12-3/13-1 참조. Young, *White Mythologies: Writing History and the West*, p. 162에서 재인용.

31) 和辻哲郎,『風土』:『和辻哲郎全集』8권(東京: 岩波書店, 1962), p. 30.

32) Ibid., p. 42.

33) Ibid.

34) 에르네스토 라클라우는 탈구와의 관계에서 자유와 주체성에 대해 다음과 같이 설명한다. "주체는 부분적으로 자기결정되어 있다. 하지만 이 자기결정이 이미 그렇게 된 주체의 표현이 아니라 그 존재의 결여의 결과이듯이 자기결정은 동일화 과정을 통해서만 생길 수 있다. ……탈구는 자유의 원천이다. 그러나 그것은 실정적 정체성을 지닌 주체—그럴 경우 그것은 바로 구조의 중심이 될 것이다—의 자유가 아니다. 오히려 그것은 단지 구조적 결함의

자유이며 그것만이 동일화 행위를 통해서 정체성을 구축할 수 있다." Ernesto Laclau, "New Reflections on the Revolution of Our Time" in *New Reflections on the Revolution of Our Time* (London and New York: Verso, 1990), p. 60.

35) 和辻哲郎, 『故國の妻へ』(東京: 角川書店, 1965) 참조.

36) 『和辻哲郎全集』 8권, p. 232. 방점은 원문.

37) 和辻哲郎, 「アメリカの國民性」, 『和辻哲郎全集』 17권(東京: 岩波書店, 1963), pp. 456~57.

38) Ibid., p. 464.

39) Ibid., p. 466. 방점은 원문.

40) 『和辻哲郎全集』 17권 말미에 수록된 후루카와 데쓰시(古川哲史)의 해설에 의하면 「아메리카의 국민성」은 『사상』 1937년 10월호에 처음 발표된 것으로 되어 있다. 그런데 나는 그 『사상』지에서 이 논문을 찾을 수 없었다. 그로부터 3개월 후인 1938년 1월의 『사상』지는 '영국의 국민성 아메리카의 국민성' 이라는 특집을 했지만 거기에도 와쓰지의 이 논문은 실리지 않았다. 가능성으로는 이 특집을 위해 집필되었지만 발표되지 않았다고 생각할 수 있을 것이다.(나는 1993년 1월에 『와쓰지 데쓰로 전집』 보유[補遺] 편집에 관여한 요네타니 마사후미[米谷匡史] 씨를 만날 수 있었다. 이 보유에는 이전 전집에는 포함되지 않은 논고들이나 초고가 모아져 있으며, 그 중 몇몇은 처음 전집을 출판할 때 의도적으로 누락시켰던 것으로 보인다. 요네타니 씨가 확인한 바에 의하면 「아메리카의 국민성」에 대한 후루카와 데쓰시의 설명은 잘못된 것이며 태평양전쟁 발발 이후에 쓰인 것이라고 한다. 나는 이 새로운 정보를 듣고 「아메리카의 국민성」에 대한 나의 독해를 재정식화하지 않을 수 없었다. 그 결과 이 논문에서 와쓰지의 비판적 의도를 찾는 것은 예전보다 어려워졌다고 하겠다.)

41) Homi K. Bhabha, "DissemiNation" in *Nation and Narration*, ed. Homi K. Bhabha(London and New York: Routledge, 1990), p. 310.

42) 『和辻哲郎全集』 4권(東京: 岩波書店, 1962), p. 446. 이 논문은 원래 『사상』지 1932년 4월호~6월호에 연재된 것이다.

43) Ibid.

44) Étienne Balibar, "Racism and Nationalism" in *Race, Nation, Class: Ambiguous Identities* (London and New York: Verso, 1991), p. 43.

45) 『和辻哲郎全集』 8권, p. 250.

46) Ibid., pp. 251~52.

47) Ibid., p. 255. 아마도 더 흥미로운 것은 중국에 대한 장을 개작할 수밖에 없었던 이유를 와쓰지 자신이 설명했다는 점일 것이다. "위의 관찰을 썼을 때에

비하면 지나 사정은 두드러지게 변했다. 가장 두드러진 것은 남양에서의 지나 상인 세력의 쇠퇴이다. 이것이 본토에서의 군사기업의 형세마저 바꾸어놓았다. 그러나 이 5~6년 동안의 급격한 전변(轉變)——만주사건, 상하이 사변, 국제연맹에서의 일본과 지나의 항쟁, 경제사정의 변화, 일화(日貨)의 세계적 진출, 지나의 패닉 등등——을 통해서 보아도 나의 관찰은 대체로 틀리지 않았다고 본다."(Ibid., pp. 255~56)·다국적 자본에 대한 와쓰지의 공포는 경제정책에 관한 그의 입장과 밀접히 연관되어 있다. 요네타니 마사후미에 의하면 1920년대 이후 와쓰지는 일관되게 국민사회주의적 경제정책을 지지했다. 米谷匡史, 「和辻倫理學と十五年戰爭期の日本」, 『情況』 9월호(東京: 情況出版社, 1992) 참조.

48) Ibid., p. 3.

49) Ibid., p. 125.

50) 前田愛, 「SHANGHAI 1925」, 『都市空間のなかの文學』(東京: 筑摩書房, 1982), pp. 365~401. 당시의 경제발전과 정치에 대해서는 Sherman Cochran, *Big Business in China* (Cambridge: Harvard University Press, 1980), pp. 171~200; 高村直助, 『近代日本綿業と中國』(東京: 東京大學出版會, 1982); Peter Duus, "Zaikabô: Japanese Cotton Mills in China, 1895-1937" in *The Japanese Informal Empire in China, 1895-1937*(Princeton, N.J.: Princeton University Press, 1989), pp. 314~29; Banno Junji, "Japanese Industrialists and Merchants and the Anti-Japanese Boycotts in China, 1919-1928" in *The Japanese Informal Empire in China, 1895-1937*.

51) 前田愛, 「SHANGHAI 1925」, p. 371.

52) 茅盾, 『虹』(上海: 開明書店, 1930). 이 미완성 소설의 마지막 두 장(章)은 요코미쓰의 『상하이』와 동일한 역사적 반전과 그 반전에 의해 야기된 등장인물들의 성격 변화에 관한 것이다. 이 두 저자는 거의 동시에 양편에서 상하이에서 이루어진 중국인과 일본인의 혼란스러운 조우를 다루었다.

53) 前田愛, 「SHANGHAI 1925」, p. 394.

54) 和辻哲郎, 『倫理學(上)』: 『和辻哲郎全集』 10권, p. 124.

55) 『和辻哲郎全集』 8권, p. 127.

56) 레오 리(Leo Lee)가 말하듯이(Leo Lee, *The Voice from the Iron House* 〔Bloomington: Indiana University Press, 1987〕) 상하이를 식민지배하에 있는 도시로만 그릴 수는 없다. 상하이 행정기구에 대한 현지 주민들의 참여의 역사적 발전에 대해서는 殿木啓一, 『上海』(東京: 岩波書店, 1942) 참조. 와쓰지가 상하이에 머물던 1927년 2월에도 여전히 시내의 많은 공원이 현지 주

민들에게는 출입금지 구역이었다는 점을 유의해야 한다. 도노키 게이이치(殿木啓一)에 의하면 모든 공원이 개방된 것은 1년 4개월 후인 1928년 6월 1일이었다.(Ibid., pp. 134~35)

57) 『和辻哲郎全集』8권, p. 127. 방점은 원문.

58) Ibid., p. 128.

59) 이런 점에서 요코미쓰의 『상하이』에 관한 가장 날카롭고 유력한 독해는 龜井秀雄, 『身體, この不思議なるもの』(東京: れんが書房新社, 1984), pp. 122~46에서 찾을 수 있다.

60) 이 다큐멘터리 영화는 상하이에서의 일본군의 군사행동을 기록한 것인데 도호(東寶) 주식회사에 의해 제작되었으며 가메이 후미오(龜井文雄)가 편집했다. 전쟁 노력의 일환으로 이 영화는 상하이에서의 일본군의 승리를 기록하기 위해 일본 육해군성과 합작으로 제작되었다. 하지만 관찰하는 시선의 방향을 규제하는 규칙이 빈번히 혼란에 빠진다는 것에 주목하는 것이 중요하다. 예를 들어 어떤 장면은 일본군이 스스로를 그렇게 생각했을 위치의 관점에서가 아니라 중국인 난민의 관점에서 조직되었다. 이렇듯 그것 없이는 관찰자의 주체성이 구축될 수 없는, 보는 이와 보여지는 이 사이의 특수한 분리양식은 끊임없이 뒤집어지고 의문시된다. 전쟁에서의 시각과, 적과 '아군'(home)의 구축에 대한 통찰력 있는 논의로는 Morio Watanabe, "Image Projection at War: Construction and Deconstruction of the DOMUS through Films on World War II in the U.S. and Japan," Ph.D. dissertation, University of Wisconsin-Madison, 1992 참조.

61) 이 논점에 관해서, 나는 1981년에 마에다 아이와의 대화를 통해 요코미쓰 리이치와 고바야시 히데오(小林秀雄)의 관계에 대해 많은 것을 배웠다. 뒤늦게나마 그에게 감사의 마음을 전하고 싶다.

62) James Baldwin, *The Fire Next Time* (New York: Dial Press, 1963), p. 10.

63) 『和辻哲郎全集』8권, p. 255. 그런데 그리스인과 유대인 또는 그리스인과 로마인이라는 식의 병행관계는 아시아에 관한 저작에서 수없이 사용된 것이며 그런 점에서 와쓰지는 전혀 독창적이지 않다.

64) 예컨대 和辻哲郎, 『倫理學(中)』: 『和辻哲郎全集』11권, pp. 421~42 참조.

65) 『和辻哲郎全集』8권, pp. 55~56.

66) Slavoj Žižek, *The Sublime Object Of Ideology* (London and New York: Verso, 1989), p. 48.

67) Ibid., p. 125.

68) 和辻哲郎『倫理學(上)』: 『和辻哲郎全集』10권, p. 128.

69) Žižek, *The Sublime Object Of Ideology*, p. 127.

70) Ibid.

71) Ibid.

72) Ibid., pp. 127~28.

73) Ibid., p. 176.

74) Karel van Wolferen, *The Enigma of Japanese Power* (New York: Vintage Books, 1990).

75) 따라서 와쓰지의 主體는, 본질적으로 윤리적인 것이지 인식론적인 것이 아니라는 주장에도 불구하고 주체성의 경험론적-초월론적 구조를 유지하고 있다. 그리고 실천의 행위체는 개인이라는 경험론적 주체(=부분)에 내재하는 초월론적 주체(=전체)로서 이해할 수 있다고 주장한다. 실천 主體에 대한 이런 개념화를 통해 와쓰지는 실천의 주체는 전체, 즉 개인에 내재하는 국가라고 결론을 내린다. 와쓰지가 말하는 主體의 경우 '실천적 주체'(the practical subject)라고 번역하는 것이 분명 적절할 것이다. 이 주제에 대한 상세한 설명은 3장 참조.

76) Crary, *Techniques of the Observer*.

77) John Stuart Mill, "Coleridge," in *Utilitarianism and Other Essays*, ed. Alan Ryan(London and New York: Penguin Books, 1987), pp. 195~96. 와쓰지의 J. S. 밀에 대한 논의는 『續日本精神史研究』(1931)의 조닌(町人) 정신과 공리주의를 다룬 부분(『和辻哲郎全集』 4권 〔東京: 岩波書店, 1962〕, pp. 487~505)을 참조할 것. 국민사회주의자로서의 와쓰지의 성격이 잘 드러나 있다.

78) 공감 또는 연민과 근대 천황제 사이의 관계에 대해서는 3장 참조.

79) Bourdieu, *Le sens pratique*, p. 53.

80) Pratt, *Imperial eyes: Travel Writing and Transculturation*. 특히 pp. 111~97.

81) 5장 참조.

82) *Japan 2000*, ed. Andrew J. Dougherty. Prepared by the Rochester Institute of Technology, February 1991.

5장 근대성 속의 비판

1) Jürgen Habermas, *Theorie des kommunikativen Handelns* (Frankfurt am Main: Suhrkamp, 1981) S. 73. 방점은 원문.

2) Ibid.

3) Richard Rorty, "Habermas and Lyotard on Postmodernity," in

Habermas and Modernity, ed. Richard J. Bernstein (Cambridge: MIT Press, 1985), p. 167 참조.

4) David Pollack, *The Fracture of Meaning* (Princeton, N.J.: Princeton University Press, 1986), p. 4.

5) Ibid.

6) 여기서 세 가지 점을 지적할 수 있을 것이다. 첫째, 언어라는 통일체는 경험적인 언어연구를 가능케 하는 칸트의 '통제 이념'과 아주 유사하다. 둘째, 따라서 언어라는 통일체는 결코 '경험' 속에서 주어지지 않는다. 셋째, 그 결과 언어의 보편적 본질이라는 이념은 수많은 특수 언어들에 대한 경험적 자료 축적을 통해서는 결코 얻을 수 없다.

또 전전(戰前)에 도키에다 모토키(時枝誠記)가 소쉬르 언어학에 대한 비판으로서 제시한 논의의 중심에 이 문제가 있었다는 것은 이미 잘 알려져 있다. 도키에다에 의한 소쉬르 독해의 타당성에 대해서는 당시 일본과 유럽에서 이루어진 소쉬르 해석의 맥락을 고려하면서 검토해야 할 것이다. 한 가지 주의할 것은 도키에다의 국어 개념은 일종의 '이념'으로 제기되고 있으며 국어 개념의 '이념성'과 상관하면서 소쉬르 비판이 전개되고 있다는 점이다.

7) 오늘날 인식되는 것처럼 '언어' '문화' '국민'이라는 세 가지 동일성이 하나의 통일체를 구성하고 각각 '일본어' '일본문화' '일본인'으로 규정되게 된 것은 18세기의 일이며 그 이전에는 '일본어' '일본문화' '일본인'이라는 것은 존재하지 않았을 것이다. 이 점에 대해서는 Naoki Sakai, "Voices of the Past: Discourse on Language in Eighteenth Century Japan," Ph.D. dissertation, University of Chicago, Chicago, 1983. pp. 217~335 및 酒井直樹, 「死産される日本語・日本人: 日本語という統一體の制作をめぐる(反)歴史的考察」, 『死産される日本語・日本人』(東京: 新曜社, 1996) 참조.

8) Pollack, *The Fracture of Meaning*, p. 4.

9) Ibid., p. 16.

10) Ibid., pp. 3~4.

11) Ibid., p. 227.

12) Ibid.

13) 高山岩男, 「世界史の理念」, 『思想』 4・5월호(東京: 岩波書店, 1940).

14) 高坂正顯, 『歷史的世界』(東京: 岩波書店, 1937), 『高坂正顯著作集』 1권(東京: 理想社, 1964), pp. 176~217.

15) 高坂正顯・鈴木成高・高山岩男・西谷啓治, 「世界史的立場と日本」, 『中央公論』 1월호(東京: 中央公論社, 1942).

16) Ibid., p. 184.

17) Ibid., p. 185.

18) 高坂正顯, 『歷史的世界』, p. 192.

19) 高坂正顯·鈴木成高·高山岩男·西谷啓治, 「東亞共榮圈の倫理性と歷史性」, 『中央公論』 4월호(東京: 中央公論社, 1942).

20) Ibid., pp. 120~21.

21) Ibid., p. 129.

22) 竹內好, 「近代とは何か」(1948), 『竹內好全集』 4권(東京: 筑摩書房, 1980), p. 130.

23) Ibid., p. 131.

24) Ibid.

25) Ibid., p. 145. 방점은 추가.

26) Ibid., p. 144.

27) Ibid., pp. 155~57.

28) 魯迅, 「吶喊自序」, 『魯迅著作全篇』(北京: 中國社會科學出版, 1999), p. 7.

29) Jacques Derrida, "La pharmacie de Platon," in *La Dissémination* (Paris: Édition du Seuil, 1972) 참조. 주제 선택이나 관점은 전혀 다르지만, 이 문제에 대한 관심을 보여준 글로서 加藤典洋, 「リンボーダンスからの眺め」(『中央公論』 1986년 6월호)를 들 수 있다. 그리고 어떤 워크숍 석상에서 아사다 아키라(淺田彰)가 지적했듯이 미셸 푸코의 1980년대 논문들은 대부분 비슷한 문제를 다루었다.

30) 魯迅, 『魯迅著作全篇』, p. 71.

6장 전후 일본에서의 죽음과 시적 언어

1) Emmanuel Lévinas, *Totalité et Infini: essai sur l'extériorité* (La Haye: Martinus Nijhoff, 1961).

2) 보편화된 '나'와 집단적 표상체계의 관계에 대한 설명으로는 라캉의 저작 중에서도 Jacques Lacan, *Le Séminaire 2: Le moi dans la théorie de Freud et dans la technique de la psychanalyse* (Paris: Édition du Seuil, 1978), pp. 39~53 참조.

3) 吉本隆明, 「四季派の本質」, 『吉本隆明全著作集』 5권(東京: 勁草書房, 1970), pp. 119~35.

4) 粟津則雄, 『現代詩史』(東京: 思潮社, 1972), p. 17.

5) 笠井潔, 『テロルの現象學』(東京: 作品社, 1984), pp. 135~95 참조.

6) 『鮎川信夫詩集』(東京: 思潮社, 1968), p. 10.

7) 中桐雅夫, 「億の影」, 『中桐雅夫詩集 一九四五~一九六四』(東京: 思潮社,

1964), p. 158.

8) 田村隆一, 「四千の晝と夜」, 『田村隆一詩集1 四千の晝と夜』(東京: 思潮社, 1966), p. 48.

9) 荏原肆夫, 『詩の文明批評的性格』(東京: 思潮社, 1966), p. 149.

10) 「Thanatopsis」, 中桐雅夫, 『中桐雅夫詩集 一九四五～一九六四』, p. 20.

11) 「一九四〇年代·夏」, 田村隆一, 『田村隆一詩集1 四千の晝と夜』, pp. 71～73.

12) 「細い線」, 田村隆一, ibid., p. 63.
　　　이 시의 전문은 다음과 같다.

　　　きみはいつもひとりだ
　　　涙をみせたことのないきみの瞳には
　　　にがい光りのようなものがあって
　　　ぼくはすきだ

　　　　　きみの盲目のイメジには
　　　　　この世は荒涼とした獵場であり
　　　　　きみはひとつの心をたえず追いつめる
　　　　　冬のハンターだ

　　　きみは言葉を信じない
　　　あらゆる心を殺戮してきたきみの足跡には
　　　恐怖への深いあこがれがあって
　　　ぼくはたまらなくなる

　　　　　きみが歩く細い線には
　　　　　雪の上にも血の匂いがついていて
　　　　　どんなに遠くへはなれてしまっても
　　　　　ぼくにはわかる

　　　きみは撃鐵を引く!
　　　ぼくは言葉のなかで死ぬ

　　　너는 항상 혼자다
　　　눈물을 보인 적이 없는 너의 눈동자에는
　　　언짢은 빛과 같은 것이 있어

나는 좋아한다

　　너의 맹목적 이미지에는
　　이 세상은 황량한 사냥터이며
　　너는 하나의 마음을 끊임없이 몰아가는
　　겨울의 사냥꾼이다

너는 말을 믿지 않는다
모든 마음을 살육해온 너의 발자취에는
공포에 대한 깊은 동경이 있어
나는 견디지 못한다

　　네가 걷는 가는 선에는
　　눈 위에서도 피 냄새가 나
　　아무리 멀리 떨어져도
　　나는 알 수 있다

너는 방아쇠를 당긴다!
나는 말 속에서 죽는다

13)「立棺」, 田村隆一, 『田村隆一詩集1 四千の晝と夜』, pp. 78～79.

14) Ibid.

15) 三木清, 「危機意識の哲學的解明」, 『三木清著作集』11권(東京: 岩波書店, 1950), pp. 225～52 참조.

16) 田村隆一, 「西武園所感」, 『田村隆一詩集2 言葉のない世界』(東京: 思潮社, 1966), pp. 32～35. 여기서 시인은 말한다.

　　詩は　表現を變えるなら　人間の魂　名づけがたい物質
　　　　必敗の歷史なのだ
　　いかなる條件
　　いかなる時と場合といえども
　　詩は手段とはならぬ
　　君　間違えるな

　　시는　표현을 바꾸차면　인간의 영혼　명명하기 어려운 물질

필패의 역사이다
어떤 조건
어떤 때와 경우라 할지라도
시는 수단이 되지 않는다
자네 착각하지 마라

17) 레비나스는 말한다. "역사란 성찰에 여전히 영향을 미칠 특수주의적 관점에서 풀려난 존재가 나타나는 특권적 평면이 아닐 것이다. 만약 역사가 나 자신과 타자를 하나의 비인격적 정신 속으로 통합할 것을 요구한다면, 이 통합이라고 하는 것은 잔혹함과 부정이며, 절대적 타자(Autre)를 무시하는 것이다. 인간들 사이의 관계로서의 역사는 나에게 계속 초월적인 타자를 앞에 둔 나의 위치를 무시한다. 나 자신에 대해서는, 나는 역사에 대해 외부적이지 않지만 나는 절대적 타자 속에서 역사에 관해 절대적인 점을 발견한다. 절대적 타자와 섞임으로써가 아니라 그와 이야기하는 속에서 말이다. 역사는 역사의 단절들에 의해 다시 만들어지는데 그러한 단절들 속에서 심판은 내려진다. 사람이 절대적 타자에게 다가갈 때 그는 역사에서 뿌리 뽑히게 된다." (Lévinas, *Totalité et Infini: essai sur l'extériorité*, p. 23)

각 장의 출처

1장 「문학의 구별과 번역이라는 일: 차학경의 『딕테』와 회귀 없는 반복」: 이 논문은 1991년 8월 26일 도쿄에서 열린 국제비교문학협회 13차 대회에서 발표되었다. 나중에 우노다 쇼야(宇野田尚哉)와 마쓰이 미호(松井美穂)에 의해 번역되어 『思想』859호(岩波書店, 1996년 1월)에 게재되었다.

2장 「'일본사상'이라는 문제: '일본'의 형성과 쌍형상화 도식」: 원래 일본어로 쓰인 것으로 山之內靖他編, 『岩波講座: 社會科學の方法』 3(岩波書店, 1993)에 「日本社會科學方法序說—日本思想という問題」라는 제목으로 게재되었다.

3장 「서양으로의 회귀/동양으로의 회귀: 와쓰지 데쓰로의 인간학과 천황제」: 이 논문에는 1990년 3월 뉴욕 주립대학(빙엄턴 소재)과 코넬 대학에서 열린 두 개의 학술대회에서 발표된 내용이 포함되어 있다. 또 어떤 부분은 1990년 4월 아시아학회 연차 총회에서 발표되었다가 5월과 6월에 최종적으로 캘리포니아 대학 인문과학연구소에서 개최된 심포지움 '타자의 표상: 일본과 미국'에서 발표되었다. 이 논문의 한 부분은 같은 제목으로 마사오 미요시가 편집한 Boundary 2, vol. 18, no. 3(1991년 가을)의 특집 '세계 속의 일본'에 게재되었다. 이 책에 실린 형태의 논문은 일본

어로 번역되어 『思想』 797호(岩波書店, 1990년 11월)에 「西洋への回歸/東洋への回歸: 和辻哲郎の人間學と天皇制」라는 제목으로 게재되었다. 내 발표 때 토론을 맡아준 크리스토퍼 핀스크 교수(빙엄턴에서)와 도미니크 라카프라 교수(코넬에서)의 논평에 감사의 뜻을 표하고 싶다.

4장 「주체 그리고/혹은 主體와 문화적 차이의 각인」: 이 장은 원래 1992년 5월 17일 오레곤 대학 아시아태평양연구센터에서 열린 '이론과 아시아 연구' 학술대회에서 "The Analytic of Cultural Difference and the Interior Called Japan"이라는 제목으로 구두발표되었던 것이다. 이 글의 초기 버전의 번역은 「文化的差異の分析論と日本という內部性」이라는 제목으로 『情況』 12월호(情況出版社, 1992)에 게재되었다.

5장 「근대성 속의 비판: 보편주의와 특수주의의 문제」: 이 논문은 원래 J. 빅터 코슈만과 사카이 나오키에 의해 계획되어 1987년 4월 12·13일 양일간 보스턴의 셰라톤 호텔에서 개최된 학술대회 '포스트모더니티의 문제들'에서 발표되었다. 일본어 번역은 『現代思想』 臨時增刊號 『日本のポストモダン』(靑土社, 1987)에 게재되었다. 영어판은 South Atlantic Quarterly, ed. Masao Miyoshi and Harry D. Harootunian, vol. 87, no. 3(1988년 여름)의 특집 "Postmodernism and Japan"에 실렸다.

6장 「전후 일본에서의 죽음과 시적 언어」: 이 장은 원래 1985년 12월 17일 도쿄의 릿쿄(立敎) 대학에서 열린 전후 일본에 관한 심포지움에서 발표되었다. 일본어판은 오노 슈조(小野修三)에 의해 번역되어 ナジタ·前田·神島 編, 『戰後日本の精神史』(岩波書店, 1988)에 게재되었다.

옮긴이의 말

이 책은 외국인이 외국어로 쓰고 외국인이 외국어로 옮긴, '외국인'을 위한 불순한 책이다.

공저를 포함해 사카이 나오키의 책이 한국에서 출판되는 것은 이번이 네 번째다. 임지현과의 대담집 『오만과 편견』, 한국에서 독자적으로 엮은 논문집 『국민주의의 포이에시스』, 일본에서 출판된 책을 번역한 『사산되는 일본어·일본인』 등을 통해 그 이름이 이미 어느 정도 알려져 있기에 여기서 굳이 사카이 나오키라는 사람에 대해 다시 설명할 필요는 없을 것 같다. 다만 번역자로서 갖고 있는 한 가지 기우는, 저자가 이미 어느 정도 알려진 관계로, 거두절미하고 '민족주의를 비판하는 포스트모던 사상가'라는 식의 단순한 표상에 의해 그의 글이 안이하게 '이해'되면 어쩌나 하는 점이다.

그런데 사카이가 실제로 이 책을 통해 제시하는 것은 '열린 민족주의'나 세계시민주의 같은, 이른바 모범답안과는 거리가 멀다. 사카이는 사회의 이미지로서 "외국인들의 비집성적 공동체"라는 파격적인 이념을 제시하기 때문이다. 물론 여기서 말하는 '외국인'이라는 것은 다른 국적을 가진 사람이 아니라, 말이 통할지 알 수 없는 미지의 타자를 가리킨다. 그런 의미에서 생각하면, 대화라는 실천적 관계는 결코 어떤 일정한 결과를 보장하는 행위가 아니며, 우리는 일상의 대화 속에서 항상 '외국인'을 만나고 자기 자신 또한 '외국인'이 된다.

사카이가 인식론적 주관과 구별해서 도입하는 실천의 행위체로서의 主體란 바로 이런 '외국인'의 별명이기도 하다. subject라는 말 안에는 이미 主體라는 '외국인'이 살고 있는 것이다. 主體는 실천을 통해서 항상 주관의 의도를 넘어 뜻밖의 무언가를 낳음으로써 주관이 그어놓은 경계선을 침범한다. 말실수를 하고 오해를 하며 엉뚱한 행동으로 자꾸 맥이 끊기는, 매끄럽지 못한 우리의 일상을 구성하는 것은 바로 이런 主體들이다. 하지만 경계선이 흐려지는 공포, 자아가 상실되는 공포에 직면한 주관은 외국인이라는 실정적 형상을 만듦으로써 내국인이라는 내부성을 확보하려 한다. 서양을 만들기 위해서는 먼저 동양의 동양화가 필요했다는 사이드의 지적처럼, 말이 통하고 동일한 생각을 가진다고 상정되는 내국인이라는 형상을 만들기 위해서는 먼저 외국인이라는 형상을 만들어야 하는 것이다. 부제에 명기된 것이 일본이 아니라 '일본'인 이유도 여기에 있다. 가령 일본을 초역사적인 실체로 보는 관점을 피하기 위해 사카이는 '지금 일본열도라고 불리는 지역'이라고 표현하는 등 아주 조심스럽게 대상을 다루는데, 그 이유는 지구상에 존재하는 어떤 섬과 담론으로서의 '일본'을 분명히 구별하기 위해서이다. '일본'은 사카이가 쌍형상화라고 명명한 도식, 즉 객체를 정립함으로써 그것과 짝을 이루는 형태로 주체를 정립하는 방식을 통해서 만들어진다. 내셔널리즘을 옹호하는 사람들은 흔히 나를 먼저 인정해야 남을 인정할 수 있다는 식의 말을 하는데, 사카이의 지적은 '남'이 있기 전에 '나'가 먼저 있다는 인식의 도착성을 보여주는 것이다.

문화적 국민주의자인 와쓰지 데쓰로의 행적을 논하면서 사카이가 보여주었듯이, 쌍형상화 도식은 '남'과 '나'를 인식론적으로 분리함으로써 그 사이에 무수히 존재하는 다양한 실천적 관계들을 부인한다.

와쓰지의 경우에서 말한다면, 그는 상하이에서 일본의 제국주의적 행동을 부인했을 뿐 아니라 눈앞에 있는 중국인들 쪽으로 자기 스스로가 건너갈 가능성 또한 부인했다. 엄밀히 말해 사카이가 이 책을 통해서 비판하는 대상은 다름 아닌 이 쌍형상화 도식이며, 내셔널리즘은 여기서 파생된 하나의 결과에 지나지 않는다. 문제는 실천이며 그 속에서 발생하는 되기/생성변화의 가능성이다.

번역작업을 끝마칠 때까지 많은 사람들의 지원과 격려가 있었다. 이 자리를 빌려 그 중 몇 분께 감사의 마음을 전하고 싶다. 먼저 영어권 가까이 가본 적도 없는 나의 번역에 당연히 있을 수 있는 오역들을 지적해준 김소연에게 감사한다. 그리고 외국인을 역자로 기용한다는 어려운 결단을 내리고, 매끄럽지 못한 원고를 꼼꼼히 읽고 다듬어주신 이산출판사 강인황·문현숙 사장님께 감사드린다. 아울러 나로 하여금 외국인으로 살게 만들고 이런 번역까지 하도록 길이 되어준 윤진희에게 감사한다. 마지막으로 끊임없이 균질적이기를 요구하는 세계 속에서 답답함을 느끼고 있는 '외국인'들에게 역자 멋대로 이 책을 바친다.

2005년 5월 어느 날 밤에
후지이 다케시

찾아보기